初中数学教材编写研究

李海东　王光明　主编

中国教育出版传媒集团
人民教育出版社
·北京·

图书在版编目（CIP）数据

初中数学教材编写研究 / 李海东，王光明主编.
北京 ：人民教育出版社，2025. 3. -- ISBN 978-7-107
-39546-8

Ⅰ. G633.602

中国国家版本馆CIP数据核字第2025RH5626号

责任编辑：李　健
责任设计：王俊宏
责任校对：田　莉
责任印制：崔　英

初中数学教材编写研究
李海东　王光明　主编

出版发行　人民教育出版社
（北京市海淀区中关村南大街17号院1号楼　邮编：100081）
网　　址　http://www.pep.com.cn
经　　销　全国新华书店
印　　刷　唐山玺诚印务有限公司
版　　次　2025年3月第1版
印　　次　2025年4月第1次印刷
开　　本　787毫米×1 092毫米　1/16
印　　张　18.5
字　　数　432千字
书　　号　ISBN 978-7-107-39546-8
定　　价　38.00元

前　　言

教材是承载教学内容的关键素材，是课程的核心教学资源，也是教师教授和学生学习的主要工具。教材在体现国家意志、传承民族文化、实现立德树人根本任务方面发挥着重要作用。党和国家历来高度重视教材建设，尤其是进入新时代后，落实教材建设国家事权，体现党和国家意志，致力于编写能够“培根铸魂、启智增慧”的精品教材，已成为教材编写者们的不懈追求。

教材研究是教材编写的基础，在研究的基础上编写教材，是人民教育出版社的优良传统。为了深化课程改革并贯彻立德树人根本任务，人民教育出版社中学数学编辑室自2019年起，以新一轮义务教育课程改革为契机，汇聚数学家、数学教育研究者、高水平的数学教研员以及一线数学教师的智慧，共同研究如何更好地发挥数学学科的育人作用，以及如何将发展学生的数学核心素养融入数学教育的各个环节，并将相关研究成果融入2024年版教材及教师用书的编写中，从而使得教材和教师用书在已有的基础上又上了一个新台阶。为了更有效地将研究成果应用于指导初中数学教学实践，并协助广大教师深入理解新教材的编写理念，我们对研究成果进行了系统整理，编纂成这本《初中数学教材编写研究》。

教材编写研究主要分为两个阶段。第一阶段（2019—2021年）是教材编写的基础研究阶段，这一阶段与课程标准的修订同步进行。研究内容涵盖了初中数学的多个主题，如数与代数、图形与几何、统计与概率以及综合与实践等。此外，还包括了例习题系统、问题情境、数学文化和信息技术等与教材编写相关的专题。在这一阶段，研究的重点是深入挖掘数学内容的本质，探讨为何要学习这些内容以及如何有效地学习这些内容。对于内容主题，我们在分析相关内容的数学本质的基础上，重点研究了其所包含的内容逻辑关系、核心概念和重要数学思想方法，它们在落实“四基”、培养“四能”、发展“三会”核心素养等方面的育人价值，以及学习（或研究）这部分内容的一般思路和方法等。针对特定专题，我们在对其地位和作用进行分析的基础上，着重探讨了教材中相关内容的设计原则、结构层次以及呈现方式等。此外，我们对使用这些教材的教师和学生进行了大样本的调研，并对原教材进行了详尽的分析。基于这些研究，我们提出了对原教材进行增添、删减、整合和修改等不同建议，并将编写的若干修订案例进行了课堂实践检验。这些基础研究的内容体现在本书中，即为“‘函数’主题的内容分析”“综合与实践的内涵及特征”

“例习题系统的特征”“问题情境及其功能”以及“数学文化融入教材的原则”等。

第二阶段（2021—2023年）是落实研究成果的教材编写研究阶段，贯穿新教材的编写全过程。在依据《义务教育数学课程标准（2022年版）》编写新教材的过程中，整合了前述基础研究成果与课程标准的相关要求，构建了相应内容的结构体系。我们特别注重学习内容的结构化，以数学核心概念及其反映的思想方法为纽带，强化了内容的纵横联系。通过归纳、类比、推广、特殊化等方法，促进了不同内容之间的相互沟通，赋能学生对数学整体性认识的深化。我们确定了教材的组织形式和呈现方式，关注数学知识所蕴含的数学思想、通性通法，逻辑一致地呈现相关内容，加强研究方法的引导，使学生体会学习数学的方法的一致性，体会数学的思维方式，培育理性精神，发展数学核心素养。这些编写研究呈现在本书中，即为“‘方程与不等式’主题的课标要求和教材设计”“综合与实践活动的设计思路”“编写‘抽样与数据分析’主题教材时重点考虑的问题”“信息技术融入数学教材的呈现方式”等。

缺乏教材的科学研究，难以孕育出高质量的教材。在本轮新教材的编写过程中，我们进行了深入的教材编写研究工作。本书旨在全面审视教材编研的各个层面，对教材编写过程中发现的规律性知识进行归纳和总结，最终形成一本兼具理论深度与实践基础的教材编写研究专著。鉴于编者的水平有限，本书可能尚未完全满足上述要求。我们真诚地希望广大读者能够提出宝贵意见，以便我们进一步完善和总结教材编写研究的规律。此外，本书中或许还存在一些错漏之处，也期待读者能够不吝指正，以便我们能够及时进行修正。

李海东　王光明
2024年12月

目 录

第一章

核心素养导向的初中数学教材改革

2010 年，中共中央、国务院印发《国家中长期教育改革和发展规划纲要（2010—2020 年）》，指出教育面临还不完全适应国家经济社会发展和人民群众接受良好教育的要求等挑战，并提出了严格执行义务教育国家课程标准等发展任务。在此基础上，教育部颁布《义务教育数学课程标准（2011 年版）》（以下简称《标准（2011 年版）》），据此课程标准编写的初中数学教材于 2012 年开始使用。经过十余年的发展，义务教育质量已显著提升，数学课程标准与教材为培养全面发展的高素质人才发挥了重要作用。

党的十八大以来，我国社会发展进入新时代，我国社会各方面发生了巨大变革。科技、经济、文化发展提升了人民群众对义务教育的期望；技术变革催生了新的学习方式；各国数学课程改革不断优化，形成了新的发展趋势；等等。这些社会发展必然会引发数学教育目标的演变和更新。2014 年，教育部印发《关于全面深化课程改革落实立德树人根本任务的意见》，首次指出要研制学生发展核心素养体系和学业质量标准，明确学生应具备的适应终身发展和社会发展需要的必备品格和关键能力，将修订课程方案、课程标准及学科教材等举措纳为下一阶段的教育改革内容。以素养为本位、回归“人的成长”的育人观念在中国教育大地上开始扎根发芽。为实现改革目标，教育部于 2019 年 1 月 3 日启动了义务教育课程修订工作，明确总体要求并做出全面部署。2022 年 4 月，义务教育课程方案和各学科课程标准正式颁布实施。相较之前的版本，《义务教育数学课程标准（2022 年版）》（以下简称《标准（2022 年版）》）做出重大改变，如更新课程理念、调整课程目标、优化课程内容、改进学段划分等。在继承《标准（2011 年版）》合理内核的同时，借鉴国外先进经验，考虑一线教师的实践意见，吸收上一轮课程改革的经验，课程标准得到了科学而深入的完善。

随着新的数学课程标准的全面推行，教育领域的变革日益深入。转型后的立德树人理念不仅停留在理论层面，更加深入人心，成为广大教育工作者和学生们共同追求的目标。这一重大转变不仅带来了教育理念的创新，更引发了新一轮义务教育数学教材的编写与修订。在新的课程标准下，教材的编写与修订工作显得尤为重要。这是因为，教材是学生学习的主要载体，是课程标准与一线教学之间的连接桥梁。通过教材的编写与修订，可以更好地将课程标准的理念、要求和内容传递给一线教师，进而落实到学生的学习过程中。为了保障数学核心素养等育人目标自上而下顺利落地，编写者们在修订教材时，充分考虑到学生的认知特点和兴趣爱好，结合生活实际和科技发展，对教材内容进行了全面而细致的梳理和更新。他们不仅注重“四基”的传授，更强调“四能”的提升，并致力于以“四基”“四能”为载体发展学生的数学核心素养。

同时，教材的编写与修订还注重体现中国特色和世界水准。在内容上，既融入了中华优秀传统文化的精髓，又吸收了国际先进的数学教育理念和经验；在形式上，则采用了图文并茂、生动有趣的呈现方式，以提升学生的学习兴趣，激发学生的学习热情。

通过这样的编写与修订工作，新的义务教育数学教材不仅实现了与课程标准的紧密对接，更在保障数学核心素养等育人目标落地的同时，达成了数学课程教材“培根铸魂、启智增慧”的理想愿景。这不仅有助于发展学生的数学核心素养，也为建设具有中国特色、世界水准的义务教育数学课程体系奠定了坚实的基础。

一、新时代以来的义务教育数学课程教材改革

（一）我国义务教育数学课程教材改革的背景

1. 新时代科技、经济和文化发展的需求

一是科技进步激发数学课程教材改革新动力。近年来，世界正处于科技变革的新浪潮中，国际竞争日趋激烈。党的二十大报告指出，教育、科技、人才是全面建设社会主义现代化国家的基础性、战略性支撑，“教育—科技—人才”三位一体协同发展由此成为战略目标，三者的宏观体系建构已是进行时。① 事实上，基础学科是推动原始创新的重要引擎，为技术变革、科技进步和经济发展提供驱动力。数学是科技发展的基石，新的技术突破尤其需要数学作支撑，数学教育质量关系到从事基础学科研究的创新型人才培养。以此观之，我国 2011 年编制的中小学课程方案已然无法满足当前科技发展的需求，不足以应对新的挑战。《标准（2022 年版）》指出，坚持与时俱进，反映经济社会发展新变化、科学技术进步新成果是义务教育数学新课标对教材编写的要求，尤其是强调更新适切的、具有时代特征的科技情境素材，引导学生用数学的眼光发现和提出问题，用数学的思维与数学的语言分析和解决问题，并倡导信息技术与数学课程教材融合，提供丰富资源，拓宽学生视野。为落实新课程理念，助力建构教育、科技和人才发展的宏观系统，更新义务教育数学课程教材中的科技元素迫在眉睫。

二是知识经济发展呼唤数学课程教材再更新。党的十八大以来，我国经济转型为量和

---

① 郑金洲. 教育、科技、人才一体化发展：内在逻辑与困境突破 [J]. 南京师大学报（社会科学版），2023（3）：5-15.

质并重发展的新模式，社会过渡到新知识经济时代。知识经济即建立在知识的生产、交换、分配、使用和消费基础上的一种新的经济类型，[①] 表现为网络化、全球化和智能化[②]。新一轮科技革命和产业变革对能力型、素养型劳动力需求增加，突出创造性地解决跨领域的综合性难题，必然推动义务教育育人目标的调整，即形成和发展面向未来社会和个人发展所需要的核心素养，从而影响数学课程教材的变革。针对经济发展的更高要求，旧版课程教材在育人方面有所欠缺，创新意识、跨学科的问题解决、综合与实践能力、数学应用意识等方面的培养需得到更好的体现，以确保学生感受数学与物理、体育、金融等学科领域的融合，积累数学基本活动经验。由于数学教材是践行数学课程理念的主要载体，因此亟须开启新一轮教材修订，以发挥数学教材编写的时代价值——反映时代主题、回答时代课题。

三是文化继承性变迁诱发数学课程教材改革新实践。新中国成立以来，基础教育课程改革经历“文化借鉴—文化自立—文化迷失—文化觉醒—文化自觉”的演进路径，其中“文化自觉”自改革开放伊始就已成为课程发展的主基调，在借鉴多元文化、追求课程国际化的过程中，逐渐意识到课程本土化建构的重要性。[③] 尤其是进入新时代以来，习近平总书记关于“四个自信”的重要论述，为我国课程文化的进一步变革指明了方向，突出本土文化优先，外来文化辅助，建构中国式现代化基础教育，夯实教育强国的基点，是新时代基础教育高质量发展的基本任务。实际上，基础教育课程改革归根结底是文化变革，也是文化的教育实践。一方面，文化变迁的价值取向影响课程改革的观念选择。比如，国外提出后现代主义课程理论，看重学生个体层面的身份形成及知识建构，关注个性差异。[④] 基于文化借鉴，我国 21 世纪以来的基础教育课程改革亦开始立足个体本位的价值取向。另一方面，基础教育课程改革存在文化上的路径依赖。例如，注重集体发展的观念使得个性化、差异化的学生培养难以落地见效，拔尖创新人才教育往往被忽视，尤其是对具有数学天赋的学生的识别和早期培养，且应试教育的烙印根深蒂固，短期内难以消除，影响素质教育的实施效果。二者概言之，文化的继承性变迁驱动我国基础教育课程教材新变革。针对义务教育数学课程，在文化继承性上，“四基”“四能”等独具中国特色的数学课程理念需传承性发展。2019 年颁布的《中小学教材管理办法》明确教材需有机融入中华优秀传统文化。渗透我国古代数学史等数学文化，以实现立德树人根本任务，是课程教材改革

---

① 吴永军. 知识经济对教育改革的影响：一种社会学分析［J］. 现代教育论丛，2001（6）：16-18，15.

② 屠莉娅. 课程改革与政策生态之关联——基于我国基础教育新课程改革的分析［J］. 北京大学教育评论，2011，9（3）：77-91，190.

③ 夏惠贤，王勇. 基于文化变迁的我国基础教育课程改革的回顾和展望［J］. 课程·教材·教法，2021，41（4）：4-11.

④ 胡定荣. 课程改革的文化研究［M］. 北京：教育科学出版社，2005：87，89.

新动向，也是文化自觉和文化自信的必然结果。在文化变迁上，国际社会都强调发展核心素养，这种教育理念反映出人才培养观念转变与文化变革的新进展。从学科本位到学生立场，突出发展学生数学核心素养，既是我国义务教育数学课程教材改革顺应世界潮流的体现，也是引领世界义务教育教材发展的关键所在。

2. 信息时代学生学习方式的变革

现阶段，信息化进程已迈向人工智能化新时期。为弥合现行信息技术对教育的革命性影响与新时代教育发展愿景之间的鸿沟，教育部在《教育信息化 2.0 行动计划》中明确指出，构建与国家经济社会和教育发展水平相适应的教育信息化体系，支撑引领教育现代化发展，形成新时代的教育新形态、新模式、新业态。“互联网＋教育”的布局实施，加快了信息技术赋能基础教育改革的步伐。九年义务教育是国民教育体系的重要组成部分，也是基础教育改革关注的重点，提高义务教育质量、实现信息化发展是办好人民满意教育的基本要求。依托数字化的环境、资源和工具，学习方式已发生重大转变。基于此，优化调整数学课程教材的结构和形式，将为促进数学学习提供新的可能。

一是从技术辅助教学转变为技术赋能自主学习。数智化时代，互联网传播教育资源的流通性增大，获取信息的途径更加便捷。加强线上网络空间与线下物理空间的融合，突破传统数学教育的时空限制，丰富学习资源，为学生自主学习创造条件是新时代和新课标的要求。我国在 2022 年成功建成国家中小学智慧教育平台，提供开放获取的精品网络课程资源，打破了学校及地域壁垒，为学生自主学习提供了机会。并且，生成式人工智能进一步支撑自主和主动导向的个性化数学学习。另外，动态操作的触摸屏和电子白板等技术广泛应用，整合技术的教与学有助于改进学生习得知识的过程，摆脱传统的刻板模式。许多新兴的交互式动态数学软件，为学生从动态运动的视角理解数学概念、在平面几何动点问题等情境中开展探究式学习创造了可能，操作简单等特点扫清了自主探索的障碍，连续的拖动变化、轨迹的即时生成等演示功能以可视化的几何直观助推数学学习，建构起灵活生动的数学实验新平台。数学教材中融入整合技术的动态数学学习任务，既丰富了教材内容多样性、提升了学生学习体验，又能激发学生学习兴趣、增强学习主动性。

二是从单一知识点的数学学习转变为以结构化知识主题为依托的情境化学习。数学核心素养是剥离具体知识，但又依存于具有共性的数学知识的更高阶课程目标，以往的单一知识点学习不足以有效培养学生的数学核心素养。因此，新修订的《标准（2022 年版）》的一个重大变化是从知识点到主题块，趋向内容整合、目标综合，相关主题作出了调整与优化。立足大观念统整数学内容，以跨学科主题为内核的新学习方式旨在培养学生的综合与实践能力，进而发展“三会”核心素养。更重要的是，当前信息技术的进步，使得以结构化知识主题为依托的情境化学习成为可能。其一，生成式人工智能赋能协作学习。通过自适应群体形成、专家促进、智能虚拟代理、智能调节等手段，解决合作团队成员构成、资源分配、及时与个性化的交互和反馈等难题，[①] 这种基于交互式环境的学习方式是跨学科创新思维生成的基本途径之一。其二，生成式人工智能赋能跨学科主题学习。在高效信息检索与整合、多轮对话与角色模拟、评价与反馈、生成与创作等环节，生成式人工智能以其独特的优势，为学生提供原料、促进认知加工、指导反馈、辅助产品输出，[②] 模拟仿真技术使得学习体验得到质的提升，保障主题式、项目式学习等立足现实世界的情境化学习顺利进行，旨在发展学生的模型意识和应用意识。在此过程中，学生的学习自主性提高，实际生活问题的解决激发兴趣和好奇心，方案的多样性和创新性调动数学学习的内在驱动力，最终实现数学核心素养的培养落地见效。

三是从统一的大众化学习转变为灵活的个性化学习。义务教育致力于实现优质均衡发展，但如果缺乏有效信息技术工具的支持，数学教师很难同时满足班级学生的差异化需求，过程性评价也较难开展。《标准（2022 年版）》提出，要凸显学生主体地位，关注学生个性化、多样化的学习和发展需求，增强课程适宜性。当前，生成式人工智能形成了基于“人—机—人”的多元交互对话关系，对数学学习产生了颠覆性影响。首先，人机协同模式支撑个性化评价。依托智能化的学习数据收集、自动化分析、及时反馈与评价，此模式可实现对学生数学学习全过程的精细化追踪和记录，准确的阶段性评价、增值评价不再是难题，并能针对不足给出个性化的改进建议，为教师教学提供参考。而以聚焦过程、净增值为内核的增值评价，能够突破对分数的异化追求，[③] 最终评估数学核心素养这一内隐课程目标的实施情况，以评价倒逼学习方式转型，促使学生核心素养持续发展。此亦是中共中央、国务院印发的《深化新时代教育评价改革总体方案》所提出的“改进结果评价，强化过程评价，探索增值评价，健全综合评价，充分利用信息技术，提高教育评价的科学性、专业性、客观性”的战略举措。其次，大语言模型的发展增强智能辅导系统。生成式人工智能最受关注的是大语言模型，其具有多轮对话、自然语言理解及生成的能力，互动式与连续性的对话使得评价、反馈等环节能够顺利实施，研发集个性化定制和规模化应用于一体的智能互动辅导系统成为现实。[④] 这为不同认知水平学生的数学个性化学习提供机会，尤其体现在帮助数学学困生缩小差距、巩固知识，以及助力数学学优生追求更深奥、更广泛的数学知识学习。此现实境况间接推动数学课程教材编写既要面向全体学生，又要给予个性化学习的空间。

---

① 白雪梅，郭日发. 生成式人工智能何以赋能学习、能力与评价？[J]. 现代教育技术，2024，34（1）：55-63.

② 董艳，陈辉. 生成式人工智能赋能跨学科创新思维培养：内在机理与模式构建 [J]. 现代教育技术，2024，34（4）：5-15.

③ 朱立明. 从“核心概念”到“核心素养”——2011 年版与 2022 年版《义务教育数学课程标准》比较研究 [J]. 天津师范大学学报（基础教育版），2022，23（3）：1-6.

④ 徐升，佟佳睿，胡祥恩. 下一代个性化学习：生成式人工智能增强智能辅导系统 [J]. 开放教育研究，2024，30（2）：13-22.

四是从单一的课堂学习转变为线上线下相融合的混合式学习。近年来，“停课不停学”等应急举措，进一步催化学习方式从场域限制的线下学习转变为依托网络平台的线上学习，场域分化为课本学习场（即纸质教材数字化处理）、网络学习场（即网络展现学习的全过程）和泛在学习场（即基于移动设备、时刻发生的学习），① 时间和空间不再受限。实际上，基础教育的当今时代，是双线混融共生教学的新时代，并由此带来包括课程内容在内的新改变。②“双线教学”即线上教学和线下教学，前者以技术为主导，通常指网络直播课教学，或选择在线资源补充线下的课堂教学。“利用技术支持平台将在线学习与课堂教学相结合，开展线上线下相融合的混合式教学”是《标准（2022 年版）》提出的课程实施建议，也是信息技术与数学教学相融合的重要举措。相应地，加强数字教材建设，是线上线下相融合的学习方式对新时代课程教材变革的新要求。

（二）国际数学课程改革的发展

在基础教育改革的国际浪潮中，世界各国根据自身国情推出了与时俱进、各具特色的数学课程改革方案。课程是文化的映射，东西方国家之间存在较大文化差异，数学教育发展进程亦不相同。国际数学教育改革正朝着相互借鉴、取长补短的方向发展。他山之石，可以攻玉。为了中国式数学课程现代化建设，有必要关注发达国家的数学课程改革动态，及时吸收发达国家成功经验。

1. 美洲国家的数学课程改革

美国的数学课程改革走在全球前列，对国际数学教育界产生着深远影响。2010 年，45 个州联合制定《州共同核心数学标准》，此方案注重数学内容的连贯性，聚焦数学理解，突出数学建模，关注数学推理能力的培养，以及明确了数学素养的八大指标要求等。2012 年，“21 世纪数学技能地图”发布，涵盖创造力和创新、批判性思维和解决问题、ICT 素养等 11 个构成要素，并提出跨学科主题学习内容。然而，由于美国数学教育由州级或区级政府管理，为了真正落实这些课程理念，美国国家数学教师理事会（NCTM）于 2014 年发布了《行动原则：确保所有学生数学成功》。该文件制定教与学、准入与公平、课程、工具与技术、评估和专业化共六方面原则，构建了从原则到行动、从理论到实践的指导框架，确保所有学生达到最低学习要求。在教材上，美国各州实行选定制或自由制。随着《州共同核心数学标准》的实施，各大出版商修订现有教材以符合新标准，或根据新标准编写全新教材，利用技术为师生设计课程资源，包括教材的数字化等。

地处北美的加拿大，实行十二年制义务教育，各省数学课程形式多样。其中，不列颠哥伦比亚省和安大略省是加拿大新一轮基础教育数学课程改革的典范。一方面，不列颠哥

① 靳玉乐，李红梅. 新媒体时代学生学习方式的场域逻辑［J］. 教育科学，2016，32（6）：25-29.

② 李政涛. 基础教育的后疫情时代，是“双线混融教学”的新时代［J］. 中国教育学刊，2020（5）：5.

伦比亚省的新课程立足于三个中心：读写与计算基础、精要学习与核心能力，建构了“知道—实践—理解”的课程模式，分别由内容学习标准、课程能力学习标准和大概念所承载；K—9 阶段仅以五大数学内容学习主题（包括数、计算流畅性、模式、几何与测量、数据与概率）为统筹，不设置具体数学课程，保障了数学学习的整体性和连贯性，突出数学概念学习的进阶。另一方面，安大略省教育部在 2005 年推出了《安大略课程标准，1～8 年级：数学，修订版》，随后每年都出台相关补充文件，细化、完善教育要求，例如 2018 年颁布的《专注数学基础》，就从发现式教学转向数学基础的夯实与深化。[①] 该省还制定了《安大略课程标准，1～8 年级：数学，2020》，旨在发展学生的金融素养、批判性素养和数学素养（包括估算、推理等），重视 STEM 教育和环境教育。《安大略课程标准：9 年级数学，分流版（MTH1W）》于 2021 年 6 月发布，关注数学过程，包括解决问题、推理和证明、反思、联系、交流、表征以及工具和策略选择；课程内容定位于小学和中学的衔接与过渡（1～8 年级为小学，9～12 年级为中学），建构学习通用设计（Universal Design for Learning）和差异化教学的基本遵循，并编制了高效教学的实践标准和学业成就水平标准。此外，两个标准方案都强调开展跨课程学习和整合学习，特别提出塑造学生七大“可迁移技能”，即批判性思维和问题解决，创新、创造力和创业精神，自主学习，交流，合作，全球公民意识和可持续，数字化素养。同时，均突出 ICT 的重要性，课程评价指向内容标准和表现标准两个方面。

2. 欧洲国家的数学课程改革

芬兰在 PISA 测试中表现优异，其数学教育引起世界范围内的广泛关注。2014 年，芬兰国家教育局时隔十年再次颁布《基础教育国家核心课程标准》。在开展地方课程建设的基础上，该方案于 2016 年在小学正式实施，2017 年至 2019 年在初中分阶段逐步推广。课程改革独特而平稳，跨学科教学理念贯穿整个变革进程。新版课程标准主张基于现象教学来开展跨学科学习，聚焦数学核心概念，构建前后贯通的课程体系，同时兼顾学段特点。[②] 特别值得一提的是，课程目标关注学生横贯能力（Transversal Competences）的提升，这是一种贯穿于各个学科之间的具体通用能力，包括：思考与学会学习、文化、交流与表达、照顾自我、经营与管理日常生活、多元识读、工作与创业、参与并创造可持续性未来，以及 ICT 能力等。[③] 此外，课程特别突出“为了学习的评估”和“作为学习的评估”两大理念。

---

① 孙兴华，Douglas McDougall. 加拿大安大略省中小学数学教育改革的脉络与检视 [J]. 数学教育学报，2020，29 (6)：80-86.

② 王罗那，唐彩斌，毛耀忠. 芬兰初中数学《国家基础教育核心课程》评介及启示 [J]. 数学教育学报，2020，29 (4)：62-67，90.

③ 冯惠敏，郭洪瑞. 芬兰国家核心课程改革中横贯能力的培养对我国的启示 [J]. 外国中小学教育，2017 (10)：8-14.

英国在 1989 年首次实行全国统一的国家数学课程。2013 年，英国教育部公布了最新的义务教育数学课程——《英国国家课程》(KS1～KS3 学段)，并于 2014 年颁布了 KS4 学段的数学课程。新课程的学段内容体现弹性设计，学习要求包括发展流畅性思维、数学推理、解决问题及 ICT 能力四方面，注重数学思想渗透，强调跨学科发展数学素养，旨在培养学生的通用能力或素养。此外，课程还提出开展数学建模教育，将金融数学作为数学应用的重要组成部分并纳入中学数学课程。总体上，英国的数学课程改革围绕以核心素养为本的课程理念，着重体现学习的连续性和层次性。

不难发现，芬兰和英国的数学课程改革基本同步进行，彼此的课程理念存在诸多共通之处，如均倡导培养学生的通用能力。

俄罗斯以其卓越的数学实力闻名于世，编写的数学教材更是广受赞誉。2004 年，俄罗斯教育部制定了第一代国家教育标准。但由于存在众多不足，2006 年启动了第二代国家教育标准的研制工作，小学、初中和高中于 2011 年至 2013 年先后正式推行新的教育标准。基于此，编制示范性教学大纲和数学教材，小学和初中数学课程表现出如下特点：一是提出通用学习能力，建构俄罗斯基础教育的核心素养框架，突出培养学生的数学建模思想和信息技术能力；二是从内容标准转向要求标准，更加关注学习结果的评价，包括个性化结果评价、跨学科结果评价和学科结果评价；三是小初数学课程的衔接性较强，内容广度、深度和难度随学段的增长提高。①② 第二代标准实施近十年之际，俄罗斯教育部于 2020 年 12 月完成了新版小学和初中国家教育标准的修订工作，第三代标准基本延续了第二代标准的要求，只在个别主题和教学单元作局部调整。

3. 亚洲国家的数学课程改革

日本基本上每十年进行一次课程改革，以日本文部科学省统一制定新版学习指导要领为标志。2003 年，日本开始实施以宽松教育为核心的《学习指导要领》(以下简称《要领》)。2008 年，基于修订的《教育基本法》和《学校教育法》，新版《要领》颁布。新版《要领》由宽松教育转向生存能力培养，新增八类数学活动要求，强调学生掌握基础性、基本性的知识和技能，关注学生数学应用意识的形成。2017～2018 年，新修订的中小学《要领》发布。该版方案阐释了“数学素质和能力”目标及其构成要素：知识技能的学习、思考力、判断力、表达力的培养、向学力和人性的养成，侧重发展学生适应 21 世纪的生存能力，并充实数学活动，推行主体性、对话性的深度学习。此次课程改革在高中阶段设置了一门新学科——理数，旨在实现不同学科的交叉融合，聚焦使用数学和理科知识进行

---

① 张艳，周武雷，潘苏东. 通用学习行为——俄罗斯核心素养框架研究 [J]. 中国矿业大学学报(社会科学版)，2019，21 (4)：105-118.

② 徐乃楠. 俄罗斯基础教育数学课程改革研究 [M]. 北京：清华大学出版社，2023：36-37，112-113.

探究式学习的能力培养。[①] 总之，发展学生的“生存能力”成为贯穿日本近两次课程改革的主线，更加注重数学素养，课程内容设置特别突出数学活动，已成为日本数学课程的一大特色。值得注意的是，日本近期的教育改革方案提高了对信息和通信技术的重视。2019年4月开始实施新的《学校教育法》，此次修订旨在考虑使用电子教材代替传统的纸质教材；2023年3月制定的《第三个促进教育的基本计划》，强调中小学教育要着眼于主动、互动地深度学习，培养学生利用信息的能力，促进ICT在教学中的应用。

韩国是东亚地区的另一个代表，其学生在PISA、TIMSS等测试中的表现名列前茅。21世纪以来，韩国基础教育改革坚持人性化和多元文化，但课程缺乏持续性，改革频繁。2015年9月，韩国教育部发布了《初、中等学校教育课程总论》和各学科课程标准。整体上，基础教育改革指向具备核心素养的创新融合型人才培养。在数学学科方面，《韩国数学课程标准（2015修订版）》提出贯穿小学、初中和高中的六个“数学学科力量”，涉及问题解决、推理、创新·融合、交流、数据分析、态度与实践，并新增了一门有关跨学科内容的数学课程——经济数学。[②③] 2022年12月，韩国再次修订了中小学课程总纲和各学科课程标准。《中小学数学课程标准（2022年修订版）》以包含知识·理解、过程·技能、价值观·态度在内的核心理念为主轴，强调知识的结构化；同时注重学生数学学科力量的培养，指向问题解决、推理、沟通、连结与信息处理；课程标准还关注信息技术与数学教学内容的融合，倡导学生个性化发展。[④] 此外，教材编写要与课程标准保持一致才能获得出版许可。

新加坡的数学教育取得了举世瞩目的成就，其数学课程改革广受关注。2023年，新版《小学1至6年级数学教学大纲》发布；从2024年起，中学阶段全面实施全科目编班(Full Subject-Based Banding)，取代原先的“普通工艺类—普通学术类—快捷类”分流机制，并设置三类《中学1至4年级数学教学大纲》(即G1、G2和G3）与两类《中学3至4年级额外数学教学大纲》。首先，新版教学大纲突出发展学生的关键数学过程，促进深入认识数学本质和八类大概念（Big Ideas），即图表、等价、函数、不变性、度量、模型、符号和比例，并提出学习数学知识的四大主题，即属性和关系、运算和算法、表征和交流、抽象和应用，借以贯彻、连接不同内容领域的数学概念。其次，课程框架延续自1990年以来提出的“五边形模型”：以数学问题解决为中心，概念、技能、过程、态度和

---

① 张悦，三石初雄，李淑文．从新设学科“理数”看日本高中课程改革的新特点［J］．课程·教材·教法，2020，40（2）：139-143.

② 陈月兰．2015版韩国义务教育数学课程标准特征分析与启发——从能力的视角［J］．外国中小学教育，2019（8）：73-80.

③ 安彦斌．韩国2015年修订数学课程“经济数学”科目的译介［J］．数学通报，2019，58（8）：40-44.

④ 尚宇飞，黄友初．中韩义务教育数学课程标准的比较与启示［J］．比较教育学报，2023（4）：148-159.

元认知构成培养问题解决能力的五大要素，其中“过程”特别强调数学建模。再者，大纲指出要批判性地、适应性地和创造性地思考，进行合乎逻辑的推理，以发展 21 世纪技能，同时重视现实背景下的问题解决，依托数与代数、几何与测量、统计与概率促进学生学习经验的获得，这与旧版大纲一脉相承。① 此外，信息技术的使用进一步凸显，并倡导开展混合式学习和 STEM 学习。基于此课程方案，2027 年新加坡将实施新的国家统一考试，即新加坡—剑桥中学教育证书考试（SEC）。

4. 大洋洲国家的数学课程改革

澳大利亚是一个联邦制国家，教育由州政府分别管理，但自 2013 年起实施全国统一的数学课程标准。课程目标涵盖 5 个方面：知识理解、问题解决、推理与解释、交流与沟通、信息技术的选择与使用。此外，注重数学知识与实际情境的联系，并关注电子课程资源的开发。值得注意的是，课程提出了贯穿小学、初中和高中的七大通用能力，包括读写能力、运算能力、信息通信技术能力、批判性与创造性思维、个人与社会能力、道德理解以及跨文化理解，这些能力被视为澳大利亚学生全面发展所必须具备的核心素养。2018 年 10 月，基础教育阶段的《澳大利亚课程：数学（8.4 版本）》修订完成。作为八大核心学习领域之一，数学课程非常重视与其他学科的联系，不仅延续了七大通用能力，还主张培育学生的四大数学能力，即理解、熟练、问题解决和推理；并突出发展学生的信息技术使用能力，以满足学生的个性化需求。从学前到高中学段的数学学习均遵循统一的标准体系，课程连续性和衔接性较好。② 2022 年 4 月，《澳大利亚课程：数学 F-10（9.0 版本）》发布，在延续《澳大利亚课程：数学（8.4 版本）》的课程理念基础上，进一步强调发展学生的关键数学过程，包括数学建模、计算思维、统计调查、概率实验和模拟。每个年级均在数、代数、度量、空间、统计和概率六大方面设置课程内容，知识的广度和深度随年级增加。

5. 国际数学课程改革的整体发展趋势

第一，数学课程实行标准化改革。无论是联邦制国家如美国、英国、俄罗斯和澳大利亚，还是非联邦制国家如芬兰、日本、韩国和新加坡，都颁布和实施了全国统一的数学课程标准，明确了各个学段学生应达成的数学学习要求，超越了数学内容，聚焦关键表现。即使加拿大各省和区域的课程改革并不一致，也都制定了各自的标准方案。由此可知，推行标准化的数学课程改革已成为显著趋势，这有助于确保教育公平，标准中明确的目标有利于教师有针对性地教学，提高教学质量和效率，同时有利于监管和评估，确保教育资源投入后能达到预期的教育成效。

---

① 金海月，乔雪峰. 新加坡数学课程特色、发展趋向及其启示［J］. 外国中小学教育，2017（3）：61-66，73.

② 康玥媛. 中国、美国、澳大利亚数学课程标准的国际比较与借鉴［J］. 教育科学研究，2019（9）：91-95.

第二，聚焦数学核心素养或通用能力，强调学段之间数学课程的连贯性。受 PISA 数学素养测评框架的影响，世界各国纷纷在数学课程中增加了数学素养的育人目标。例如美国《州共同核心数学标准》中的数学实践标准与“21 世纪数学技能地图”，芬兰的“横贯能力”，英国、俄罗斯和澳大利亚的“通用（学习）能力”，日本的“生存能力”，韩国的“数学学科力量”等。国际数学课程倾向于以数学素养（或通用能力）为主线，贯通小学、初中和高中三个学段，基于统一的标准体系，立足学习的发展性，依据不同学段学生的数学学习特点划定不同水平要求，注重课程的结构化和整体性设置。

第三，数学教材与课程标准要求保持一致，实行一纲多本。数学教材是数学课程目标和内容要求的承载体，是落实数学课程理念的工具，也是教师教学的指导手册。教材与课程标准保持一致，是实施标准化课程改革的必然要求，也是建构一体化教育体系的内在要求。依据同一个标准，编写适合不同地区的差异化教材是世界范围内的趋势，也是各个国家正在践行的举措。例如，俄罗斯小学和初中都推出了包含联邦教育部官方推荐教材在内的多版教材，高中阶段则更丰富，涉及七个版本的《代数与数学分析初步》和五个版本的《几何》。

第四，关注课程中信息技术的整合与使用。数学课程标准增加信息技术使用要求，以及编写整合信息技术的数学教材，已成为时代发展的新需求。ICT 素养是美国“21 世纪数学技能”的构成要素；芬兰将 ICT 能力定位为通用学习能力之一；英国、加拿大、日本都重视 ICT 在教学中的应用；新加坡、俄罗斯等国家的数学课程标准中特别提及信息技术使用的课程目标或内容。总之，信息技术的使用能力是学生适应 21 世纪生活和工作的必备技能，这一点已成为国际数学教育领域的共识。此外，针对生成式人工智能近年来的高速发展，众多国家都出台了相应的教育政策。例如，英国教育部颁布《生成式人工智能在教育中的应用》，日本文部科学省发布《初等中等教育阶段生成式 AI 应用暂行指南》等，旨在规范和指导生成式人工智能在中小学教育中的运用方向。生成式人工智能赋能课程改革、重塑教学与学习方式，已然成为未来基础教育的国际发展趋势，是义务教育阶段数学课程教材改革面临的新机遇和新挑战。

第五，注重跨学科学习和个性化学习。芬兰实施一种基于现象教学的方法，以推动跨学科的综合性学习；英国致力于通过跨学科的教育模式，培育并提升学生的通用能力；日本和韩国均单独设置跨学科数学课程；俄罗斯则关注学生跨学科结果的评价，以目标为导向，反向推动数学学习过程。由此可知，解决跨学科问题是当前数学教育领域的共同追求，有利于培养创造性思维、促进知识整合和深入理解，也是发展数学素养或通用能力的有效手段，是对当下经济、科技和文化发展的时代回应。此外，各国虽然制定了全国统一的数学课程标准，明确各阶段数学学习的最低要求，但同时也特别重视个性化学习，以满足学生的差别化需求。例如，加拿大安大略省制定差异化教学的指导原则；英国 KS4 学段的国家课程划定为基础要求和较高要求两类；俄罗斯聚焦学生数学学习个性化结果的衡量与评价；新加坡推出多版本的中学数学教学大纲。

（三）我国义务教育数学课程教材改革的现状

1. 新时代以来义务教育数学课程教材实施回顾与反思

本世纪初，我国启动了面向基础教育的第八次课程改革，制定了义务教育课程方案和各学科课程标准实验稿。随后，经多次研讨和修订，《标准（2011 年版）》正式颁布，标志着我国数学课程体系由初步形成迈向整体完善的新时期。依据此版课标修编的义务教育数学教材，经全国中小学教材审定委员会审查后，于 2012 年秋季开始使用。在这个过程中，课程教材编写积累了丰富经验，质量稳步提升。数学教材的修编不仅贯彻了新课程理念，还总结了旧版教材的编写优点与问题，进行了针对性的完善和升级优化，增加了教材的科学性和实用性，以满足新时代教师和学生的需求，这也是教材编修的落脚点之一。

首先是教材的问题设置。人民教育出版社课程教材研究所的研究人员从教材的历史发展入手，比较了 1996 年、2004 年和 2019 年中学教材的问题设置。结果发现初中数学教材的整体问题数量逐套减少，尽管知识讲解部分的问题数增加，并且注重让学生探索与发现，但统计与概率领域几乎没有抽象与概括、反思与归纳两类题型。因此，教材编写需以内容领域为单位，进行系统、整体的规划，以补全一些问题类型的空白。① 也有研究比较了不同版本教材，揭示出有理数及其运算的习题题型较为固定，基本是计算题和封闭解答题，无实际生活背景的数学习题占大多数。② 然而，具有现实意义的问题情境能发展学生的“四能”，培养数学核心素养，因此教材中的问题情境在近些年开始得到广泛关注。以圆的性质为例，研究结果表明，教材提供的情境任务总量偏低，且未涉及冗余型与反思型任务，数学建模的学习机会不足。③ 值得一提的是，数学教材中所有习题的条件都“完美无瑕”，这是不可取的。在当前这个信息飞速膨胀的时代，学生在众多干扰信息中识别出所需的信息是不可或缺的基本素养。条件不多不少的问题所传达的观念与现实世界并不一致，将制约学生自主辨认关键信息的意识和能力的发展。因此，在数学教材中加入条件冗余问题是必要的。此外，教材也存在一些低质量的问题情境，表现为远离学生日常生活、与数学的关联性不强、表述不易理解以及不具时代特征等。④ 还有一线教师指出，教材中的实际问题容易脱离生活实际。⑤

---

① 王嵘，王翠巧. 中学数学教科书中问题设置的分析与启示 [J]. 数学通报，2021，60（12）：8-10，13.

② 范连众，孔凡哲. 从关注学科知识转向关注核心素养的教科书的习题设计——基于对我国九个新版本初中数学教科书的调查 [J]. 中小学教师培训，2017（10）：61-65.

③ 丁福军. 学习机会视角下我国数学教材中的情境任务分析——以初中“圆的性质”为例 [J]. 上海教育科研，2020（1）：74-78，43.

④ 李健，李海东，宋莉莉. 数学教科书问题情境质量评价的“金字塔”模型——基于初中数学教师的教科书使用调查 [J]. 数学通报，2020，59（12）：20-25，44.

⑤ 王伟民，杨培军.“实际问题”不能脱离“生活实际”——对数学教科书中几个问题的商榷 [J]. 教学与管理，2018（16）：57-59.

其次是教材与课程标准的一致性问题。以函数习题为例，运用“课程实施调查”模型，发现在“函数与实际问题”和“函数与方程”内容上，教材与课程标准保持一致，而在“函数的概念”和“函数的图像与性质”内容上，教材与课程标准的侧重点不同。[①] 事实上，教材与课程标准的一致性是检验教材质量的重要指标，新版教材的编写与修订尤需注意此问题。

最后是教材中数学文化的融入问题。有研究指出，我国初中数学教材中，数学史主要集中于“数与代数”和“图形与几何”两大内容领域，人教版教材融入数学史的栏目相对其他版本教材更丰富，集中于阅读材料、习题、旁注和引入部分；形式上，图文呈现占主导，多以简单介绍为主。[②] 因此，修订教材需要强化在“统计与概率”内容领域中数学文化的融入。

2. 新一轮义务教育数学课程教材改革的主要特征

在课程建设的已有成功经验基础上，《标准（2022 年版）》对课程目标、课程内容、课程要求等方面均进行了修订。《关于全面深化课程改革落实立德树人根本任务的意见》所提要求在数学学科课程中得到了充分体现，反映出了先进的教育思想和教育理念，并融入了社会发展新变化和科技进步新成果。主要体现为以下四大特点。

一是素养导向，健全了发展核心素养一体化的基础教育数学学科培养体系。核心素养是课程发展的 DNA。《标准（2022 年版）》新增了核心素养导向的课程目标，确立了数学核心素养的构成要素，明晰了小学和初中阶段数学核心素养的主要表现形式。具体而言，小学要求形成“意识”，初中侧重于培养“观念”，高中旨在发展“能力”。[③] 虽然三个阶段的数学核心素养含义基本一致，但表现要求随着学段的发展而变化。至此，小学、初中和高中的数学学习存在一条暗线（即数学核心素养）贯穿始终，由“意识—观念—能力”所承载，由“三会”所统领，形成了一体化的数学学科核心素养育人体系。

二是结构导向，设计了清晰化的义务教育数学课程内容结构。一方面，《标准（2022 年版）》与《标准（2011 年版）》在课程内容领域的划分上保持一致，即分为数与代数、图形与几何、统计与概率、综合与实践，但创造性地确立了“设计体现结构化特征的课程内容”的理念，在内容选择、组织和呈现上进一步阐释了设计要求，并对一些数学内容主题进行了整合；另一方面，调整义务教育阶段小学学段的划分，由两个学段变为三个学段，每个学段包含两个年级。如此规划，是因为课程目标已由知识本位转向素养本位，由

① 周莹，廖丽红，梁鑫，等. 初中数学教材与课程标准的一致性研究——以“人教版”和“湘教版”中的函数习题为例 [J]. 数学通报，2017，56（5）：6-9，14.

② 张晓雪，代钦，王瑞芳. 中国数学教育的统一性与多样性——基于大陆现行初中数学教科书中数学史内容现状分析及思考 [J]. 数学教育学报，2021，30（4）：73-80.

③ 曹一鸣，刘冰. 数学课标（2022 年版）：开启数学课程改革新征程 [J]. 中小学管理，2022（6）：20-23.

显性的知识转向隐性的意识和观念，看不见、摸不着的素养尤其需要更加系统的内容结构来承载，搭建知识学习与素养发展之间的桥梁。

三是活动导向，融入了综合性的数学跨学科主题学习与实践。为落实课程理念，在实际教学中培养学生的数学核心素养，《标准（2022 年版）》赋予了“综合与实践”领域新的内涵，设计了数学活动新类型，规定小学阶段采用主题式学习，包括融入数学知识学习的主题活动和运用数学知识及其他学科知识的主题活动，明确了主题活动内容和学业要求；初中阶段则采用项目式学习，强调“整合数学与其他学科的知识和思想方法”，并给出教学提示和相关案例，为教师开展跨学科教学活动提供一般化的指导。

四是标准导向，研制了规范性的义务教育数学学业质量要求。相比于《标准（2011 年版）》，《标准（2022 年版）》的一个重大突破是，围绕数学核心素养，囊括“四基”“四能”，结合课程内容，研制了义务教育数学学业质量标准，界定了学业质量的内涵。根据不同学段的课程目标和学业要求，对学生数学学业成就的具体表现特征进行了整体刻画，用以指导学业水平考试命题、评价及教材编写。学业质量标准让标准参照的素养测评成为可能，① 一定程度上改变了课程实施效果的评价关注点，即从“中考是风向标”转变为“课程标准是衡量尺”，从指向结果的分数转变为兼顾过程的育人质量，为形成“教—学—评”一致性格局提供了保障。

事实上，数学课程标准是计划的课程，属于学科课程的顶层设计。它起着承上启下的关键纽带作用：承上——教材是课程理念、课程目标、课程内容的实际载体；启下——教材是数学教学的指导手册，是学生自主学习的最佳材料和平台。我国一线教师对数学教材的依赖程度往往较高，教材的质量决定了课程理念的落实情况，教师教学的效果，间接影响着学生数学核心素养的培养。因此，新版数学课程标准的颁布，意味着数学教材亟须开启新一轮的编写与修订。

二、对基于核心素养的数学教材改革的认识

（一）对核心素养的认识与理解

1. 数学学科特点

2016 年 9 月，林崇德组织的专家工作组发布了《中国学生发展核心素养总体框架》，以“全面发展的人”为中心，包含文化基础、自主发展和社会参与三个方面以及六大素养，“核心素养”这一理念就此纳入我国课程改革的考量范畴。② 不难发现，核心素养的内涵已抽离具体学科知识，强调的是个人品质等共通素养。在此背景下，学科教育工作者尤为

① 崔允漷，王少非，杨澄宇，等. 新课程关键词［M］. 北京：教育科学出版社，2023：24-25.

② 核心素养研究课题组. 中国学生发展核心素养［J］. 中国教育学刊，2016（10）：1-3.

关心的一个问题是：如何在学科教育实践中落实核心素养？学科核心素养本质上是学科知识观的转型：从事实本位转向理解本位，强调超越学科知识本身，走向学科理解。钟启泉阐释了核心素养与学科核心素养之间的关系，即二者是全局与局部、共性与特性、抽象与具象的关系。[①] 学科核心素养能够体现鲜明的学科本质属性，是学科课程育人的价值取向。

对于数学学科，宏观层面上要强调数学教育目标的数学性准则，即数学教育应当体现好数学的特殊性，包括数学的价值，并处理好一般教育与数学教育之间的辩证关系。[②] 换言之，数学教育领域要着重关注的课程目标是数学核心素养，同时兼顾“悬空”于知识之上的一般核心素养。数学学科特性由数学知识所承载，数学知识归属于先验知识，因为它只由基于推理而断定的命题构成，不依赖于人们对现实世界的主观判断。[③] 真正的数学知识是关于抽象的数学对象的研究，而非对于真实事物或现象的量与性的直接研究。科学性、逻辑性和抽象性是数学的根本属性，数学知识是无现实意义的符号（包括数字、字母、图形符号等）经过组合、变换、演绎推理所形成的具有内在结构的纯粹符号系统，因此数学也被称为形式化的模式科学。客观、逻辑、抽象、推理、模式、符号等关键词，能刻画出数学学科及其背后内含的数学思维的本质特征。

基础教育阶段的数学核心素养由“三会”统领，义务教育阶段的数学核心素养具体表现为抽象能力（包括数感、量感和符号意识）、几何直观、空间观念、运算能力、推理意识（能力）、数据意识（观念）、模型意识（观念）、应用意识和创新意识，真实地概括并反映出了数学学科的主要特点。例如，几何直观指向对现实世界物理客体的抽象；运算过程则是符号系统内部的形式推理过程；数据意识（观念）定位于从客观现象抽象出的数字符号及其特性、规律，与模型意识（观念）及应用意识共同指向学生建构客观世界和数学符号系统之间的联结。

2. 数学育人

课程教材改革的根本逻辑在于明确培养什么人、怎样培养人、为谁培养人这三大根本问题。实际上，核心素养的本质属性是育人，数学学科核心素养明晰了通过数学学习可以培养人的哪些方面，能够部分回答培养什么人这个基本问题。

首先，在价值定位上，数学核心素养从数学学习结果界定了未来社会所需要的人才形象。国际数学课程教材改革趋势中，无论是美国提出的“21 世纪技能”，还是欧盟倡导的“为了终身学习的核心素养：欧洲参考框架”，抑或是 OECD 主张的核心素养（或者数学素养框架），它们都共同指向一点：为适应 21 世纪的生活和工作，未来公民所需要做出的准备，反映了信息和网络时代下世界对未来人的发展结果的一致追求。[④] 我国新一轮的义

---

① 钟启泉. 基于核心素养的课程发展：挑战与课题［J］. 全球教育展望，2016，45（1）：3-25.

② 郑毓信. 新数学教育哲学［M］. 上海：华东师范大学出版社，2015：159.

③ 保罗·欧内斯特. 数学教育哲学［M］. 齐建华，张松枝，译. 上海：上海教育出版社，1998：5.

④ 张华. 论核心素养的内涵［J］. 全球教育展望，2016，45（4）：10-24.

务教育数学课程教材改革中，人才培养观念已经转型，不再仅聚焦于数学内容知识，而更看重知识背后、能促进人终身发展的核心素养和数学思维。数学核心素养则正是全面落实立德树人根本任务在数学学科上的具体要求。

其次，在本质内涵上，数学核心素养指向学生通过数学学习所形成的正确价值观、必备品格和关键能力，是数学学科育人的具体追求。正确价值观和必备品格都是非认知层面的要求，主要是指数学文化特质影响下，学生通过数学学习所形成的数学文化品格，包括数学思想方法、数学精神、数学信念、数学价值观和数学审美。① 必备品格是学生在面对现实世界时，所表现出来的问题解决视角及认识世界的方法选择的意识、习惯和态度，指向道德化的习惯品行与人格特质。② 关键能力则是认知层面的要求，涉及运算能力、抽象能力、推理能力等，是学生所应具备的复杂能力结构系统。

3. 数学课程目标的发展

一是从“三维目标”发展为“核心素养”。过去的数学教育强调知识与技能、过程与方法、情感态度与价值观，但实际教学中，教师往往倾向于关注知识与技能，而容易忽视后两者的培养，后两者实施起来也比较困难。新课程标准提出的数学核心素养，是对三维目标的继承与进阶，将知识、技能、方法、情感、态度、价值观等有机地融通为一个整体，破除了三维目标内部的割裂倾向。新的课程目标不再局限于无现实意义的数学符号系统的内部交流，而是更加强调数学知识与客观世界的联系，侧重发展学生分析和解决实际问题的能力，以及具有数学学科特征的通用能力。

二是立足一致的数学核心素养内涵，不同学段在“意识—观念—能力”水平上表现出逐步发展的特征。数学核心素养具有表述的整体性、内涵的一致性和表现的阶段性等特征。其中，小学、初中和高中三个学段的数学核心素养具体表现如表 1-1 所示。

表 1-1

<table>
<tr><th>学段</th><th colspan="11">数学核心素养具体表现</th></tr>
<tr><td>小学</td><td>数感</td><td>量感</td><td>符号意识</td><td>几何直观</td><td>空间观念</td><td>运算能力</td><td>推理意识</td><td>数据意识</td><td>模型意识</td><td rowspan="3">应用意识</td><td rowspan="3">创新意识</td></tr>
<tr><td>初中</td><td colspan="3">抽象能力</td><td>几何直观</td><td>空间观念</td><td>运算能力</td><td>推理能力</td><td>数据观念</td><td>模型观念</td></tr>
<tr><td>高中</td><td colspan="3">数学抽象</td><td>几何直观</td><td>空间观念</td><td>数学运算</td><td>逻辑推理</td><td>数据分析</td><td>数学建模</td></tr>
</table>

① 喻平. 发展学生数学核心素养的教学与评价研究［M］. 上海：华东师范大学出版社，2021：26.

② 崔允漷，王少非，杨澄宇，等. 新课程关键词［M］. 北京：教育科学出版社，2023：7.

《标准（2022年版）》以数学核心素养统领义务教育各学段学生的发展，加强了学段间的衔接性。小学注重培育具象思维，侧重于“意识”——基于经验的感悟；初中注重培育“观念”乃至“能力”——基于概念的理解。[①] 具体体现为：从“数感、量感、符号意识”到“抽象能力”，从“推理意识”到“推理能力”，从“数据意识”到“数据观念”，从“模型意识”到“模型观念”。这是义务教育阶段数学课程目标的一体化进阶设计，与《普通高中数学课程标准（2017年版）》相衔接，实现基础教育数学核心素养培育的连续性，科学地反映了核心素养发展的长期性和循序渐进等本质特征，也体现了不同学段数学学习的层次性。

（二）数学教材中如何发展核心素养

1. 凸显数学本质

高度的抽象性、逻辑的严密性、知识的系统性等，都是数学学科具有的特征。因此，教材的内容编排要注重如下一些方面：体现数学知识是怎么来的，这是“抽象性”的要求；关注数学知识是如何发展的，这是对“逻辑严密性”的追求；明晰数学知识之间的联系，这是“系统性”的必然结果。特别地，《标准（2022年版）》将课程内容的“学段＋领域”呈现形式调整为了“领域＋学段”呈现形式，重组课程框架，主动适应核心素养整体性的特征要求。[②] 教材的编写应聚焦结构化，以领域为统领，依据学业质量标准中的水平划分编排学段内容，强化相同主题下知识的内在结构，突出共性和本质特征，搭建“数学内容是血肉，数学本质是骨架，核心素养是灵魂”的高质量的教与学指导手册。

数学内容上，凸显数学思想方法的一致性和迁移性，淡化形式，注重实质。首先，内容组织最终应聚焦于大观念，做到现象与本质并重、形式与内容并重、过程与结果并重。[③] 虽然应考虑不同学习阶段学生的认知水平，但数学强调逻辑性和严谨性。例如，小学的数学知识不能停留在感性材料上，要侧重于由“感性认识引入”向“理性认识掌握”的转变，以大观念统整理性认识的一致性；初中阶段的学习应逐步减少感性认识，增强抽象与推理，某些新知可直接从逻辑层面引入，直指问题的核心，同时注重不同数学领域之间的联动，提升知识的内涵价值，丰富认识的多样性，促进理解的深刻性。其次，增加概念的多元表征，淡化原型产生的思维定势，强调数学概念的内涵。原型是指最能表征概念的一个典型实例，有助于学生理解和记忆概念，但可能导致形成“原型效应”。[④]

在例题的设计与呈现上，突出通性通法。教材的例题是帮助学生理解核心概念的重要

---

① 唐彩斌，史宁中. 素养立意的数学课程——《义务教育数学课程标准（2022年版）》解读［J］. 全球教育展望，2022，51（6）：24-33.

② 孙国春.《义务教育数学课程标准（2022年版）》的改革意涵探析——以核心素养为逻辑基点［J］. 课程·教材·教法，2022，42（12）：39-46.

③ 张伟俊. 初中数学教材重构的内涵、原则与策略［J］. 教学与管理，2020（22）：57-60.

④ 喻平. 数学教育心理学［M］. 南宁：广西教育出版社，2015：193-194.

载体，并且规范了数学书写的步骤。选择的例题要注重典型性和代表性，解题过程的呈现应以概念、定义等为出发点，并采用常规方法解决，这往往是利用知识的本质特征解决问题，能够体现一般性和通用性。此外，数学练习题的设计应尽量淡化“玩文字游戏”，避免“为考倒学生”而设计偏题、怪题，并减少不必要的、纯操作程序上的所谓“难题”，减轻学生的数学学业负担。

2. 设计项目式数学活动

数学核心素养不是通过某一个知识点能够短期发展的，而是需要通过构架数学知识体系来形成数学观念，并转变知识学习方式，最终达成素养的获得。只有让学生在实践中做数学、用数学，才能培养学生数学地观察、思考和表达现实世界的意识、观念或能力，从而有效地发展数学核心素养。

《标准（2022 年版）》中的“学业质量描述”，要求引导学生针对现实生活中的问题，运用数学的语言与思想方法，并综合多个领域的知识提出设计思路、制订解决方案。因此，教材编写人员亟须投入精力，创造性地设置根植于数学学科思维的跨学科主题学习活动。考虑到学生的兴趣、生活经验以及活动实施的普适性，需精心挑选主题，设计成果性目标、表现性目标或体验性目标，并规划合适的内容。此外，通过探究式学习活动展现“实际生活背景—抽象出数学关系—数学符号与表达”的知识发生发展过程。在小学数学教材中应侧重设计主题式学习活动，在初中数学教材中侧重创设项目式学习活动，体现“问题情境—建立模型—求解验证”的问题解决过程，发展模型观念、应用意识和创新意识。通过一系列反映知识的综合性和实践性的数学活动，间接整合、优化学生的知识图示，形成结构化的知识体系，并习得数学思维方式，形成良好的数学品格以及养成健全的人格，进而发展数学核心素养。

3. 呈现思维过程

《义务教育课程方案（2022 年版）》特别指出，要注重“做中学”，引导学生参与学科探究活动，经历发现问题、解决问题、建构知识、运用知识的过程，体会学科思想方法。因此，教材要注重呈现思维过程。具体而言，可以从以下两个方面进行。

一是呈现知识学习的思维过程。数学教材要充分展现知识的来龙去脉，为从数学的角度理解与解释现实世界提供思考示范，可按照如下方式编排内容：如何从现实世界中抽象出数学知识—抽象出的数学知识有什么性质、特点或规律，如何探究得出数学知识，如何建立数学知识与其他数学对象之间的联系—如何利用抽象出的数学知识解决现实世界中的其他问题。此过程是数学知识“再发现”的过程，也是一个不断循环的闭环，体现数学知识既来源于现实世界、最终也将影响现实世界的价值观念，蕴含对学生应用意识、模型观念的培育，这种知识学习经历与体验能促使学生更适应跨学科主题学习、项目式学习等数学探究活动。当然，数学教材内容的结构化编排是展现知识学习思维过程的基本保障。以课时为单位描摹“发现—猜想—证明”的数学研究过程，以单元为单位刻画大观念下知识

“串联—并联”的方法和过程，以领域为单位勾画数学学科“形成—完善—应用—拓展”的阶段性发展过程。

二是呈现解决综合性问题的思维过程。现有教材的例题仅局限于安排在每个课时的知识学习后面，其缺点是具有明显的倾向性——学生知道这些题目肯定要利用当前课时的知识来解决，故很可能展现出的是伪思维过程。然而，无论是面对现实世界，还是各类数学活动，学生无法提前得知任务解决会用到何种知识和方法。因此，教材要兼顾在每个单元或内容主题学习后设计综合性例题，展示在面对一个陌生的问题情境时，如何寻找思维的切入口，如何联系、选择并运用所学的数学知识。这类例题才能真正体现思维的发生、发展过程，也才是真正指向并践行了素养的培养——用数学的眼光观察现实世界、用数学的思维思考现实世界、用数学的语言表达现实世界。

三、教材编研的指导思想、目标和基本原则

（一）指导思想

以习近平新时代中国特色社会主义思想为指导，深入贯彻落实党的二十大精神，落实全国教育大会精神，落实中共中央、国务院《关于深化教育教学改革全面提高义务教育质量的意见》《深化新时代教育评价改革总体方案》等的要求，全面贯彻党的教育方针，落实立德树人根本任务，反映时代特征、体现中国特色、遵循教育规律，面向全体学生，发展素质教育，促进学生德智体美劳全面发展，为培养有理想、有本领、有担当的社会主义建设者和接班人提供优质的数学教学资源。

（二）目标

第一，有机融入习近平新时代中国特色社会主义思想，落实党的领导、中华优秀传统文化、革命传统等重大主题教育进教材，全面落实立德树人根本任务，充分体现数学学科特有的育人价值与功能。

第二，以《标准（2022 年版）》为依据，反映数学的本质，使学生经历数学知识的产生、发展过程，以及综合运用数学知识与方法解决问题的过程，在这些过程中获得“四基”，培养“四能”，发展数学核心素养。

第三，遵循教育教学规律和学生身心发展规律，促进学生主动参与数学学习活动，在数学学习中学会学习、学会思考，以适应进一步学习和终身发展的需要。促进教师转变教学观念，改进教学方式，提高教学质量。

第四，在继承优良传统和体现课程改革新发展的基础上创新呈现方式，使本套教材的风格和特色更加鲜明，将数学学科体系的严谨性与学生自主学习的开放性有机结合，更好地促进教育教学活动，培养学生的理性思维和勇于探索创新的科学精神，打造体现新时代发展需求和素质教育精神的、具备中国特色的初中数学教材。

第五，通过教材修订研究和专业化的教材制作，使教材的文字表述准确，学生易懂、可读性强，版面设计清爽美观、图文配合，增强学生学习兴趣，为实现数学课程目标、发展学生数学核心素养提供优质的教学资源。

（三）基本原则

1. 坚持正确政治立场，把握正确价值导向

以习近平新时代中国特色社会主义思想为指导，贯彻落实党的二十大精神，着力落实立德树人的教育根本任务。有机融入习近平新时代中国特色社会主义思想，培育和践行社会主义核心价值观。继承和弘扬中华优秀传统文化和社会主义先进文化，落实党的领导、劳动、革命传统、生命安全与健康、国家安全、国防等主题教育；渗透法治意识、民族团结、生态文明、金融素养、技术工程素养等内容。结合数学学科特点充实德育要素，帮助学生坚定文化自信，筑牢中国底色，厚植红色基因，培养学生良好的政治素质、道德品质和健全人格，引导学生形成正确的世界观、人生观、价值观。为培养有理想、有本领、有担当的德智体美劳全面发展的社会主义建设者和接班人奠定基础。

2. 聚焦核心素养培养，着眼学生长远发展

以《义务教育课程方案（2022 年版）》和《标准（2022 年版）》为依据，结合中国学生发展核心素养体系的总要求，聚焦数学课程核心素养，强化数学育人导向，彰显数学学科独特的育人价值。深入理解数学核心素养的内涵与价值、结构与要素、表现与水平，依据发展学生数学核心素养的要求选择和组织学习素材，让学生在学习和应用数学知识的过程中，会用数学的眼光观察现实世界，会用数学的思维思考现实世界，会用数学的语言表达现实世界，从而逐渐形成理性思维，培养科学精神，发展应用意识和创新意识。

3. 确保教材科学严谨，坚守教材质量标准

遵循基础教育教学规律，坚持数学学科逻辑与学生心理逻辑、生活逻辑相统一，确保教材在体系结构上的逻辑连贯性，以及深度、难度的渐进性。学习素材的选择，情境、实例与活动栏目的设置，以及习题系统和拓展内容的设计，都要体现数学学科的本质特征，提高学生对数学本质的理解。确保素材的真实性，概念、原理的正确性，问题解答准确无误，体现数学的严谨性。

遵守国家教材委员会、教育部关于教材编写出版的相关要求，落实《标准（2022 年版）》中关于教材编写建议等各项要求，按照《图书出版管理条例》《图书质量保障体系》《中小学教材管理办法》等国家文件和行业标准编辑制作。封面、封底、插图及版式设计坚持正确的政治方向、价值取向和出版导向，注重知识与美学的平衡，突出中国特色，人物形象重点展现新一代中国少年阳光、向上、愉悦的精神面貌。

4. 做好科学教育加法，致力培养创新人才

贯彻落实习近平总书记“在教育‘双减’中做好科学教育加法”的重要指示精神，根

据《关于加强新时代中小学科学教育工作的意见》等文件要求，通过创设真实的问题情境、提出引人探索的问题、设计多样化的探究实践活动、介绍科学家故事、展现我国科技发展成就、设计锻炼科学思维的习题和思考题等途径，激发学生的好奇心、想象力、探求欲，培养学生的科学兴趣，引导学生广泛参与探究实践，主动获取科学知识，培养科学精神，提升科学素养，增强科技自信自立，厚植家国情怀，为培育具备科学家潜质、愿意献身科学研究事业的青少年群体提供有力支撑。

5. 落实教育改革理念，体现时代发展要求

强化课程综合，反映时代要求，促进育人方式变革。增强课程的情境性和实践性，设计系列学习和实践活动，特别是跨学科的综合与实践活动，让学生在解决真实、复杂的问题中发展核心素养。紧扣时代脉搏，结合新时代经济社会的实际，及时反映科学技术和应用的新进展，提升学生的创新能力和社会责任感。关注信息化环境下的教学改革，探究信息技术与数学教与学的深度融合，推进配套数字资源建设，实现教材的立体化和数字化。

6. 统筹内容系统关联，落实教材适教利学

统筹协调关联学科内容，尤其是物理等相关学科，力求实现高度协调和一致性，提升整套教材的育人合力。注重各个学段之间的逻辑一致性和前后呼应，例如小初衔接和初高衔接，形成各学段纵向衔接、逐层递进和螺旋上升的连贯体系。

依据学生的身心发展和数学认知规律选取内容和设计活动，激发学生的学习兴趣并提升教师的教学创造力。根据学生的认知水平合理确定内容的深度、广度和难度，实现数学核心素养培养的连续性和阶段性。在满足基本教学要求的同时，体现一定弹性，既适应我国大多数地区的教育实际，又关注学生发展的个体差异。

四、教材的主要内容与变化

（一）教材的结构体系

《标准（2022 年版）》把数学课程分为“数与代数”“图形与几何”“统计与概率”“综合与实践”四个领域，并把各个内容领域分为不同的主题。《标准（2022 年版）》还对各个内容领域在初中学段的内容提出了明确的内容要求、学业要求和教学提示。通过系统梳理各内容领域在初中学段要完成的任务，再综合考虑同一册教材中不同内容领域之间的协调与配合，以及每册教材教学容量的均衡性，对教材的整体结构进行了重新设计。

在结构体系的设计上，根据《标准（2022 年版）》对内容的调整，结合一线教师对原教材结构体系的意见与建议，基于各领域内容的前后顺序、内容间的协调与配合，以及数学内容与相关学科内容的匹配等角度的考虑，确立了四条教材的结构体系设计原则。

一是逻辑性。以数学知识的纵向关联为内容组织的逻辑依据，自然而然、水到渠成地

引入和展开学习内容。

二是连续性。围绕课程内容中的核心概念及其反映的数学思想方法，构建连贯的学习过程，促使学生通过一段时间的持续的数学活动，达到较高的理解水平。

三是整体性。重视课程内容中各主题知识之间的联系，使学生能从整体上理解数学知识，避免孤立地、零散地理解知识。

四是关联性。注重学科之间的联系，不仅包括数学与物理、化学、生物等理科课程的联系，还包括数学与其他人文、艺术、体育等学科的关联。

基于上述四条基本原则，得到“数与代数”“图形与几何”“统计与概率”“综合与实践”四个领域的结构体系。

1．“数与代数”领域

“数与代数”领域包括数、式、方程、不等式、函数等内容。从数，到式，到方程、不等式，再到函数，反映了人们认识事物的角度和深度的变化，即从数（量），到数量关系，到等量关系、不等关系，再到变量关系。整体上，教材按照“一次”和“二次”的数量关系，使方程和函数交替出现，即按一次方程（组）、一次不等式（组）、一次函数，到二次方程、二次函数的顺序螺旋上升，不断深化对方程和函数中蕴含的思想的认识；对于数和式的内容，则根据研究相应方程（不等式）和函数的需要分散安排。

（1）将原教材中的“有理数”一章拆分为“有理数”与“有理数的运算”两章，使有理数的有关概念和有关运算的学习更为充分。这也有助于应对《标准（2022年版）》对小学阶段“负数”学习要求的调整。

（2）考虑到实数的奠基与工具作用，便于介绍点与有序数对的一一对应、不等式的解集，以及服务于用坐标表示图形的变化等内容，“实数”的位置不变，仍安排在“不等式”与“平面直角坐标系”之前。

（3）考虑到《标准（2022年版）》对“字母表示数”“代数式”“列代数式”“代数式的值”有明确的要求，新增“代数式”一章，既能突出从算术到代数的转折，也有助于为学生学习整式、一元一次方程打下基础。

（4）将原教材中的“整式的乘法与因式分解”一章拆分为“整式的乘法”“因式分解”两章。这种处理是考虑到整式的乘法、因式分解是相反的变形，同处一章时，初学这两类知识的学生容易产生概念混淆。

（5）仍按照“一元一次方程”“二元一次方程组”“不等式与不等式组”“一元二次方程”安排方程（组）、不等式（组）的内容。在内容展开的过程中，重视体现方程、不等式在表达相等关系、不等关系中的作用，以及解方程（组）、不等式（组）中的化归（“消元”“降次”“化系数为1”等）的基本思想。

（6）重视函数学习过程中抽象能力、模型观念的培养，将原教材中的“一次函数”一章拆分为“函数”与“一次函数”两章。拆分之后，函数、一次函数各自的内容可以获得更为充分的讨论：函数的思想方法更为突出；一次函数的内容线索更为清晰，且其结构与“二次函数”“反比例函数”两章的结构相同，便于学生类比“一次函数”学习后两章。

（7）将“反比例函数”移到“二次函数”后，使内容安排更为紧凑，便于以研究函数的一般内容和方法对其进行研究。

2.“图形与几何”领域

“图形与几何”领域包括图形的性质、图形的变化、图形与坐标等内容。整体上，教材按照从简单图形到复杂图形的主线进行安排，将图形的变化、图形与坐标适当穿插于其中。图形的性质强调通过实验探究、直观发现、推理论证来研究图形，用几何直观理解基本事实，从基本事实出发推导图形的几何性质；图形的变化强调用运动变化的观点来研究图形，理解图形在变化时的规律和变化中的不变量；图形与坐标强调数形结合，用代数方法研究图形，用坐标法分析和解决实际问题。

（1）体现从简单到复杂，从直线形（直线、射线、线段及由它们组成的多边形）到曲线形（圆），再到直线形与曲线形的结合（多边形和圆）的路径认识几何图形；从一般到特殊地认识三角形和四边形。

（2）将原教材中的“平行四边形”一章改为“四边形”，将“三角形”一章中的“多边形及其内角和”移到“四边形”一章。这种处理使得四边形的学习逻辑性更强，从四边形到平行四边形，到矩形与菱形，再到正方形，能更好地体现从一般到特殊地研究几何图形的过程。

（3）将原教材中的“圆”一章拆分为“圆”与“直线与圆的位置关系”两章。在“圆”中安排圆的有关概念、点与圆的位置关系、圆的有关性质、弧长和扇形面积；在“直线与圆的位置关系”中，安排直线与圆的位置关系、三角形的内切圆、正多边形和圆（给出圆的外切正多边形的概念）。调整后，可以使圆及其有关性质、直线与圆的位置关系的学习更为充分，也能体现出“直线形—曲线形—直线形与曲线形的结合”的整体思路。

（4）分散安排图形的变化。考虑到一次函数、二次函数都用到平移，且内容较少，平移的内容不后移，轴对称、旋转的位置也不变。重视图形的变化在认识图形中的作用，利用从静态到动态的方式提升对图形的认识。注意图形的变化与图形的认识、证明、坐标的融合。

（5）对于图形与坐标，注重体现数形结合思想，较早安排“平面直角坐标系”一章（七下），使坐标这种能充分体现数形结合思想的内容较早较多地被使用。随着后续对平移、轴对称、中心对称的学习，进一步学习利用坐标表达图形的变化，感悟数形结合的思想。

3.“统计与概率”领域

“统计与概率”领域包括统计（抽样与数据分析）、概率（随机事件的概率）两部分内容。教材为了让学生更好地体会数据的随机性，把统计内容编排在概率（随机事件）内容之前。整体上，统计内容按照数据的收集、整理、描述、分析的过程进行编排。在统计内容的展开中，注重体现统计方法的必要性和合理性，体现用样本估计总体的思想；概率内容以定量描述随机试验结果发生的可能性大小为统领，呈现列举法和用频率估计概率两种计算概率的方法，体现两种方法计算结果的一致性，帮助学生理解概率的意义。在具体内容的展开过程中，发挥典型案例的作用，结合现代社会生活中丰富的实例，让学生经历具有探究性和活动性的收集、整理、描述和分析数据的过程，让学生经历定量分析随机事件的概率的过程，发展学生的数据观念。

（1）将“趋势图”安排在“数据的收集、整理与描述”一章的正文中，有助于学生更好地感受随机现象的变化趋势。

（2）将“四分位数与箱线图、百分位数”“数据分类”安排在“数据的分析”一章中。这符合《标准（2022年版）》的调整，更是顺应大数据时代对学生发展的需要。

（3）概率的内容放在统计内容之后学习，按照概念、方法的顺序展开内容。将原教材“概率初步”的章名改为“随机事件的概率”，含义更为明确。

4.“综合与实践”领域

综合与实践是初中数学学习的重要领域。学生将在实际情境和真实问题中，运用数学和其他学科的知识与方法，经历发现问题、提出问题、分析问题、解决问题的过程，感悟数学知识之间、数学与其他学科知识之间、数学与科学技术和社会生活之间的联系，积累活动经验，感悟思想方法，形成和发展模型意识、创新意识，提高解决实际问题的能力，形成和发展核心素养。

综合与实践活动具有综合性、实践性和开放性的特征。其中，综合性是指学生完成活动过程中，数学与日常生活或其他学科知识所起作用的关联；实践性是指完成活动过程中，需要学生亲身经历的思维过程或行为表现；开放性是指在活动的条件、问题、过程、结果等环节上具有的多种可能。

对于在这三个特征维度上都具有弱表现水平、综合难度不大、完成时间不长的活动，教材将其安排在知识引入或例习题系统（例题、练习、习题、复习题）中。对于在一或两个特征维度上具有弱表现水平，在其余维度上具有强表现水平，具有一定难度、完成时间并不短的活动，教材将其安排在专门设置于每章正文之后的“数学活动”栏目中。对于在三个特征维度上都具有强表现水平的活动，其综合难度较大、完成时间较长，教材专门设置了“综合与实践”的内容，主要以项目学习的方式开展。每册教材安排了两个这类“综合与实践”，约占总课时的10%。“综合与实践”活动的设计以解决现实问题为重点，综合应用数学和其他学科知识解决问题，有助于学生体会数学知识的价值，以及数学与其他学科的关联。

整体来看，教材将“数与代数”“图形与几何”“统计与概率”三个内容领域按照螺旋上升、局部连续的方式整合起来，并将与各册内容关系紧密的“综合与实践”内容有机融入其中。全套教材的结构体系见表 1-2（括号内为参考课时数）。

表 1-2

七年级上册（68） 第一章　有理数（9） 第二章　有理数的运算（14） 综合与实践　进位制的认识与探究（3） 第三章　代数式（7） 第四章　整式的加减（7） 第五章　一元一次方程（14） 第六章　几何图形初步（11） 综合与实践　设计学校田径运动会比赛场地（3）	七年级下册（65） 第七章　相交线与平行线（11） 第八章　实数（9） 第九章　平面直角坐标系（7） 第十章　二元一次方程组（13） 第十一章　不等式与不等式组（9） 综合与实践　低碳生活（3） 第十二章　数据的收集、整理与描述（10） 综合与实践　白昼时长规律的探究（3）
八年级上册（67） 第十三章　三角形（8） 综合与实践　确定匀质薄板的重心位置（3） 第十四章　全等三角形（10） 第十五章　轴对称（11） 综合与实践　最短路径问题（3） 第十六章　整式的乘法（11） 第十七章　因式分解（7） 第十八章　分式（14）	八年级下册（67） 第十九章　二次根式（9） 第二十章　勾股定理（7） 第二十一章　四边形（16） 第二十二章　函数（8） 第二十三章　一次函数（10） 综合与实践　音乐与数学（3） 第二十四章　数据的分析（11） 综合与实践　学生体质健康调查与分析（3）
九年级上册（65） 第二十五章　一元二次方程（11） 第二十六章　二次函数（14） 第二十七章　反比例函数（8） 综合与实践　高铁列车运行中的数量关系（3） 第二十八章　旋转（7） 第二十九章　圆（11） 第三十章　直线与圆的位置关系（8） 综合与实践　生活中的优化问题（3）	九年级下册（44） 第三十一章　相似（13） 第三十二章　锐角三角函数（10） 综合与实践　停车位设计问题（3） 第三十三章　投影与视图（7） 综合与实践　建筑中的数学（3） 第三十四章　随机事件的概率（8）

（二）教材组织形式与呈现方式

教材按册、分章、分节编排，各章结构见图 1-1。各节内容根据需要设置，大致结构见图 1-2。与原教材相比，主要变化在于增加了“溯源”和“图说数学史”栏目。

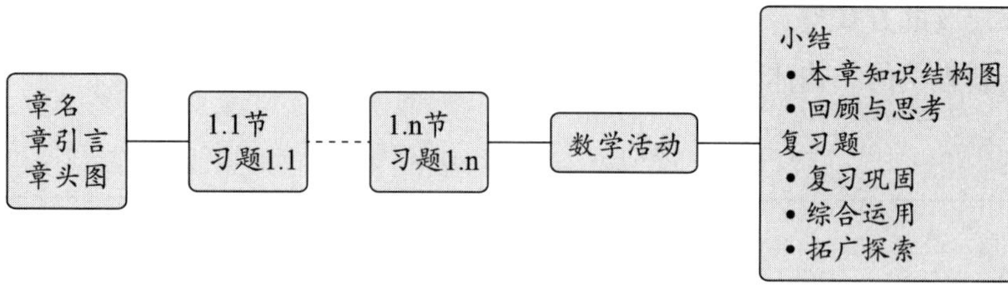

图 1-1

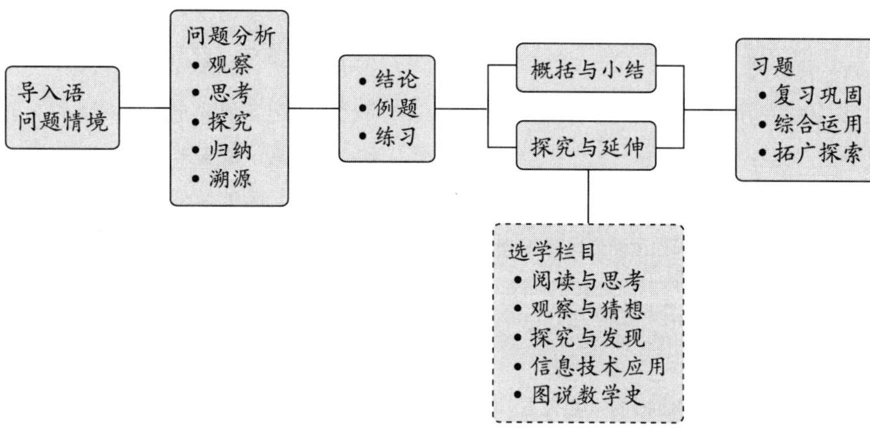

图 1-2

1. 章首页

章首页承担着为学生开启新一章内容学习的导游图的作用。每章的章首页包括章名、章引言和章前图。

章引言是章首页最核心的内容，包括三部分：首先是本章内容的引入，强调通过数学内外的适当问题情境引入本章内容，突出背景的适切性和问题的典型性、丰富性等；其次是本章内容的概述，用简明的语言阐述本章的主要内容，使学生了解本章内容的概貌；最后是本章学习方法的引导，用简明的语言阐述本章的主要思想方法和学习（研究）方法，体现数学的本质。

所有章前图都是精心挑选得到的，它们与章引言的引入问题或本章核心内容有关。章前图与章引言形成图文并茂、相互映衬的有机整体。

2. 节引言

每节（小节）设置节引言，基于具体知识，选择从现实世界的背景、数学理论发展的背景、数学历史上的背景、内容的前后联系等角度出发，引出本节所要学习的主要内容。

例如，“相交线与平行线”一章中，“相交线”和“平行线”的节引言分别如下：

在上一章中，我们认识了相交线，知道相交是直线之间的一种基本位置关系，如何刻画这种位置关系呢？本节我们借助直线相交所成的角的位置关系和数量关系，研究相交线。

除相交外，平行也是直线之间的基本位置关系，本节我们将研究平行线。与相交线类似，我们借助两条直线被第三条直线所截形成的角，研究平行线的判定与性质。

这两个节引言，在与前面“几何图形初步”知识相关联的基础上，引出研究两条直线相交的问题，随后又类比相交提出研究平行，这种做法兼顾了数学的学科逻辑和学生的心理逻辑，使新知学习水到渠成；后续又进一步介绍应如何研究相交线（借助直线相交所成的角的位置关系和数量关系）、平行线（类比相交线的研究方法研究平行），为学生指明了本节的学习路径。

3. 正文

正文注意内容的展开过程，加强学习（研究）方法的引导，注重通过“类比”“归纳”“特殊化”“一般化”等方法的使用和数学思想方法的渗透，引导学生的思维活动，为学生提供一条观察事物（情境）、提出问题、分析问题、解决问题的线索，使学生经历数学对象的获得过程、数学对象的研究过程、数学知识的应用过程，从而增强学生的数学活动经验，提升学生发现和提出问题的能力、分析和解决问题的能力。

教材十分重视正文中引导性、衔接性用语的设置，以及根据需要安排“观察”“思考”“探究”“归纳”等栏目。随着学生知识储备的增加，不断在内容中加强“探究”的理性思维成分。此外，适当安排边空“贴士”（主要是对正文内容的解释和说明）和“云朵”（提出一些思考或反思性问题）。通过上述这些引导语、栏目、边空等，将引导学生开展高质量的数学思考。

例如，对于三角形全等判定的研究，教材构建了一个完整的探索三角形全等条件的系列活动。首先提出研究问题，然后引导学生减少定义的条件、明确由少到多进行研究的方向。接下来安排了 4 个“探究”和 3 个“思考”：探究 1 是满足一个条件（一边或一角分别相等），或两个条件（两边、一边一角或两角分别相等）的情况；探究 2 是两边和它们的夹角分别相等的情况；思考 1 是两边和其中一边的对角分别相等的情况；探究 3 是两角和它们的夹边分别相等的情况；思考 2 是两角和其中一角的对边分别相等的情况；探究 4 是三边分别相等的情况；思考 3 是三角分别相等的情况。最后，对这种研究方法进行了总结。这种层层递进的安排，不仅有利于学生发现几何结论，还充分体现了研究几何图形性质的方法，有利于发展学生的几何直观和推理能力。

4. 例题

适当编排具有典型性、适切性的例题（每课时 1～2 个）。不仅有体现知识应用的常规性例题，还有根据内容需要所开发的带有探索性、开放性、实践性的例题。对于较复杂的例题，不仅要有解答，还有“分析”。“分析”不是给出问题的解答过程，而是重点阐述解决问题的思路，在“怎么想到的”上下功夫。

例如，在“经过已知直线 AB 外一点 C 作这条直线的垂线”的例题中，教材给出了如下分析：

假设所求作直线已经作出，则它不仅过点 C 与直线 AB 垂直，而且是连接 AB 上与垂足距离相等的两点的线段的垂直平分线。我们已经会作线段的垂直平分线，因此需要首先在直线 AB 上确定这两点。根据前面关于线段垂直平分线的定理，这两点只需满足与点 C 的距离相等即可。

这个“分析”先引导学生假设所求直线已经作出，再思考所求直线具有哪些特征，然后结合已有的会作线段的垂直平分线的经验，寻找作图思路。分析过程并非简单地告知学生作图步骤，而是按照分析法的思路，引领学生执果索因，完成对问题解决方案的分析。

5. 习题系统

教材的习题系统包括练习、习题和复习题，整体考虑它们的设置。按课时安排练习，每课时 2～3 个，将其作为学生课内学习活动的组成部分，发挥其帮助学生在课内巩固所学内容的作用。习题、复习题按题目的教学功能分为“复习巩固”“综合运用”“拓广探索”三个层次，习题每课时 3～4 个，复习题每课时 1～1.5 个，发挥它们帮助学生巩固和运用知识、培养数学能力、拓展知识、深化数学理解和应用等功能，注重它们在培养学生的创新意识和实践能力方面的重要作用。此外，习题和复习题的设置也考虑了它们在学生达成学业质量上的评价功能。

编写题目时，重视它们的针对性、有效性、创新性、层次性、精确性，努力实现减负、提质、增效的目标。

针对性：抓住各章内容的核心，促进概念的理解和思想方法的生成。

有效性：关注通性通法，抓住基本概念，不在技巧上做文章。代数部分适当加强了运算和推理。

精确性：保证科学性和准确性，确保所选例题具有典型性、示范性，所选习题达到能力培养效果。

层次性：关注层次和梯度，体现题目的不同部分、不同栏目的要求，形成一个立体化的能力培养系统。

创新性：题目具有一定新意，但不离开内容本质这个“根”，不在奇、特上做文章，体现真正的应用。

6. 选学内容

教材适当设置了“阅读与思考”“观察与猜想”“探究与发现”“信息技术应用”等选学内容，通过提供相关背景材料、知识应用、课外活动题材、技术手段学习资源等，以拓展学生的学习空间，为学有余力的学生、拥有不同学习需求的学生提供更多选择的可能性。

例如，“信息技术应用——利用信息技术工具画统计图”既向学生阐明了利用信息技术绘制统计图的优越性，又介绍了多款常用的绘制统计图的信息技术工具，还展示了某软件的具体绘图过程。这种设置方式，有助于学生认同和了解信息技术工具在绘制统计图中的作用与功能，对学生的统计学习大有裨益。

7. 小结

教材在每章末安排了小结，包括“本章知识结构图”和“回顾与思考”两块内容。小结中的“本章知识结构图”以框图形式展示本章知识要点、发展脉络和知识间的相互联系。有的框图是结构图（本章知识结构），有的框图是流程图（本章内容展开过程），具体内容是本章主要知识和内容反映的思想方法。

“回顾与思考”又分为“回顾”和“思考”两部分。“回顾”是结合知识结构框图对本章内容的整体概述，阐述本章内容之间、本章内容与其他内容之间的联系，揭示本章内容反映的思想方法、研究方法等，并注重在阐述核心内容及其蕴含的数学思想方法的过程中融入数学核心素养成分。“思考”是以问题形式引导学生回忆、总结全章内容，通过学生的独立思考，归纳概括出全章内容和重要思想方法，深化对本章核心内容及其反映的数学思想方法的理解。

8. 综合与实践

落实《标准（2022 年版）》对综合与实践的要求，教材每章安排 1～2 个数学活动，每册设置 2 个综合与实践活动。数学活动、综合与实践活动的选题要考虑活动内容体现的知识的综合性、与现实生活的联系性、活动的操作性和实践性、跨学科的综合性、问题解决的开放性和拓展性等。

例如七年级上册教材的综合与实践活动“进位制的认识与探究”，向学生呈现出认识、研究进位制的相关活动。本活动与信息技术（计算机的二进制）、中华优秀传统文化（“洛书”、八卦）等相关联，体现出较强的综合性。为了完成任务，学生需要经历组建团队、选取研究问题、构思与实施方案、展示交流等活动，具有极强的活动性与开放性。

9. 数学文化

教材加强了“数学文化”的渗透，通过呈现反映数学产生、发展历史的素材，构建学习过程，引入和展开相关内容的学习。在正文中设置了“溯源”栏目，并设置了“图说数学史”的选学内容，以学生喜闻乐见的方式介绍数学发展史的有关材料，帮助学生了解数学家，特别是中国数学家，以及他们的数学成果在人类文明发展中的作用，激发学生学习数学的兴趣，感受中外数学家治学的严谨，欣赏数学之美。

例如，在关于“方程”一词的“溯源”中，既介绍了我国古代数学著作《九章算术》中有“方程”章，以及我国古代数学成就“方程术”，还介绍了清代数学家李善兰对现代人使用“方程”一词所作的贡献。“图说数学史——几何的起源”则以图文并茂的方式，向学生介绍了古人通过经验获得有关物体的形状、大小和位置关系知识，逐渐产生几何学的过程；并以精美的文物图片，向学生展示了我国古代、古埃及、古巴比伦对于图形形状的认识和几何测量的成就，这种设计有利于学生提升学习兴趣，增强数学学习的好奇心、想象力、探求欲。

（三）教材的主要变化与特色

教材编写需要兼顾国家意志、数学学科逻辑、学生认知水平等多方面因素。这些因素是新教材编写时重点关注的一些问题，现将其整合为新教材的八个特色。

1. 坚持德育为先、落实全面育人，体现教材的价值观

教材是国家事权，不仅要回应“培养什么人”“怎样培养人”，还要回应“为谁培养人”。教材始终坚持德育为先、落实全面育人，结合初中数学学科特点，全面贯彻落实党的二十大精神，用数学教材“培根铸魂”。

近些年来，随着《习近平新时代中国特色社会主义思想进课程教材指南》《“党的领导”相关内容进大中小学课程教材指南》《中华优秀传统文化进中小学课程教材指南》等重大主题教育进教材文件的颁布，为初中数学教材渗透学科德育明确了方向。教材结合相关数学知识的学习、数学知识的应用以及综合与实践活动等，按照“应进全进、充分体现、创新方式、有机融入”的原则，通过创设问题情境、编制习题、编写阅读材料、配置插图等多种方式，讲好中国贡献的数学故事，讲好数学呈现的中国故事，在数学内容中有机融入社会主义核心价值观教育和中华优秀传统文化教育，培育学生的家国情怀；全方位体现中国元素和中国风格，展现我国科学家的贡献、我国古代及现代科技成果和经济社会发展成就。

例如，通过展现中国古代的建筑、艺术、科技、思想哲学等文明成果，介绍中国古代数学取得的成就、中国古代数学家的聪明才智和钻研精神，有机融入中华优秀传统文化；通过探索革命遗址的位置，研究纪念币、模范雕像中的数量关系等，渗透革命精神，弘扬革命文化；以我国近期在航空航天、轨道交通、基础设施建设、经济发展、工农业生产、生态文明建设等领域取得的最新成果为背景，创设问题情境，引入新知或编制题目，让学生在学习新知识或解决问题的同时，了解我国社会发展和科学进步过程中取得的最新成就，弘扬社会主义先进文化；通过介绍我国自主研发的近防炮发射炮弹的频率、雷达图的读取方式、国境线的位置信息等，加强国防教育；将近视预防、体重管理、传染病防控、科技产品的健康使用、交通事故的预防等整合到问题解决和数学活动中，渗透生命安全与健康教育；通过融入节水灌溉、再生纸生产，引入空调能效和碳足迹计算，关注我国风力和太阳能发电的发展进度等，传达绿色发展理念。

2. 聚焦核心素养、发展理性思维，体现教材的思想性

数学在形成人的理性思维、科学精神和促进个人智力发展的过程中，发挥着不可替代的作用。有逻辑地思考的理性思维，敢于质疑、善于思考、严谨求实、自我反思的科学精神，都是数学课程在整体课程中发展学生核心素养的独特贡献。

教材依据发展学生核心素养的要求选择和组织学习素材，通过情境创设和问题解决等方式设计系列学习和实践活动、构建习题系统、创新呈现方式等，让学生在学习和应用数学知识的过程中，会用数学的眼光观察现实世界，会用数学的思维思考现实世界，会用数

学的语言表达现实世界。在数学学习的过程中学会学习，逐渐形成理性思维，培养科学精神，发展应用意识和创新意识，发挥数学学科独特的育人功能。

首先，教材在体系结构上，既关注数学知识内容的学科逻辑，又关注学生学习的心理逻辑；既重视同一领域内容的逻辑关系，又关注不同领域内容之间的衔接和沟通；既考虑整体的螺旋上升，又考虑局部的直线深入，使教材具有良好的整体结构，让学生在不断概括的过程中，对重要的数学思想和方法的理解水平得到提高。此外，教材还注重学习内容的结构化，重视以数学核心概念及其反映的思想方法为纽带，加强内容的纵横联系，通过类比、归纳、推广、特殊化等方法，使不同内容相互沟通，从而加深学生对数学的整体性认识。

例如，对于“一元一次方程”“二元一次方程组”“一元二次方程”等章，其结构体系均是按照方程的概念、解法与应用进行设置，体现出结构上的一致性（表 1-3）。

表 1-3

一元一次方程	二元一次方程组	一元二次方程
5.1　方程	10.1　二元一次方程组的概念	25.1　一元二次方程的概念
5.2　解一元一次方程	10.2　消元——解二元一次方程组	25.2　降次——解一元二次方程
5.3　实际问题与一元一次方程	10.3　实际问题与二元一次方程组	25.3　实际问题与一元二次方程

其次，在内容的呈现上，关注数学知识所蕴含的数学思想、通性通法，以数学核心概念及其反映的基本思想为纽带，逻辑一致地呈现相关内容。在学习过程中，加强研究方法的引导，使学生体会学习方法的一致性，体会数学的思维方式，培育理性精神。在章、节引言中，结合问题背景，概述本章所体现的核心数学思想方法和研究方法；在内容展开过程中，加强内容的纵横联系，通过类比、归纳、推广、特殊化等方法的运用，使不同内容相互沟通，帮助学生建立结构功能优良的数学认知结构；在小结中，对本章核心内容及其反映的思想方法进行提炼与概括。

例如，在“四边形”一章中，关于平行四边形、矩形、菱形和正方形的引入，教材呈现了如下内容*：

【引入 1】对于三角形，我们学习了一般三角形后，又学习了等腰三角形和直角三角形。这是在一般图形的基础上研究特殊图形，我们在研究几何图形时常用这种思路。对于四边形，从组成它的四条边的位置关系来看，如果它的两组对边分别平行，这个四边形就是平行四边形……

【引入 2】当平行四边形的角、边满足某些特殊条件时，就得到特殊的平行四边形。

* 说明：本书在引用教材原文时，为了表述方便、利于读者理解，对教材原文中的个别文字、图号、表号等有所调整。

先来看角满足特殊条件的平行四边形。当平行四边形的一个角为直角时，这时的平行四边形是特殊的平行四边形。有一个角是直角的平行四边形叫作矩形。

【引入 3】当平行四边形的一组邻边相等时，这时的平行四边形也是特殊的平行四边形。有一组邻边相等的平行四边形叫作菱形。

【引入 4】对于一个平行四边形，如果它不仅有一组邻边相等，而且有一个角是直角，那么它就是正方形。正方形既是有一组邻边相等的矩形，也是有一个角是直角的菱形。

【引入 1】是平行四边形的引言，平行四边形是由四边形的特殊化得到的；【引入 2】和【引入 3】的地位相同，矩形是将平行四边形的角特殊化得到的，菱形是将平行四边形的边特殊化得到的；由【引入 4】可知，正方形既可以看作将矩形进一步特殊化（邻边相等）的产物，又可以看作将菱形进一步特殊化（直角）的产物。通过四种特殊四边形的引入，不难发现均是按照从一般到特殊的方式展开的。因此，学生在学习完平行四边形的概念后，对于之后三种四边形的概念的引入，可以类比获得。

3. 面向全体学生、关注发展差异，体现教材的发展性

教材既面向全体学生，也关注学生发展的差异。在保证基本要求的前提下，体现一定的弹性，以满足学生的不同需求，落实“人人都能获得良好的数学教育，不同的人在数学上得到不同的发展”的课程理念，并便于教师发挥自己的教学创造性。

教材重视做好科学教育的加法，依据发展学生核心素养的要求选择和组织学习素材，通过情境创设和问题解决等方式，设计系列学习和实践活动、构建例习题系统、创新呈现方式等，从而增强学生的学习内在驱动力，激发学生的好奇心、想象力、探求欲，让学生在学习和应用数学知识的过程中，逐渐形成理性思维，发展核心素养，培养科学精神，发展应用意识和创新意识。

第一，教材将《标准（2022 年版）》中以星号标记的选学内容全部纳入教材体系，供教师在实际教学中选择使用。

第二，在教材正文中精心设置栏目、边空等，适当提出具有探索性、开放性的问题，引导学生自主探究结论、对得到的结论进行拓展和反思。

第三，将例习题系统看成促进学生自主学习、提升创新意识、提高实践能力的重要平台。整体考虑例习题系统的设置，并重视小初衔接、初高衔接。按课时安排练习，将其作为学生课内学习活动的一个组成部分；习题、复习题按教学功能分为“复习巩固”“综合运用”“拓广探索”三个层次，发挥它们在帮助学生巩固和运用知识、培养数学能力、拓展知识、深化数学理解和应用等方面的功能。

例如，在“圆”一章复习题的“拓广探索”中，设置了如下问题：

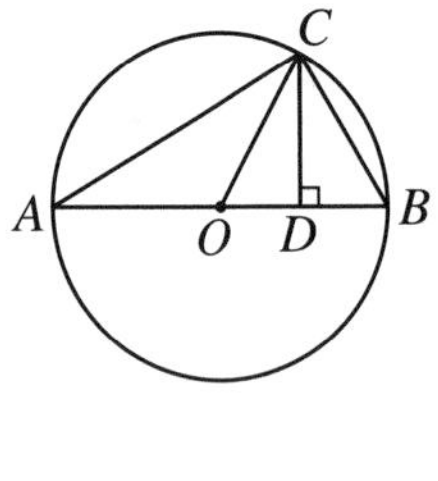

如图，$\triangle ABC$ 为 $\odot O$ 的内接三角形，AB 为直径，过点 C 作 $CD \perp AB$，垂足为 D。设 $AD=a$，$BD=b$。

（1）分别用 a，b 表示 OC，CD。

（2）OC 和 CD 的长之间有什么关系？由此你能得到怎样的关于 a，b 的不等式？

学生在利用直线与圆的知识解决问题的同时，也为其高中阶段即将学习的几何平均数与算术平均数的比较提供了几何直观。

第四，重视选学内容（阅读与思考、观察与猜想、探究与发现、信息技术应用、图说数学史）的编写，为学有余力的学生安排具有探索性、拓展性、思想性的内容，引导学生学习一些重要的数学思想、应用广泛的数学方法，以及探索对其思维能力培养有较高价值的问题。例如“探究与发现——等宽曲线”从为什么车轮要做成圆形提出问题，再引出等宽曲线，然后拓展到莱洛三角形及其应用等，帮助学生基于已学知识极大地开拓了学习视野。

第五，通过设置具有开放性的综合与实践活动，学生将经历项目式学习的全过程。学生需要综合运用数学和其他学科的知识与方法，在实际情境中发现问题，并将其转化为合理的数学问题；能独立思考，与他人合作，提出解决问题的思路，设计解决问题的方案；能根据问题的背景，通过对问题条件和预期结论的分析，构建数学模型；能合理使用数据，进行合理计算，借助模型得到结论；能根据问题背景分析结论的意义，反思模型的合理性，最终得到符合问题背景的模型解答。通过这样的过程，有助于学生理解数学，应用数学，形成和发展应用意识、模型观念等；提升获取信息和资料的能力、自主学习或合作探究的能力；提升撰写研究报告的能力和语言表达能力。通过整合数学与其他学科的知识，完成跨学科综合与实践活动，有助于学生感悟数学与生活、数学与其他学科的关联，发展学习能力、实践能力和创新意识。

4. 加强问题引导、展现思维过程，体现教材的过程性

数学教材不是单纯的数学知识的堆砌，学生要获得对数学的深刻理解，也不能单纯依赖模仿、练习和记忆。数学是系统化了的常识，因而它比其他自然科学更易于创造……学习数学唯一正确的方法是实行“再创造”，教师的任务是引导和帮助学生进行“再创造”。[①] 教材要给出对数学知识再发现、再创造的途径、过程和方法，也就是要给出“数学化”的过程，引导学生进行再发现、再创造。因此，教材应选用合适的学习素材，为学生提供丰富的问题情境，设计必要的数学活动，从而展现数学知识的形成、发展过程，反映数学知识的应用过程，以保证学生经历观察、实验、猜测、推理、交流、反思等数学活动，积累数学活动经验，促进其在思维习惯、思维能力等方面的发展。

首先是获得数学概念的过程。教材既重视数学与现实的联系，也重视数学内在的逻辑关系，从现实情境、数学情境、其他学科情境出发，让学生经历归纳、概括事物本质的过程，获得数学概念等研究对象，学会数学地认识问题，学会用数学的眼光观察现实世界。

---

① 弗赖登塔尔. 作为教育任务的数学［M］. 陈昌平，唐瑞芬，译. 上海：上海教育出版社，1995：1-4.

其次是研究数学对象的过程。教材重视研究方法的引导，重视从“一般观念”出发构建对数学对象的研究思路，让学生经历“观察想象—实验探索—概括猜想—推理论证”的过程，从而发现规律、提出猜想、证明结论，学会用数学的思维思考现实世界。

最后是应用数学概念、性质解决问题的过程。教材重视应用数学概念、性质解决问题的过程，不仅运用数学原理对现实问题进行数学抽象，还用数学语言表达数学问题，用数学方法构建模型解决问题，使学生学会用数学的语言表达现实世界。

关于如何使学生经历上述三个过程，教材的主要做法是问题引领和问题驱动。在知识形成过程的“关键点”上，在运用数学思想方法产生解决问题策略的“关节点”上，在数学知识的“联结点”上，在数学问题变式的“发散点”上，在学生思维的“最近发展区”内，提出反映本质、自然连贯、恰时恰点、难易适当的问题，引导学生的思考和探索活动，使他们经历观察、实验、猜测、推理、交流、反思等理性思维的基本过程，体会数学研究方法，积累数学活动经验，提升发现和提出问题的能力。

5. 重视背景应用、加强综合实践，体现教材的联系性

《标准（2022 年版）》的总目标中指出，学生应体会数学知识之间、数学与其他学科之间、数学与生活之间的联系，在探索真实情境所蕴含的关系中，发现问题和提出问题，运用数学和其他学科的知识和方法分析问题和解决问题。为此，教材在问题引入的背景和应用数学的素材选取方面，以及综合与实践活动的设计方面，都注意其与相关内容的数学关联性、与其他学科知识的学科关联性、与学生现实生活的生活关联性。

一个数学概念的引入，总有其现实或数学理论发展的需要。教材中任何一个新概念的引入，都强调其现实背景、数学理论发展背景或数学发展历史背景，这样才能使教材显得自然、亲切，让学生感到知识的发展水到渠成，而非强加于人，也有利于学生更好地理解其本质。例如，函数是描述客观世界中变量关系和变化规律的数学模型，无论是对于一般函数概念，还是对于一次函数、二次函数、反比例函数的概念，教材都从典型丰富的、反映这一本质特征的运动变化现象的具体例证出发，让学生分析、比较、综合这些例证的共同特征，进而概括出其本质特征，得到相关的函数概念。

应用数学知识解决实际问题，可以帮助学生更深刻地理解数学知识，利于提高学生的数学学习兴趣，加强应用意识，提高数学创造力。教材千方百计地开发数学应用的背景素材，通过解决具有真实背景的问题，引导学生体会数学的作用、数学与生活及其他学科的联系，发展模型观念，培养应用意识，提高实践能力。例如，在“一元一次方程”“二元一次方程组”“一元二次方程”“一次函数”“二次函数”“反比例函数”等章中，教材都安排了“实际问题与……”的内容，在首先给出 2～3 个例题的基础上，归纳、总结建立方程（函数）模型解决实际问题的一般过程，再进一步安排更接近真实问题的“探究”（例如“一元一次方程”中 3 个探究性问题：销售中的盈亏、球赛积分表问题、不同能效空调的综合费用比较），不仅进一步突出方程和函数模型的应用的广泛性和有效性，还使学生

能在更加贴近实际生活的情境中运用所学数学知识，确保学生的分析与解决问题能力、创新意识和应用意识等获得提高。

对于综合与实践，《标准（2022 年版）》指出，综合与实践活动要以问题解决为导向……让学生从数学的角度观察与分析、思考与表达、解决与阐释社会生活以及科学技术中遇到的现实问题……提高发现与提出问题、分析与解决问题的能力。教材注重以问题引领活动设置，通过设置贴近学生的现实生活、具有真实问题情境和社会价值的跨学科的综合性问题，进行领域内、跨领域、学科间的综合与实践活动，以数学活动、项目学习、合作解决问题等方式，让学生亲历发现、实验、探究、体验、反思、合作、交流等学习过程，体会数学知识之间、数学与其他学科之间、数学与现实世界之间的联系，感悟数学的科学价值，发展应用意识，提升实践能力和创新能力，践行社会担当等，促进数学学科育人方式和学习方式的变革，体现数学学科的协同育人功能。

6. 改进呈现方式、提升学习体验，体现教材的适切性

教材改进了呈现方式，使得内容更好地适应教学过程与方法，更加适应学生的年龄特征和学习方式，提升学生对教材的使用感受，使教材对于学生具有更好的适切性。

首先是结构体系方面的调整。教材改进了部分数学知识的呈现顺序，通过拆分原教材知识章节结构，或改变原有的一些知识呈现顺序，将初中数学知识的发展过程更加科学、完整地呈现出来，更加符合学生的数学学习习惯和心理认知过程，既满足知识上的螺旋式上升，又能体现数学知识的逻辑一致性，更有利于学生的自主学习。

其次是教材具体内容呈现方面的调整。教材按照数学知识的逻辑关系，结合学生的认知特点，参考数学知识的产生和发展过程，构建相应数学知识的呈现过程。教材对问题系统进行了整体设计，通过章引言和节引言，具有思考性、探究性、综合性、开放性的正文栏目，以及教材边空的问题和“贴士”，提出反映本质、自然连贯、难易适当、恰时恰点的问题，为学生提供思考的空间，引导学生经历学习过程。

再次是对教材内容多元表征方面的调整。教材重视不同数学语言的使用，充分利用文字语言、图表、数学图形、数学符号等多种形式，多元联系表示相关内容。例如，对于平方差公式和完全平方公式等乘法公式，教材不仅有文字的描述，还有符号的表达，也有图形的表达（图 1-3）。这种多元联系表征，对于学生更好地理解乘法公式是大有裨益的。

最后是视觉设计方面。教材对封面、插图、版式等进行了重新设计。教材版式设计美观大方、简洁明快，充分利用四色印刷的优势，加强了不同栏目、插图、文字用色的整体设计，使之更加生动、新颖、活泼、美观，提高了教材的可读性和审美性，提升了学生的阅读体验。插图风格清新雅正、格调高雅。教材选取反映我国古代建筑、艺术、科技、思想哲学等文明成果的图片，选取建党纪念币、革命遗址、

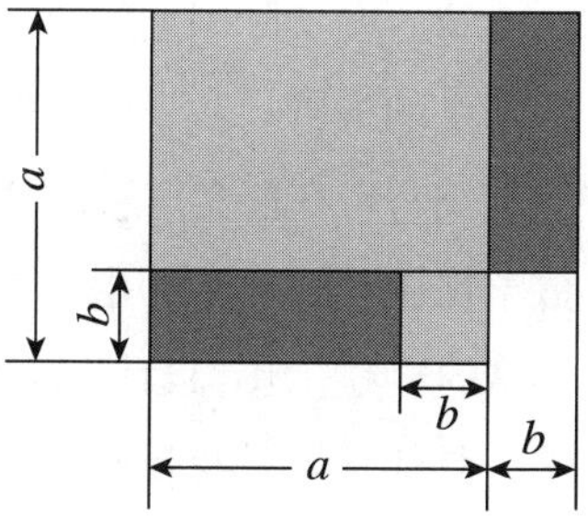

图 1-3

模范雕像等图片；选取反映我国经济社会新成就、新发展的图片，体现育人导向；情境类插图力求体现中国风、时代感、精气神、数学味；数学图示类插图准确、科学，能够反映数学学科特色。教材重新绘制了数学家画像，并请有关院士、历史专家、数学史专家审核把关，数学家画像与相关数学史的文字叙述相辅相成，激发学生学习数学的兴趣，感受中外数学家的聪明才智和严谨的治学精神。

7. 精选主题素材、创新融入方式，体现教材的文化性

在人类历史上，数学对自然科学、社会科学和人文学科影响深远，具有重要的科学价值和人文价值。数学育人不仅要传授知识，而且要以知识为载体，将知识、思维、方法、精神、价值和人文等融为一体，实现文化内涵的整体育人。为此，教材通过精选主题素材、创新融入方式，体现出极强的文化性。

教材精选“历史与发展”“思想与方法”“人物与精神”“趣味与应用”等角度的数学文化主题，并重点关注我国传统数学在数学历史发展中的贡献，充分发挥数学的文化力量，引导学生认识数学的科学价值、应用价值和文化价值，提高他们的科学文化素养。

具体地，教材在正文中设置了“溯源”，结合正文内容的展开，让学生跨越时空，在追本溯源中自然地理解重要的概念和方法；通过教材边空，选配数学家画像，结合相关数学成就和人物故事，让学生感悟数学家的精神；设置了“图说数学史”，图文并茂地呈现数学分支的历史脉络，讲述重要数学概念的形成与发展，展现数学思想方法的演变进程等。

有必要指出的是，教材十分注重数学文化与学生数学学习的有机结合。例如，在“整数指数幂”一节，教材安排了关于幂的符号演变的“溯源”。该“溯源”介绍了数学发展史上不同数学家（丢番图、韦达、哈里奥特、笛卡儿）所使用的幂的符号，最后到牛顿提出的关于幂的符号的设想，并提出思考“你认为牛顿的这个设想合理吗？也就是说，如果 a^m 中的 m 可以是负整数，那么负整数指数幂 a^m 表示什么?”这种设计仿佛为学生开启了一场与牛顿之间的跨越时空的对话，使牛顿成为学生学习整数指数幂的引路人，使得学生对从正整数指数幂推广到整数指数幂的认识更显自然。

8. 整合信息技术、改进教学方式、体现教材的融合性

《标准（2022 年版）》在课程理念中提出，要促进信息技术与数学课程融合。合理利用现代信息技术，提供丰富的学习资源，设计生动的教学活动，将促进数学教学方式方法的变革。在实际问题解决中，创设合理的信息化学习环境，能够提升学生的探究热情，开阔学生的视野，激发学生的想象力，提高学生的信息素养。

编写者在落实信息技术与教材的深度融合上下功夫，深入思考信息技术工具在探索某些数学规律时的重要作用。教材在相关内容的展开过程中，合理利用现代信息技术，为学生提供丰富的学习资源，设计生动的教学活动，促进学生学习方式的改进，提高学生的信息素养。

具体地，教材反映了信息技术的发展，结合相关材料让学生了解互联网、人工智能、大数据处理等相关内容。教材创设了合理的信息化学习环境，将抽象的数学知识直观化，

有助于激发学生学习数学的兴趣和探究新知的欲望，促进学生对数学概念的理解和数学知识的建构。在教材正文中，加强信息技术工具的应用，利用信息技术完成复杂计算和绘图、展示动态变化过程、探索数学结论；在教材边空中，结合相关内容的展开，给出使用信息技术的提示；设置“信息技术应用”这一选学栏目，让学生结合某一专题内容，利用信息技术工具发现规律、探究性质、开展数学实验。

教材注重利用信息技术建立探究环境，帮助学生分析和解决问题。尤其是信息技术工具强大的数值运算、代数推理、动态几何、统计分析等功能，使学生进行“数学实验”成为了可能。通过信息技术创设的交互性的实验环境，可以创设一些问题情境，让学生围绕某个数学问题展开探究，让学生经历学习（研究）数学的过程，提升数学素养。在这一过程中，教材所呈现的教学内容不单单是教师的讲授内容，还是学生主动建构的对象。信息技术也不再单单是教师演示的工具，还是发现规律、获得猜想、解决问题的有效工具。

例如，在学习二次函数的图象和性质时，教材通过“探究”或正文，安排了利用信息技术工具画函数图象的过程（图 1-4、图 1-5、图 1-6）。利用信息技术工具的动态功能，将抽象内容直观化、静态内容动态化，帮助学生在直观、动态的过程中观察 a，h，k 对于函数图象的影响，从而发现 $y=a(x-h)^2+k$ 的图象和性质。

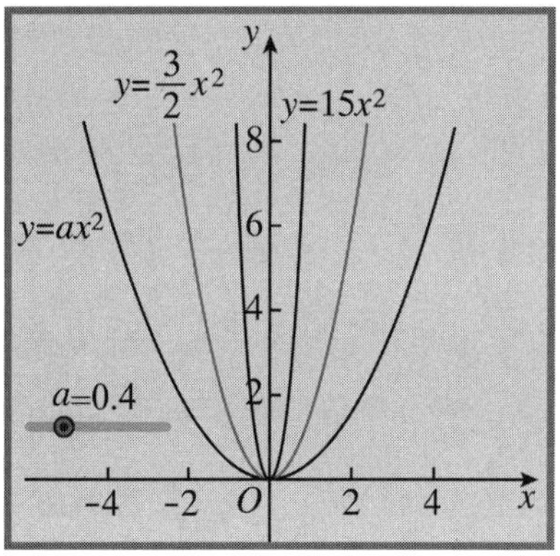

图 1-4

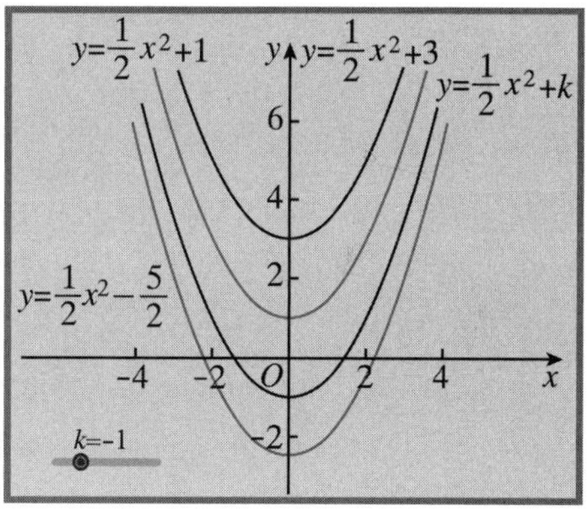

图 1-5

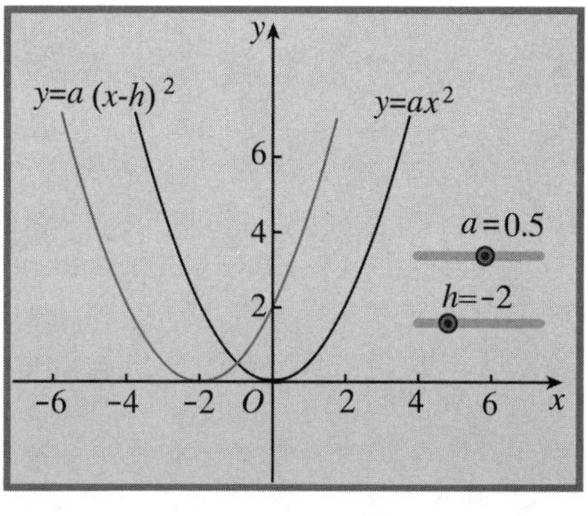

图 1-6

五、结束语

作为最重要的课程资源，教材是课程标准的具体化，是引领教学的主要载体，也是党和国家教育方针的具体体现，是国家事权，并具有社会属性。教材建设也是一个长期的过程，尽管教材编写者在各方面的大力支持下作了许多努力，但是肯定还存在许多不尽如人意之处，提高教材质量是永恒的任务。路虽远，行则将至；事虽难，做则可成。随着课程改革的不断深入，在新的实践检验中，我们将不断努力，吸收各方面的意见和建议，使得这套教材在现有基础上不断提高质量。

执笔人：王光明，李海东

第二章 “数与代数”编写研究

数学是研究数量关系和空间形式的科学，数与代数研究数量和数量关系，是数学的基本内容之一，是准确认识、理解和表达现实世界的量化工具，其中方程、不等式、函数是表达数量关系及其变化规律的重要数学模型。“数与代数”是初中数学课程的四大领域之一，其内容包括“数与式”“方程与不等式”和“函数”三个主题。学生在小学阶段认识了非负有理数，掌握了非负有理数的四则运算，知道了可以用字母表示数、数量关系及其变化规律；初中阶段，学生将进一步认识负数、无理数，把数依次扩充到有理数和实数范围，学习它们的四则运算；还将学习代数式、方程、不等式、函数等内容，它们是学生理解数学符号，通过推理运算探索数量关系及其变化规律的表征工具。通过“数与代数”领域的学习，有助于学生提升运算能力，形成抽象能力、推理能力和模型观念，发展几何直观。

第一节 数与式

“数与式”是“数与代数”领域的三个主题之一，是学习“方程与不等式”和“函数”主题的基础。数与式是代数的基本语言，借助数表达量，通过数的运算表达具体量之间的和、差、倍、分、乘方及开方关系；借助字母表示数，通过数与字母的运算建立代数式表达抽象量之间的和、差、倍、分、乘方及开方关系；通过运算，化简数的算式和代数式，简约地表示数量关系，便于清晰地把握数量关系的本质。数和代数式研究的核心问题都是运算，本质是通过运算实现信息的简约化。由于字母表示数，使得字母可以像数一样参与运算，因此数与字母的运算结果——代数式的运算结果也表示数。由于代数式是由数和字母通过运算得到的，因此运算律是代数式运算的逻辑基础。通过列代数式表示数量关系、代数式的运算简化数量关系，得到数量关系的一般规律，这是借助符号运算进行的代数推理的基础。

数的内容蕴含着数系扩充的思想，代数式的内容蕴含着数式通性的思想。数系扩充思想指的是数系扩充中一致的思考框架：引入新数，扩大数集，拓展运算，保持运算的前后一致——即把原数集看成新数集的子集，新旧运算法则一致，运算律一致。数式通性不仅包括数与代数式研究思路的一致性，更重要的是体现数与式的运算一致性。这种运算的一致性体现为字母及代数式可以像数一样进行运算，并且运算律也一致。运算律是整个代数学至精至简的基础，[①] 运算律不仅是数的运算的基本性质，而且是建立代数式运算法则的基础。同时，代数式的加法、乘法运算也满足运算律。

数与式的学习也具有整体性。一方面，通过有理数和实数的认识，帮助学生进一步感悟数是对数量的抽象，知道绝对值是对数量大小和线段长度的表达，进而体会实数与数轴上的点一一对应的数形结合的意义，会进行实数的运算；另一方面，通过代数式和代数式运算的教学，让学生进一步理解字母表示数的意义，通过基于符号的运算和推理，使学生建立符号意识，感悟数学结论的一般性，理解运算方法与运算律的关系。“数与式”主题的学习有助于提升学生的运算能力、抽象能力、推理能力，发展几何直观。

一、“数与式”主题的内容分析

（一）“数与式”主题内容的数学本质

1. 有理数与实数

数是数学中最为基本的研究对象，是整个数学的基础。初中阶段数的内容主要包括有理数和实数，数的认识包含从非负有理数到有理数再到实数的两次数系扩充。有理数、实数的运算是从小学阶段数值运算向符号运算的过渡，起着承上启下的作用。

数的结构主线为：有理数—实数—二次根式。有理数域是最小的数域，是中学阶段的第一个数域，也是学生接触的第一个数域。实数域为研究初中阶段乃至高中阶段的数学问题提供了完善的数（连续统）的基础。有理数和实数无论在数学领域，还是在学生的认知结构中，都极为重要。二次根式作为对一种特殊类型的实数的推广，有助于学生深化对实数运算的认识，也是学习无理方程、无理不等式以及幂函数、指数函数的基础。

有理数集、实数集连同其上定义的加法、乘法运算都分别构成数域。作为数域，有理数域、实数域都有两个组成要素，一是组成数域的数集，二是数集上定义的加法、乘法这两种基本运算，并要求加法、乘法都满足交换律、结合律，乘法对加法满足分配律。因此，在有理数和实数中，都要解决两个核心问题，首先把已有数集进行扩大，即把非负有理数扩大到范围更广的有理数——有理数的概念，把有理数扩大到范围更广的实数——实数的概念；其次是扩充四则运算（加法、乘法是基本运算），即将非负有理数的四则运算进行扩充——有理数的四则运算，将有理数的四则运算进行扩充——实数的四则运算。

研究运算是数的研究的核心问题，实现运算的封闭性是数系扩充的数学内在发展动

① 项武义. 基础代数学［M］. 北京：人民教育出版社，2004：xviii.

力。在小学学习的非负有理数的基础上，通过引入负数，把数系扩充到有理数域，实现了减法运算的封闭性。每个无理数都可以看成有理数列的极限，通过引入无理数，实现了有理数极限运算的封闭性，用有理数列逼近无理数可以帮助学生理解无理数。从有理数到实数，实现了从离散数系到连续数系的发展。引入无理数后，填满了有理数在数轴上留下的所有“空洞”，实现了实数的完备性（连续性）。历史上，希帕索斯发现不可公度线段是基于几何而言的，也就是说，无理数的发现，是基于几何背景的。[①] 考虑到学生的认知基础，教材采用从有理数的平方根、立方根出发，引入无限不循环小数，进而建立无理数的概念，这样便于学生类比有理数认识无理数，便于学生基于数式通性研究具有平方根形式的实数的四则运算。二次根式是有理式的算术平方根，其中被开方式中含有字母的二次根式叫作无理式。如果被开方式中不含字母，则相应的二次根式表示的就是实数。在实数内容中，重点是让学生通过有理数估计无理数的大小，类比有理数建立实数的相反数与绝对值概念，通过“实数与数轴上点的一一对应”的关系，初步理解实数的连续性。至于实数的运算，则以二次根式的运算为主。

2. 代数式及其运算

与数的地位类似，式也是数学中最为基本的研究对象，是整个数学的基础之一。代数式是表示数的字母与数通过加、减、乘、除、乘方、开方运算得到的算式。由于代数式保持了数与字母的原始运算结构，这种运算结构能简约地表示一般的数量关系，因此，用代数式表示的数量关系，通过运算得到的结果具有一般性。代数式及其运算为在一般意义上研究数量关系及其变化规律，提供了有效的表征工具。

与数的扩充类似，初中阶段代数式的研究有三次扩展，即以用字母表示数为起点，经历整式、分式、二次根式三次扩展。字母表示数，字母可以像数一样进行运算，通过字母运算可以得到一般规律，因而代数式都可以进行加、减、乘、除、乘方和开方运算，服从数的基本运算定律。式与数一样是代数的基本语言，方程、公式等都需要用字母来表示。从数到式的推广蕴含的核心思想是数式通性（数、式的运算一致性）。

用字母表示数是认识式的起点。从代数式的数学结构上来说，由于代数式中的系数与常数项通常是实数，代数式中的字母也表示实数，因此从数学的知识体系上来说，代数式的内容应安排在实数之后。考虑到列代数式、代数式的运算是初中阶段学习方程和不等式、函数等的重要基础，是学生体会代数思想的起点，宜让学生尽早接触，部分内容可以提前到有理数之后、实数之前进行安排，后续学生可以自然地将有关代数式中的系数与常数项拓广到实数范围。因此，代数式的有关内容可以分阶段安排，将整式的概念、整式的加减运算紧接在有理数之后安排，整式的乘除运算、分式也可以安排在实数之前，二次根式安排在无理数之后学习，其结构主线为：有理数—有理式（整式、分式）的概念—有理

---

① 项武义．基础代数学［M］．北京：人民教育出版社，2004：29.

式的运算；实数（无理数）—二次根式的概念—二次根式的运算。

（二）“数与式”主题内容的上下位关系

初中“数与代数”领域包括“数与式”“方程与不等式”“函数”三个主题。数与式主要研究数及代数式的运算，是对数及表示数的字母进行加、减、乘、除、乘方和开方运算；方程研究的是用代数式表示的两个量之间的相等关系；不等式研究的是用代数式表示的两个量之间的不等关系；可以用解析式表达的函数则研究的是用代数式表示的变量之间的关系，本质上是用运动变化、对应、数形结合的观点研究形如 $y=f(x)$ 的方程。因此，“数与代数”领域内容是表达等量关系和不等量关系的基本代数符号结构。

有理数是学习实数、代数式、方程等“数与代数”领域内容的基础，也为学习“统计与概率”和“图形与几何”领域的相关知识提供了最为基本的数的基础。有理数的运算是小学阶段数值运算向初中阶段符号运算和推理的过渡，具有承前启后的地位。实数是学生进一步完善对式、方程的认识的基础，是学习不等式、平面直角坐标系、函数等涉及实数连续统假设的“数与代数”领域内容的基础，也是学习“统计与概率”和“图形与几何”领域相关内容的基础。对于代数式，一方面，从用代数式表示的两个量之间的关系出发，引入方程、不等式与函数的研究问题；另一方面，通过方程与不等式的学习，进一步完善了代数式的大小比较学习内容，使得代数式与数的核心研究内容更一致——研究数及代数式的大小关系和运算。数与式也是量化表达几何中的距离、角度、面积大小及数量关系、图形位置坐标及其关系的工具。借助几何中的度量和平面直角坐标系，可以用数与式表示几何量及其关系，实现数形结合。因此，利用数与式，可以对几何图形的形状、大小、位置及其变化进行量化表达和研究。

初中阶段，数的运算的重点是有理数的运算，代数式的运算的重点是有理式（整式、分式）和二次根式的运算。聚焦运算的数系扩充逻辑主线是：基于单位 1 的自相加运算，得到正整数，通过正整数的减法运算引入 0 和负整数，把自然数扩充到整数，实现减法运算封闭；通过除法运算引入分数，把整数系扩充到有理数系，实现除法运算封闭。与这种数的扩充类似，初中阶段从字母表示数到有理式的扩充逻辑是：通过表示数的字母及数的乘积引入单项式，通过单项式的加法运算引入多项式，把单项式扩充到整式；通过整式的除法运算引入分式，把整式扩充到有理式；通过有理式的开平方运算引入二次根式。

数与式的逐次扩充过程、数与式的关系可以用图 2-1 表示。

（三）“数与式”主题的育人价值

有理数及其运算中蕴含着数系扩充的思想，无论是数集的扩大，还是运算的扩充，都较为充分地体现了这一思想。通过学习有理数及其运算，可以让学生较为充分地感悟数系扩充的思想，有助于提升他们的数感、抽象能力、运算能力、推理能力和几何直观（数形结合）等核心素养。

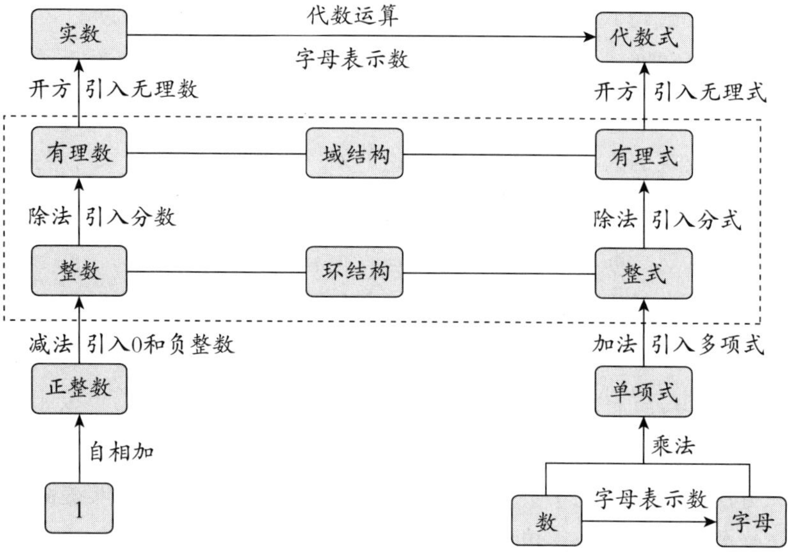

图 2-1

实数也蕴含着数系扩充的思想。通过学习实数，可以加深学生对数系扩充思想的认识，提升他们的数感、抽象能力、运算能力、推理能力和几何直观（数形结合）等核心素养。

代数式把数扩充到式，突出算术到代数的发展，可以培养学生的抽象能力（包括列式能力），加强他们的符号意识。

整式的加减、整式的乘法、因式分解、分式和二次根式，可以帮助学生提升抽象能力、符号意识、运算能力和推理能力，加强对数与式运算的一致性（数式通性）和整体性的认识。

总之，“数与式”主题的学习有助于提升学生的抽象能力、运算能力、推理能力，发展几何直观。

（四）学习“数与式”主题的一般观念

专家在解决问题时，具备了围绕核心概念和原理的高度结构化的知识体系，而组织这种结构化知识体系的顶层组织结构、思想和观念称为一般观念。一般观念是引领数学思考的方向标，是研究一类数学对象的基本框架。组织数与式内容的核心思想是数系扩充思想和数式通性的思想。将非负有理数系扩充到有理数系，再进一步扩充到实数系，这两个过程都蕴含着数系扩充的思想方法，这是有理数、实数中蕴含的核心思想，是扩充数系“怎样做”的基本研究框架。数式通性是数与式的运算一致性，这种运算的一致性体现在字母及代数式可以像数一样进行运算，并且运算律也一致，这是在运算上统一看待数与字母及代数式。

归纳与类比是学习“数与式”主题的基本方法。

一方面，“数与式”主题的核心内容是数与式的有关概念、运算法则和运算性质，它

们都是通过归纳的方式得到的。数系扩充的基本研究框架是：引入新数，扩大数集—定义、表示、分类—研究性质（相等与不等关系）—研究运算；类似于数系的扩充，代数式的基本研究框架是：引入表示数的字母，通过运算构建代数式—定义、表示、分类—研究运算。由于比较代数式的大小比较复杂，因此单列一个内容主题——方程与不等式。数系扩充的研究方法来自对自然数的研究，是基于归纳的，体现为归纳发现、归纳定义、归纳证明。因此，数与代数式的运算的基本研究方法是归纳法。

例如，对于有理数的运算，教材始终坚持“归纳式”地呈现内容。教材以有理数运算法则、运算律的发生发展过程为载体，努力落实观察、实验、比较、归纳、猜想、推理、反思等数学思维活动过程，通过设置合适的问题或问题串引导学生的思考、探究活动，使学生在领悟有理数的运算法则和运算律内涵的过程中，体会从特殊到一般、从具体到抽象的研究过程和方法，使学生既学会发现，又学会归纳、概括，从而逐步提高学生的思维能力，培养用数学的思想和方法来思考和处理问题的习惯，促使学生学会思考、学会学习。

进一步地，由于数与式具有运算一致性，因此可以类比小学的经验，把非负有理数扩充到有理数和实数，类比数系扩充依次扩展式，研究其运算。因此，类比的方法是研究“数与式”主题的另一种基本方法，贯穿“数与式”主题的始终。

例如，类比数系扩充，通过字母表示数、数及字母的运算构建代数式，列代数式表示数量关系，研究反比例关系，体会代数式与数的算式的一般与特殊关系，体会用代数式可以简约地表示一般的数量关系，体会字母与数的区别与联系。再如，提出代数式的运算研究问题，从简单到复杂，通过字母与数的运算，依次构建整式、分式、二次根式进行研究；在整式、分式和二次根式的内容安排中，体现“引入、定义—性质—运算”的一致研究路径；在分式内容展开中，采用类比学习分数的方法学习分式的概念、基本性质、约分、通分、乘除运算、加减运算；等等。

二、“数与式”主题的课标要求和教材设计

(一)“数与式”主题的课标要求

1. 有理数

理解负数的意义，会用正数和负数表示具体情境中具有相反意义的量；理解有理数的意义，能用数轴上的点表示有理数，能借助数轴体会相反数和绝对值的意义，初步体会数形结合的思想方法；能比较有理数的大小，能求有理数的相反数和绝对值；会运用乘方的意义准确进行有理数的乘方运算；能熟练地对有理数进行加、减、乘、除、乘方及简单的混合运算（以三步以内为主），理解有理数的运算律，能合理运用运算律简化运算，能运用有理数的运算解决简单问题。

2. 实数

了解无理数和实数，知道实数由有理数和无理数组成，感悟数的扩充；初步认识实数与数轴上的点具有一一对应关系，能用数轴上的点表示一些具体的实数，能比较实数的大小；能借助数轴理解相反数和绝对值的意义，会求实数的相反数、绝对值；知道平方根、算术平方根、立方根的概念，会用根号表示平方根、算术平方根、立方根；知道乘方与开方互为逆运算，会用乘方运算求百以内完全平方数的平方根和千以内完全立方数的立方根（及对应的负整数），会用计算器计算平方根和立方根；能用有理数估计一个无理数的大致范围；初步认识近似数，在解决实际问题中，能用计算器进行近似计算，会按问题的要求进行简单的近似计算，会对结果取近似值；会用二次根式（根号下仅限于数）的加、减、乘、除运算法则进行简单的四则运算。

3. 代数式

能运用代数式表示具体问题中简单的数量关系，体验用数学符号表达数量关系的过程，会选择适当的方法求代数式的值；会用文字和符号语言表述整数指数幂的基本性质，能根据整数指数幂的基本性质进行幂的运算；会用科学记数法表示数（包括在计算器上表示）；理解整式的概念，掌握合并同类项和去括号的法则，能进行简单的整式加法和减法运算；能进行简单的整式乘法运算（多项式乘法仅限于一次式之间和一次式与二次式的乘法）；知道平方差公式、完全平方公式的几何背景，并能运用公式进行简单计算和推理；能用提公因式法、公式法（对二次式直接利用平方差公式或完全平方公式）进行因式分解（指数为正整数）；知道分式的分母不能为零，能利用分式的基本性质进行约分、通分，并化简分式，能对简单的分式进行加、减、乘、除运算并将运算结果化为最简分式。

（二）“数与式”主题的教材设计

在教材中构建合理的研究框架和科学的内容逻辑，能确保数学教材中的知识具有系统性和连贯性，既有助于学生循序渐进地学习，也为教师的教学提供了有力的支持和指导。因此，对于每一个学习内容，尤其是学习主题，构建相应的研究框架，整体设计研究路径，是教材编写首先考虑的问题。

对于“数与式”主题中的内容，教材遵循《标准（2022年版）》的要求，共安排了9章。其中，有关数的内容安排了3章，分别为：“有理数”“有理数的运算”“实数”；有关式的内容安排了6章，分别为：“代数式”“整式的加减”“整式的乘法”“因式分解”“分式”“二次根式”。各章的主要内容如下：

“有理数”一章，主要内容包括负数和有理数的意义、数轴的有关概念和作用、相反数和绝对值的意义，以及有理数的大小比较。

“有理数的运算”一章，在“有理数”一章将数的范围从非负有理数扩大到有理数的基础上，充分利用小学学习非负有理数运算的经验，采用从特殊到一般的方法，研究有理数的运算。重点将非负有理数的加、减、乘、除四则运算扩充到有理数范围内，从中体现

数系（域）扩充的过程与方法。

“代数式”一章，内容包括代数式和代数式的值。本章基于对现实情境中数量及其关系的表达，得到代数式的概念，列代数式表示具体问题中的简单数量关系，描述反比例关系，利用代数式的值解决具体问题。

“整式的加减”一章，学习一类基本的代数式——整式，以及整式的加减运算，并进一步学习列代数式表示数量和数量关系，体会数与整式在加减运算中的一致性。

“实数”一章，首先学习平方根与立方根，在此基础上引入无理数，把数的范围从有理数扩大到实数。然后，类比有理数，引入实数在数轴上的表示和实数的运算，使学生从中进一步感悟数系扩充的过程，并用这些知识解决一些实际问题。

“整式的乘法”一章，类比数的乘法学习整式的乘法。先学习幂的运算性质，在此基础上学习单项式的乘法、多项式的乘法等，并利用整式的乘法学习简单的整式除法。

“因式分解”一章，在整式的乘法的基础上，学习与整式的乘法方向相反的变形——因式分解，侧重学习两种分解因式的方法——提公因式法和公式法。

“分式”一章，类比分数的概念、基本性质、运算法则学习分式的相应知识，研究分式方程的解法，并利用分式和分式方程的知识解决一些实际问题。

“二次根式”一章，在已学的算术平方根的基础上，类比整式、分式的学习，学习二次根式的概念、性质与运算法则。

对于“数与式”主题中的内容，教材的结构体系安排见表 2-1。

表 2-1

册次	内容
七年级上册	1　有理数 2　有理数的运算 3　代数式 4　整式的加减
七年级下册	8　实数
八年级上册	16　整式的乘法 17　因式分解 18　分式
八年级下册	19　二次根式

下面对上述结构体系作几点说明。

（1）本套教材按照有理数、有理数的运算、代数式、整式的加减、实数、整式的乘法、因式分解、分式、二次根式的顺序安排数与式的内容，这样的安排既考虑了数与式的基础性地位和内容发展主线，也考虑了学生的认知规律，还考虑到了数与式的内容与其他

领域内容的配合。

（2）按照《标准（2022年版）》的设置，在小学阶段负数作为一个主题学习的内容，有可能降低了对负数的学习要求，再考虑到在原教材“有理数”一章中包括的内容较多，拆成“有理数”和“有理数的运算”两章后，对有理数的相关概念、有理数的运算的学习更加充分。对于代数式，《标准（2022年版）》提出了“字母表示数”“代数式”“列代数式”“求代数式的值”等明确要求。对于这些要求，原教材以隐性的方式进行呈现，学生通过对整式的加减、整式的乘法、因式分解、分式、二次根式的学习，达成课程标准中提出的要求。新教材则以显性的方式呈现，单独设置“代数式”一章，初步落实《标准（2022年版）》中提出的要求。这样的设置也为后续学习整式、分式、二次根式提供了先行组织者。整式的乘法与因式分解是相反方向的变形，在教材修订前期的调研中，部分教师、教研员反映：将整式的乘法与因式分解安排在一章中，学生容易混淆。新教材采纳这个意见，将这两个内容分别作为一章，以避免学生产生混淆。

（3）遵循尽可能连续安排核心概念、思想方法的原则，围绕课程内容中的核心概念及其反映的数学思想方法，构建连贯的学习过程，促使学生通过一段时间的持续的数学活动达成较高的理解水平。例如，对于作为初中数学学习知识和方法基础的有理数及其运算，作为代数式基础的代数式、整式的加减，在整套教材中率先、连续安排，将有理数、有理数的运算、代数式、整式的加减连续安排4章；再如，整式的乘法、因式分解、分式、二次根式安排在连续的4章，以加深学生对数式通性的理解和掌握。

三、“数与式”主题教材编写时重点考虑的问题

（一）体现数系扩充的思想，进一步发展数感

初中阶段的数系扩充，包括从非负有理数到有理数再到实数的两次数系扩充，并以从非负有理数系扩充到有理数系最为详尽。

一般来说，数系扩充主要包括两个方面：一是扩大数的范围（即扩大数集）。通常扩大数集是基于实际需要或数学自身发展的需要。二是扩充运算。数集扩大后，在新数集中规定的加法运算、乘法运算，与在原数集中的加法运算、乘法运算协调一致，并且加法和乘法都满足交换律和结合律，乘法对加法满足分配律。如果扩充后的数系是一个数域，那么还要求在新数集中减法、除法都封闭，并且它们分别是加法、乘法运算的逆运算。

1. 重视有理数运算的扩充过程与方法，渗透数系扩充的思想

在“1 有理数”中，通过典型、丰富的表示相反意义的量的实例，引进负数，将数的范围扩大到有理数。

在“1 有理数”将非负有理数集扩大到有理数集的基础上，“2 有理数的运算”将非负有理数系中的运算扩充到有理数系（域）中。这是学生第一次正式接触数系（域）中

的运算扩充，学生还不理解上述数系扩充的思想。因此，教材注意采用渗透的方式，充分利用学生在小学阶段学习数的运算的经验，在章、节引言中，有理数的加法与减法、有理数的乘法与除法等正文内容的展开过程，以及章小结等各相关环节中，全方位加强数系扩充思想的渗透和体现，使学生受到这个重要数学思想方法的熏陶。

例如，在“2　有理数的运算”的章引言中明确提出研究有理数运算的任务：

在第一章中，我们把数的范围扩大到了有理数。根据小学阶段学习数的经验，接下来就要研究有理数的运算。

并进一步在“2.1　有理数的加法与减法”的节引言中，提出本节先把小学学习的加法与减法运算推广到有理数范围内。

又如，在借助具体情境和数轴“归纳”出有理数的加法法则后，教材在“思考”中提出：

按照有理数加法法则进行正数及 0 的加法运算，它和小学学过的正数及 0 的加法运算一致吗？

通过该“思考”，有助于引导学生认识扩充后的有理数的加法与小学已学的加法协调一致。

再如，对于有理数的减法，依然充分利用小学阶段的学习经验，教材指出：

在小学，我们学习减法时，知道减法是加法的逆运算。在把减法推广到有理数范围内时，为使减法运算具有一致性，规定有理数的减法与加法之间仍然具有上述关系。

进而从特殊到一般地“归纳”出减法法则。

在得出减法法则后，教材通过一个“思考”，让学生认识减法在有理数范围内的封闭性，并指出负数的引入也是数学本身发展的需要。

还有，对于有理数的乘法与除法，教材也充分利用学生在小学阶段的相关学习经验，采用与研究有理数的加法与减法类似的方式展开研究，并在展开过程中注意利用研究有理数加法与减法的经验。“2.2.1　有理数的乘法”的引言部分就比较充分地体现了这一点：

我们已经熟悉正数及 0 的乘法。与加法类似，数的范围扩大到了有理数后，我们希望在有理数范围内，所有数都能像正数及 0 一样进行乘法运算，并使乘法运算具有一致性，那么该怎样进行有理数的乘法运算呢？

教材强调减法与加法、除法与乘法之间的互逆关系，并由此得到有理数的减法法则、除法法则，实际上体现了有理数对加法和乘法运算构成一个域。

教材通过上述做法加强数系扩充思想方法的渗透，并进一步在“2　有理数的运算”的章小结中，系统地加以梳理：

本章我们研究了有理数的运算，把非负有理数的加法、乘法推广到有理数范围内，还研究了有理数的加法、乘法的逆运算——减法、除法，从而将非负有理数系扩充成有理数系。从中你可以初步认识数系的扩充过程，体会运算的一致性。

通过这种设置，将进一步加深学生对数系扩充思想方法的认识。

2. 从有理数系扩充到实数系

对于从有理数系扩充到实数系，在初中阶段侧重通过直观的方式研究数集的扩大。具体地，通过详尽地研究平方根、立方根认识一些无理数，进而引入无理数、实数等概念，把数的范围由有理数扩大到实数。例如，教材在研究了平方根、立方根之后，通过“探究”引导学生直观认知有理数的特点：

把下列有理数写成小数的形式，你发现了什么？

$$4,\ \frac{5}{2},\ -\frac{3}{5},\ \frac{27}{4},\ \frac{11}{9},\ \frac{9}{11}。$$

可以发现，上面的有理数都可以写成有限小数或无限循环小数的形式，即

$$4=4.0,\ \frac{5}{2}=2.5,\ -\frac{3}{5}=-0.6,$$

$$\frac{27}{4}=6.75,\ \frac{11}{9}=1.\dot{2},\ \frac{9}{11}=0.\dot{8}\dot{1}。$$

事实上，任何一个有理数都可以写成有限小数或无限循环小数的形式。反过来，任何有限小数或无限循环小数也都是有理数。

进而通过与有理数对照的方式，引入无理数的概念，把数的范围由有理数扩大到实数：

通过前两节的学习，我们知道，很多数的平方根、立方根是无限不循环小数，例如$\sqrt{2}$，$-\sqrt{5}$，$\sqrt[3]{2}$，$\sqrt[3]{3}$等。$\pi=3.141\,592\,65\cdots$也是无限不循环小数。从上面的讨论可知，无限不循环小数都不是有理数。无限不循环小数又叫作无理数（irrational number）。

有理数和无理数统称实数（real number）。

对于实数的其他概念及实数的运算，则类比有理数及其运算，直接引入实数的相反数、绝对值等概念以及实数的运算和运算律；类比用数轴上的点表示有理数，用数轴上的点表示无理数。由于实数与数轴上的点是一一对应的，因此可以利用数轴将数与形联系起来，借助几何直观理解实数的有关概念及运算。通过把有理数系扩充到实数系，学生可以进一步感悟数系扩充的过程和方法。

（二）从数扩充到式，进一步发展符号意识

用字母表示数，将字母和数一起运算，就可以得到表示数量或数量关系的代数式。因此，代数式可以看作是对数的扩充，用代数式表示数量或数量关系比数更为一般化。

初中代数的一个重要思想是用表示数的字母进行运算和推理。由于代数式中的每个字母都可以表示数，因此关于数的各种运算法则和运算律对于代数式均成立。例如，对于整式的加减运算，如果有括号，先去括号，再合并同类项，本质上就是数的乘法对加法的分配律。再如，对于整式的乘法运算，运用数的乘法对加法的分配律，转化为同底数的指数

幂运算，再合并同类项。实际上，在整式的乘法中，多项式的乘法要利用分配律转化为单项式的乘法，而单项式的乘法又要利用交换律和结合律转化为幂的运算。

从数字运算到字母运算也是学生符号意识形成的过程，要让学生逐渐掌握用字母代替数字进行运算，习惯字母的运算法则，赋予这些字母相应阶段数系的运算性质，将数的运算抽象化、形式化、系统化，为学习方程等内容奠定基础，实现从算术思维到代数思维的飞跃。

教材注意引导学生把握数与式的整体性，通过学习代数式的运算，让学生进一步理解字母表示数的意义；通过基于符号的运算和推理，发展符号意识，感悟数学结论的一般性，理解运算方法与运算律的关系，提升运算能力。

（三）注重对有关概念、运算法则的抽象概括，发展抽象能力

抽象能力主要是指通过对现实世界中数量关系与空间形式的抽象，得到数学的研究对象，形成数学概念、性质、法则和方法的能力。

1. 注重对数与式有关概念的抽象

在“数与式”主题中，有关数的概念主要有有理数的有关概念及几何表示、无理数及实数的有关概念；有关式的概念主要有代数式、整式、分式、二次根式的概念，这些概念贯穿“数与式”主题的始终，教材特别注重对这些概念的抽象概括。

例如，“1　有理数”中的核心内容负数、数轴、相反数、绝对值等概念，都是通过抽象获得的。教材首先通过章引言或节引言提出问题，再通过“思考”“探究”等栏目引导学生分析问题，发现研究对象的本质特征，逐步进行抽象，最后通过归纳形成概念。这样的呈现方式有利于发展学生的抽象能力。

又如，负数的产生是从现实生活到数学的一个提炼过程，本质上是一个数学抽象的过程。教材首先在章引言中，用温度的零上和零下、公司的盈利和亏损、农作物产量的增长和减少等让学生体会具有相反意义的量在生活中广泛存在，同时提出问题“如何用数表示”；然后在节引言中，回顾已学过的数的产生和发展过程，使学生认识到有必要引入一类新的数；最后，结合学生熟悉的天气预报，完成对具有相反意义的量的抽象，形成对正数和负数的认识。在这样的概念探究过程中，学生可以体会到数学抽象对数的产生与发展的作用，感悟到用数学的眼光观察现实世界的意义。

2. 注重对数与式的运算法则的抽象

在“数与式”主题中，运算法则主要包括有理数、实数的四则运算法则，整式的加法、减法、乘法运算法则，分式的四则运算法则，二次根式的四则运算法则，以及乘方（指数由正整数扩充为整数）等。这些运算法则贯穿“数与式”主题的始终，教材特别注重对这些运算法则的抽象概括。

（1）重视有理数运算法则和运算律的探究过程，并适度形式化，发展抽象能力和推理能力

在数学的公理化体系中，运算法则是直接规定的，运算律是需要证明的（或是与运算

法则一起直接规定的)。在中学阶段，为使学生认识到运算法则的合理性和运算律的正确性，需要基于学生的认知基础和认知水平，采用适当的方式，引导学生“归纳”出运算法则和运算律。

在研究有理数的运算法则和运算律时，教材非常注重它们的探究过程，通过设置现实情境或适当的数学情境，在数系扩充思想的指引下，引导学生“探究”出这些运算法则和运算律。

例如，对于有理数的加法法则，教材设置了“一个物体沿着一条直线做左右方向的运动”的现实情境。在数系扩充思想指引下，利用生活经验，并借助数轴进行系列化的探究活动。通过创设数轴上点的位移情境，用运动方向表示正负，用运动路程表示绝对值，用两次运动的合成表示两个有理数的和，用静止不动表示 0，这样，任何两个有理数的和都可以用数轴上点的两次移动的合成来表达，这与用平面上点的移动合成来解释向量的和的方法具有一致性。因此，这种方法对学生未来的学习也有支撑作用。首先，将有理数的加法分为正数与正数相加、正数与 0 相加、0 与 0 相加、负数与负数相加、负数与正数相加，以及负数与 0 相加等情形。其次，进行分类整合，重点是对新增的情形进行探究：先探究同号两数相加的运算法则；再探究异号两数相加的运算法则，以及互为相反数相加的运算法则；探究一个数与 0 相加的运算法则。最后，从两数相加所得和的符号、和的绝对值两方面进行梳理、总结，给出有理数的加法法则。

而对于加法的运算律，则通过数学情境，采用特殊到一般的方式归纳得出。

再如，对于有理数的乘法法则及有关运算律，则通过设置数学情境的方式，在数系扩充思想的指引下，进行细致的探究，“归纳”出有理数的乘法法则及有关运算律。

对运算法则和运算律的适度形式化，能够有效地培养学生的符号意识、抽象能力。教材还特别注意将乘法法则适度形式化。其中，教材对有理数的减法法则、除法法则，以及与加法、乘法相关运算律都给出了形式化表示。对于有理数的加法法则、乘法法则的形式化表示，则基于学生的认知水平，分步安排，逐步提高形式化程度。具体地，在有理数的加法部分，不呈现有理数加法法则的形式化表示；在给出有理数乘法法则后，教材“2.2.1 有理数的乘法”中给出了有理数乘法法则的初步形式化表示：

设 a，b 为正有理数，c 为任意有理数，则

$(+a)\times(+b)=+(a\times b)$，$(-a)\times(-b)=+(a\times b)$；

$(-a)\times(+b)=-(a\times b)$，$(+a)\times(-b)=-(a\times b)$；

$c\times 0=0$，$0\times c=0$。

通过有理数的除法给出有理数的一般形式后，在“2 有理数的运算”的小结中给出有理数的四则运算法则的形式化表示：

(1) $\frac{m}{n}\pm\frac{p}{q}=\frac{mq\pm np}{nq}$；

(2) $\frac{m}{n}\times\frac{p}{q}=\frac{mp}{nq}$；

(3) $\frac{m}{n}\div\frac{p}{q}=\frac{mq}{np}$ $(p\neq 0)$。

其中，m，n，p，q 均为整数，n，q 均不为 0。

实际上，这里借助字母符号对有理数域中四则运算的封闭性进行了一般性的表达。

总之，通过有理数运算法则和运算律的探究与表示（表述），可以有效发展学生的抽象能力和推理能力。

(2) 重视对式的运算法则的抽象，体现运算的一致性（数式通性）

整式是一类基本的代数式，整式的加减运算则是学生第一次系统地研究代数式运算，“4　整式的加减”的研究方法对后续学习整式的乘除、分式的运算和二次根式的运算起着引领作用。整式中的字母表示数，使得关于整式的运算与数的运算具有一致性，因此可以说整式的运算是建立在数的运算基础之上的。式的运算更具有一般性，数的运算可以看作式的运算的特殊情形。考虑到学生已经系统学习了有理数的运算，能够运用有理数的运算法则和运算律进行运算，因此编写本章时，注重与数的运算相联系，突出类比的思想，在数的运算的基础上抽象概括出整式的加减运算法则。

我们知道，整式的加法与减法，实质上就是通过合并同类项和去括号，进行整式的运算。教材从章引言中的问题（2）出发，通过分析这个实际问题中的数量关系，列出式子 $72a+120a$。化简这个式子需要合并同类项，这样就通过实际问题引出了对合并同类项内容的讨论。接下来，教材设置两个“探究”，第一个“探究”重点引出了合并同类项的依据，为更一般的同类项的合并提供方法上的指导；第二个“探究”讨论更一般的同类项（例如多项式中的项的次数高于 1、字母不止一个等）的合并，并结合这个“探究”，归纳出同类项的特点，给出同类项的概念。在这之后，教材采用与数进行类比的方式，探究利用交换律、结合律、分配律将多项式中的同类项进行合并，给出了合并同类项法则。这一过程中，贯穿了数式通性的核心思想。例如，教材中最后归纳合并同类项法则时的呈现如下：

因为多项式中的字母表示的是数，所以我们也可以运用交换律、结合律、分配律把多项式中的同类项进行合并。例如，

$$
\begin{aligned}
&4x^2+2x+7+3x-8x^2-2\\
=&4x^2-8x^2+2x+3x+7-2 &&\text{(交换律)}\\
=&(4x^2-8x^2)+(2x+3x)+(7-2) &&\text{(结合律)}\\
=&(4-8)x^2+(2+3)x+(7-2) &&\text{(分配律)}\\
=&-4x^2+5x+5.
\end{aligned}
$$

把多项式中的同类项合并成一项，叫作合并同类项。

合并同类项后，所得项的系数是合并前各同类项的系数的和，字母连同它的指数不变。

与合并同类项一样，去括号也是整式加减的基础。对于去括号的内容，教材采用与合并同类项类似的方式，从章引言的问题（3）出发，列出式子 $92b+72(b-0.15)$ 和 $92b-72(b-0.15)$，这两个式子都带有括号，化简它们首先需要去括号，这样教材就结合实际例子引出了对去括号的探讨，进而类比数的运算，归纳出了去括号法则。研究了合并同类项和去括号后，教材通过几个具体例子归纳出整式加减运算的法则。

总之，编写数与式的运算法则时，充分利用了类比思想，利用学生熟悉的数的运算来学习式的运算，以体现数的运算与式的运算之间的联系，即数式通性，这有利于学生对运算对象的理解，对运算法则的掌握。

（四）加强运算能力、推理能力的培养

培养学生的运算能力是“数与式”主题的一个重要目标，《标准（2022 年版）》指出，运算能力主要是指根据法则和运算律进行正确运算的能力。能够明晰运算的对象和意义，理解算法与算理之间的关系；能够理解运算的问题，选择合理简洁的运算策略解决问题；能够通过运算促进数学推理能力的发展。为落实《标准（2022 年版）》的要求，教材非常注重引导学生运用数的运算法则和运算律进行运算，以加强学生关于数的运算能力的培养。

例如，在“2　有理数的运算”中，结合有理数的加法、减法、乘法、除法法则和乘方的意义，以及加法、乘法运算律的逐步引入，按照“由简单运算逐步过渡到复杂运算，由单一运算逐步过渡到综合性运算（混合运算）”的原则，递进式地安排有理数的有关运算，具体设计如下：

从直接运用加法法则进行运算，到运用加法法则及加法运算律进行运算；

从运用减法法则进行运算，到运用加法、减法法则及加法运算律进行加、减混合运算；

从直接运用乘法法则进行运算，到运用乘法法则及与乘法有关的运算律进行运算，再到运用加法、减法、乘法法则及与加法、乘法有关的运算律进行加、减、乘混合运算；

从运用除法法则进行运算，到运用加法、减法、乘法、除法法则及与加法、乘法有关的运算律进行加、减、乘、除混合运算；

从根据乘方的意义进行运算，到运用加法、减法、乘法、除法法则和乘方的意义，以及与加法、乘法有关的运算律进行加、减、乘、除、乘方混合运算。

教材基于上述设计，对有关有理数运算的例题、练习、习题、复习题分层次安排，力图夯实学生的有理数运算基础，培养运算能力，帮助他们逐渐形成规范化思考问题的品质，养成一丝不苟、严谨求实的科学态度。

列代数式、整式的四则运算、因式分解、分式的四则运算、二次根式的四则运算以及乘方运算等，也是培养学生运算能力、推理能力的重要载体。与加强数的运算能力类似，教材结合式的有关运算法则的得出过程，以及运用运算法则进行运算和恒等变形的过程，加强式的运算能力、推理能力的培养。

（五）注意适度体现模型观念

有理数、实数是对有关数量的抽象；代数式用含字母的式子表示数量与数量关系，因此，代数式、整式、分式、二次根式是对有关数量与数量关系的抽象。数与式的概念在很大程度上源于对客观世界中实际问题的抽象。教材注意创设真实情境，展示数、式与现实生活的联系，适度体现模型观念。

例如，在“1 有理数”中使用了大量真实情境，包括体重的增减、不同国家商品进出口总额的增长率、降水量的增减、海拔高度、水位升降、物体移动、产品生产偏差、正负电荷等。这些情境贴近学生生活，数据真实可信，所研究或解决的问题客观存在。选取这些内容可以让学生体会数学与现实生活的紧密联系，同时让学生在解决问题的过程中体会数学抽象的过程，从而培养他们用数学的眼光观察和认识世界的思维方式。

在教材的例题与习题中，注重从生活、数学、科学等多角度选取情境，在提升学生解决真实问题能力的同时，让学生感受到数学在现实世界中的广泛应用，从而促进他们积极思考、全面成长。例如，在“1 有理数”中，在验光记录中用负数表示近视度数，引导学生关注视力健康；在测量楼高时用正负数表示实际测量值与平均值的差，为学习加权平均数作一些铺垫；在物理中用正数与负数表示原子核与核外电子所带电荷，了解数学在其他学科的应用；等等。通过这样的练习，引导学生有意识地运用数学概念、原理和方法来解释现实世界中的各种现象和规律，使学生逐渐养成使用数学的语言进行表达和交流的习惯，并激发他们的创新意识和学习兴趣。

（六）加强代数推理的安排

在数与式内容的教学中，无论是法则、性质的探索发现过程，还是利用法则、性质解决问题的过程，都能培养学生的代数推理能力。教材特别注意从培养推理能力的角度出发，引导学生学习这些知识，并利用这些“载体”适时、适度地加强代数推理训练，不断提高学生的推理能力。

1. 适度运用“数学的方式”，探索数的运算法则，助力（代数）推理能力的发展

例如，适度运用“数学的方式”，突破理解有理数乘法法则的意义这一难点，助力（代数）推理能力的发展。众所周知，有理数乘法法则中的符号法则——“负负得正”一直是世界各国的教学难点。究其原因，主要是负数之间的乘法运算是超越经验的，用任何具体实例来解释都有很大的局限性。为了帮助学生突破这个难点，教材采用“数学的方式”，在“希望在有理数范围内，所有数都能像正数及 0 一样进行乘法运算，并使乘法运算具有一致性”的指引下，通过对数学特例的归纳，帮助学生接受符号法则的合理性，并渗透“承袭性原则”。

具体地，教材构建了如下归纳过程：

观察 $3\times3=9$，$3\times2=6$，$3\times1=3$，$3\times0=0$，发现规律（随着后一个乘数逐次递减 1，积逐次递减 3）。以“要使这个规律在引入负数后仍然成立，那么应有：$3\times(-1)=-3$，$3\times(-2)=$____，$3\times(-3)=$____”引导学生归纳“正数×负数”的规律。

在用同样方式处理“负数×正数”后，指出从符号和绝对值两个角度观察上述所有算式，可以归纳如下：正数乘正数，积为正数；正数乘负数，积为负数；负数乘正数，积也为负数。积的绝对值等于乘数的绝对值的积。

类似地，以一个“思考”引导学生归纳出：负数乘负数，积为正数，且积的绝对值等于乘数的绝对值的积。

最后总结出有理数乘法法则：两数相乘，同号得正，异号得负，且积的绝对值等于乘数的绝对值的积。任何数与 0 相乘，都得 0。

需要进一步指出的是，与有理数的加法法则的表述变化类似，教材对有理数的乘法法则的新表述更加清晰、准确地界定了两数相乘所得积的符号、积的绝对值这两个要素。

此外，教材还设置了一个选学内容“探究与发现——从数系扩充看有理数乘法法则”，以帮助学有余力的学生从数系扩充的角度，更为理性地认识有理数乘法法则。

这样，教材通过合情推理与逻辑推理相结合的方式，帮助学生突破理解有理数乘法法则的意义这一难点，同时也助力学生发展（代数）推理能力。

2. 通过式的运算与恒等变形，加强（代数）推理能力的培养

代数式的有关运算、恒等变形是培养（代数）推理能力的重要载体。编写教材时，除了在正文、例题和习题中加强（代数）推理能力，还安排了一些“数学活动”强化学生的（代数）推理能力。

例如，“4　整式的加减”中的“自然数被 3 整除的规律”这一数学活动：

在小学，我们知道像 12，27，36，45，108，…这样的自然数能被 3 整除。一般地，如果一个自然数的所有数位上的数字之和能被 3 整除，那么这个自然数就能被 3 整除。你能说出其中的道理吗?

先来看看两位数的情形。

若一个两位数的十位、个位上的数字分别为 a，b，则通常记这个两位数为$\overline{ab}$。于是

$$\overline{ab}=10a+b=9a+(a+b)。$$

显然 $9a$ 能被 3 整除，因此，如果 $a+b$ 能被 3 整除，那么 $9a+(a+b)$ 就能被 3 整除，即$\overline{ab}$能被 3 整除。

请你用类似的方法表示三位数、四位数，并说明前面结论的道理。你还可以继续研究五位数、六位数等情形吗?

再如，在“17　因式分解”中安排了“个位数字是 5 的两位数平方的规律”这一数学活动：

我们在过去的学习中已经发现了如下的运算规律：

15×15=225=1×2×100+25，

25×25=625=2×3×100+25，

35×35=1 225=3×4×100+25，

……

你能写出一般的规律吗？你能用所学知识证明你的结论吗？

（七）体现数学文化，尤其是中华优秀传统文化

注重加强数学文化在教材中的渗透，重视通过反映数学产生、发展历史的素材，构建学习过程，引入和展开相关内容的学习。正文中设置“溯源”栏目，设置“图说数学史”的选学内容，以学生喜闻乐见的方式介绍数学发展史的有关材料，帮助学生了解数学家，特别是中国数学家，以及他们的数学成果在人类文明发展中的作用，激发学生学习数学的兴趣、感受数学家治学的严谨，欣赏数学的优美。

例如，考虑到中国古代数学家在涉及负数的运算等方面做出过重要贡献，教材在“有理数”一章中安排了“溯源”：

我国是历史上最早认识和使用负数的国家。至迟成书于东汉早期（约 1 世纪）的我国古代数学著作《九章算术》，在“方程”一章中提出了正数、负数的概念及其加减运算法则，如关于家畜买卖的第八题，使用“正与负”来表示“卖出与买入”，将卖出家畜获得的钱数记为正，买入家畜付出的钱数记为负。魏晋时期的数学家刘徽在为《九章算术》作注时，用不同颜色的算筹分别表示正数和负数，红色为正，黑色为负。

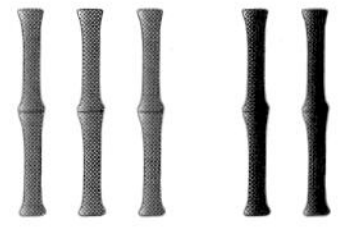

我国古代用算筹来记数和计算

教材还在“有理数的运算”一章中，安排了“我国古代的正负数加减运算法则——正负术”这一阅读材料：

我国古代数学著作《九章算术》的“方程”一章，给出了名为“正负术”的算法：“同名相除，异名相益，正无入负之，负无入正之；其异名相除，同名相益，正无入正之，负无入负之。”你知道它的意思吗？

我们按照加法、减法的顺序，先来看“正负术”中的后四句话，它们符合有理数的加法法则，可以用现代算式解释如下：

“异名相除”，即异号两数相加时，括号前为绝对值较大的加数的符号，括号内为加数的绝对值中较大的减去较小的。例如：

$$(+5)+(-3)=+(5-3)，(-5)+(+3)=-(5-3)。$$

“同名相益”，即同号两数相加时，括号前为加数的符号，括号内为加数的绝对值之和。例如：

$$(+5)+(+3)=+(5+3)，(-5)+(-3)=-(5+3)。$$

“正无入正之，负无入负之”，即 0 加正数得正数本身，0 加负数得负数本身。例如：

$$0+(+3)=+3,\ 0+(-3)=-3。$$

对于“正负术”中的前四句话，其实它们符合有理数的减法法则，其中的“异名相益，正无入负之，负无入正之”，可以用现代算式解释如下：

“异名相益”，即异号两数相减时，括号前为被减数的符号，括号内为被减数的绝对值与减数的绝对值之和。例如：

$$(+5)-(-3)=+(5+3),\ (-5)-(+3)=-(5+3)。$$

“正无入负之，负无入正之”，即0减正数得负数（该正数的相反数），0减负数得正数（该负数的相反数）。例如：

$$0-(+3)=-3,\ 0-(-3)=+3。$$

对于“同名相除”，你能用现代算式加以解释吗?

《九章算术》中给出的“正负术”实际上符合现代有理数的加减运算法则，这是世界数学史上第一个有理数的加减运算法则，是我国古代数学的一个辉煌成就。

考虑到中国古代数学家在无理数方面也做出过重要贡献，教材在“实数”一章中安排了“溯源”，介绍有关情况：

我国古人对无理数已经有了很多认识。《九章算术》中用“面”来表示开平方开不尽的数。刘徽在其著作《九章算术注》中，不仅记录了包含无理数运算的问题，而且给出了用有限小数无限逼近无理数的算法“求微数法”。

教材中的数与式内容还在例题、习题等内容中呈现，通过介绍中国古代数学取得的成就、中国古代数学家的聪明才智和钻研精神，有机融入中华优秀传统文化。

数学文化涉及方方面面，有众多主题与素材可供选择，教材只是选取了其中非常经典的一些内容，建议教学中根据知识与学生情况选配数学文化，以一种润物细无声的方式让学生感悟“数与式”主题中的文化，潜移默化地提升学生的综合素养。

第二节 方程与不等式

“方程与不等式”是《标准（2022年版）》中“数与代数”领域的三大主题之一，和另外两个主题“数与式”“函数”都有着密切的联系，具有承上启下的作用。初中阶段“方程”内容主要包括一元一次方程、二元（三元）一次方程（组）、可化为一元一次方程的分式方程、一元二次方程，“不等式”内容主要包括一元一次不等式与不等式组。解方程和不等式蕴含的化归（转化、消元、降次等）思想，以及研究不等式蕴含的类比思想，都是“方程与不等式”这一主题的重要数学思想方法。利用方程与不等式解决实际问题的整个过程，有助于培养学生的模型观念和应用意识。通过分析实际问题中的相等关系或不等关系列出方程或不等式，有助于发展学生的抽象能力；通过解方程和不等式的练习，有助于发展学生的运算能力和推理能力。本主题内容是学生形成“三会”核心素养的重要载体。

一、“方程与不等式”主题的内容分析

方程是表达两个表达式等值的数学句子，通常包含未知数（如多项式方程）或未知函数（如微分方程、积分方程）等。解方程的过程，即找出使等式成立的未知数的值或未知函数等的过程。不等式是把两个表达式用$<$、$>$、$\leqslant$、$\geqslant$、$\neq$之一连起来的式子。方程和不等式揭示了数学中最基本的数量关系（相等关系和不等关系）。方程体现了平衡和对称性原理，不等式反映了比较和排序思想。方程和不等式是代数的核心内容，它们建立在数与式及其运算的基础上，是理解更复杂的代数结构（如函数、矩阵、向量）的前提，并且在解析几何、近世代数、微分方程、代数拓扑等数学分支中都具有重要的基础性地位和作用。此外，方程和不等式在物理学、工程学、经济学、计算机科学等领域以及日常生活中，都有着广泛的应用，是刻画现实世界中等量关系和不等关系的重要数学模型。

方程和不等式有着悠久的历史，最早可以追溯到古巴比伦时期。随着数学的发展，方程和不等式的类型也在不断丰富。在代数中，方程指的是含有未知数的等式。按照解的情况，分为恒等方程（如$2x-x=x$，$(x+1)^2=x^2+2x+1$）、矛盾方程（如$x+1=x-2$，$(x-1)^2=x^2-2x$）和条件等式方程（即我们通常所说的方程）。按方程两端表达式所含的运算，分为代数方程（包括有理方程和无理方程，有理方程又分为整式方程和分式方程）和超越方程（如指数方程、对数方程、三角方程、反三角方程等），其中代数方程所含的运算仅限于有限次代数运算（加、减、乘、除、乘方、开方）。整式方程，按未知数的个数分类，有一元方程、二元方程、……、m元方程等；按方程的次数分类，有一次方程、二次方程、……、n次方程等。在解析几何中，在平面或空间建立坐标系后，几何图形常常可以用点的坐标应满足的一个或几个方程来表示。例如，在平面直角坐标系中，直线可以用一个二元一次方程表示，圆锥曲线可以用一个二元二次方程表示。在现代数学中，把含变元的等式称为方程。方程中的变元可能是未知函数（如微分方程和积分方程），可能是未知集合（如集合方程），还可能是未知命题（如逻辑方程），等等。

类似地，根据一个不等式总是成立、有条件地成立或总不成立，可区分为绝对不等式、条件不等式和矛盾不等式。根据一个不等式中是否带等号，可把不等式区分为广义不等式和严格不等式。按不等式中所含表达式的类别，可把不等式分为代数不等式和超越不等式，其中代数不等式包括有理不等式和无理不等式（有理不等式又包括整式不等式和分式不等式），超越不等式包括指数不等式、对数不等式、三角不等式等。

按照《标准（2022年版）》的要求，对于方程，初中阶段只研究一元一次方程、二元一次方程（组）、三元一次方程（组）（解三元一次方程组为选学内容，不作为考试要求）、一元二次方程这些简单的整式方程和可化为一元一次方程的分式方程，以及一次函数与二元一次方程的关系、二次函数与一元二次方程的关系；对于不等式，初中阶段只研究一元一次不等式和一元一次不等式组。这些内容的逻辑关系如图 2-2 所示。

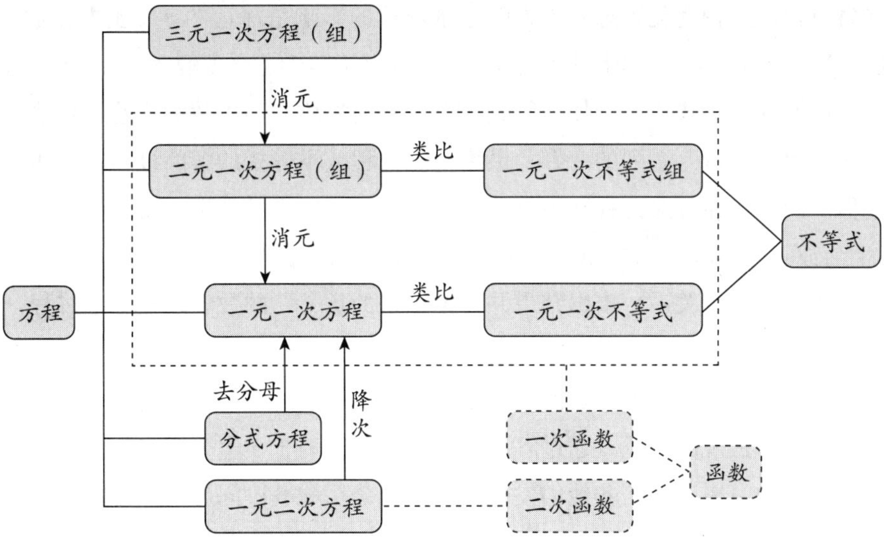

图 2-2

一元一次方程是最简单的代数方程，是学习其他方程（组）的基础。解一元一次方程的主要依据是数和式的运算法则、运算律以及等式的性质。多元一次方程（组）和高次方程分别是一元一次方程在未知数的个数和次数方面做的推广，求解的主要思想方法是消元和降次。在求解一元二次方程时，对判别式的讨论还体现了分类讨论的数学思想方法。研究不等式时，主要通过类比方程来进行。求解方程与不等式的过程，都体现了化归的思想。在解方程与不等式的过程中，对方程和不等式进行的变形的本质是对数和式实施的运算，因此，有理数及其运算以及整式及其运算是学习方程和不等式的基础。通过方程和不等式的学习，又可以反过来加深对数和式的理解，巩固和提高数与式的运算技能。① 方程、不等式和函数都是初中代数的重要内容，三者联系密切，并且可以互相转化。从函数的角度数形结合地认识方程和不等式，不仅能够揭示它们之间更深层次的联系，还能为学生提供更多的解决相关问题的策略。

在利用方程和不等式解决实际问题时，学生需要从纷繁复杂的数量关系中找到问题蕴含的数量关系，还要经历用字母表示未知数，列代数式表示相关的量的过程，并进一步抽象出方程（不等式）表示量之间的相等（不等）关系，这些都有助于发展学生的抽象能力。从错综复杂的事情中抽象出最本质的东西，这个过程是非常难的，也很有训练的价值。② 在方程和不等式的学习中，特别是解方程和不等式的过程中，不仅要求学生具备熟练的运算技能，还需要学生理解算法、明晰算理，能够在化归思想的指引下选择简洁的运算策略解决问题，而这些都有助于提升学生的运算能力。在运算中遵循最佳的路径，将复

---

① 史宁中，曹一鸣. 义务教育数学课程标准（2022 年版）解读［M］. 北京：北京师范大学出版社，2022：154.

② 史宁中. 数学基本思想与教学［M］. 北京：商务印书馆，2018：217.

杂的问题简单化，这种优化思想对于人的思维习惯的影响是深远的。[①] 通过系统的解题步骤和方法（如解多元一次方程组的消元法），还可以培养学生的算法思维。方程与不等式的求解是从给定的表达式出发，依据等式或不等式的性质，利用数和式的运算法则和运算律对方程或不等式进行一系列的变形，最终得到方程或不等式的解的过程，这实际上是一个推理过程。因此，通过对方程和不等式的学习，还可以提升学生的推理能力。通过经历“从现实生活或具体情境中抽象出数学问题，用数学符号建立方程（组）或不等式（组）表示数学问题中的数量关系，求出结果并讨论结果的意义”的数学建模基本过程，有助于培养学生的模型观念。

此外，现实世界中蕴含着大量的可以用方程和不等式解决的实际问题，其中不乏跨学科的、开放的、非常规的问题。通过解决这些问题，有利于学生养成将方程和不等式的理论知识联系实际的习惯，并培养他们发现、提出、分析和解决问题的能力，从而发展应用意识和创新意识。除了提升学生的数学核心素养，“方程与不等式”主题的育人价值还体现在培养学生的文化认同与文化自信方面。例如，通过对本主题的学习，学生能够了解中国古代数学的成就（如《九章算术》中的方程成就），感受中国数学的悠久历史和深厚底蕴，增强对中华文化的认同感和自豪感。

二、“方程与不等式”主题的课标要求和教材设计

（一）“方程与不等式”主题的课标要求

按照《标准（2022 年版）》的要求，小学不再设置方程的内容，相应地，“方程与不等式”主题的内容全部放在初中阶段。“方程与不等式”主题的具体内容和要求如下。

1. 方程与方程组

方程是刻画现实世界中等量关系的重要数学模型。学生通过方程的学习，要能够建立模型观念。联系实际问题列出方程（组）、求解方程（组）、检验方程（组）的解，都是建立方程模型解决实际问题的重要方面。学生要能根据现实情境理解方程的意义；针对具体问题，能根据其中的数量关系列出方程。不仅要理解方程解的意义，经历估计方程解的过程，还要能根据具体问题的实际意义，检验方程解的合理性。

解方程的一个关键依据是等式的性质，这就要求学生掌握等式的基本性质，能运用等式的基本性质进行等式的变形。学生要能根据等式的性质解一元一次方程和可化为一元一次方程的分式方程。对于多元方程组，学生要掌握消元法，能根据二元一次方程的特征，选择代入消元法或加减消元法解二元一次方程组；能解简单的三元一次方程组（选学）。对于一元二次方程，学生要理解配方法，能根据方程的特征，选择配方

① 史宁中. 数学基本思想与教学［M］. 北京：商务印书馆，2018：217.

法、公式法、因式分解法解数字系数的一元二次方程；会将一元二次方程根的情况与根的判别式相联系，用一元二次方程根的判别式判别方程是否有实根及两个实根是否相等；了解一元二次方程的根与系数的关系，知道利用根与系数的关系可以解决一些简单的实际问题。

2. 不等式与不等式组

不等式也是重要的数学模型，可以用来刻画现实世界的不等关系。学生通过不等式的学习，同样要能够建立模型观念。学生要结合具体问题，了解不等式的意义；能根据具体问题中的数量关系，列出一元一次不等式，解决简单的问题。解不等式的关键依据是不等式的性质，这就要求学生利用学习等式的性质的经验，探索不等式的基本性质；能用不等式的基本性质对不等式进行变形。学生要能解数字系数的一元一次不等式，并能在数轴上表示出解集；会用数轴确定两个一元一次不等式组成的不等式组的解集。

3. 方程和不等式与函数的联系

一元一次方程、二元一次方程（组）、一元一次不等式（组）和一次函数都是以线性运算为基础的数学模型。除线性模型外，还存在大量的非线性数学模型，如一元二次方程和二次函数，它们可以用于刻画物理学中的运动轨迹、经济学中的成本与产量的关系等问题。因此，需要关注一次函数与一元一次方程、二元一次方程（组）、一元一次不等式（组）的内在联系，以及二次函数与一元二次方程的内在联系，引导学生构建知识网络。具体来说，初中阶段的要求为：体会一次函数与二元一次方程的关系，并且会根据一次函数的图象解释二者的关系。对于二次函数和一元二次方程，要求知道它们之间的关系，并且会利用二次函数的图象求一元二次方程的近似解。

（二）“方程与不等式”主题的教材设计

在教材中构建合理的研究框架和科学的内容逻辑，能确保数学教材中的知识具有系统性和连贯性，既有助于学生循序渐进地学习，也为教师的教学提供了有力的支持和指导。因此，对于每一个学习内容，尤其是学习主题，构建相应的研究框架，整体设计研究路径，是教材编写首先考虑的问题。

对于“方程与不等式”主题，教材遵循《标准（2022年版）》的要求，安排了如表2-2所示的内容。需要说明的是，由于《标准（2022年版）》将方程、不等式和函数的联系内容放在“函数”主题中，因此本节不再深入讨论相关内容。

表2-2

册次	内容
七年级上册	5　一元一次方程
七年级下册	10　二元一次方程组 11　不等式与不等式组

续表

册次	内容
八年级上册	18 分式 18.5 分式方程
八年级下册	23 一次函数 23.3 一次函数与方程（组）、不等式
九年级上册	25 一元二次方程 26 二次函数 26.3 二次函数与一元二次方程

从数学内容本身的逻辑结构看，“方程与不等式”主题的内容基本应按照“未知数的个数”和“式子的次数”从小到大的顺序研究。初中阶段研究的具体不等式涉及的未知数的个数和式子次数均为 1，考虑到一次不等式和一次方程的联系性，不等式需要类比方程来学习，故将不等式的内容紧接着安排在一次方程（组）之后。虽然分式方程相对于整式方程，涉及更为复杂的运算，但初中阶段只要求掌握可化为一元一次方程的分式方程，所以分式方程安排在一元二次方程之前。因此，教材按照一元一次方程、多元一次方程（组）、一元一次不等式、分式方程（可化为一元一次方程）、一元二次方程的顺序，螺旋上升地安排方程和不等式的内容，并在相应的函数部分穿插安排了函数联系方程和不等式的内容；对于数和式的内容，则根据研究相应方程（不等式）和函数的需要分散安排。

具体来说，一元一次方程是初中阶段“方程与不等式”主题的开篇，是学习后续方程、不等式和函数的基础，而一元一次方程的求解既是对有理数及其运算、代数式、整式及其运算等有关内容学习的延续，同时也是对上述内容的巩固与螺旋上升。因此，一元一次方程安排在七年级上册第五章，该册教材的前四章分别是“1　有理数”“2　有理数的运算”“3　代数式”“4　整式的加减”。二元一次方程（组）是在学生学习了一元一次方程，初步感受了方程的模型作用，并积累了一些利用方程解决实际问题经验基础上展开的，是一元一次方程的继续和发展，也是后续学习一般线性方程组、函数等内容的基础，具有承上启下的作用，安排在七年级下册。在“5　一元一次方程”之后，“10　二元一次方程组”之前，还安排了“8　实数”和“9　平面直角坐标系”的相关内容。前面有了一次方程（组）的研究方法作为基础可以类比研究不等式，因此在一次方程（组）之后，紧接着在七年级下册安排了一元一次不等式（组）的内容。解一元二次方程以整式的乘法、开方运算等为基础，一元二次方程的求根公式中含有二次根式，因此，“一元二次方程”一章安排在九年级上册，位于实数、整式的乘法和二次根式等内容之后。在一元二次方程之前，八年级上册的“分式”一章安排了“分式方程”的内容。此外，在八年级下册“一次函数”一章中，安排了“一次函数与方程（组）、不等式”一节，在九年级上册“二次函数”一章中，安排了“二次函数与一元二次方程”一节，这种处理方式是用函数的观点来统领方程和不等式，从函数的角度对方程和不等式进行再认识，揭示函数与方程、不等式之间的联系。

一方面，研究一个数学对象需要从定义一个数学对象开始。对于“方程与不等式”主题，无论是一般的方程或不等式，还是某一类具体的方程或不等式，要研究它们，也必然是从定义相关的概念开始。得到方程或不等式的概念之后，还要研究解法，在解方程或不等式的过程中，主要是不断地进行同解变形，而变形的依据是同解原理。中学阶段涉及的方程与不等式比较初等，为适应中学生的认知水平，降低其学习难度，主要以等式（或不等式）的性质、数和式的运算法则、运算律等作为解方程与不等式的理论依据。等式的性质对于所有方程是普适的，而具体用到哪些代数运算，需要视具体的方程类型而定，不等式也是类似的情况。学习了方程与不等式的相关概念和解法后，接下来就是应用它们解决实际问题。另一方面，方程与不等式都是重要的数学模型，而建立数学模型解决实际问题的一般过程为：先从实际问题抽象出数学模型，这需要分析实际问题，明确其中蕴含的关系或规律，可能还要进行一些合理的假设；然后求解数学模型，即解决数学问题本身；最后用数学结论解释并解决实际问题，这时需要结合实际问题的意义来检验数学模型的解，有时候还需要适当改进数学模型，最终得到实际问题的答案。因此，用方程与不等式解决实际问题，必然也要遵循“分析实际问题中的等量关系或不等关系—列出方程或不等式—解方程或不等式—结合问题的实际意义，获得实际问题的答案”的过程。综上，从中观层面看，研究一类具体的方程或不等式遵循的基本路径都是“概念—解法—应用”，同时也遵循了“建立数学模型—求解模型—验证反思”的数学建模过程。

从微观层面看，如何得到“方程与不等式”主题中相关的概念，如何研究一类方程或不等式的解法等，也具有一般的研究思路和方法。比如，在初等代数中，含有未知数的等式称为方程。但这种形式化的定义对中学生而言比较抽象，缺乏直观性，可能超出他们的理解能力，不利于学生真正掌握数学概念的实质。由于方程和不等式是刻画现实问题中含有未知数的等量关系或不等关系的模型，考虑到中学生的认知特点，概念的抽象应当从典型的现实问题情境出发，先要经历对具体问题中量的分析，借助用字母表示的未知数，建立两个量之间关系的过程，然后是经历分析具体例证、归纳共同特征、概括本质属性，从而得到概念的形成过程。再比如，不同类型的方程或不等式，虽然解法不尽相同，但解法中的各个步骤都是在化归思想的指引下实施的。

三、编写“方程与不等式”主题教材时重点考虑的问题

（一）重视背景和应用，培养模型观念、应用意识和创新意识

模型观念主要是指对运用数学模型解决实际问题有清晰的认识。知道数学建模是联系

数学与现实的基本途径；初步感知数学建模的基本过程，从现实生活或具体情境中抽象出数学问题，用数学符号建立方程、不等式、函数等表示数学问题中的数量关系和变化规律，求出结果并讨论结果的意义。模型观念有助于开展跨学科主题学习，感悟数学应用的普遍性。方程和不等式分别是现实问题中含有未知数的等量关系和不等关系的表达，利用方程和不等式解决实际问题，体现了数学建模的基本过程，是学生建立模型观念的有效载体。因此，在“方程与不等式”主题的学习中，不能仅停留在数学层面。数学课程和教材都应该为学生提供大量的实际问题，让学生经历从实际问题中建立数学模型、求解数学模型、验证反思的全过程，并且基于学生的认知基础，循序渐进地培养学生的模型观念。

1. 提供丰富的问题作为背景和应用，紧密联系实际

“方程与不等式”主题的中心任务之一是使学生经历建立方程或不等式模型解决实际问题的过程，体会方程或不等式的作用，掌握运用方程或不等式解决问题的方法，提高发现和提出问题、分析和解决问题的能力，增强应用意识和创新意识。要使学生完整地经历建立方程或不等式模型解决实际问题的过程，必然离不开实际问题。为此，教材在“方程与不等式”主题部分，始终注意紧密联系实际问题。在设计“方程与不等式”相关内容的每一章时，基本上都是将实际问题情境贯穿全章，在背景引入和实际应用部分，包括对解法的讨论部分，都注意结合实际问题。旨在通过大量丰富的实际问题，反映出方程和不等式既来自实际又服务于实际，加强学生对方程和不等式是解决现实问题的重要数学模型的认识，不断渗透数学模型的思想。

中学数学概念与现实世界联系紧密，这种联系为概念的引入提供了良好的素材，并且也为学生提供了认识数学的现实背景、提高学习兴趣的好机会。由于方程和不等式是刻画现实世界中等量关系和不等关系的数学模型，所以教材在“方程与不等式”主题的相关概念的引入中，呈现了丰富的现实问题，帮助学生理解有关概念。例如，教材在“一元一次方程”一章中，结合章引言中的追及问题和两个简单的实际问题（水杯问题和建党纪念币问题），引导学生抽象概括出一元一次方程的概念。在“二元一次方程组”一章中，分别结合新疆采棉机问题和足球联赛积分问题，引入了二元一次方程（组）和三元一次方程组的概念。在“不等式与不等式组”一章中，通过高速公路行程问题，引导学生将其中的不等关系抽象为不等式，感受不等关系在现实世界中的普遍存在，并引出不等式的概念；利用抽水问题，让学生体会同一问题中蕴含的多个不等关系，引出一元一次不等式组的概念。在“分式”一章中，结合轮船航行问题引出分式方程的概念。在“一元二次方程”一章中，结合章引言中的人体雕像比例问题与正文中的无盖方盒问题、参赛球队数问题，抽象出一元二次方程的概念。

除了概念引入，教材在讨论方程和不等式的解法时，也注意结合实际问题，让学生巩固列方程和不等式的方法。这种设计在一元一次方程的解法部分体现得尤为明显。当然，结合实际问题讨论解法，不能一味地强调增加问题的数量，要根据具体的解法来确定是否

结合实际问题。例如，一元二次方程的开平方法与平方根的意义紧密联系，涉及的方程也比较简单，因此无须刻意地借助实际问题进行引入。

在学习完方程与不等式的概念和解法之后，教材还安排了大量的实际应用问题。例如，教材在“一元一次方程”“二元一次方程组”“一元二次方程”三章中，都专门安排了一节内容体现方程的实际应用，其中涉及数量关系更复杂的实际问题。又如，在“一元一次不等式”一节中，安排了由易到难的三道实际应用问题。

除此之外，教材还通过章末安排的数学活动和跨学科的综合与实践活动，让学生在解决阶梯计价、轮胎换位、城市绿地建设、低碳生活等真实问题中，提升他们的发现和提出与方程和不等式相关问题的能力，以及运用方程和不等式分析和解决实际问题的能力，发展他们的应用意识和创新意识。教学中也应关注方程和不等式的现实背景，通过大量丰富的实际问题，体现方程和不等式既来自实际又服务于实际的特点，加强学生对方程和不等式是解决现实问题的重要的数学模型的认识。

2. 根据内容的需要，分层次设计问题

由于数学建模的不同步骤有所侧重，教材在安排实际问题时，也注意根据数学建模过程不同步骤的需要，分层次地安排相应的实际问题。下面，以“一元一次方程”一章为例，说明这一设计方式。

由于小学不再设置方程内容，这一章变为初中数学教材中方程与不等式的开篇。因此，在引入部分选择的实际问题既不能太难，否则学生容易产生畏难情绪，失去学习兴趣；又不能太简单，否则无法体现引入不同于小学的算术方法的新方法的必要性。也就是说，教材在这一章引言中的实际问题和“5.1　一元一次方程”的问题 1 和问题 2，用列算式的方法不容易解决。讨论这些问题是为了体现引入方程解法的必要性，以及为了引出方程的概念。教学中也可以选择别的实际问题引入，但也要注意体现上面的考虑。

“5.2　解一元一次方程”对应于求解数学模型，即解一元一次方程。此节对解法的讨论也是安排在分析、解决问题的过程之中的。结合实际问题讨论解法，既可以使学生感觉到解方程来自解决实际问题的客观需要，又可以巩固列方程的方法。但这节的重点是解一元一次方程，列方程居于次要位置，因此这一节的实际问题涉及的数量关系要相对简单。

在“5.3　实际问题与一元一次方程”中，先安排了数量关系稍微复杂的两个实际问题：例 1 是“成龙配套”问题，例 2 是工程问题。讨论这两个问题，可以使学生对列方程有进一步的认识，加深学生对列方程解实际问题的一般思路的理解。本章前两节涉及的实际问题都比较简单，基本属于解完一元一次方程也就得到了实际问题的解。而为了让学生在真实情境中提升对利用方程解决实际问题的认识，体会到从解决数学问题到解决现实问题可能还有距离，5.3 节在例 1 和例 2 后进一步以“探究”的形式，设计了三个具有一定综合性的探究问题。这些探究问题更加复杂，也更接近真实问题，涉及的数量关系也比较隐蔽。教材通过设置若干探究点，引导学生以方程为工具进行具有一定深度的思考，将全章强调的建立方程模型解决实际问题的思想提到一个新的高度。这些内容包括：利用方程比较估算与精确计算（探究 1），利用方程进行推理、判断、检验（探究 2 中已渗透了反证法的思想），利用方程寻找关键数值，再对不同方案进行定量化的对比与选择（探究 3）。

此外，教材在数学活动中安排了“生活中的阶梯计价问题”，并在该活动中循序渐进地设置了四个子问题。问题（1）和问题（2）是让学生列代数式和列方程解决实际问题；问题（3）是让学生结合自己所在地的城市水费标准，发现、提出、分析和解决问题；问题（4）更具开放性，让学生进一步了解生活中其他的阶梯计价问题，自己发现、提出有价值的数学问题，并利用一元一次方程规范地分析和解决问题。教材安排这些问题的目的在于：一方面，通过更加贴近实际生活的问题，突出方程模型的应用广泛性和有效性；另一方面，使学生能在更加贴近实际生活的问题情境中，提高发现和提出问题、分析和解决问题的能力，以及提升应用意识和创新意识。

比较教材中前后出现的实际问题，可以发现这些问题是有层次的。每一部分安排什么层次的问题，要服务于数学建模每个步骤的侧重点。同“5　一元一次方程”一样，教材在“10　二元一次方程组”和“25　一元二次方程”中，也特别注意体现实际问题的层次性。例如，都在最后一节实际应用中，以“探究”的形式安排了三个较为复杂的问题，并且在数学活动中安排了贴近学生生活实际的问题。教学中应注意体会教材这样安排的意图，在设计实际问题时，要注意结合数学建模不同环节的侧重点。此外，还可以鼓励学生从身边的问题研究起，收集日常生活中的真实、有意义且富有挑战性的问题作为学习材料，鼓励学生积极自主地进行探究。在学生遇到困难时，可以适时地启发引导，但不要替代他们思考，不要过早给出答案，应让学生在经过努力克服困难的过程中体验如何进行探究；还应鼓励学生探究多种不同的分析问题和解决问题的方法，使学生的思维更加开放和灵活，在这样的过程中激发学生的创新思维，使学生得到更大收获。

3. 遵循学生的认知基础，循序渐进地培养模型观念

教材注重基于学生的认知基础，循序渐进地培养学生的模型观念。由于方程（组）、不等式、函数等不仅在内容上联系密切，而且都是重要的数学模型，所以教材首先注意在起始章“一元一次方程”中就构建出建立一类数学模型解决实际问题的研究路径，以此发挥出对后续关联内容的示范引领作用。

在设计“一元一次方程”一章时，考虑到学生的认知基础，教材没有在一开始就告诉学生什么是数学模型，也没有在一开始就把数学建模的整个过程完整地呈现出来，而是有计划、分步骤、递进式地安排了三节内容，逐步提高学生对数学建模的过程与方法的认识，渐进式地培养学生的模型观念。具体来说，“5.1.1　从算式到方程”侧重从实际问题抽象出数学模型，即根据实际问题中的相等关系列出方程；“5.1.2　等式的性质”和“5.2　解一元一次方程”侧重求解数学模型，即解一元一次方程。对于“5.2　解一元一

次方程”，依然是从实际问题开始讨论，让学生重复经历从实际问题抽象出数学模型的过程，然后再经历求解数学模型的过程；“5.3 实际问题与一元一次方程”呈现了数学建模的完整过程，并强调用数学结论解释并解决实际问题，即结合一元一次方程的解和实际问题的意义，得到实际问题的答案。此外，教材在“5.1.1 从算式到方程”“5.2 解一元一次方程”“5.3 实际问题与一元一次方程”中，都注意结合框图对数学建模的关键环节进行归纳总结。

当学生完成整章内容的学习后，对建立方程模型已经有了一定的认识。紧接着，教材在“5.3 实际问题与一元一次方程”之后增加了“阅读与思考——初步认识数学模型”，在其中以方程模型为例，简单介绍了数学模型的含义以及数学建模的过程，以此作为对正文的有益补充。最后，教材在小结中的“本章知识结构图”中再次以框图的形式对利用一元一次方程解决问题的基本过程进行了梳理与总结（图 2-3），并且在其中明确提出了“数学模型”一词。这是在学生对建立方程模型解决实际问题已有一定感性认识的基础上的画龙点睛式的处理，意在让学生从整体上认识建立一元一次方程模型解决实际问题的过程和方法，并深化学生对数学模型的认识。

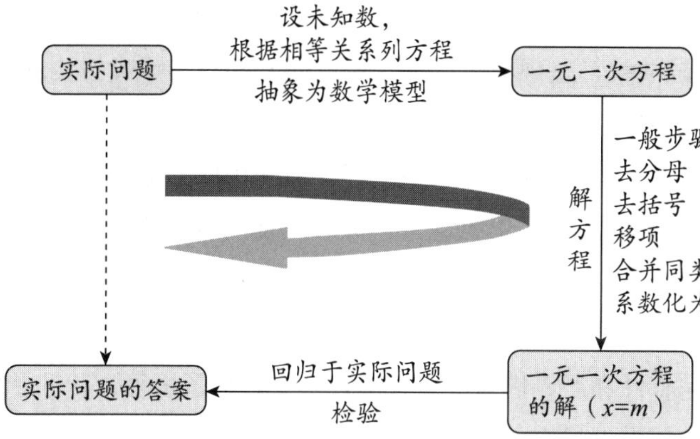

图 2-3

与一元一次方程类似，后续的二元一次方程（组）、一元一次不等式（组）、分式方程、一元二次方程的学习，也遵循了“从实际问题中抽象出数学问题—求解数学问题—检验数学问题的解并得到实际问题的答案”的路径，让学生经历从建立数学模型到求解数学模型再到还原实际的过程，发展学生的模型观念和应用意识。同样地，考虑到学生的认知水平，教材并未过多提及“数学模型”一词，而是在章小结中以框图形式总结了建立相应的数学模型解决实际问题的过程，并在“回顾与思考”中明确提出了数学模型，以此强化学生对利用方程或不等式解决实际问题的基本过程的认识。教学中也要注重让学生经历“创设问题情境—抽象出数学问题—求解数学问题—检验并得到实际问题的答案”的过程，不断强化学生对数学模型及数学建模过程的认识。

（二）重视数学概念的形成和数学问题的解决，发展抽象能力

《标准（2022年版）》指出，抽象能力主要是指通过对现实世界中数量关系与空间形式的抽象，得到数学的研究对象，形成数学概念、性质、法则和方法的能力。能够从实际情境或跨学科的问题中抽象出核心变量、变量的规律及变量之间的关系，并能够用数学符号予以表达，能够从具体的问题解决中概括出一般结论，形成数学的方法与策略。感悟数学抽象对于数学产生与发展的作用，感悟用数学的眼光观察现实世界的意义，形成数学想象力，提高学习数学的兴趣。

方程和不等式分别是现实问题中含有未知数的等量关系和不等关系的数学表达，这就要求学生在学习方程和不等式时，能够从实际情境或跨学科的问题中抽象出等量关系和不等关系，并能够用相应的方程和不等式进行表达。此外，在方程和不等式的相关概念的形成中，虽然创设了问题情境，但对由这些问题列出的方程和不等式的求解，实际上是与原问题情境无关的、形式化的等价变形，这也是抽象的一种形式。因此，“方程与不等式”主题的学习，也是培养学生抽象能力的重要载体。

1. 与概念有关的抽象

概念是逻辑思维的基本形式之一，也是数学抽象的目标及进一步抽象的基础。[①] 在“方程与不等式”主题的教材呈现与教学中，要重视方程和不等式相关概念的获得过程。

（1）方程概念的抽象

方程的定义是“含有未知数或变数的等式”，在初中阶段学习的方程是“含有未知数的等式”，这一定义是抽象的形式化的定义。按照心理学认知理论，七年级学生尚未完全发展出抽象思维能力，仍需要具体经验的支撑。过于抽象和形式化的数学定义可能增加初中生的认知负荷，使他们难以理解和掌握。此外，“含有未知数的等式”这一方程定义是从数学理论体系的完整性和严谨性角度定义的，其中包括了恒等方程和矛盾方程，中学数学教育更强调数学在现实世界中的背景和应用，一般不讨论这两类特殊的方程。初中阶段学生接触的方程，主要是次数不超过2的整式方程和可化为一元一次方程的分式方程。这些方程有着广泛的、学生易于理解的现实背景。因此，在“方程”概念的抽象过程中结合具体问题情境，强调方程的等量关系，比单纯强调方程中的未知数更便于学生理解和把握方程的本质，也可以降低学生的认知负荷，帮助他们更有效地学习和应用方程知识。

从实际问题列出方程首先要经历“从现实情景到用自然语言等价地表达出来”，这是一次重要的抽象，然后才是“用数学符号等价地表达出自然语言”的事情。[②] 由于小学阶段不再讲方程，所以无论是从概念的角度，还是从解决实际问题的方法角度而言，方程对于初中生而言都是陌生的。为了让学生真正理解方程，需要强化、细化方程概念的引入过

① 鲍建生. 数学核心素养在初中阶段的主要表现之一：抽象能力［J］. 中国数学教育，2022（9）：8.

② 史宁中. 数学基本思想与教学［M］. 北京：商务印书馆，2018：218.

程。教材引入方程概念的设计思路是：通过三个典型的实际问题，呈现出“对现实问题中的量进行分析—借助字母表达未知数—建立量之间的相等关系—列出含未知数的等式”这一建立方程模型的全过程，进而归纳出方程的定义，并在其中特别强调“用自然语言表达现实问题中的相等关系”这一关键的抽象步骤。

具体来说，教材首先在“5 一元一次方程”的章引言中设置了一个追及问题：

甲、乙两支登山队沿同一条路线同时向一山峰进发。甲队从距大本营 1 km 的一号营地出发，每小时行进 1.2 km；乙队从距大本营 3 km 的二号营地出发，每小时行进 0.8 km。多长时间后，甲队在途中追上乙队？

在章引言呈现上述问题后，“5.1.1 从算式到方程”先让学生尝试用列算式的方法解答，学生容易发现以往的算术方法不易解决，从而产生引入新方法的需要。接下来，教材指出要引入一种新的方法解决这个问题。虽说列方程的关键是找到问题中的相等关系，但考虑到这个问题中涉及的量和数量关系比较多，教材没有直接寻找问题中的相等关系，而是充分考虑了学生已有的认知基础和学习经验。学生在本章之前学习了用字母表示数、数量关系和规律，以及代数式等相关内容。为此，教材先分析了问题中的量及数量关系，有了前面用字母表示数的经验，学生容易想到设未知量（行进时间）为 x，有了前面列代数式的经验，学生容易进一步列出代数式表示相关的未知量（路程）。“5.1.1 从算式到方程”起始阶段是如下呈现的：

先来看本章引言中的问题。请你先试着用列算式的方法解决。

下面，我们引入一种新的方法来解决这个问题。在这个问题中，甲、乙两队的行进速度是已知的，行进的时间和路程是未知的。如果设两队行进的时间为 x h，根据“路程＝速度×时间”，甲队和乙队的行进路程可以分别表示为 $1.2x$ km 和 $0.8x$ km，从而甲、乙两队距大本营的路程可以分别表示为 $(1.2x+1)$ km 和 $(0.8x+3)$ km。

用代数式表示出甲、乙两队距大本营的路程后，教材才适时地在边空中提出思考性问题，帮助学生发现问题中蕴含的相等关系：

想一想，甲队追上乙队时，他们距大本营的路程之间有什么关系？

这时列方程需要依据的相等关系就比较清晰了。至此，教材完成了“从现实情景到用自然语言等价地表达出来”这一重要的抽象过程，接下来便是引导学生结合前面设出的未知数和列出的代数式，完成“用数学符号等价地表达出自然语言”的过程，将相等关系转化为含未知数的等式 $1.2x+1=0.8x+3$。

为巩固列方程的方法，并为后面归纳方程的概念作准备，教材接下来继续给出如下两个问题：

问题 1

用买 3 个大水杯的钱，恰好能买 4 个小水杯，大水杯的单价比小水杯的单价多 5 元，两种水杯的单价各是多少元？

问题 2

如图是一枚长方形的庆祝中国共产党成立100周年纪念币，其面积是4 000 mm^2，长和宽的比为8∶5（即宽是长的$\frac{5}{8}$）。这枚纪念币的长和宽分别是多少毫米？

教材遵循相同的步骤，引导学生经历“对现实问题中的量进行分析—借助字母表达未知数—建立量之间的相等关系—列出含未知数的等式”的过程，写出两个问题对应的方程，加深学生对方程的认识。关于问题1，可以用小学的算术方法解决，但是需要借助比例的知识，技巧性比较强。关于问题2，学生则缺乏相关的解题经验。通过这两个问题，学生可以进一步巩固列方程的方法，为接下来归纳方程的概念作准备，同时有助于学生感受学习利用方程解决实际问题这种新方法的必要性。

然后，教材结合从三个具体的实际问题列出方程的过程，自然地归纳、概括出方程的概念：

像这样，先设出字母表示未知数，然后根据问题中的相等关系，列出一个含有未知数的等式，这样的等式叫作方程（equation）。

如此一来，学生对方程是刻画等量关系的本质，以及如何用方程的方法解决实际问题就有了初步认识，并且对方程这一代数方法相对于算术方法的优势有所体会。

回顾以上方程的概念的抽象过程，不难发现整个过程大体经历了三个抽象阶段：

阶段一是“提炼”。对实际问题中纷繁复杂的数量关系进行梳理，发现其中关键的信息——相等关系，并用文字语言清晰地加以表达。

阶段二是“符号化”。利用含有未知数的等式表示问题被简化后的关键信息，即列出实际问题对应的方程。

阶段三是“概念化”。根据从三个具体的实际问题列出方程的过程，抽象概括出一般的方程概念。

（2）其他相关概念的抽象

除了方程的概念，还有不等式的概念，以及具体的一元一次方程、二元（或三元）一次方程（组）、分式方程、一元二次方程、一元一次不等式（组）等的概念。对于这些概念，也都要经历如下概念教学的一般过程：

- 概念的引入——从数学概念体系的发展过程或解决实际问题的需要引入概念；
- 概念属性的概括——提供典型、丰富的具体例证，进行属性的分析、比较、综合，概括共同本质特征，得到本质属性；
- 概念的明确与表示——下定义，给出准确的数学语言描述（文字的、符号的、图形的）；
- 概念的辨析——以实例为载体分析关键词的含义（恰当使用反例）；

• 概念的巩固应用——用概念判断具体实例，形成用概念作判断的具体步骤；

• 纳入概念系统——建立与相关概念的联系。

例如，教材在引入一元二次方程的概念时，首先从三个典型的实际问题（章引言的“人体雕像问题”、问题1“制作无盖方盒”以及问题2“单循环排球邀请赛”）引入，通过分析问题中的量及量的关系设未知数，然后根据问题中蕴含的相等关系，分别列出三个实际问题对应的方程。针对每个方程，分别在边空中安排提示性问题，引导学生分析方程中未知数的个数和最高次数各是多少？再在“思考”中提出归纳几个方程共同特点的学习任务。通过这样的方式引导学生观察、比较、分析方程的特点，概括出方程的本质特征，并以文字语言的形式给出一元二次方程的概念。在给出一元二次方程的概念、一般形式后，通过在边空中设问“为什么规定 $a\neq0$？”的方式，引导学生辨析概念。最后，通过例题让学生利用概念作判断，巩固概念。

2. 与解法有关的抽象

初中阶段的抽象能力主要表现在数学概念、关系与方法的抽象上。① 在“方程与不等式”主题的学习中，与数学关系有关的抽象，既包括从实际问题情境中抽象出数学关系，也包括与解法有关的、数学层面的抽象。例如，韦达定理是在对一元二次方程的等价变形中发现的方程的根与系数的关系。此外，方程和不等式的解法是去情境的、形式化的通性通法，本身就具备了抽象的意义。因此，在初中阶段“方程与不等式”主题的教材呈现和教学中，除重视概念的形成对抽象能力的培养外，还要重视在求解方程和不等式的过程中，加强对抽象能力的培养。

（1）不等式的性质的抽象

初中生已经进入“形式运算”的认知发展阶段，是培养抽象能力的关键期，但数学中的抽象是逐级而上的，初中生的抽象水平的系统性与严谨性都还有很大提升空间。基于学生的这一认知特点，教材在抽象出不等式的性质时，对于不等式两边同时加一个数或乘以一个数的情形，仍然是借助几个具体的不等式，让学生从特殊到一般地抽象出一般规律；而对于不等式两边同时减去一个数或除以一个不为0的数的情形，则脱离了具体的例子，根据加法和乘法情形得出的结论以及运算间的关系，通过推理的方法抽象出一般规律。

（2）配方法的抽象

配方法主要是通过消项、降次来解决“二次”问题，是一种通性通法，可以推广到解一元三次方程和一元四次方程。考虑到初中生的抽象水平，教材中讨论配方法时，同“不等式的性质”一样，也采用“从具体到抽象的归纳推理”和“借助符号推导的演绎推理”相结合的方式。教学中，也希望教师要处理好具体与抽象的关系。教材中与配方法的有关内容的呈现如下：

① 鲍建生. 数学核心素养在初中阶段的主要表现之一：抽象能力［J］. 中国数学教育，2022（9）：4.

教材在八年级上册“整式的乘法”一章中，首先呈现了一个“探究”，引导学生通过几个具体的例子，发现形如 $(a\pm b)^2$ 的多项式相乘所对应乘积的规律；然后按照多项式相乘的运算法则，推导出了完全平方公式，并点明这一公式的结构特征，其中推导的过程和公式本身都采用了形式化的符号表示。

教材在九年级上册“一元二次方程”一章讨论配方法时，先结合平方根的意义，从特殊到一般地逐步给出方程 $x^2=4$，$x^2=p$，$(x+3)^2=5$，$(x+n)^2=p$ 的解，以此作为接下来讨论配方法的基础；然后从 $(x+3)^2=5$ 的等价方程 $x^2+6x+4=0$ 这一具体的数字系数方程开始，引导学生将方程左边的二次三项式 x^2+6x+4 转化为完全平方式，得到解具体方程的配方法；根据用配方法解具体方程的经验，最后对一般的字母系数的一元二次方程 $ax^2+bx+c=0$ 进行配方，并最终得到解一元二次方程的公式法。在未来的学习中，还可以从针对一个字母变量的配方推广到针对一个式子的配方，这就是更进一步的抽象了。

（三）夯实运算基础，体现化归思想的指导，培养运算能力和推理能力

《标准（2022 年版）》指出，运算能力主要是指根据法则和运算律进行正确运算的能力。能够明晰运算的对象和意义，理解算法与算理之间的关系；能够理解运算的问题，选择合理简洁的运算策略解决问题；能够通过运算促进数学推理能力的发展。数学建模的一个重要环节是求解数学模型，对应到“方程与不等式”主题，就是解方程和不等式。为了有效地解方程和不等式，需要掌握和理解同解原理及数、式的运算法则和运算律等，还要能根据它们正确运算。此外，解方程和不等式既具有明显的程序化特点，表现为通性通法；又具有灵活性，需要依据方程和不等式的特点灵活选择解题步骤，以及决定各个步骤的先后顺序。因此，解方程和不等式是发展学生运算能力，并通过运算发展推理能力的重要载体。为帮助学生在解方程和不等式的过程中形成正确的运算能力，发展推理能力，教材关注解法的“生成”及“理解”，注意在引导学生“怎么算”和“为什么可以这么算”上下功夫。

1. 体现化归思想的指导，引导学生思考“解法”的生成

化归思想是解方程和不等式的核心思想之一，即解方程和不等式的关键在于将新的问题化归为以前可以解决的问题，再利用以前的算法解决。例如，三元一次方程可以化归为二元一次方程，二元一次方程可以化归为一元一次方程，一元一次方程最终化归为 $x=m$ 的形式。教材特别注意体现化归思想在解方程和不等式中的指导作用。

（1）转化

解以 x 为未知数的一元一次方程，就是在化归思想的指引下，把方程的形式逐步化简，最终转化为 $x=m$ 的形式，从而得出未知数的值。为体现化归思想的指导，教材在讨论解一元一次方程的方法和步骤时，注意说明解方程的目的是最终使方程转化为 $x=m$ 的形式，各种具体变形步骤（包括合并同类项、移项、去括号、系数化为 1）都是针对现有

方程的形式特征，为逐步接近最终目标而实施的。学生认识并理解这一点后，对于为什么要采用那些步骤解方程，就能很自然地接受了。这一做法贯穿解一元一次方程的始终，包括从最初利用等式的性质解简单方程，到后面利用合并同类项、移项、去括号、去分母等方法解一元一次方程。教材在正文、边空和章小结中，都在不断引导学生思考如何将现有方程转化为 $x=m$ 的形式。

类似地，解以 x 为未知数的不等式，就是在化归思想的指引下，把不等式的形式逐步化简，最终转化为 $x<m$（$x\leqslant m$）或 $x>m$（$x\geqslant m$）等形式。教材在明确这一化归的目标的基础上，类比解方程，引导学生探寻解不等式的方法和步骤。

与整式方程相比，分式方程的特殊性是其分母中含有未知数。因此，解分式方程的关键是将分式方程化归为整式方程。与解整式方程相比，解分式方程的特殊性在于两点：第一，由于分母中含有未知数，解分式方程时需要先通过去分母将其转化为整式方程；第二，由于分式方程去分母时，需要在方程的两边乘同一个含未知数的式子，而不是一个非零常数，因此这样的去分母过程不能保证新方程与原方程同解，必须对去分母得出的整式方程的解进行检验，当这个解使得分式方程的分母不为零时，它才是分式方程的解。

上述两点也是解分式方程的关键步骤。抓住分式方程的特殊性，学生对于体会解分式方程的基本思路就能水到渠成了，也就不会死记硬背解法步骤了。为了让学生体会解分式方程的基本思路是自然、合理地产生的，教材仍然注意发挥化归思想的指导作用，引导学生从分析分式方程的特点入手，引出解分式方程的基本思路，即通过去分母将分式方程化归为以前能解决的整式方程，再解出未知数，最后进行检验。这种处理方式既突出了分式方程解法上的特点及其算理，又反映了分式方程与整式方程在解法上的内在联系。

（2）消元

对于二元一次方程组，相较于以前学过的一元一次方程，一个明显的特点是方程组中多了一个未知数。要将方程组化归为以前可以解决的一元一次方程，自然的想法就是去掉一个未知数，即消元，而代入消元法和加减消元法则是落实消元思想的具体措施。

教材在讨论二元一次方程组解法时，先结合章引言的问题，设置了一个“思考”，引导学生认识：要解决含两个未知数的方程组，整体思路就是消去一个未知数。也就是先使学生了解消元的基本思想，然后在其指导下寻求解决问题的具体方法。在讨论两种消元法时，教材都是由易到难，循序渐进地安排了若干个解方程组的问题（前几个是单纯解方程组，最后一个是实际问题），引导学生根据方程组的特点，在消元思想的指引下，思考如何更简便地通过代入消元法或加减消元法消去一个未知数。

对于代入消元法，教材按照方程组依次满足“其中一个未知数的系数是 1”“其中一个未知数的系数是 -1”“未知数的系数既没有 1，也没有 -1”“未知数的系数既没有 1，也没有 -1，且系数的绝对值比较大”的顺序特点，设置了 4 道例题，逐步提升学生按照消元思想，利用代入消元法解决二元一次方程组的能力。类似地，教材按照方程组中的两个方程依次满足“有的未知数的系数相等”“有的未知数的系数互为相反数”“同一个未知数的系数既不相等，也不互为相反数”的逻辑顺序编排问题，逐步提升学生利用加减消元法解二元一次方程组的能力。

在讨论三元一次方程组的解法时，教材注意利用学生已有的解二元一次方程组的经验，注意体现化归思想的指引，逐步引导学生化“三元”为“二元”，再化为“一元”，并通过三个例题巩固学生对三元一次方程组的解法的理解。此外，在这个过程中，注意引导学生观察三元一次方程组的形式，帮助学生掌握对不同消元方法的灵活选用。

（3）降次

对于一元二次方程的解法，基本思路仍然是设法把方程化为 $x=m$ 的形式。而一元二次方程与一元一次方程相比较，差异在于未知数的最高次数。因此，将“二次”降为“一次”，就能把一元二次方程化归为以前会解决的一元一次方程，所以解一元二次方程的关键问题是降次。为此，教材首先在“25.2　降次——解一元二次方程”的节引言中指出降次的基本思想，然后在化归思想的不断指导下，从特殊的一元二次方程 $x^2=4$ 出发，从特殊到一般、由简单到复杂地逐步引导学生求解一元二次方程，直到最终解出一般形式的一元二次方程 $ax^2+bx+c=0$（$a\neq0$）。具体过程如下：

在“25.2.1　配方法”中，先根据平方根的意义，通过直接开平方得到方程 $x^2=4$ 的解，再推广到求方程 $x^2=p$ 的解，通过分类讨论得到其解的情况；继而通过“探究”，自然引出如何解决方程（$x+3$）$^2=5$，并总结出“降次”的策略；然后，通过探究方程 $x^2+6x+4=0$ 的解法，引出配方法的步骤，并指明配方的目的在于“降次”；最后，归纳出通过配方，将一元二次方程转化为（$x+n$）$^2=p$ 后的解的情况。

在“25.2.2　公式法”中，教材先让学生探究用配方法得出一元二次方程的一般形式 $ax^2+bx+c=0$（$a\neq0$）的解，再引导学生根据用配方法解一元二次方程的已有经验，推导出求根公式。

“在 25.3.3　因式分解法”中，教材先通过一个实际问题得到方程 $10x-5x^2=0$，再引导学生观察这个方程的特点（方程左边是两个一次因式的乘积），所以原方程等价于两个因式中至少有一个等于 0。这样就对原来的一元二次方程进行了“降次”，将其转化成了两个一元一次方程。然后再进行归纳，得出针对某些方程的简便解法——因式分解法。

数学思想对一个人的影响往往要大于具体的数学知识。对于数学思想的认识与理解，通常并非一次就能完成的，往往需要一个逐步深化理解的过程，既需要教材的不断渗透，也需要教师的经常点拨。因此，教学中也应注意体现化归思想在解方程和不等式中的指导作用。学生如果对解方程和不等式的本质有比较透彻的认识，就能很自然地接受为什么要采用那些步骤解方程，并且愿意主动探究，这远比死记硬背方程和不等式的解法步骤的效果要好。

2. 说明解法的依据，提升学生的代数推理能力

解方程或不等式时，需要对等式或不等式进行一系列的变形，最终得到未知数的值或未知数的取值范围。实际上，变形的过程就是代数推理的过程。变形的过程中，必须保持解的不变性，这就需要以同解原理作为理论依据，以此说明解法的合理性。以一元方程为例，常用的方程同解原理有：

恒等变形定理：如果 $f(x)\equiv h(x)$，$g(x)\equiv k(x)$，且方程 $f(x)=g(x)$ 和方程 $h(x)=k(x)$ 中的未知数 x 有相同的取值范围，那么这两个方程同解。

添项定理：如果 $h(x)$ 对方程 $f(x)=g(x)$ 的未知数的一切可能值都有意义，那么方程 $f(x)=g(x)$ 与方程 $f(x)+h(x)=g(x)+h(x)$ 同解。

遍乘定理：如果 $h(x)\neq 0$，且 $h(x)$ 对方程 $f(x)=g(x)$ 的未知数的一切可能值都有意义，那么方程 $f(x)=g(x)$ 与方程 $f(x)h(x)=g(x)h(x)$ 同解。

分裂定理：方程 $f_1(x)f_2(x)=0$ 的解集是两个方程 $f_1(x)=0$ 和 $f_2(x)=0$ 解集的并集。

根据恒等变形定理，经过去括号、合并同类项等恒等变形所得的方程与原方程同解；根据添项定理，方程两边同时加上（或者减去）同一个数或同一个整式，所得方程与原方程同解，添项定理是移项的依据。根据遍乘定理，方程两边同时乘（或者除以）不等于零的同一个数，所得的方程和原方程同解，遍乘定理是解方程时“移乘作除”或“移除作乘”的依据。分裂定理是用因式分解法解方程的理论根据，使用分裂定理时不会引起增根或失根。

为适应初中生的认知基础和认知能力，教材不涉及方程的同解原理，而以数和式的运算法则、运算律、等式的性质等作为解方程的理论根据。教材在等式的性质之前还增加了关于等式的两个基本事实（相等关系的对称性和传递性），为解方程提供理论依据。例如，学生在解只有等式右边含未知数的方程时，就可以根据相等关系的对称性，直接交换等式两边，而不必进行移项。相等关系的传递性可以为解方程组时使用代入消元法，以及“图形与几何”领域利用等量代换证明一些重要结论（如同角的余角相等）提供理论依据。同样地，对于不等式的求解，教材也没有给出不等式同解原理，而是以数和式的运算法则、运算律、不等式的性质等作为解不等式的依据，并且在不等式的性质之前增加了两个关于不等式的基本事实。

此外，在分式方程的学习中，出现增根的原因以及如何解决这一问题，一直是学生的学习难点。教材力求做到既说明做法的合理性，又适可而止，不超越学生的认知水平。考虑到学生的知识基础和接受能力，教材没有对解分式方程中增根的理论问题进行深入的讨论，而是通过具体例子展现解分式方程时可能出现增根的现象，并结合具体例子分析产生增根的原因，然后归纳出检验增根的方法。

除了给出等式（不等式）的性质作为解方程（不等式）的理论依据，教材还注意让学生学会正确地运用这些性质，明晰解方程和不等式中的算理，知道解法中的每个步骤为什

么可以这么做，将解方程和不等式过程中的推理显性化。例如，教材在等式和不等式的性质后，紧接着设计了填空及解答两种类型的题目：在填空题中，让学生关注等式（不等式）的两边发生了怎样的变形，并说出这种变形的依据。在解简单方程的题目中，注意分析方程的形式特点，引导学生想到解方程的思路，进而联想到等式的性质，明确解方程的算理。在解不等式的题目中，始终注意说明解法的依据。教材这样做的目的是让学生在学习方程和不等式的开始阶段，就感受到代数推理的严谨性，养成学生在解方程和不等式的过程中言之有据的习惯。教材在“二元一次方程组”一章中，明确了等量代换是代入消元法的关键步骤，并且对于代入消元法和加减消元法，教材都把具体步骤与消元思想结合起来，帮助学生了解如此操作的原因，明确推理的依据。

掌握方程和不等式的解法是必须完成的教学目标，教学时应注意对解方程和不等式的基础知识和基本技能进行归纳整理，使得学生对它们留下较深刻的印象。教学中，要避免简单地进行“示范＋模仿”的做法，要注重引导学生将关注点放在方程和不等式解法的“生成”及“理解”的过程上，明白解法中各步骤的合理性。在掌握解法的一般步骤的基础上，还要鼓励学生能根据具体的方程、不等式的特点，选择合理的运算策略，灵活使用运算程序求得结果，提高运算的准确性和灵活性。

（四）关注方程对不等式的正向学习迁移作用，渗透类比思想

方程（组）是研究相等关系的数学工具，不等式（组）是研究不等关系的数学工具。从《标准（2022 年版）》来看，方程和不等式同属“数与代数”领域的核心内容，两者存在着紧密的关联性。例如：不等式具有与等式类似的性质，解方程需要依据等式的性质，解不等式则需要依据不等式的性质；解一元一次方程是将方程逐步化为 $x=m$ 的形式，解一元一次不等式则是将不等式逐步化为 $x<m$（$x\leqslant m$）或 $x>m$（$x\geqslant m$）的形式，两者都运用了化归的思想；解一元一次不等式也与解一元一次方程类似，包括合并同类项、移项、去括号、去分母、系数化为 1 等步骤。鉴于学生先前对方程（组）的学习，他们已经理解了方程的基本概念，具备了解一元一次方程和二元一次方程组以及建立方程模型解决实际问题的能力，在研究方法上也积累了一定的经验。因此，在认识一元一次方程和二元一次方程组的基础上，通过类比的方式学习一元一次不等式（组）（包括内容和方法的类比），可以充分发挥正向迁移作用，起到很好的温故而知新的效果。

“不等式与不等式组”一章中的研究内容及研究方法，与方程的学习都是类似的。整体研究路径按照“概念—解法—应用”的顺序展开，涵盖了不等式的概念及性质、一元一次不等式（组）的概念及解法，利用一元一次不等式（组）解决实际问题等内容。同时，也遵循了数学建模的路径，即通过设未知数，列不等式（组），将包含不等关系的实际问题转化为数学问题（一元一次不等式或一元一次不等式组），然后解不等式（组），得到数学问题的解（不等式或不等式组的解集），最后经过检验，最终得到实际问题的答案。

在“一元一次方程”一章中，“5.1　方程”包括两小节“5.1.1　从算式到方程”

“5.1.2 等式的性质”。其中，“5.1.1 从算式到方程”的主要内容为方程、方程的解、解方程等概念；“5.1.2 等式的性质”在等式的性质之前给出了关于等式的两个基本事实，在等式的性质之后安排了两道例题，第一个题目是针对等式的变形说明依据，第二个题目是利用等式的性质解一些简单的方程。在“不等式与不等式组”一章中，“11.1 不等式”的内容结构和研究方法与“5.1 方程”类似，分为两小节“11.1.1 不等式及其解集”“11.1.2 不等式的性质”。

具体来说，“11.1.1 不等式及其解集”与“5.1.1 从算式到方程”类似，包括不等式、不等式的解、不等式的解集以及解不等式等相关概念。不等式的概念也是通过实际问题引出，不等式的解集通过类比方程的解来认识。“11.1.2 不等式的性质”则与“5.1.2 等式的性质”类似，在讨论不等式的性质时，首先阐述两个不等式的基本事实，让学生感知其与等式的基本事实的相同和不同之处；然后引导学生继续类比等式的性质猜想不等式的性质，并借助具体数字探究不等式的两边同时加（或减）同一个数和同时乘（或除以）同一个不为 0 的数时，不等关系是否发生改变，并由特殊到一般地归纳概括出不等式的性质。这样的类比不仅加强了知识间的横向联系，深化了对研究方法的理解，而且通过对比凸显了不等式的特性。在不等式的性质之后，同样设计了两个例题，第一个题目是针对不等式的变形说明依据，第二个题目是利用不等式的性质解一些简单的不等式。

“5.2 解一元一次方程”讨论的是一元一次方程的解法。解以 x 为未知数的一元一次方程，就是要把方程逐步转化为 $x=m$ 的形式。在这个过程中，化归的思想起了重要作用，等式的性质及运算律是化归的根据。与解一元一次方程类似，解以 x 为未知数的一元一次不等式就是要把不等式逐步转化为 $x<m$（$x\leqslant m$）或 $x>m$（$x\geqslant m$）的形式。在这个过程中，同样要用到化归的思想，而不等式的性质及运算律是化归的根据。在“11.2 一元一次不等式”探讨一元一次不等式的解法时，教材着重体现了其与解一元一次方程过程的相似性，同时突出了解不等式与解方程的不同之处。例如，在将未知数的系数化为 1 时，如果系数为负数，不等号的方向会改变。通过习题中涉及的修改解不等式过程中的错误的题目，学生能够更准确地理解和运用不等式的性质，避免常见的错误。

方程组和不等式组在概念、形式上具有相似性，都要求解（或解集）同时满足多个数量关系。教材在“11.3 一元一次不等式组”引入不等式组及其解集时，融合了两者之间的联系，旨在加深学生对不等式组本质的理解。

在不等式（组）的教学中，也要注意学情分析，充分利用学生已有的知识和经验，充分发挥正向迁移的积极作用，注重类比学生已有的对方程（组）的认识，借助方程（组）的学习经验，为学习不等式（组）铺设一条合理有效的学习路径。同时，也要注意不等式（组）的内容虽与方程（组）的相应内容有显著的相似性，但也有本质的区别。例如，方程用于描述相等关系，而不等式用于描述不等关系；对于不等式的性质，需要特别留意不等号方向的变化等。

（五）结合内容特点，有机融入中华优秀传统文化

“方程与不等式”主题的内容有丰富的历史文化背景，尤其是中国古代方程的成就是当时领先世界的重要成就。此外，方程和不等式内容还涉及大量的实际问题素材。考虑到方程和不等式内容的这些特点，教材在“方程与不等式”主题内容中，有机融入中华优秀传统文化，培养学生的爱国主义情怀和民族自豪感。

1. 载体形式

《中华优秀传统文化进中小学课程教材指南》给出了中华优秀传统文化进教材的多种载体形式，指出要结合数学学科特点，选择数学学科领域的典籍、人物故事、基本常识、成就、文化遗存等，引导学生体会其中蕴含的思想方法，感悟中华民族智慧与创造，培养学生勇于探索、自强不息的精神，坚定文化自信，增强民族自豪感。在数学学科的具体要求里，还按照不同学段和不同领域，对数学教材融入中华优秀传统文化的载体形式给出了具体建议。例如，在初中阶段特别提到要结合中国特色的建筑园林、文化遗址、民间艺术等创设情境，使学生感悟中华优秀传统文化魅力。相应地，教材在“方程与不等式”主题中，主要通过结合数学典籍《九章算术》《测圆海镜》《算学启蒙》《孙子算经》《算法统宗》《张丘建算经》《田亩比类乘除捷法》等，介绍我国古代和方程有关的重要数学成就。此外，教材还通过结合中国结、古典小说、毛笔、陶瓷、古诗词等传统艺术与技能素材，以及月饼等代表传统节日的素材，潜移默化地向学生渗透中华优秀传统文化。

2. 模块设计

结合不同载体形式的特点，教材在“方程与不等式”主题中，通过以下几个模块有机融入中华优秀传统文化：正文中的“溯源”栏目，“图说数学史”选学栏目，“阅读与思考”选学栏目，例习题系统。其中前三个模块和数学史密切关联，注重介绍我国古代的方程成就，最后一个模块主要是结合中华优秀传统文化素材设置情境问题。例如，在“一元一次方程”一章设置了三个“溯源”。在方程概念之后的“溯源”中介绍了“方程”一词的演变情况；在一元一次方程概念之后的“溯源”中介绍了我国用“元”表示未知数的历史由来；第三个“溯源”指出，《九章算术》中的“方程”章实际上比花拉子米的《代数学》更早使用了“对消”和“还原”的方法。

七年级下册“二元一次方程组”一章设置了一个名为“中国古代数学的光辉成就——解多元一次方程组”的“图说数学史”。它以对开页的形式，用精练的文字，配以精美的数学家画像，向学生介绍中国古代解多元一次方程组的直除法和互乘相消法，以及刘徽、贾宪、杨辉、梅文鼎等我国古代数学家对解多元一次方程组的贡献；并且介绍了我国著名数学家吴文俊先生借鉴中国古代数学的思想和方法，古为今用，创立了数学机械化理论，在国际上产生了巨大的影响。相比于原教材，本章还增加了“阅读与思考——中国古代著名的一次不定方程组问题”这一选学材料，其中介绍了《张丘建算经》中的“百鸡问题”

和《九章算术》中的“五家共井”问题，体现我国古代数学家对不定方程（组）的研究所作出的杰出贡献。

在例习题系统中融入中华优秀传统文化的方式主要有两种。第一种是直接引用古代数学问题。例如，元代算学名著《算学启蒙》中的“马匹行走”问题，《孙子算经》中的“鸡兔同笼”“引绳度木”问题，《算法统宗》中的“二果问价”问题等，需要学生列方程解决。第二种是结合中华优秀传统文化元素，设计情境问题。例如，结合中国结、古典小说、毛笔、古诗词、月饼、陶瓷工艺等优秀传统文化素材设计的问题，让学生利用方程或不等式的知识加以解决。

数学课程和教材是中国话语和叙事体系的重要部分，结合数学学科的特点，在数学课程和教材中讲好中国故事同样重要。要将这些意图落到实处，还需要教师为此付出辛勤的工作。希望教学中不仅要使学生在数学知识和数学能力方面得到提高，还需要考虑在传承数学文化、讲好中国故事方面的工作，注重挖掘方程内容的文化内涵，提升学生的历史人文素养、爱国主义情怀和民族自豪感。

第三节 函　数

“函数”主题内容主要包括函数的概念及其表示方法，一次函数、二次函数、反比例函数等具体函数模型，函数与方程等的联系，以及函数的应用。函数是数量化地表达变化与对应现象的数学模型。在建立和运用函数这种数学模型的过程之中，变化与对应的思想是重要的基础。函数的表示法之一是图象法，这种表示方法的产生，将数量关系直观化、形象化，从而可以数形结合地研究问题。“函数”主题内容的学习有助于学生发展抽象能力、几何直观与运算能力，提升模型观念与应用意识。

一、“函数”主题的内容分析

（一）“函数”主题内容的数学本质

世界是运动变化的，函数是研究运动变化的重要数学模型，它来源于客观实际，又服务于客观实际。某些变化规律表现为变量之间满足单值对应的关系，函数就是通过数或形定量地描述这种对应关系的数学模型。

在初中阶段，引入函数概念刻画变量之间的关系，并研究一次函数、二次函数、反比例函数等具体函数。这些具体函数各自刻画了某一类具体的运动变化现象。

在匀速直线运动中，任意相同时间的变化都会引起相同路程的变化，即路程随时间均匀变化。像这样，一个变量随另一个变量均匀变化的现象在现实世界中大量存在。一次函数就是刻画一个变量随另一个变量均匀变化这类现象的函数。

在匀变速直线运动中，速度随时间均匀变化，在此条件下路程随时间匀变速变化，路程由时间的二次式表示。在很多实际问题中，一个变量由另一个变量的二次式表示。二次函数就是刻画上述变量之间的关系的函数。

在匀速直线运动中，在路程一定的条件下，速度与时间的积保持不变。很多实际问题中的两个变量具有上述关系，即在变量 y 随变量 x 的变化而变化的过程中，它们的积 xy 始终保持不变，用式子表示就是 $xy=k$ 或 $y=\frac{k}{x}$（k 为常数，$k\neq 0$）。反比例函数就是刻画上述变量之间的关系的函数。

在研究上述具体函数时，注重结合其所刻画的运动变化现象及所呈现的变量之间的关系式，有助于学生对相应函数的理解。

（二）“函数”主题内容的上下位关系

1. 主题中内容的联系

“函数”主题的内容主要包括函数、一次函数、二次函数、反比例函数。首先建立函数的概念，研究函数的表示方法（解析法、列表法、图象法），并用函数解决实际问题。然后，从一般到特殊，讨论具体的函数（一次函数、二次函数、反比例函数），从建立这些函数的概念，研究这些函数的图象和性质，讨论这些函数与方程等的关系，用这些函数解决实际问题等方面展开讨论。

2. 与其他主题内容的联系

函数以数、式、方程、不等式、图形与坐标、图形的变化等内容为基础。

函数表现为变量的值之间存在的对应关系，常常由自变量的值计算相应的函数值，以实数及其运算为基础。函数的式子表示以式的内容为基础，基于函数的解析式讨论函数的性质还涉及式的有关概念和运算。正比例关系、反比例关系是进一步认识正比例函数、反比例函数的基础。各种函数是与其相关的方程的后续发展。自变量取值范围的确定，函数的性质的讨论等，需要不等式的内容作准备。通过本主题的学习，可以以函数为统领，讨论相应的方程、不等式。

平面直角坐标系是学习函数的基础。学习函数的图象的概念，用描点法画函数的图象，研究具体函数的图象，都要用到平面直角坐标系。

平移正比例函数 $y=kx$ 的图象可以得到一次函数 $y=kx+b$ 的图象，平移二次函数 $y=ax^2$ 的图象可以得到二次函数 $y=ax^2+bx+c$ 的图象，二次函数 $y=ax^2+bx+c$ 的图象的对称轴是 $x=-\frac{b}{2a}$，这些结论的获得要用到图形变化的知识。

3. 与高中内容的联系

初中函数内容为学生在高中从集合与对应的角度进一步认识函数的概念、学习更多类型的函数（如指数函数、对数函数、三角函数）打下基础。在高中阶段，尽管对于函数的概念已经从初中的“变量之间的单值对应”提升到“数集之间的对应关系”，但其刻画运动变化现象的本质特征没有改变。变化与对应的思想方法，将延续到高中函数内容的学习当中。

从函数观点看，数列是特殊的函数，从而可从函数的角度研究数列的性质。等差数列与等比数列是两种基本的数列，设等差数列 $\{a_n\}$ 的首项为 a_1，公差为 d，则

$$a_n=a_1+(n-1)d=dn+a_1-d,$$

$$S_n=na_1+\frac{n(n-1)}{2}d=\frac{d}{2}n^2+\left(a_1-\frac{d}{2}\right)n,$$

即等差数列的通项公式和前 n 项和公式分别与一次函数和二次函数有联系。

一元函数的导数及其应用也是高中“函数”主题的重要内容。导数及其相关内容可以帮助学生进一步深入认识“变化”。

图 2-4 展示了初中“函数”主题的内容结构及函数与前后内容的联系。左边的虚线框中的内容为与“函数”主题有联系的初中其他主题，右边虚线框中的内容为高中函数及其相关内容。

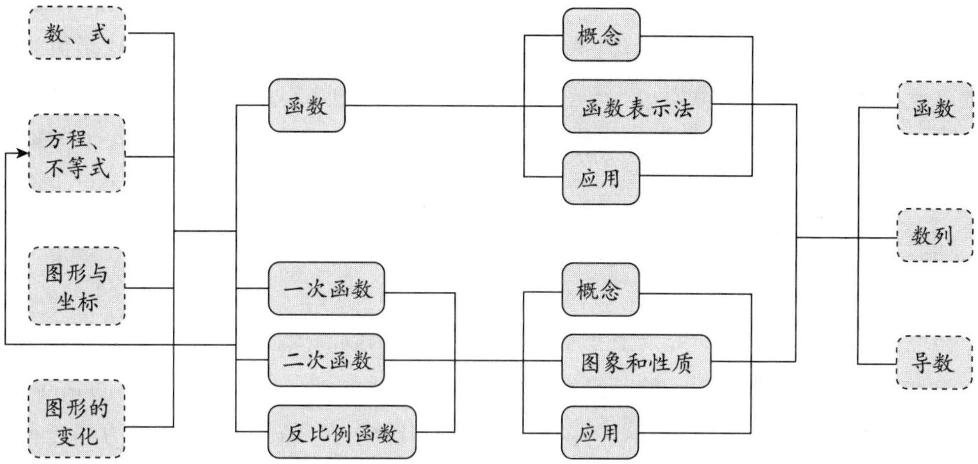

图 2-4

(三)“函数”主题的核心概念、思想方法

1.“函数”主题的核心概念

函数概念是“函数”主题的核心概念。获得函数概念后，一般地，可以对函数的表示、性质和应用加以研究；具体地，可以对各种类型的函数的图象、性质和应用加以研究。

研究一个数学对象需要从定义一个数学对象开始，“函数”主题的学习就是从学习函数概念开始的。函数是描述客观世界中变量关系和规律的数学模型，由变量之间的关系如何表示引出它的表示方法，即解析法、列表法和图象法等函数的表示方法。进而利用函数的概念和表示方法，可以研究函数的性质，并解决一些实际问题。

函数描述了客观世界中的变量关系和规律，这些关系和规律中分别具有某一类特征，如匀速变化、匀变速变化、两个变量的积保持不变等。为了更深入、准确地了解这些变化，就需要进一步研究一次函数、二次函数、反比例函数等具体的函数，它们都刻画了某一类运动变化现象。对于具体函数，同样要研究它们的概念、表示、性质、应用。

由此可见，函数概念处于“函数”主题内容的核心位置，派生出“函数”主题的其他内容，变化与对应的思想贯穿“函数”主题研究的始终。

2. “函数”主题的思想方法

建立和运用函数这种数学模型的过程之中，变化与对应的思想是重要的基础，许多客观事物必须从运动变化的角度进行量化研究。许多问题中的各种变量是相互联系的，变量之间存在对应规律，这会表现为变量的值之间存在对应关系，其中就有单值对应关系，而刻画这种关系的数学模型就是函数。

本主题所讨论的对象是函数，函数的表示方法之一是图象法，即通过平面直角坐标系中的曲线上点的坐标反映变量之间的对应关系。这种表示方法的产生，将数量关系直观化、形象化，提供了数形结合地研究问题的重要方法，这在数学发展中具有重要地位。

“函数”主题内容蕴含了分类的思想。函数因对应关系的不同而呈现一次函数、二次函数、反比例函数等不同类型。对于具体函数的性质，依照这些函数解析式中的某个常数的符号分别讨论。例如，在研究一次函数 $y=kx+b$ 的性质时，分 $k>0$ 和 $k<0$ 两种情况讨论。

(四)“函数”主题内容的育人价值

1. 有助于发展学生的“四能”

研究函数的过程，即研究以下基本问题的过程：函数的概念是什么？函数有哪些表示方法？如何用函数解决实际问题？研究具体函数的过程，则是研究以下基本问题的过程：这种函数的概念是什么？这种函数的图象和性质是什么？这种函数与相应的方程等有什么联系？如何用这种函数解决实际问题？

学生在研究上述基本问题的过程中，获得函数及具体函数的概念，掌握函数的表示方法及具体函数的图象和性质，了解具体函数与对应方程等的关系，运用函数及具体函数解决实际问题，从而提高发现和提出问题、分析问题和解决问题的能力。

例如，学习一次函数内容的过程，就是学生发展“四能”的过程。首先，通过实例引入一次函数的概念；其次，按从特殊（正比例函数）到一般的顺序，讨论一次函数的图象和性质，借助它们的图象研究它们的性质；再次，研究一次函数与方程（组）、不等式的联系；最后，安排运用一次函数解决实际问题的内容。

2. 有助于提升学生的核心素养

“函数”主题内容对于培养学生的核心素养的作用主要体现在以下几方面：

第一，从具体实例中抽象出函数概念，在具体情境中抽象出一次函数、二次函数与反比例函数模型，等等。这些活动有助于提升学生的抽象能力。

第二，用函数的图象表示函数，刻画用函数描述的事物运动和变化的规律，借助一次函数、二次函数与反比例函数的图象，探究这些函数的性质。这些活动有助于提升学生的几何直观。

第三，由自变量的值计算函数值，列出函数的解析式，用待定系数法确定一次函数、反比例函数的解析式，利用配方法研究二次函数的图象和性质。这些活动有助于提升学生的运算能力。

第四，建立函数模型去描述现实世界中事物的变化规律，解决相关实际问题。这些活动有助于提升学生的模型观念。

例如，学习二次函数内容的过程，就是学生提升核心素养的过程。首先，通过实例引入二次函数的概念；其次，按从简单到复杂、从特殊到一般的顺序，讨论二次函数的图象和性质，考虑到二次函数 $y=ax^2+bx+c$ 可以通过配方化成 $y=a(x-h)^2+k$ 的形式，分别研究二次函数 $y=ax^2$，$y=a(x-h)^2+k$，$y=ax^2+bx+c$，借助它们的图象研究它们的性质；再次，研究二次函数与一元二次方程的联系；最后，安排运用二次函数解决实际问题的内容。安排二次函数的这些内容有助于提升学生的抽象能力、几何直观和运算能力，发展学生的模型观念。

（五）学习函数主题内容的一般观念

1. 注重归纳

对于函数的内容，通过具体的、特殊的例子，得出抽象的、一般的结论。

例如，教材让学生观察函数 $y=\frac{1}{2}x^2$，$y=2x^2$ 的图象与函数 $y=x^2$ 的图象的共同点与不同点，归纳函数 $y=ax^2$（$a>0$）的图象特点；探究函数 $y=-x^2$，$y=-\frac{1}{2}x^2$，$y=-2x^2$ 的图象的共同点与不同点，归纳函数 $y=ax^2$（$a<0$）的图象特点。

又如，教材在讨论一次函数的图象、性质等问题时，引导学生注意比较函数 $y=kx$ 和 $y=kx+b$ 的异同，考虑前者如何转化为后者以及由此产生的图象变化。从而利用两者之间的联系，将正比例函数作为一次函数的特殊形式来认识，再将已获得的结论扩充到对一般的一次函数的讨论之中。

通过上述内容，使学生认识到分析问题、解决问题时，先从特殊对象切入，再扩展推广到一般对象是一条有效的学习策略。

2. 注重直观

教材编排了函数图象的内容，与文字叙述、符号表达相辅相成，借助图形直观理解函数的概念、性质和方法，沟通“数”与“形”的联系。

例如，在“22.2 函数的表示”的例 1 中，在画出函数 $y=x+0.5$ 的图象后，指出：

从函数 $y=x+0.5$ 的图象可以看出，直线从左向右上升，即当 x 由小变大时，y 随之增大。在画出函数 $y=\frac{3}{x}$（$x>0$）的图象后，指出：从函数 $y=\frac{3}{x}$（$x>0$）的图象可以看出，曲线从左向右下降，即当 x 由小变大时，y 随之减小。

又如，对于反比例函数 $y=\frac{k}{x}$（k 为常数，$k\neq 0$），先研究 $k>0$ 的情况，从具体的反比例函数开始，画出图象，观察图象特征，归纳函数性质。对于 $k<0$ 的情况，也让学生经历同样的研究过程。最后归纳反比例函数的图象特征和性质。

3. 注重类比

类比思想在讨论函数的过程中有多处体现。例如，教材在讨论二次函数 $y=x^2$ 之前的一段话中指出：可以类比一次函数研究二次函数。又如，二次函数 $y=ax^2$ 是分 $a>0$ 和 $a<0$ 两种情况讨论的，先讨论 $a>0$ 的情况，然后，$a<0$ 的情况就可以类比 $a>0$ 的情况进行讨论了。再如，先讨论二次函数 $y=\frac{1}{2}x^2-6x+21$ 的图象和性质，再让学生类比其研究方法讨论二次函数 $y=-2x^2-4x+1$ 的图象和性质。

二、"函数"主题的课标要求和教材设计

（一）"函数"主题的课标要求

1. 函数的概念和表示

这部分内容的主要要求是：探索简单实例中的数量关系和变化规律，了解常量、变量的意义；了解函数的概念和表示法，能结合图象对简单实际问题中的函数关系进行分析，能用适当的函数表示法刻画简单实际问题中变量之间的关系；提升抽象能力、几何直观和模型观念。

2. 具体函数模型

"函数"主题需要学生掌握一些具体函数模型，包括一次函数、二次函数和反比例函数。对于这些函数的主要要求是：结合具体情境体会它们的意义；能画它们的图象，根据图象和表达式探索并理解 $k>0$ 和 $k<0$ 时一次函数、反比例函数的图象的变化情况，通过图象了解二次函数的性质；能用它们解决简单实际问题；提升抽象能力、几何直观、运算能力和模型观念。

3. 函数与方程的联系

这部分内容的主要要求是：体会一次函数与二元一次方程的关系；知道二次函数和一元二次方程之间的关系，会利用二次函数的图象求一元二次方程的近似解；提升几何直观和运算能力。

(二)“函数” 主题的教材设计

1. “函数”主题的体系结构

“函数”主题的体系结构如图 2-5 所示，下面对图中结构体系进行具体说明。

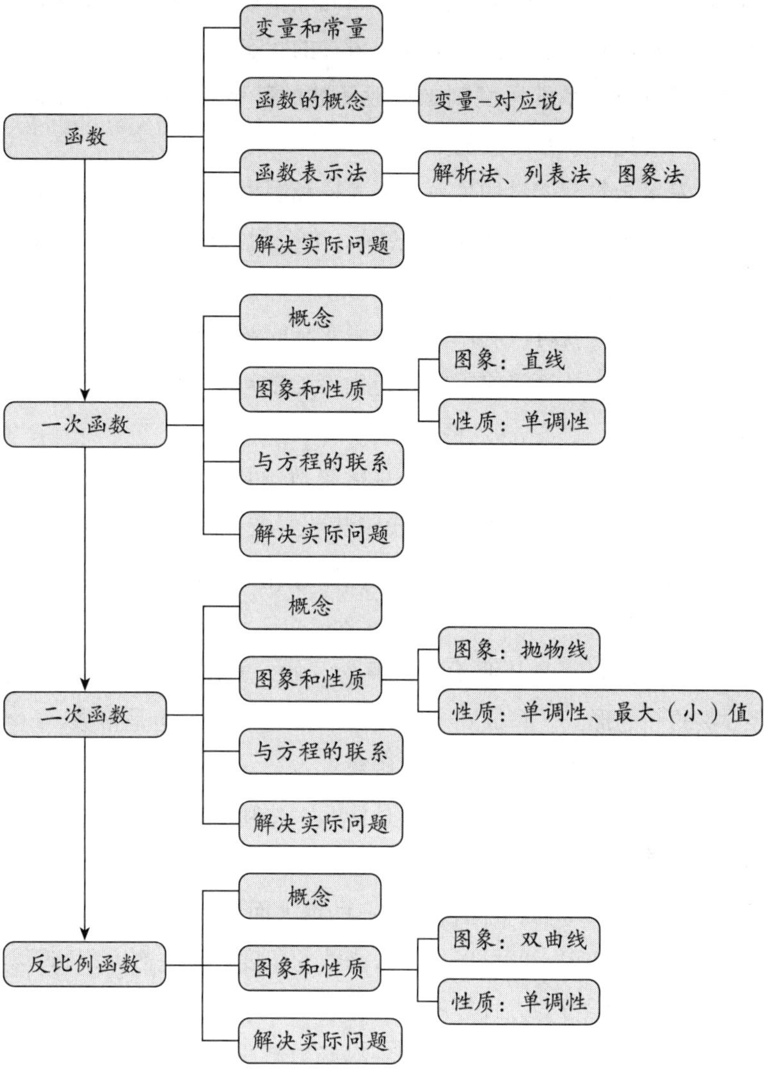

图 2-5

(1) 整体安排

本主题包括“函数”“一次函数”“二次函数”“反比例函数”四章。先对函数进行一般的讨论，再对一次函数、二次函数、反比例函数等具体函数进行逐个研究。无论函数，还是具体函数，都要对其相应的概念、表示、应用等进行研究。将“函数”单列一章，函数的内容可以讨论得更为充分，函数的思想方法可以体现得更为突出，还可以发挥一般函数内容对具体函数内容的引领作用。

将一次函数、二次函数和反比例函数等具体函数分别成章，各自内容可以体现得较为充分，各自的结构大致相同，便于前面章内容的学习为后面章内容的学习提供借鉴。同时，“函数”主题内容的持续呈现，可以为学生提供不断体会函数的思想方法的机会。

（2）函数

在初中阶段，函数研究变量之间的关系，因此“函数”一章先引出常量和变量。在研究运动变化现象时，常量和变量可以用来描述事物的状态。

从描述变量之间对应关系的角度刻画一般函数的基本特征，从而初步建立函数的概念。函数是反映运动变化和联系对应的数学概念。

用解析式可以表示函数与变量的关系，用表格和图也可以表示这种关系，由此给出表示函数的三种方法（解析法、列表法和图象法），为今后继续研究各类具体函数提供必要的准备。

有了函数的初步知识，就可以利用函数分析实际问题中变量之间的对应关系，并选择适当的方法表示这种关系，从而将实际问题转化为函数问题加以解决。

（3）一次函数

一次函数是“函数”主题研究的第一个具体函数，其内容主要包括一次函数的概念、图象、性质、与方程等的联系和应用。“一次函数”一章的内容线索较为清晰，其结构可为“二次函数”“反比例函数”两章的学习提供参照，便于后两章类比“一次函数”开展学习。

对于一次函数的研究，也是从明确它的概念开始。一次函数的解析式是常数 k 与自变量的积与常数 b 的和的形式，写成式子就是 $y=kx+b$（k，b 是常数，$k\neq0$）。正比例函数是特殊的一次函数，即 b 为 0 时的一次函数。

对于一次函数，接下来要研究它的图象是什么，并利用它的图象研究它的性质。一次函数 $y=kx+b$（$k\neq0$）的图象是一条直线，利用图象可以直观地分析 y 随 x 的增大的变化情况：当 $k>0$（或 $k<0$）时，y 随自变量 x 的增大而增大（或减小）。

有了一次函数的初步知识，就可以从一次函数的角度，对一次方程和不等式进行再认识，揭示一次函数与以前学习的方程等内容之间的联系。

有了一次函数的初步知识，还可以利用一次函数解决一些实际问题。在这些问题中，变量间的对应关系可以用一次函数来刻画，从而可将实际问题抽象为一次函数问题，再结合一次函数的图象和性质分析并解决问题。

（4）二次函数

二次函数的内容主要包括二次函数的概念、图象、性质、与方程的联系和应用，可以类比一次函数进行学习。

对于二次函数的研究，还是从明确它的概念开始。二次函数的解析式是自变量的二次式，写成式子就是 $y=ax^2+bx+c$（a，b，c 是常数，$a\neq0$）。

对于二次函数，接下来同样要研究它的图象是什么，并利用它的图象研究它的性质。

二次函数的图象是一条抛物线，不仅可以对它的单调性加以研究，还可以对它的最大值或最小值进行研究。

学习了二次函数的初步知识，就可以从二次函数的角度，对一元二次方程进行再认识，揭示二次函数与一元二次方程之间的联系。

学习了二次函数的初步知识，还可以利用二次函数解决一些实际问题，在这些问题中变量间的对应关系可以用二次函数来刻画，从而可将实际问题抽象为二次函数问题，再结合二次函数的图象和性质分析并解决问题。

（5）反比例函数

“27 反比例函数”紧接在“26 二次函数”之后，这样安排使内容更为紧凑，便于以研究函数的一般内容和方法为引领，对它们进行研究。其内容主要包括反比例函数的概念、图象、性质和应用，可以类比一次函数、二次函数的内容进行学习。

对于反比例函数的研究，同样是从明确它的概念开始。反比例函数的解析式是 $y=\frac{k}{x}$（k 为常数，$k\neq0$）。

对于反比例函数，接下来也要研究它的图象是什么，并利用它的图象研究它的性质。反比例函数的图象是双曲线，可以对它的单调性加以研究。

有了反比例函数的初步知识，还可以利用反比例函数解决一些实际问题。在这些问题中，变量间的对应关系可以用反比例函数来刻画，从而可将实际问题抽象为反比例函数问题，再结合反比例函数的图象和性质分析并解决问题。

2. “函数”主题内容的组织形式和呈现方式

在教材中，“函数”主题包括“函数”一章，以及关于“一次函数”“二次函数”“反比例函数”等具体函数的三章。各章的组织形式和呈现方式如下。

第一，“函数”一章及关于具体函数的三章均设置章首页，包括章名、章引言和章前图。章引言通过实际问题情境引入各章内容；概述“函数”及具体函数的内容；介绍“函数”及具体函数的主要数学思想方法和学习（研究）方法。

例如，在“二次函数”一章的引言中提出如下问题：

用长为 40 m 的细绳围成一个矩形区域，矩形区域的面积 y（单位：m^2）会随矩形一边长 x（单位：m）的变化而变化，y 与 x 之间有什么关系？

再看章前图，从喷头喷出的水珠，在空中经过的路线是一条曲线。在这条曲线的各个位置上，水珠的竖直高度 y 与它距离喷头的水平距离 x 之间有什么关系？

教材先通过这样的问题引入二次函数的内容；然后，概述“二次函数”一章的内容，指出通过本章内容的学习，学生将进一步体会函数在描述现实世界中变量关系和变化规律时的作用。

第二，各节按课时编排。每节设置节引言（导语），从现实世界的背景、数学理论发展的背景、数学历史上的背景、内容的前后联系等出发，引出本节所要学习的主要内容，并渗透本节的主要数学思想方法和学习（研究）方法。

例如，“23.2　一次函数的图象和性质”的引言如下：

为了更好地借助函数认识运动变化现象，需要研究函数的性质，函数的性质能更好地刻画运动变化现象的变化规律。在函数性质的研究中，函数图象由于其直观性，经常扮演着重要的角色。

这个节引言由内容的前后联系引出该节所要学习的函数的性质，也指明了借助函数图象研究函数性质的思想方法。

第三，在正文的呈现方式上，重视引导性、衔接性用语的设置；根据需要编排“溯源”“观察”“思考”“探究”“归纳”等栏目；适当编排边空，以“贴士”和“云朵”的形式呈现。通过这些引导语、栏目、边空等，使学生经历数学对象的获得过程、数学对象的研究过程、数学知识的应用过程。

例如，在“反比例函数”一章的起始部分，通过“思考”给出了现实世界和数学中具有反比例关系的三个问题：(1) 距离一定时，平均速度 v 与运行时间 t 的关系；(2) 矩形草坪面积一定时，草坪一边长 y 与另一边长 x 的关系；(3) 手机总流量一定时，平均每天使用的流量 Q 与用完流量的总时间 t 的关系。让学生思考上述三个具有反比例关系的问题，分析问题中变量之间的关系，明确表示变量之间的关系的解析式的共同特点，体现数学对象的获得过程。

第四，各节安排例题，巩固和运用函数及具体函数所学内容。对于较复杂的例题，除解答外，还通过“分析”给出解决问题的思路。

例如，“23.4　实际问题与一次函数”的例题条件为：某玉米种子的价格为 40 元/kg。若一次购买不超过 2 kg 的种子，其价格不变；若一次购买超过 2 kg 的种子，超过部分的种子价格打 6 折。该例题的“分析”指出：付款金额与种子价格相关。而种子价格不是固定不变的，它与购买量有关。因此，写函数解析式与画函数图象时，应分 $0 \leqslant x \leqslant 2$ 和 $x > 2$ 讨论。

第五，教材中关于“函数”主题的各章均按课时安排练习，按节设置习题，按章设置复习题。习题、复习题均分为“复习巩固”“综合运用”“拓广探索”三个层次，以此巩固、运用和拓展函数及具体函数所学内容。

例如，在“反比例函数”一章的习题 27.1 中，“复习巩固”“综合运用”“拓广探索”三个层次各安排了一道题目。第 1 题用于复习巩固反比例函数的概念；对于反比例函数 $y=\frac{k}{x}$（k 为常数，$k \neq 0$），在变量 y 随变量 x 的变化而变化的过程中，它们的积 xy 始终保持不变，要理解和运用这个结论解答第 2 题；第 3 题是反比例函数的拓展，第 3 题中的 y 与 x^2 成反比例，y 不是 x 的反比例函数。

第六，适当设置“阅读与思考”“观察与猜想”“探究与发现”“图说数学史”“信息技术应用”等选学栏目，提供具有拓展性、探索性、思想性的内容，以拓展学生的学习空间，与教材不同层次的习题、复习题一起，体现教材的弹性，为不同学生的发展提供多样化的选择。

例如，“二次函数”一章中的“阅读与思考——生活中的抛物线”，为学生提供了抛物线相关的背景材料、知识应用，以及课外活动题材等。

又如，在“函数”一章的“图说数学史——函数概念的探索之路”中，通过绘制函数概念探索道路中的相关数学家形象，以及相关的数学史文字表述，激发学生学习数学的兴趣，使学生感受数学家的聪明才智和严谨的治学精神。该阅读材料内容充分，反映出：虽然现代数学中，数学结论的最终表述仅仅涉及符号和逻辑术语，看似平淡乏味，但在事实上，大多数数学结论的内涵是丰富多彩的，结论的形成过程是生机勃勃的。①

第七，“函数”一章的“数学活动”安排了 1 个活动，具体函数各章的“数学活动”均安排 2 个活动，体现出知识的综合性、与现实生活的联系性、活动的操作性和实践性。

例如，“函数”一章的“数学活动”安排的是体脂率的计算与分析的内容。

第八，函数及具体函数各章编排的小结。小结中的“本章知识结构图”以框图形式展示函数及具体函数各章知识要点及其发展脉络和相互联系。“回顾与思考”首先概述函数及具体函数各章内容，阐述函数及具体函数各章内容之间、函数及具体函数各章内容与其他内容之间的联系，揭示函数及具体函数各章内容反映的思想方法、研究方法等；然后以问题引导学生总结函数及具体函数各章内容，深化对函数及具体函数各章核心内容及其反映的数学思想方法的理解。

例如，在“反比例函数”一章的小结中，提出了如下的思考性问题：

1. 举例说明什么是反比例函数，反比例函数描述了怎样的变化规律？

2. 反比例函数 $y=\dfrac{k}{x}$ 的图象是怎样的？反比例函数有什么性质？

3. 你能举出几个现实生活中运用反比例函数性质的实例吗？

4. 回顾应用反比例函数解决实际问题的过程，总结建立函数模型解决实际问题的步骤。

5. 结合本章的学习，你能总结研究一类函数模型的思路和方法吗？

通过上述问题，让学生对反比例函数的概念、性质和应用，以及研究方法进行全面总结。

---

① 史宁中. 数形结合与数学模型——高中数学教学中的核心问题. [M]. 北京：高等教育出版社，2018：iii.

三、编写“函数”主题教材时重点考虑的问题

（一）体现函数概念的形成过程，提升学生的抽象能力

函数概念涉及变化与对应，抽象性较强，因而需要借助实际问题情境，引导学生由具体到抽象地认识函数。

在“函数”一章的章引言中，给出行星在宇宙中的位置随时间的变化而变化，我国“天宫”空间站与北京航天飞行控制中心的距离随时间的变化而变化，气温随海拔的变化而变化，树高随树龄的变化而变化等一个量随另一个量的变化而变化的实例；章引言还指出：在本章中，我们将通过具体例子，认识常量和变量，学习函数的概念和表示方法。这样的设计，既能使学生对函数产生具体的感受，又明确了从具体到抽象地学习函数的方法。

在“22.1　函数的概念”中，首先通过如下问题引入常量和变量的概念：

（1）汽车以 60 km/h 的速度匀速行驶，当行驶时间 t 分别为 1 h，2 h，5 h 时，行驶路程 s 分别为多少？s 的值随 t 的值的变化而变化吗？

（2）电影票的售价为 40 元/张。第一场售出 80 张票，第二场售出 105 张票，第三场售出 180 张票，三场电影的票房收入各是多少元？设一场电影售出 x 张票，票房收入为 y 元，y 的值随 x 的值的变化而变化吗？

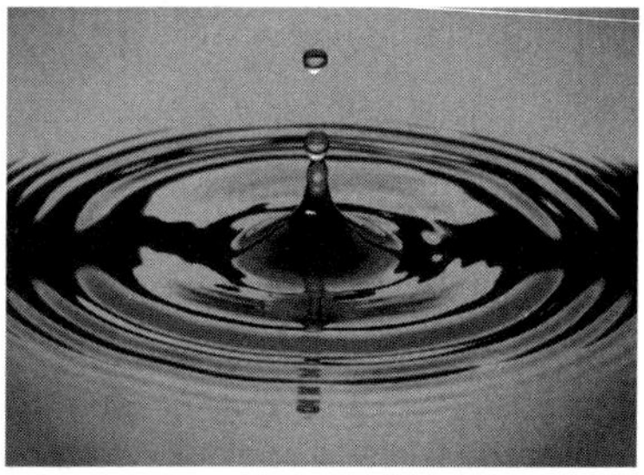

（3）你见过水中的涟漪吗？如图，圆形水波慢慢地扩大。在这一过程中，当圆的半径 r 分别为 10 cm，20 cm，30 cm 时，圆的面积 S 分别为多少？S 的值随 r 的值的变化而变化吗？

（4）长方体的体积为 1 000 cm^3，当长方体的底面积 S 分别为 50 cm^2，100 cm^2，125 cm^2 时，高 h 分别为多少？h 的值随 S 的值的变化而变化吗？

在上述问题中，既有数值始终不变的量，又有数值发生变化的量。学生可以对上述问题中的量进行分析，进而形成常量和变量的概念。通过上述问题，学生还可以认识两个变量之间的关系：当其中一个变量取定一个值时，另一个变量就有唯一确定的值与其对应。

另外，通过潮汐等问题，让学生认识到上述两个变量之间的关系可以由图或表格给出。

在学生通过具体问题从式子、图或表格等角度认识到上述两个变量之间的关系后，给出函数概念。经历上述从具体到抽象的过程，有助于提升学生的抽象能力。

对于一次函数、二次函数、反比例函数等具体函数的概念，教材也让学生经历上述从具体到抽象的过程，提升抽象能力。

（二）发挥函数图象的作用，提升学生的几何直观

用解析式可以表示函数与自变量之间的关系，用函数的图象也可以表示函数与自变量之间的关系。函数的图象建立了“数”与“形”之间的联系，构建了数学问题的直观模型。对于函数图象的内容，教材有如下的考虑。

1. 介绍函数图象的概念，并结合图象对简单实际问题中的函数关系进行分析

对于函数图象的概念，教材是结合一个具体函数 $S=x^2$（$x>0$）的讨论给出的，让学生经历列表、描点、连线等绘制函数图象的具体过程，既有助于加深学生对函数图象的意义的认识，了解图象上点的横、纵坐标与自变量值、函数值之间的对应关系，又有助于学生体会描点法画函数图象的一般步骤。

对于结合图象对简单实际问题中的函数关系进行分析，教材在“22.2　函数的表示”中安排了例 2。由例 2 可知，李明家、食堂、图书馆在同一条直线上。李明从家去食堂吃早餐，接着去图书馆查资料，然后回家。在这个过程中，李明离家的距离 y 与时间 x 之间的对应关系是由函数图象（图 2-6）给出的。学生需要根据图象回答问题。

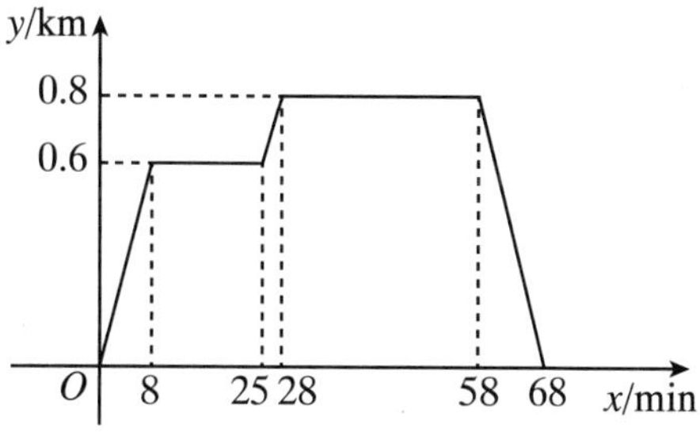

图 2-6

在这个例题中，李明离家的距离 y 是时间 x 的函数，函数与自变量的关系是由函数的图象给出的。根据图象可以分析和解答有关的问题。

2. 画出一次函数等具体函数的图象，并从图形的变化的角度认识两个函数的图象之间的关系

描点法是画出函数的图象的一般方法。通过画出正比例函数的图象，认识正比例函数的图象是一条直线；通过画出二次函数的图象，了解抛物线的概念；通过画出反比例函数的图象，了解双曲线的概念。

还可以从图形的变化的角度，认识两个函数的图象之间的关系。例如，在让学生画出函数 $y=-3x$ 与 $y=-3x+1$ 的图象后，设置了如下的“探究”：

比较上面两个函数的图象的相同点与不同点，填写你的观察结果：

这两个函数的图象形状都是________，并且倾斜程度________。函数 $y=-3x$ 的图象经过原点，函数 $y=-3x+1$ 的图象与 y 轴交于点________，即它可以看作由直线 $y=-3x$ 向________平移________个单位长度而得到。

比较两个函数解析式，你能说出两个函数的图象有上述关系的道理吗？

联系上面结果，考虑一次函数 $y=kx+b$（$k\neq0$）的图象是什么形状，它与直线 $y=kx$（$k\neq0$）有什么关系。

通过这个“探究”，学生可以得出一次函数 $y=-3x+1$ 的图象可以由直线 $y=-3x$

向上平移 1 个单位长度得到，进而得到一次函数 $y=kx+b$（$k\neq 0$）的图象可以由直线 $y=kx$ 平移 $|b|$ 个单位长度得到（当 $b>0$ 时，向上平移；当 $b<0$ 时，向下平移）。

3. 通过一次函数等具体函数的图象，了解这些函数的性质

函数的图象与函数的性质的一些联系如表 2-3 所示。由此可以通过函数的图象，了解函数的性质。

表 2-3

函数的图象特征	函数的性质
曲线从左向右呈上升状态	y 随 x 的增大而增大
曲线从左向右呈下降状态	y 随 x 的增大而减小
曲线上的最高点是（a，b）	当 $x=a$ 时，y 有最大值 b
曲线上的最低点是（a，b）	当 $x=a$ 时，y 有最小值 b

例如，“一次函数”一章在介绍一次函数的图象后，设置了如下的“探究”：

画出函数 $y=x+1$，$y=-x+1$，$y=2x+1$，$y=-2x+1$ 的图象，观察这些直线，总结它们从左向右上升或下降的规律。

由此联想：一次函数的解析式 $y=kx+b$（k，b 是常数，$k\neq 0$）中，k 的正负对函数图象有什么影响？你能进而归纳一次函数的性质吗？

让学生观察一次函数的图象特征，进而归纳一次函数的性质，体会数学对象的研究过程。

又如，对于二次函数，首先明确通过配方，可以将二次函数 $y=ax^2+bx+c$ 转化为 $y=a(x-h)^2+k$。因而可以利用 $y=a(x-h)^2+k$ 的图象和性质，研究 $y=ax^2+bx+c$ 的图象和性质，然后设置了如下的“思考”：

对于二次函数 $y=\frac{1}{2}x^2-6x+21$，如何画出它的图象并讨论它的性质？

让学生通过配方将二次函数 $y=\frac{1}{2}x^2-6x+21$ 转化为 $y=\frac{1}{2}(x-6)^2+3$，由此画出二次函数 $y=\frac{1}{2}x^2-6x+21$ 的图象，由它的图象讨论函数随自变量的增大的变化情况，以及函数的最小值。

再如，对于反比例函数，设置了如下的“探究”：

回顾上述过程，我们从特殊到一般、数形结合地研究了反比例函数 $y=\frac{k}{x}$（$k>0$）的图象和性质，你能用类似的方法研究反比例函数 $y=\frac{k}{x}$（$k<0$）的图象和性质吗？

让学生先研究 $k<0$ 时具体的反比例函数，画出它们的图象，并讨论其性质，进而归纳

出反比例函数 $y=\frac{k}{x}$（$k<0$）图象和性质。

这些栏目体现和落实了通过函数的图象了解函数的性质的思想。

认识函数的图象表示，并结合图象对简单实际问题中的函数关系进行分析；认识一次函数等具体函数的图象，并通过这些函数的图象了解这些函数的性质，这些都有助于提升学生的几何直观。

（三）综合运用数、式、方程知识，提升运算能力

“函数”主题内容具有综合性。综合运用“数”与“形”的知识是它具有综合性的一个方面，综合运用数、式、方程知识是它具有综合性的另一个方面，由此可以提升学生的运算能力。

例如，自变量与函数之间具有单值对应关系，常常由自变量的值计算函数值。在描点画函数图象时，需要先选取一些自变量的值，再计算相应的函数值，而且选取哪些自变量的值，需要学生具备一定的选取策略。

又如，确定函数的解析式涉及列式及化简。在二次函数的图象和性质的研究中，配方法扮演着重要的角色。由配方法可知，二次函数 $y=ax^2+bx+c$ 可以转化为 $y=a(x-h)^2+k$ 的形式，这确定了先研究函数 $y=ax^2$，然后研究函数 $y=a(x-h)^2+k$，最后研究函数 $y=ax^2+bx+c$ 的顺序。

再如，用待定系数法确定反比例函数、一次函数的解析式，涉及解一元一次方程和解二元一次方程组。还专门研究函数与方程等的联系，其中一些问题的解决需要运用方程等的知识。

由此可见，数、式、方程等内容是学习函数的基础，在解决函数问题时得到了充分运用。在运用的过程中，学生的运算能力也得到了提升。

（四）体现函数与方程等内容的联系，提高多角度认识问题的能力

在函数内容的编写中，注意了函数与以前所学习的方程、不等式等其他代数知识的联系，力求使函数学习能够在帮助学生构建一个较好的知识体系方面起一定作用。为此，教材安排了“23.3 一次函数与方程（组）、不等式”和“26.3 二次函数与一元二次方程”，希望通过这些内容加强知识间的联系，使学生能用函数将方程、不等式等已经掌握的数学对象统一起来认识，逐步达到新旧知识的融会贯通；使学生进一步体会函数的重要性，提高学生多角度地、灵活地分析问题与解决问题的能力。

在学生已经认识一元一次方程、一元一次不等式和二元一次方程组等之后，“23.3 一次函数与方程（组）、不等式”从变化和对应的角度，对这些数学对象进行更深入的讨论，用函数观点加深学生对方程（组）、不等式等内容的认识，构建和发展相互联系的知识体系。

从一次函数的图象来看，一次函数 $y=kx+b$ 的图象与 x 轴有一个交点，当自变量取交点的横坐标时，函数值为 0。由此可以得出交点的横坐标是一元一次方程 $kx+b=0$ 的解。“23.3　一次函数与方程（组）、不等式”设置了如下的“思考”，通过让学生解决一个具体问题，进而得出一般性结论。

如图，一次函数 $y=2x-1$ 的图象与 x 轴交点的横坐标是 0.5。当自变量 x 的值为 0.5 时，函数值是多少？由此可以得出一元一次方程 $2x-1=0$ 的解吗？

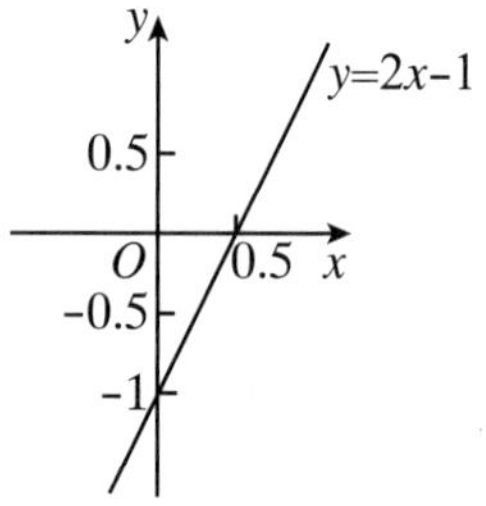

研究一次函数与一元一次不等式的关系时，教材在上述研究问题的基础上，又设置了一个“思考”，让学生解决一次函数 $y=2x-1$ 的函数值大于 0（或小于 0）的具体问题，进而得出一般性结论。

对于一次函数与二元一次方程的关系，也是结合具体问题阐明两者之间的关系。通过设置一个“思考”，让学生从函数的角度对解具体的二元一次方程组 $\begin{cases}2x-y=1,\\3x+5y=8\end{cases}$ 进行解释，进而得出一般性结论。

对于二次函数与一元二次方程的关系，则沿用了研究一次函数与一元一次方程的关系的思路，设置一个“思考”，让学生观察图 2-7 中的二次函数 $y=x^2+x-2$，$y=x^2-8x+16$，$y=x^2-x+1$ 的图象与 x 轴是否有公共点。在有公共点的情况下，让学生指出公共点的横坐标，以及当 x 取公共点的横坐标时的函数值，并由此说明方程 $x^2+x-2=0$，$x^2-8x+16=0$，$x^2-x+1=0$ 的根的情况。

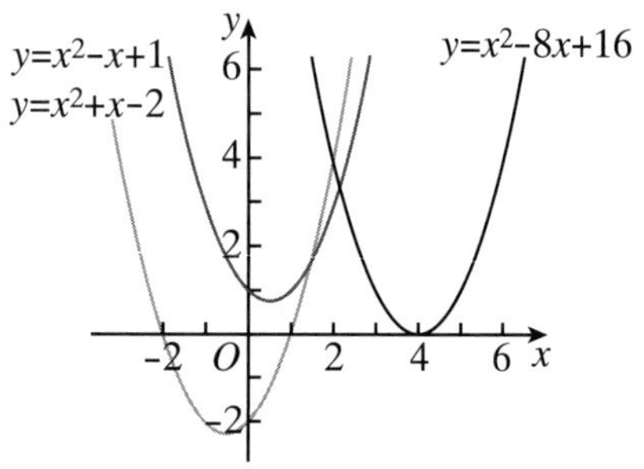

图 2-7

（五）体现函数的应用，提升学生的模型观念

大量的现实问题涉及具有简单函数关系的变量，这为“函数”主题内容的学习提供了丰富的现实素材。在教材的“函数”主题内容中，实际问题情境贯穿始终。这种处理方式主要有两方面作用：第一方面，在于引入或解释函数等概念，借助直观的、具体的事物为学生理解抽象的内容服务，让学生认识运动变化现象中变量间的依赖关系；第二方面，作为函数的应用举例，可以让学生更深入地认识现实世界中许多运动变化的规律。

“函数”主题内容的呈现充分注意了现实背景，通过这些背景反映出函数来自实际又服务于实际，让学生不断加强对函数作为解决现实问题的重要数学模型的认识。

利用函数解决实际问题的基本过程如图 2-8 所示：

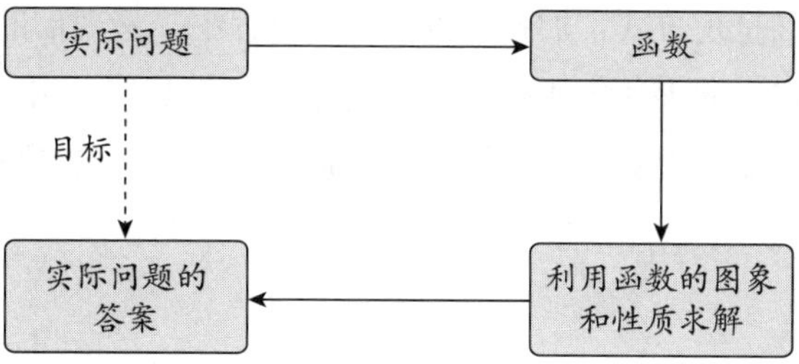

图 2-8

为了在“函数”主题内容中落实函数的应用，提升学生的模型观念，首先是在教材有关节中，安排函数的应用的内容。

例如，“函数”一章在介绍完函数的三种表示方法后，安排了与水库水位变化有关的例 3，让学生：发现水位变化的规律；判断水位高度 y 是不是时间 t 的函数，在是函数的情况下，写出一个符合表 2-4 中数据的函数解析式，并画出这个函数的图象；预测 2 h 后水位的高度。本例题未给出函数解析式，需要学生根据表 2-4 中的 6 对相关数据，发现变量之间的对应规律，进而根据规律写出函数解析式。通过例 3，学生不仅能体会到函数的不同表示方法之间的互相转化，还能提高解决实际问题的能力。

表 2-4

t/h	0	1	2	3	4	5
y/m	3	3.3	3.6	3.9	4.2	4.5

又如，在“二次函数”一章中，专门设计了“实际问题与二次函数”一节，其中安排了两个例题和两个“探究”。在日常生活、生产和科研中，常常会遇到求什么条件下可以使材料最省、时间最少、效率最高等问题，其中一些问题可以归结为求二次函数的最大值或最小值。本节用两个例题和探究 1，举例说明此类问题的解决过程。此外，安排探究 2（水位问题），运用二次函数解决抛物线型图形问题。这样安排的目的在于加强二次函数与实际生活的联系，使学生所学知识得到应用，发展模型观念。

其次是设置函数应用的选学栏目。例如，在“二次函数”一章中安排“阅读与思考——生活中的抛物线”，其中，通过选取“中国天眼”——500 m 口径球面射电望远镜的内容，反映我国的新成就、新发展。

再次，在各章“数学活动”中安排函数应用的内容。例如，在“一次函数”一章安排了活动 1“水龙头的滴水量”和活动 2“纸杯的高度”；在“反比例函数”一章安排了活动 2“用简易密度计测量密度”。

（六）注重运用信息技术，适应时代发展

在“函数”主题内容中，适应教育信息化需求，精心设计了信息技术与“函数”主题内容深度融合的内容和呈现方式：加强在正文展开过程中，呈现借助信息技术发现和探究规律和结论的设计，在正文表述中明确“使用信息技术工具”，并以截图形式呈现相关图形；利用教材边空给出使用信息技术的提示；设置选学栏目“信息技术应用”。

例如，“二次函数”一章中，在画出函数 $y=x^2$，$y=\frac{1}{2}x^2$，$y=2x^2$ 的图象后，设置了一个“思考”，让学生比较函数 $y=\frac{1}{2}x^2$，$y=2x^2$ 的图象与函数 $y=x^2$ 的图象，指出它们的共同点和不同点；然后指明利用信息技术工具画二次函数 $y=ax^2$（$a>0$）的图象，改变 a 的值，函数 $y=ax^2$ 的图象也发生了改变（图 2-9），让学生指出随着 a 的变化，二次函数 $y=ax^2$ 的图象的变化。

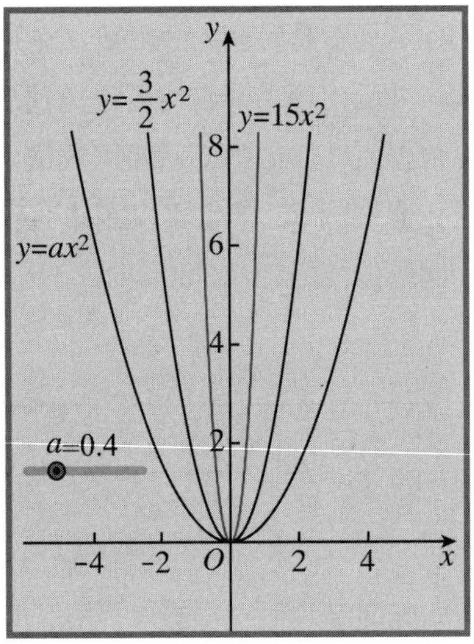

图 2-9

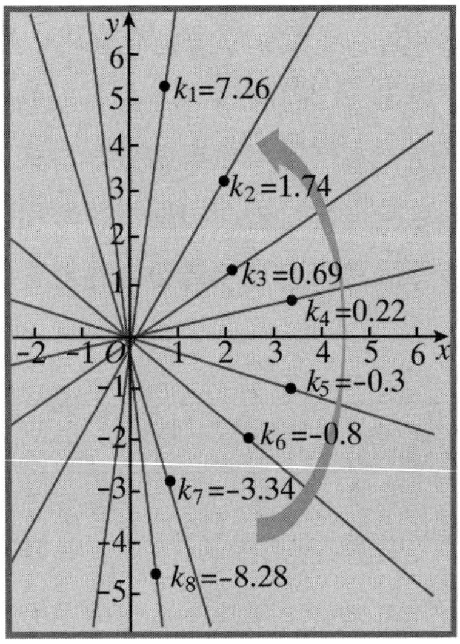

图 2-10

再如，“一次函数”一章中设置了“信息技术应用——探究函数的图象和性质”，介绍了使用计算机画函数图象的一些例子，指出了函数图象与函数性质的联系，还在动态变化中探究了正比例函数 $y=kx$ 中 k 的变化与图象的关系（图 2-10），如直线由经过第二、第四象限逆时针旋转到经过第三、第一象限的过程中，k 的值随直线的旋转而不断增大。

执笔人：李龙才，王翠巧，薛彬

研究组成员：李龙才，胡永建，崔佳佳，李健，李庆，陆志强，王翠巧，王嵘，薛彬，姚芳，朱航

第三章

“图形与几何”编写研究

依据《标准（2022年版）》，“图形与几何”是义务教育阶段数学课程的四个领域之一。在初中阶段，“图形与几何”领域包含“图形的性质”“图形的变化”“图形与坐标”三个主题。与《标准（2011年版）》相比，内容的选择更加贴近学生的现实生活，聚焦中国学生发展核心素养，培养学生适应未来发展的正确价值观、必备品格和关键能力。

在继承原教材注重逻辑性、生成性、情境化、结构化等编写风格的基础上，为落实《标准（2022年版）》提出的对内容进行结构化整合、探索发展学生核心素养的路径的理念，紧紧围绕数学学科的内在逻辑和初中生的认知心理逻辑，基于对整体结构、核心内容的理解和优化，进一步从逻辑证明、运动变化和量化分析三个方面去呈现点、线、面、角、三角形、四边形和圆等几何图形的基本性质和相互关系，强化对学生的空间观念、几何直观、抽象能力和推理能力等核心素养的培养。

第一节　图形的性质

一、“图形的性质”主题的内容分析

（一）“图形的性质”主题的数学本质

图形的性质是“图形与几何”领域中的重点内容，它建立在小学阶段学生对图形的感知基础之上，着重通过实验探究、直观观察以及推理论证的方式，深入研究各类几何图形，并获取关于点、线、面、角、三角形、四边形及圆等几何图形的深刻理解与应用。具体而言，该主题包括：在用几何直观理解几何基本事实的基础上，从基本事实出发推导图形的性质和定理，理解和掌握尺规作图的基本原理和方法。在这样的过程中，帮助学生体会数学的逻辑性和严谨性，在空间观念的基础上进一步建立几何直观，提升抽象能力和推理能力。

图形的性质涵盖了初中平面几何的大部分内容，包括图形的认识与证明。几何图形具

有直观性，可以通过直观感知、实际操作等活动进行认识和区分。而学生能否准确理解几何概念、正确进行推理，很大程度上取决于其能否正确分析和使用图形。分析图形，即需要抓住图形的本质特征，从复杂图形中分解出基本图形，并识别基本图形中所包含的各类元素。例如，三角形中的核心元素边、角，以及相关元素高、中线、角平分线、中位线。当图形中的核心元素发生变化时，会随之产生新的关系和结论。理解基本图形中特殊元素以及它们之间的位置关系和数量关系，是解决平面几何问题的关键。

图形的性质是培养学生各种能力的有效载体。通过合情推理和演绎推理，学生可以体会几何的基本思想和思维模式，有助于形成良好的思维方式和思维品格，也有助于提升应用意识和创新意识。抓住图形的性质，可以解决很多问题；归纳图形的性质，可以提高教学效率。

（二）“图形的性质”主题的逻辑结构

学习数学，是学生在其心智中逐步构建数学知识链的复杂过程，也是一个完整的逻辑思维训练过程。尤为重要的是，构建逻辑思维体系的基础在于构建数学学习的逻辑框架。通过这一框架，引导学生通过逻辑思维学习数学，以此激发学生学习数学的兴趣，并促进其智力发展。同样地，关于“图形的性质”主题的研究，应首先明确科学的逻辑关系，从而构建出合理的知识结构。

1. 本主题与相关主题的逻辑关系

几何学是研究图形的性质及不同图形之间相互位置关系的数学分支。为了从学科知识整体性的角度梳理这些内容，并揭示这些内容之间的逻辑关系，以“几何图形的研究”为主线来分析其中的逻辑脉络。

几何图形大致可以划分为基本图形与复合图形两大类别。基本图形涵盖了直线形与圆，其中直线形进一步细分为相交线与平行线、三角形与四边形。对基本图形性质的探究，不仅是几何图形研究的基石，更是学生逻辑证明的重要内容。复合图形，则是由两个或两个以上的基本图形组合而成的几何图形。研究复合图形的核心在于剖析几个基本图形间的位置关系，但前提是能够从整体上把握复合图形的特征。因此，研究复合图形的首要任务是明确它是如何生成的。研究图形生成过程的价值，在于使学生能够直观理解复杂图形是如何逐步构建起来的，而非仅仅观察已经绘制好的几何图形，从而为从整体上研究复合图形奠定坚实的基础。

研究图形的变化，就是从运动和变化的视角去探索几何图形，包括轴对称、平移、旋转、相似和投影。将几何图形依据某种法则或规律变换成另一个图形的过程，称为几何变换。几何变换既是一种思想，也是一种方法。与欧氏几何聚焦于对静态图形的研究相比，从几何变换的角度审视与研究图形，标志着一种观念性的变化。在这种观念的指导下，学生在研究几何问题时，可以尝试对图形的基本元素进行平移、旋转、翻折等具体操作，在运动的过程中探寻新的点、线等图形，从而使问题得以解决。事实上，只有深入理解在某种变换下图形的不变性，才可能洞察变换的本质和图形的特性。

图形的代数化，旨在运用代数的方法研究几何图形。图形与坐标是几何元素代数化的基础，这一领域的研究让学生初次领略到平面解析几何的思维方式，为他们未来在高中深入学习平面解析几何奠定了坚实的思维基础。由于学生的思维水平等因素的限制，暂时无法采用函数的观点和方法开展锐角三角函数的教学。因此，锐角三角函数被置于“几何图形的研究”中的“图形的代数化”这一分支中，其代数化的含义在于，通过直角三角形的直角边与斜边的比值来刻画锐角的正弦或余弦，使学生能够感悟到直角三角形中边与角之间的代数关联。

2. 本主题知识之间的结构框架

“图形的性质”主题要求掌握点、线、面、角、相交线与平行线、三角形、四边形、圆的概念；知道图形的特征、共性与差异；理解线段长度的度量，探究并理解角度大小的度量；理解两条直线平行或垂直的关系，形成抽象意识；基于直观理解掌握几何基本事实，基于基本事实认识并证明图形的性质和关系；经历得到和验证数学结论的过程，感悟具有传递性的数学逻辑，发展几何直观和推理能力；经历尺规作图的过程，能够想象出由尺规作图操作所形成的图形，理解尺规作图的基本原理与方法，发展空间观念和空间想象力。基于此，本主题内容可以大致构建出如表 3-1 的知识结构。

表 3-1

<table>
<tr><th>内容</th><th colspan="2">主要知识点</th></tr>
<tr><td>整体认识</td><td colspan="2">立体图形与平面图形</td></tr>
<tr><td rowspan="2">点、线、面、角</td><td colspan="2">直线、射线、线段</td></tr>
<tr><td colspan="2">角</td></tr>
<tr><td rowspan="3">相交线与平行线</td><td rowspan="2">相交线</td><td>两条直线相交</td></tr>
<tr><td>两条直线被第三条直线所截</td></tr>
<tr><td>平行线</td><td>平行线的判定和性质</td></tr>
<tr><td rowspan="7">三角形</td><td rowspan="2">与三角形有关的线段</td><td>三角形三边的关系</td></tr>
<tr><td>三角形的高、中线、角平分线</td></tr>
<tr><td rowspan="2">与三角形有关的角</td><td>三角形的内角和</td></tr>
<tr><td>三角形的外角</td></tr>
<tr><td>全等三角形</td><td>全等三角形的判定和性质</td></tr>
<tr><td rowspan="2">特殊的三角形</td><td>等腰三角形</td></tr>
<tr><td>直角三角形（勾股定理）</td></tr>
<tr><td>四边形</td><td>平行四边形</td><td>特殊的平行四边形（矩形、菱形、正方形）</td></tr>
</table>

续表

<table>
<tr><th>内容</th><th colspan="2">主要知识点</th></tr>
<tr><td rowspan="5">圆</td><td rowspan="3">圆</td><td>圆的有关概念</td></tr>
<tr><td>圆的有关性质（垂径定理、圆周角定理）</td></tr>
<tr><td>圆的有关计算（弧长、扇形面积）</td></tr>
<tr><td>直线与圆</td><td>直线与圆相离、相切、相交</td></tr>
<tr><td colspan="2">正多边形与圆</td></tr>
<tr><td>定义、命题、定理</td><td colspan="2">原命题及其逆命题、证明</td></tr>
</table>

(三)“图形的性质”主题的核心概念

几何学的建立使得数学从经验转化为理性，从特殊上升为一般，从而成为一门科学。① 当学生从小学进入初中，他们对几何的学习不应再仅仅停留于了解几何图形的基本特征、对几何图形进行简单的识别等感性层面，应基于对相关核心概念和思想方法的理解，明确几何学习的基本要求，掌握几何研究的对象、途径、方法与策略，从而更深刻地感悟几何图形的本质特征和应用价值。

1. 点、线、面、角

几何学的研究对象是几何图形，点、线、面是构成几何图形的基本要素，由点、线、面进一步派生出来的概念——线段的大小、线段的中点、角、角的大小、角平分线、余角、补角等，则是描述几何图形组成要素之间的数量关系、位置关系的不可或缺的概念。此外，直线、射线、线段和角都是重要而基本的几何图形，有关直线、射线、线段和角的概念和性质，以及相关的表示方法、画法、计算等，都是重要的几何基础知识，是后续几何学习以及其他数学内容学习的必备基础，也是发展学生几何直观、抽象能力与推理能力的重要载体。

2. 相交线与平行线

直线是最基本的几何图形，两条直线的位置关系是研究其他图形的基础。由“两点确定一条直线”的基本事实可知，空间内不重合的两条直线最多只有一个公共点。如果两条直线只有一个公共点，称它们相交。如果两条直线没有公共点，又可分为两种情形：当两条直线在同一平面内时，称它们平行；当两条直线不在同一平面内时，称它们是异面直线。由于两条直线相交时，它们必定在同一平面内，因此，同一平面内不重合的两条直线的位置关系只有两种——相交（有 1 个公共点）和平行（没有公共点）。初中阶段只研究同一平面内不重合的两条直线的位置关系。

① 史宁中. 数学思想概论（第 2 辑）——图形与图形关系的抽象［M］. 长春：东北师范大学出版社，2009：21.

相交线与平行线，作为研究图形关系的起始篇，其在培养学生掌握“如何研究一个几何对象”“如何构建研究一个几何对象的基本思路与方法”方面，具有奠基意义。以相交线与平行线为载体，通过抽象研究对象、明确研究内容、构建研究思路、形成研究方法的过程，思考“如何研究相交线（平行线）”“如何定义几何图形和图形的关系”“作为两直线间的位置关系，相交线（平行线）的性质指什么”“如何研究相交线（平行线）的性质”“为什么要证明对顶角相等”等问题，从而积累研究一个几何对象的经验。

3. 三角形

三角形既简单而又能充分反映空间的本质。① 在初中阶段，三角形作为首个平面封闭图形的学习对象，其学习内容主要包括：一般三角形和特殊三角形，以及两个三角形的关系（三角形全等）。特殊三角形包括“边特殊”的三角形，即等腰三角形和等边三角形，以及“角特殊”的三角形，即直角三角形。三角形的内容体现了广泛的内外部联系。与外部的联系包括全等三角形与图形变化的关系、与“作一个角等于已知角”“作一个角的平分线”的作法之间的关系，特别是对于角平分线的性质定理及其逆定理、线段垂直平分线的性质定理及其逆定理的证明，展现了全等形在欧氏几何研究中的基础作用。与内部的联系主要体现在三角形内角和定理这一基本定理上，它是导出三角形众多结论的基础。这是因为三角形内角和定理可以视为与欧氏几何的平行公理“等价”，它和平行公理一样刻画了平面的“平”。等腰三角形的性质定理在证明与三角形相关的结论时同样扮演着重要角色，它反映了平面的反射对称性。至于解直角三角形的问题，则是将直角三角形的各种结论有机联系起来。

对于三角形的研究，可以遵循一条清晰的路径：从一般三角形到特殊三角形，从对两个三角形关系的研究到对一种特殊三角形的研究，从对三角形的定性分析为主到对特殊三角形的定量研究。这一研究路径很好地体现了探索一个几何对象的基本过程和方法，有助于培养学生的数学思维方式。全等形是平面几何研究的重要基础，对全等三角形的研究展示了全等形研究的主要内容和价值。此外，古代数学家在三角形研究中的故事蕴含着深厚的数学文化，这些故事不仅有利于发展学生的理性思维，还能有效培育学生的科学精神。

4. 四边形

四边形是一种常见的几何图形，与三角形类似，其分类主要包括一般的四边形和特殊的四边形（平行四边形），特殊的平行四边形包括“角特殊”的平行四边形——矩形，“边特殊”的平行四边形——菱形，以及“角、边都特殊”的平行四边形——正方形。这些内容既可以视为对三角形知识的应用，又可以视为对三角形知识的进一步深入研究。例如，对于平行四边形，可以通过连接对角线，将其化归为两个全等的三角形，然后就可以通过全等三角形的性质得出平行四边形的性质；在探索并证明三角形的中位线定理时，可以通

① 项武义. 基础几何学［M］. 北京：人民教育出版社，2004：8.

过构造平行四边形，再利用已学过的平行四边形的性质推导三角形中位线定理；在矩形性质的学习中，可以自然地推导出直角三角形斜边上的中线等于斜边的一半，也就是将直角三角形中的问题转化为了矩形中的问题。此外，平行四边形的性质定理，也常常是证明两条线段相等、两角相等以及两条直线平行等的重要依据。

在研究方法上，可以从构成图形的基本元素（如边、角等）出发，从位置关系和数量关系的角度研究它们的性质，再利用图形的性质与判定之间的互逆关系，通过证明性质定理的逆命题，得到图形的判定定理。在研究过程中，可以通过借助图形直观发现图形的性质，再利用逻辑推理证明得到结论。这是研究几何图形时经常用到的方法，有利于增强学生的几何直观，提升学生的推理能力。

5. 圆

圆也是平面几何中的基本图形之一，是中学阶段学生学习的第一个曲线形。由直线形到曲线形，标志着认识上的一个飞跃。圆的内容主要包括圆自身的性质，以及圆与直线形之间的关系。圆的许多性质，能够深刻地反映出事物内部量变与质变、一般与特殊、矛盾的对立统一等关系。

首先，圆的许多性质通过与其相关的线段（如直径、弦、切线等）和角（如圆心角、圆周角等）得以体现。因此，在得出和证明圆的性质时，直线形的性质和判定发挥着重要的作用；同时，圆既是轴对称图形，也是旋转对称图形，这使得圆的许多性质都与其对称性相关。例如，垂径定理或者切线长定理的研究，都是圆的轴对称性的体现；而弧、弦、圆心角之间的关系、圆周角定理，以及“正多边形与圆”和“圆的弧长公式”等内容，都是建立在圆的旋转对称性或者中心对称图形的性质的基础之上的。其次，研究圆与直线形图形之间的位置关系，可以从几何特征（交点个数）和代数特征（到圆心的距离和半径的关系）两个角度考虑，也可以从联系的、运动变化的角度去理解。

圆综合了众多图形的性质，可以通过观察与度量、操作确认、图形变换、逻辑推理等多种方法来探索和发现。例如，结合圆的轴对称性，可以得到垂径定理及其推论；利用圆的旋转对称性，可以发现圆中弧、弦、圆心角之间的关系；通过观察与度量，能够发现圆心角与圆周角之间的数量关系；利用直观操作，能够发现点与圆、直线与圆之间的位置关系；等等。这种通过直观感知、操作实验和逻辑推理有机结合的方式，不仅可以使推理论证成为观察、实验、探究得出结论后的自然延续，还能有效提升合情推理和演绎推理的能力。

6. 几何证明

人的认知按照从低级到高级的形式，依次为：感觉、知觉、表象、概念、判断、推理。前三种被称为感性认知，即认知的初级阶段；后三种被称为理性认知，即认知的高级阶段。因此，推理位于认知的最高层次。推理与证明是数学的基本思维形式，也是学习和生活中经常使用的思维方式。通常情况下，人们是通过推理获得知识，并建立知识间的内在联系。推理是证明的基本组成成分，证明是由多个推理组成的，一个证明就是一个推理链。

几何证明，其本质是形式化的逻辑演绎推理，是借助于概念、判断、推理等思维形式所进行的思考活动，是一种有条件、有步骤、有根据、渐进式的思维方式，也是一种确定的、前后一贯的、无矛盾的思维过程，可以正确地反映现实，揭示科学真理。因此，几何证明在培养学生的逻辑思维能力、演绎推理能力方面发挥着重要作用，同时也有助于学生发展数学证明意识，理解证明的必要性和价值，领悟证明的思想精髓，并养成言之有据、尊重事实、勇于质疑的良好习惯，进而培育理性精神。

（四）研究“图形的性质”主题的一般观念

1. 从公理化体系的角度看待本主题内容

现代数学教育中的数学体系是构建于公理体系之上的，因此，宏观上理解公理体系的内涵至关重要。公理化体系，简单地说，就是从尽可能少的基本概念和一组不证自明的公理（基本事实）出发，利用逻辑演绎构成的一个系统，并在这个系统的基础上演绎出其他的定理和命题等，从而将数学建立成为一个严密的逻辑演绎体系。这种构造逻辑演绎体系的思想称之为公理化思想，公理化思想是数学中最重要的思想基础之一。

《标准（2022 年版）》指出，需要引导学生理解欧几里得平面几何的基本思想，感悟几何体系的基本框架：通过定义确定论证的对象，通过基本事实确定论证的起点，通过证明确定论证的逻辑，通过命题确定论证的结果。在平面几何领域，点、直线等是构成几何图形的基本元素；圆也是一种基本图形，它可以与直线形的基本图形构成复杂的复合图形。在立体几何领域，在点、线、面这些基本元素的基础上，基本几何体（如正四面体、正方体等）也是构成复杂空间几何体的基础，它们共同构成研究复杂的空间几何体的出发点。从这个角度来看，初中和高中的几何内容存在着共性特点，即都依赖于基本单位（或基本量）。对于几何内容而言，这些基本单位（或基本量）是数学在公理化体系中实现演绎推理的关键所在。

中学数学中虽然没有明确的公理体系形式，但在每一次推理时，都会从一些基本单位（或基本量）、基本事实出发，通过明确的推理依据，得到图形的性质和定理。这表明我们心目中是存在一个“公理体系”的，并在其中进行推理。这种潜在的逻辑结构的熏陶是中学数学的“灵魂”，是培养学生理性精神的特有载体。

2. 突出研究几何问题的一般过程和方法

在解决一个具体问题时，其方法可能蕴含着一般性。数学的重要任务之一，就在于要把这个一般性抽象出来。应然希望的数学教学，就是要帮助学生掌握获取此类“一般性”的思维路径和方法。对于一个新的几何研究对象，通常情况下是按照“背景—定义—分类—性质—联系和应用”的研究路径展开的。首先，从现实世界中具有共同本质属性的对象中抽象出几何图形。例如平行四边形，形形色色、大大小小的平行四边形的本质属性是两组对边分别平行的四边形，凡是平行四边形都具有“两组对边分别平行”的属性，凡是具有“两组对边分别平行”这一属性的四边形对象都是平行四边形。其次，从构成几何图形的基本元素出发，研究它们的位置关系（垂直、平行）和数量关系（相等、倍分），即可获得这一几何图形的基本性质。例如，考虑平行四边形的边、角、对角线，可以获得平行四边形的对边相等、对角相等、对角线互相平分的性质；反之，对于它们的逆命题，当四边形具备对边相等、对角相等、对角线互相平分的特征时，就可以得到平行四边形的判定定理。接下来，通过平行四边形角、边的特殊化，可以进一步研究特殊的平行四边形——矩形、菱形和正方形。而研究矩形、菱形、正方形的性质和判定，仍然是研究其基本元素的位置关系和数量关系。同时，两条平行线间的距离相等、三角形中位线定理、直角三角形斜边上的中线等于斜边的一半等结论的探索与证明，都可依托平行四边形、矩形的概念和有关定理，体现了对平行四边形、矩形知识的综合应用。

在上述研究几何问题的过程中，整体上遵循了由一般到特殊的研究几何图形的方法，并可以在特殊化过程中，充分展现图形性质的一般性和发展性。以对平行四边形的研究为例，可以通过观察与度量，猜想平行四边形的对边相等、对角相等的性质；通过平行四边形的变化——角的变化，使一个角变为直角，探索并发现矩形具有四个角均为直角、对角线相等的性质；通过平行四边形的变化——邻边的变化，使邻边相等，探索并发现菱形的四条边都相等、对角线互相垂直，以及每一条对角线平分一组对角的性质。这样，通过观察与度量、实验操作、图形变化等，运用合情推理探索并发现结论、形成猜想，再运用演绎推理对猜想进行证明、得出图形的性质，从而培养学生重论据、逻辑严密的思维习惯。

二、“图形的性质”主题的教材设计

教材“图形的性质”内容的编写，严格遵循《标准（2022 年版）》的各项要求，充分吸纳了原教材十年教学实践的宝贵经验和编写前期诸多课题研究的丰硕成果。其编写既凸显了“图形与几何”领域内容的整体性，力图展现“图形的性质”与“图形的变化”“图形与坐标”两个主题之间的联系与综合，又构建了一条更加契合数学逻辑体系和学生认知发展规律的探究路径。该路径旨在引导学生亲历几何图形的研究过程，深刻领悟研究的基本思路与方法，进而逐步掌握解决与几何图形相关问题的能力，最终达成在空间观念的基础上进一步建立几何直观、提升抽象能力和推理能力的培养目标。

（一）整体设计

按照《标准（2022 年版）》的要求，本主题内容整体上包括直线形（点、线、面、角，相交线与平行线，三角形，四边形，多边形）和曲线形（圆）以及两者之间的关系。将直线形中的“点、线、面、角”安排为七年级上册第六章“几何图形初步”，“相交线与平行线”安排为七年级下册第七章，“三角形”安排为八年级上册第十三章，“四边形”安排为八年级下册第二十一章。与原教材相比，将“平行四边形”一章调整为了“四边形”，将原“三角形”一章中的“多边形及其内角和”调整到“四边形”当中，使四边形的学习逻辑性更强，从四边形到平行四边形，再到矩形、菱形，再到正方形，可以更好地体现从一般到特殊地研究几何图形的路径。将原教材中圆的相关内容分配到九年级上册第二十九章“圆”和第三十章“直线与圆的位置关系”当中。在“圆”一章中安排圆的有关概念、点与圆的位置关系、圆的有关性质、弧长和扇形面积等内容；在“直线与圆的位置关系”一章中安排直线与圆的位置关系、三角形的内切圆、正多边形和圆（给出圆的外切正多边形的概念）。这种处理，使圆及其有关性质、直线与圆的位置关系的学习更为充分，并且体现了直线形和曲线形的联系与综合。

同时，为了强化几何研究中的一般思路和方法，结合“三角形”的内容，一方面在研究“三角形”个体的基础上，八年级上册第十四章安排了“全等三角形”，“全等”作为图形（两个三角形）之间最重要的关系，反映了一个图形经过平移、翻折、旋转后，图形形状、大小都没有改变，即平移、翻折、旋转前后的图形全等。这一内容的学习，可以帮助学生建立起平移、翻折、旋转三种图形的变化与全等形的关系。另一方面，八年级上册第十五章安排了“轴对称”，意在通过运动变化的方式，研究图形中要素之间的关系，不仅获得轴对称的基本性质，还获得了等腰三角形的性质定理和判定定理。此外，八年级下册第二十章的“勾股定理”，研究直角三角形三边之间的数量关系，勾股定理不仅被认为是平面几何中最重要的定理之一，也被认为是数学中最重要的定理之一，对现代数学的发展产生了重要而深远的影响。

全套教材与本主题相关的内容共安排了 9 章，共 95 课时。在各册教材中的内容安排如下：

七年级上册：“6　几何图形初步”；

七年级下册：“7　相交线与平行线”；

八年级上册：“13　三角形”，“14　全等三角形”，“15　轴对称”；

八年级下册：“20　勾股定理”，“21　四边形”；

九年级上册：“29　圆”，“30　直线与圆的位置关系”。

（二）呈现方式

基于《标准（2022 年版）》提出的新理念、新要求，教材按照图形从简单到复杂的主线安排。本主题内容的呈现，强调通过实验探究、直观发现、推理论证来研究图形，用几何直观理解基本事实，从基本事实出发推导图形的几何性质。与原教材相比，新教材重视章引言、节引言的引领与衔接作用，结合问题背景概述本章、本节所体现的本主题的核心内容和思想方法，更加注重了课程内容所承载的思想性；在内容展开的过程中，通过“思考”“探究”“归纳”等栏目的设置，更加突出了内容的纵横联系，在类比、归纳、推广、特殊化等方法的运用过程中，使不同内容相互沟通，帮助学生建立结构功能优良、迁移能力强的数学认知结构。在上述基础上，教材继续设置“阅读与思考”“观察与猜想”“探究与发现”“信息技术应用”等栏目，并通过新增的“溯源”与“图说数学史”，以及对“本章知识结构图”与“回顾与思考”的优化，更有利于学生理解相关知识的来龙去脉，理解数学思想方法的精髓，全面指向适应学生未来发展的需求。

1. 注重课程内容承载的思想性

数学课程承载着思想和文化。教材的章引言、节引言，用简明的语言阐述了本章、本节的主要内容以及思想方法和学习（研究）方法，并以有利于引发学生思考的方式进行表达，是教材呈现上的一大亮点。

【案例 1】“6　几何图形初步”的章引言

本章的章引言是整套教材中本主题内容的开篇，用简明的语言阐述了本章内容的概貌，意在引发兴趣、引起求知欲、引出知识、引导思想方法。在呈现形式上，章引言注重了从宏观、整体的角度进行引入，以“现实世界中有形态各异、丰富多彩的图形”阐述学习的必要性，以“在小学我们学过许多关于图形的知识”明确学习的基础，以“怎样画一个五角星？怎样设计一个产品包装盒？不同的图形各有什么特点和性质?”引发新的思考，进而提出本章的主体内容“探索直线、线段、角等基本的几何图形的性质”。

【案例 2】“13　三角形”的节引言

“13.1　三角形的概念”：在小学，我们已经初步认识了三角形。本节我们将进一步学习三角形的有关概念及其符号表示，以及三角形的分类。

“13.2　与三角形有关的线段”：三角形的边是构成三角形的元素，本节我们研究三角形三边之间的关系，并认识与三角形有关的三种重要线段。

“13.3　与三角形有关的角”：与边一样，三角形的角也是三角形的元素。本节我们学习三角形的三个内角之间的关系，并进一步学习其他与三角形有关的角。

这样的展开线索，从概念到分类，再到三角形的构成元素及其联系，呈现了研究几何图形的一般思路和方法，也为后续利用三角形的构成元素（边、角）的特殊化的方法继续研究三角形的有关内容埋下伏笔，更有利于学生养成良好的思考数学问题的习惯。

【案例 3】“29　圆”的节引言

“29.1　圆的有关概念”：在小学，我们已经初步认识了圆。本节我们将进一步学习圆的有关概念，探究点与圆的位置关系，这是进一步学习圆的有关性质的基础。

“29.2　圆的有关性质”：对于圆，与之相关的几何对象有线段、弧和角。研究圆的有关性质，就是研究这些几何对象之间的位置关系和数量关系。

“29.3　弧长和扇形面积”：在小学，我们学过圆的周长和面积的计算。本节将结合圆的性质，学习弧长和扇形面积的计算。

可见，本章内容的展开，与直线形类似，仍然是围绕几何图形的构成元素，讨论这些元素之间的位置关系和数量关系，并将获得的结论（圆的性质）应用于解决新的问题。

2. 突出课程内容展开的过程性

教材在正文的表述中，注意内容的展开过程，加强了学习（研究）方法的引导。根据内容的需要，教材设置了“思考”“探究”等具有思考性、探究性、综合性、开放性的栏目，不断在内容中加强探究的理性思维成分。整体设计教材的问题系统，以及结合教材边空等方式，提出反映本质、自然连贯、难易适当、恰时恰点的问题串，为学生提供充分的思考空间，引导学生经历学习过程，获得数学活动经验，使学生体会学习方法的一致性，体会数学的思维方式。

【案例 4】“7 相交线与平行线”的展开过程

本章在“7.1 相交线”研究了“相交”这种直线间的基本位置关系，并知道了借助直线相交所形成的角的位置关系和数量关系可以研究相交线。之后学习“7.2 平行线”时，教材在第 1 课时设置了两个“思考”。

第一个“思考”，意在引导学生研究直线间的另一种基本位置关系“平行”，向学生提出了一个实际上是两条直线被第三条直线所截的思考活动：将两根木条 a，b 分别与木条 c 钉在一起，并把它们想象成在同一平面内向两端无限延伸的三条直线。固定木条 b 和 c，转动木条 a，直线 a 从在 c 的左侧与直线 b 相交逐步变为在 c 的右侧与直线 b 相交。想象一下，在这个过程中，有没有直线 a 与直线 b 不相交的位置呢？

通过这个思考活动，能很好地帮助学生直观地理解平行线的概念。

第二个“思考”，继续基于第一个“思考”提出问题：转动木条 a 的过程中，有几个位置使得直线 a 与 b 平行？过直线 a 外一点 B 画直线 a 的平行线，能画出几条？过直线 a 外一点 C 呢？

进而让学生体会关于平行线的基本事实，并进一步基于这个基本事实得到新的结论。

【案例 5】“14.2 三角形全等的判定”的展开过程

“14.2 三角形全等的判定”设置了一系列“探究”，意在引导学生从三角形的构成元素——边、角的关系出发，研究三角形全等的判定方法。根据全等三角形的定义，如果 $\triangle ABC$ 与 $\triangle A'B'C'$ 满足三条边分别相等、三个角分别相等，即满足 $AB=A'B'$，$BC=B'C'$，$CA=C'A'$，$\angle A=\angle A'$，$\angle B=\angle B'$，$\angle C=\angle C'$ 六个条件，就能判定 $\triangle ABC \cong \triangle A'B'C'$。对于上述六个条件，有些条件是相关的。那么，能否从六个条件中选择部分条件，找到简捷的判定方法？为此，教材给出了如下的探究方向：

探究 1

先任意画出一个 $\triangle ABC$。再画一个 $\triangle A'B'C'$，使 $\triangle ABC$ 与 $\triangle A'B'C'$ 满足上述六个条件中的一个（一边或一角分别相等）或两个（两边、一边一角或两角分别相等）。你画出的 $\triangle A'B'C'$ 与 $\triangle ABC$ 一定全等吗？

探究 2

如图，直观上，如果 $\angle A$，AB，AC 的大小确定了，$\triangle ABC$ 的形状、大小也就确定了。也就是说，在$\triangle A'B'C'$与$\triangle ABC$中，如果$\angle A'=\angle A$，$A'B'=AB$，$A'C'=AC$，那么$\triangle A'B'C'\cong\triangle ABC$。这个判断正确吗？

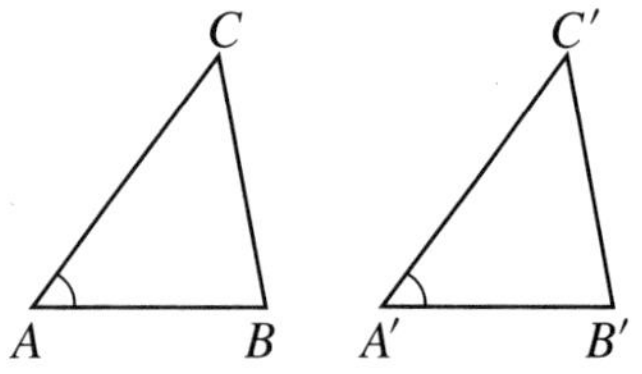

探究 3

如图，直观上，AB，$\angle A$，$\angle B$的大小确定了，$\triangle ABC$的形状、大小也就确定了。也就是说，在$\triangle A'B'C'$与$\triangle ABC$中，如果$A'B'=AB$，$\angle A'=\angle A$，$\angle B'=\angle B$，那么$\triangle A'B'C'\cong\triangle ABC$。这个判断正确吗？

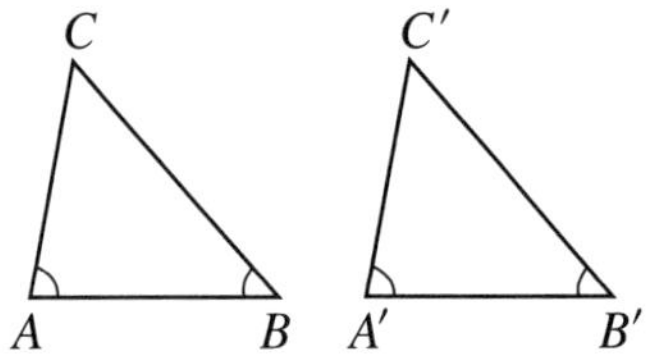

探究 4

如图，直观上，AB，BC，CA的大小确定了，$\triangle ABC$的形状、大小也就确定了。也就是说，在$\triangle A'B'C'$与$\triangle ABC$中，如果$A'B'=AB$，$B'C'=BC$，$C'A'=CA$，那么$\triangle A'B'C'\cong\triangle ABC$。这个判断正确吗？

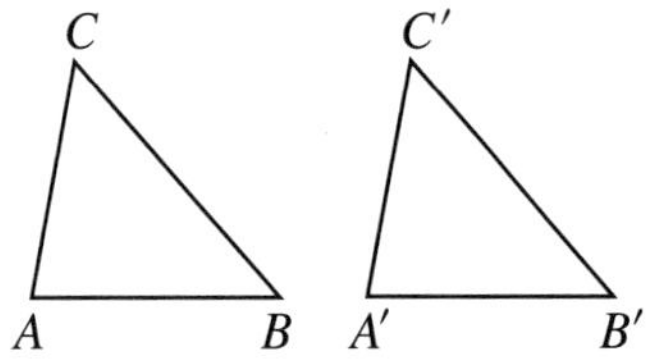

探究 1 从满足六个条件中的一个或两个入手，探究这样的情形下能否保证两个三角形全等；接下来，对照《标准（2022 年版）》，探究 2 是“两边及其夹角分别相等的两个三角形全等”的基本事实，探究 3 是“两角及其夹边分别相等的两个三角形全等”的基本事实，探究 4 是“三边分别相等的两个三角形全等”的基本事实，均采用了“直观上”的表述方式。

【案例 6】“21.3　特殊的平行四边形”的展开过程

“21.3　特殊的平行四边形”设置了一系列的“思考”和“探究”。

“21.3.1　矩形”中的“思考”为：因为矩形是平行四边形，所以它具有平行四边形的所有性质。但由于它有一个角为直角，它是否具有一般平行四边形不具有的一些特殊性质呢？“21.3.2　菱形”中的“思考”为：因为菱形是平行四边形，所以它具有平行四边形的所有性质。但由于它的一组邻边相等，它是否具有一般平行四边形不具有的一些特殊性质呢？

通过上面两个“思考”的引导，有助于学生理解一般与特殊的关系，进一步体会一般情况下图形（平行四边形）所具有的性质，在其特殊情况时（矩形、菱形）仍然具备。

在“21.3.3　正方形”中，设置了两个“探究”。第一个“探究”指出：从正方形的边、角、对角线和它的轴对称性出发，写出正方形的性质，并证明其中的一些结论。第二个“探究”指出：分别从矩形、菱形、平行四边形、四边形出发，写出正方形的判定方法，并与同学交流你的结论。

教材以上面这样的方式引导学生得出正方形性质定理和判定定理。事实上，也给出了研究图形性质和图形判定的方法。

3. 体现课程内容蕴含的发展性

教材在保证基础性的同时，适当设置了“阅读与思考”“观察与猜想”“探究与发现”等栏目，提供相关背景材料、知识应用以及课外活动题材等。这些栏目为学生安排了具有探索性、拓展性、思想性的内容，引导学生对一些重要的数学思想、应用广泛的数学方法以及对学生思维能力培养具有较高价值的问题等进行学习与探索。此外，学生还可以对得到的结论进行拓展与反思。这些内容与不同评价功能的习题、复习题一起，体现了教材的弹性，也切实把《标准（2022 年版）》提出的“人人都能获得良好的数学教育，不同的人在数学上得到不同的发展”落到实处，体现了课程内容蕴含的发展性。

【案例 7】勾股定理的证明

勾股定理被公认为初等几何中最重要的定理之一，揭示了直角三角形三条边之间的数量关系，是直角三角形的一条重要性质。而寻找勾股定理的新证法，一直以来备受古今中外数学爱好者的青睐。在“勾股定理”一章中，囊括了多种勾股定理的证明，这些证明方法对于学生的发展有极高的价值。

教材在正文部分介绍了我国古代数学家赵爽的证法，赵爽的“弦图”证法是一种面积证法，其依据是图形在经过适当切割后再拼接成一个新图形，拼接前后图形的各部分的面积之和不变。这种证法利用面积不变的关系和对图形面积的不同求法得到等量关系，构思精巧，优美简洁，体现了我国对世界数学的重要贡献。

教材在“阅读与思考”栏目中安排了阅读材料“勾股定理的证明”。该阅读材料介绍了弦图的另一种证法、传说中毕达哥拉斯的证法、“折矩—积矩”法、《原本》中的证法以及梅文鼎的证法。这些证法为学生更好地理解勾股定理提供了丰富的素材，同时也拓宽了学生的思路，有助于激发学生学习数学的兴趣。

本章还增加了“图说数学史”的内容，即“数学瑰宝——勾股定理”。该材料指出，勾股定理是中国古代数学发展的一个出发点，进一步阐释了勾股定理的历史价值及重要意义。教材通过这种学生喜闻乐见的方式介绍了数学发展史的有关材料，帮助学生了解数学家，特别是中国数学家，以及他们的数学成果在人类文明发展中的作用，从而激发学生学习数学的兴趣。

【案例 8】直线与圆的位置关系

“直线与圆的位置关系”一章安排了“探究与发现——圆与圆的位置关系”。在研究了点与圆、直线与圆的位置关系之后，自然会考虑圆与圆的位置关系，由于《标准（2022 年版）》没有将“圆与圆的位置关系”列入内容要求，因此教材以选学材料的方式呈现了这部分内容。

从研究方法上看，研究圆与圆的位置关系，完全可以让学生类比点与圆、直线与圆的位置关系的研究开展，即通过先操作、探索圆与圆之间的不同位置关系，再从两圆的半径和圆心距出发，寻找两圆所具有的不同的数量关系。这种类比的思想方法，有助于学生建立几何直观，进一步提升推理能力。整体来看，点与圆、直线与圆、圆与圆的位置关系的研究均涉及两方面特征，一是研究它们的几何特征，即交点的个数；二是研究它们的代数特征，即圆的半径和两个图形之间距离（点到圆心的距离、圆心到直线的距离、两个圆心的距离）的数量关系。可见，研究方法和研究内容的一致性，对于学生深入理解几何图形及其内在联系是非常有益的。

“本章知识结构图”呈现了本章的主体内容及其逻辑关系。本章主要指向直线形与曲线形内在联系的研究。对于直线与圆，主要研究了三种位置关系（相离、相切、相交），其中的重点是直线与圆相切的情况，给出了直线与圆相切的判定定理、性质定理，探索并证明了切线长定理，在此基础上介绍了三角形的内切圆。由于三角形有外接圆和内切圆，自然要考虑多边形是否也有外接圆和内切圆。本章介绍了有关特殊的多边形（例如正多边形）的情况，即正多边形与圆，并通过画正多边形，使这一内容得到了更加广泛的应用。这样的结构化的呈现，可以帮助学生对本章所学内容进行很好地梳理，从而构建条理化、系统化的知识体系。

本章的“回顾与思考”进一步明确了本章的核心内容和思想方法，呈现了研究这些内容的基本过程和一般方法。此外，“回顾与思考”还向学生提出了 6 个思考问题，这些问题覆盖了本章的主要内容，把这些问题与“本章知识结构图”结合起来，可以帮助学生更加有针对性地复习本章知识。

有整体结构，有核心内容和思想方法，有细化了的复习线索，这样的呈现方式，有助于学生建立整体与部分之间的联系，从而养成良好的思维习惯。

三、编写“图形的性质”主题时重点考虑的问题

数学发展所依赖的本质思想有三个：抽象、推理、模型。通过抽象，从现实生活中得到数学的研究对象，通过推理得到数学的发展，然后通过模型建立数学与外部世界的联系。教材关于本主题内容的编写，进一步强化了基于观察现实世界，确立几何研究对象（抽象）；引导学生思考现实世界，展开对几何图形的研究（推理）；合理使用几何语言表达现实世界，体现几何图形的应用（模型）。通过这些方面的努力，使之成为实现课程目标、实施数学教学的重要资源。

（一）引导学生从数学的角度观察现实世界

《标准（2022 年版）》指出，应感悟数学抽象对于数学产生与发展的作用，感悟用数学的眼光观察现实世界的意义，形成数学想象力，提高学习数学的兴趣。抽象使得几何研究的对象从个案走向一般。为此，在编写教材本主题内容时，重点考虑了与现实生活的联系，注重感知基于现实世界抽象出的各种几何图形及其组成要素，并指向帮助学生用数学的眼光观察现实世界的核心素养的形成和发展。

1. 注意揭示几何图形基本概念的抽象性特点

抽象是人类思维的基础。几何学研究的基础是概念和公理，而概念和公理的基础是人们的经验和直觉，是人们凭借直觉从经验中抽象出来的。教材有意识地呈现出基于现实生活的大量物体，从这些物体的外形中抽象出各种各样的几何图形，形成概念，并帮助学生初步了解这些概念的抽象性特点，从而初步学会用几何观点观察和认识现实世界。

例如，在“6.1.2 点、线、面、体”中指出：天上的星星、世界地图上的城市等都给我们以点的形象；夜晚流星划过天空时留下一道明亮的光线，节日的焰火画出的曲线组成优美的图案，这些都给我们以线的形象；平静的水面给我们以平面的形象，而一些建筑物的屋顶则给我们以曲面的形象。“7 相交线与平行线”的章引言指出：菜园篱笆上交叉的竹竿，笔直的公路上的车行道线，大桥的吊索、钢梁上的钢条，棋盘中的横线和竖线，教室里课桌面、黑板面相邻的两条边与相对的两条边……都给我们以相交线或平行线的形象。“13 三角形”的章引言指出：从古埃及的金字塔到现代的建筑物，从巨大的高压输电塔到微小的分子结构，到处都有三角形的形象。可见，点、线、面、角、相交线与平行线、三角形等都是从现实世界中抽象出来的最基本的几何概念，教材用生动的语言体现出这些基本几何概念与现实世界的密切联系。

初中阶段的抽象能力除了表现为对基本几何概念的抽象，还表现为对于关系与方法的抽象。例如，为实现“理解度量在几何研究中的作用与意义，培养初步的几何直觉”，教材在“6.2.2 线段的比较与运算”中强调：不同于直线和射线，线段有长度，因而可以比较线段的长短，并能进行一些运算；并在“探究”中提出问题：怎样比较两条线段的长短呢？你能从比身高上受到启发吗？你能再举出一些比较线段长短的实例吗？以此引导学生获得比较线段长短的两种方法：度量法和叠合法。类似地，教材在“6.3.2 角的比较与运算”中提出问题：我们已经知道了比较两条线段长短的方法，怎样比较两个角的大小呢？并在“探究”中引导学生借用一副三角尺的角，结合角的和、差运算，考虑可以画出哪些度数的角。这样，学生通过直观确认、动手操作，可以基于抽象了的几何概念（线段，角）感悟现象背后的关系和方法，从而把握事物的本质，发展理性精神。

2. 在空间观念的基础上进一步建立几何直观

空间观念主要是指对空间物体或图形形状、大小及位置关系的认识。初中阶段的空间观念是小学阶段空间观念的自然发展，并更多地融入了几何推理的成分。而几何直观，则是从基于小学阶段操作经验的感悟逐步过渡到基于概念的推理，以帮助学生形成初步的几何直觉。《标准（2022 年版）》将几何直观的内涵界定为：几何直观主要是指运用图表描述和分析问题的意识与习惯。能够感知各种几何图形及其组成元素，依据图形的特征进行分类；根据语言描述画出相应的图形，分析图形的性质；建立形与数的联系，构建数学问题的直观模型；利用图表分析实际情境与数学问题，探索解决问题的思路。几何直观有助于把握问题的本质，明晰思维的路径。

例如，“13.3.1　三角形的内角”首先指出：在小学，通过度量或剪拼，我们已经知道三角形的内角和等于 180°，这样的方法获得的结论可靠吗？再通过设置“探究”，给出两种剪拼方法，引导学生从这个操作过程中发现证明的思路，以实现从实验操作到发现证明的过渡。在证明的过程中，需要运用平行线的性质与平角的定义，结合图形的直观性，用符号表示图形中顶点、边之间的位置关系，从而推理出三角形角之间的数量关系。

（二）培养学生能够有逻辑地思考现实世界

从小学阶段的推理意识，到初中阶段的推理能力，再到高中阶段的逻辑推理，不难发现，对“推理”的培养是一个进阶的过程。推理意识的主要目标是帮助学生认识到推理在数学中的意义与作用，初步养成讲道理的习惯；推理能力则要求学生能够运用数学推理解决问题，但推理过程的系统性、全面性和形式化还有待高中阶段的进一步发展。为此，教材关于本主题内容的编写，重点考虑了从逻辑起点基本事实出发的递进式呈现，以及从一般到特殊的有逻辑地呈现，旨在发展学生用数学的思维思考现实世界的核心素养。

1. 从基本事实出发得出几何性质和定理

《标准（2022 年版）》在“图形与几何”领域的课程内容中，明确要求从基本事实出发推导图形的几何性质和定理。对于本主题的 8 个基本事实，教材均进行了重点考虑。

（1）基本事实：两点确定一条直线

此基本事实（这实际是一条公理）是对直线的一个重要刻画，是研究直线形的基础，安排在“6.2.1　直线、射线、线段”当中。以此基本事实为起点，可以更好地研究与其相关的图形（直线、射线、线段）的符号表示、图形表示及其彼此之间的内在联系。

（2）基本事实：两点之间，线段最短

此基本事实是关于线段的描述，安排在“6.2.2　线段的比较与运算”当中。此基本事实在对各种“线条”的长度比较中获得，以此为起点，为线段的度量以及线段的运算，奠定了“事实”基础。

（3）基本事实：在同一平面内，过一点有且只有一条直线与已知直线垂直

此基本事实表明垂线的存在性和唯一性，安排在“7.1.2　两条直线垂直”当中。此基本事实不仅是作垂线的保证，而且以此为起点，为获得“垂线段最短”的性质与度量点到直线的距离，奠定了“事实”基础。

（4）平行线基本事实 I：过直线外一点有且只有一条直线与这条直线平行

此基本事实是几何中的重要定理，承认平行线唯一的几何是欧氏几何，安排在“7.2.1　平行线”当中。以此基本事实为起点，可以进一步得到推论：如果两条直线都与第三条直线平行，那么这两条直线也平行，即平行具有传递性。

（5）平行线基本事实 II：两条直线被第三条直线所截，如果同位角相等，那么这两条直线平行

此基本事实作为判定两条直线平行的方法，安排在“7.2.2　平行线的判定”当中。

以此基本事实为起点，可以进一步得到判定两条直线平行的另外两种方法，即“内错角相等，两直线平行”和“同旁内角互补，两直线平行”。

（6）基本事实：两边及其夹角分别相等的两个三角形全等（SAS）

此基本事实作为判定两个三角形全等的方法，安排在“14.2　三角形全等的判定”的探究 2。此基本事实可以作为“已知两边及其夹角作三角形”尺规作图的基本原理。

（7）基本事实：两角及其夹边分别相等的两个三角形全等（ASA）

此基本事实作为判定两个三角形全等的方法，安排在“14.2　三角形全等的判定”的探究 3。以此基本事实可以得到两角分别相等且其中一组等角的对边相等的两个三角形全等（AAS），也可将其作为“已知两角及其夹边作三角形”尺规作图的基本原理。

（8）基本事实：三边分别相等的两个三角形全等（SSS）

此基本事实作为判定两个三角形全等的方法，安排在“14.2　三角形全等的判定”的探究 4。此基本事实可以作为“已知三边作三角形”“作一个角等于已知角”尺规作图的基本原理。

2. 循序渐进地培养学生的推理论证能力

《标准（2022 年版）》关于推理能力的表述为：推理能力主要是指从一些事实和命题出发，依据规则推出其他命题或结论的能力。理解逻辑推理在形成数学概念、法则、定理和解决问题中的重要性，初步掌握推理的基本形式和规则；对于一些简单问题，能通过特殊结果推断一般结论；理解命题的结构与联系，探索并表述论证过程；感悟数学的严谨性，初步形成逻辑表达与交流的习惯。推理能力有助于逐步养成重论据、合乎逻辑的思维习惯，形成实事求是的科学态度与理性精神。

为此，教材在编写本主题内容时，重视从几何直观到逻辑推理，按照“说理”“简单推理”“用符号表述推理”等不同层次分阶段逐步加深的安排，力求循序渐进地培养推理能力，使推理论证成为学生通过观察、探究得到数学结论的自然延续。

（1）有条理地思考和表达

在学习七年级下册“相交线与平行线”一章时，对于学生推理能力的要求还处在初级阶段，只需结合知识的学习，通过识图、画图、几何语言的训练，从“说理”过渡到“简单推理”。例如，在“7.1.1　两条直线相交”一节推导“对顶角相等”这个结论时，采用了用语言叙述的方式进行“说理”，即可以写成下面的形式：

因为∠1 与∠2 互补，∠3 与∠2 互补，

所以∠1＝∠3（同角的补角相等）。

在“7.2.2　平行线的判定”由判定方法 1（基本事实：同位角相等，两直线平行）得到判定方法 2（内错角相等，两直线平行）时，呈现了“简单推理”的过程，理由如下（图 3-1）：

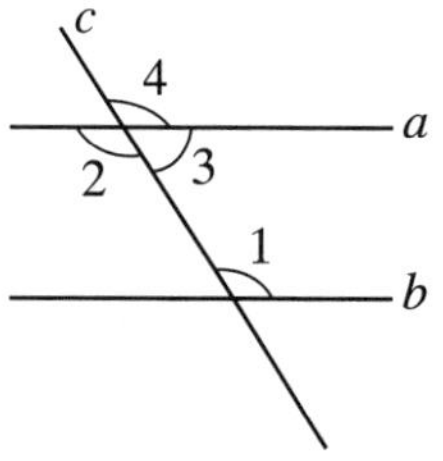

图 3-1

因为∠1＝∠2，而∠2＝∠4，

所以$\angle 1=\angle 4$，即同位角相等，从而$a /\!/ b$。

在“7.2.3　平行线的性质”一节中，由性质1（两直线平行，同位角相等）得到性质2（两直线平行，内错角相等）时，也是用语言叙述的方式呈现出简单推理的过程，即：

如图3-2，直线$a /\!/ b$，c是截线。根据“两直线平行，同位角相等”，可得$\angle 1=\angle 2$。而$\angle 3$和$\angle 2$互为对顶角，所以$\angle 3=\angle 2$，所以$\angle 3=\angle 1$。

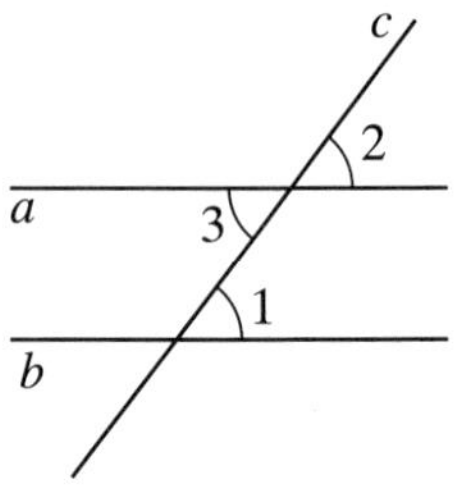

图3-2

上述过程，都没有采用“已知……求证……证明”的形式逻辑格式，而是用自然语言叙述说理过程，即“由什么条件，根据什么道理，得出什么结果”，让学生初步体会三段论的推理过程，感受推理论证的作用，养成有条理地思考和表达的习惯。

本章还安排了“7.3　定义、命题、定理”一节，不仅结合实例给出了“定义”的概念，还通过呈现命题“在同一平面内，如果一条直线垂直于两条平行线中的一条，那么它也垂直于另一条”的完整证明过程，帮助学生初步了解什么是“证明”。同时，教材还安排了填写一些关键步骤和推理理由的练习和习题，意在逐步培养学生言之有据的习惯，为完成由实验几何到论证几何的过渡奠定基础。例如，习题7.3第3题以填空的方式，要求学生完成证明：

3. 完成下面的证明。

(1) 如图(1)，$AB /\!/ CD$，$BC /\!/ ED$。求证$\angle B+\angle D=180^\circ$。

证明：∵　$AB /\!/ CD$，

∴　$\angle B=$__________（__________）。

∵　$BC /\!/ ED$，

∴　$\angle C+\angle D=180^\circ$（__________）。

∴　$\angle B+\angle D=180^\circ$。

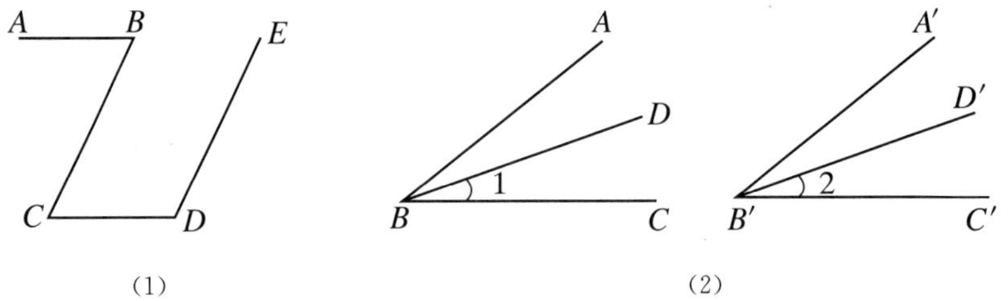

(2) 如图(2)，$\angle ABC=\angle A'B'C'$，BD，$B'D'$分别是$\angle ABC$，$\angle A'B'C'$的平分线。求证$\angle 1=\angle 2$。

证明：∵　BD，$B'D'$分别是$\angle ABC$，$\angle A'B'C'$的平分线，

∴　$\angle 1=\frac{1}{2}\angle ABC$，$\angle 2=$__________（__________）。

又 $\angle ABC=\angle A'B'C'$,

∴ $\frac{1}{2}\angle ABC=\frac{1}{2}\angle A'B'C'$（____________）。

∴ $\angle 1=\angle 2$。

随着学习的深入，对于学生推理证明的要求也有所提升。例如在八年级上册的“全等三角形”一章中，就归纳出了证明几何命题的一般步骤：

一般情况下，要证明一个几何命题时，可以按照类似的步骤进行，即

1. 明确命题中的已知和求证；

2. 根据题意，画出图形，并用数学符号表示已知和求证；

3. 经过分析，找出由已知推出要证的结论的途径，写出证明过程。

（2）从合情推理到演绎推理

在八年级下册“平行四边形”一章中，突出呈现了图形的性质定理和判定定理的探索与发现的过程，强调通过合情推理发现结论、形成猜想，再运用演绎推理证明猜想。例如，“21.2.1　平行四边形及其性质”中设置的“探究”：

根据定义画一个平行四边形并进行观察，除了“两组对边分别平行”，它的边之间还有什么关系？它的角之间呢？度量一下，和你的猜想一致吗？你能证明你的猜想吗？把你的结论和同学比较一下。

在这个“探究”中，观察和度量是发现结论、形成猜想的重要手段，而得到的猜想“平行四边形的对边相等”“平行四边形的对角相等”是否正确，还需要通过推理进行严格证明。接下来，教材先引导学生获得证明思路，再给出具体证明。证明时，教材把文字语言转化为符号语言和图形语言，给出已知和结论，并采用把平行四边形中的问题转化为全等三角形中的问题的方式，进行严格的证明。这种处理方式，使证明成为学生观察、实验、探究得出结论的自然延续，从而将合情推理和演绎推理有机结合起来。

又如“21.2.2　平行四边形的判定”中，设置了如下“思考”：

我们知道，平行四边形的对边相等、对角相等、对角线互相平分。反过来，对边相等，或对角相等，或对角线互相平分的四边形是平行四边形吗？也就是说，平行四边形的性质定理的逆命题成立吗？

该“思考”让学生联系平行四边形的性质定理，结合已有的对于互逆命题的认识，如平行线的判定和性质、等腰三角形的判定和性质、勾股定理及其逆定理的互逆关系等，得到平行四边形性质定理的逆命题“对边相等，或对角相等，或对角线互相平分的四边形是平行四边形”，自然会思考这些逆命题是否成立。接下来，仍然是利用三角形全等，可以证明这些逆命题是成立的，即它们可以作为平行四边形的判定定理。

此外，关于“一组对边平行且相等的四边形是平行四边形”这个判定定理，仍然可以从逆命题的角度提出问题，发现结论，形成猜想，进而利用平行四边形的定义或已经得到

的平行四边形的判定定理完成证明。

(3) 进一步形成推理论证能力

相比于之前的内容，九年级上册“圆”一章更加注重培养学生的逻辑思维能力，要求学生了解反证法；在推理与证明方面，不仅有对通过观察、实验、探究得出的结论进行证明，还有一些图形的性质可以直接由已有的结论经过推理论证得出；同时，还有一些可以采用探索式证明的方法，这种方法不是先有定理再去证明，而是根据题设和已有知识进行探索，经过推理，得出结论。

首先，关于“反证法”，其基本思想在七年级下册“相交线与平行线”一章中已有涉及，但仅是渗透，并没有作为一种证明方法提出。例如，“7.3　定义、命题、定理”中指出，判断一个命题是错误的，只要举出一个例子（反例），它符合命题的题设，但不满足结论就可以了。又如，复习题7第13题：

指出下列命题的题设和结论，并判断它们是正确的还是错误的。如果是错误的，举出一个反例。

(1) 两个角的和等于平角时，这两个角互为补角；

(2) 同旁内角相等，两直线平行；

(3) 两条平行直线被第三条直线所截，内错角相等。

在“29.1.2　过三点的圆”中，教材结合“经过同一条直线上的三个点，是否能作圆”的问题，给出了反证法。对于一个命题，当使用直接证法比较困难时，可以采取间接证法，反证法就是一种间接证法。用反证法证明命题时，要假设待证命题的结论不成立，必须考虑结论反面的所有可能情况。如果只有一种，否定这一种就可以了；如果有多种，必须全部否定。对于“由假设出发，经过推理论证得出矛盾”的理解，要注意推理的严密性，必须步步有据，并且一定要真正理解矛盾在哪里，要帮助学生了解用反证法证明的基本思路和一般步骤。在后续学习中，如证明圆的切线垂直于过切点的半径时，也应用了反证法。教学时，要把握好对反证法的要求，知道它是证明问题的一种方法，会应用于解决简单问题就可以了。教材在“29.1.2　过三点的圆”第二课时的练习中，就安排了两道需要学生用反证法说明的题目：

1. 用反证法说明：400人中至少有两个人的生日相同。

2. 用反证法说明：一个三角形中不能有两个角是直角。

其次，关于推理与证明，在“29.2.3　圆周角”的“探究”中提出问题：

分别测量图中$\overset{\frown}{BC}$所对的圆周角$\angle BAC$和圆心角$\angle BOC$的度数，它们之间有什么关系？

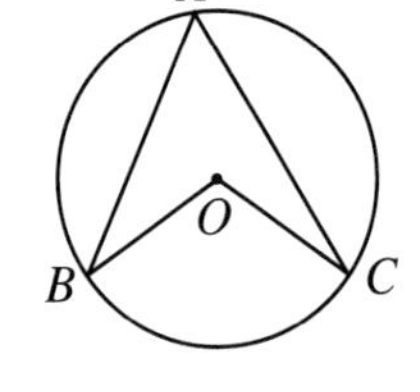

利用信息技术工具，改变$\overset{\frown}{BC}$，测量$\angle BAC$，$\angle BOC$的大小，上述关系是否仍然成立？

由此你能发现什么结论？能证明你发现的结论吗？

通过让学生动手操作与度量，以及利用信息技术动态演示，学生可以提出猜想“一条弧所对的圆周角的度数等于这条弧所对的圆心角的度数的一半”，再分三种位置关系（圆心在圆周角的一条边上、内部、外部）进行证明。在这三种位置关系中，第一种位置关系是特殊情况（利用三角形的有关知识推理可得），是证明的基础，其他两种位置关系都可以转化为第一种情况来解决。教材注重引导学生用符号“推出”呈现证明的过程，同时帮助学生了解分情况证明命题的思想和方法，使学生在熟悉“规范证明”的基础上，进一步提高和发展推理论证能力。

接下来，在证明“圆内接四边形对角互补”这一性质时，利用了已经证明的圆周角定理，将圆内接四边形的四个内角（圆周角）和相应的圆心角联系起来，通过推理得出结论。这对于学生体会运用综合法证明命题是有益的。

3. 科学合理地呈现研究过程和研究方法

（1）关于直线形

“21.2.1 平行四边形及其性质”在衔接语中指出，我们从平行四边形的边、角、对角线等元素出发，从数量关系和位置关系的角度研究平行四边形的性质，先来研究平行四边形的边和角。紧接着，教材给出“探究”：

根据定义画一个平行四边形并进行观察，除了“两组对边分别平行”，它的边之间还有什么关系？它的角之间呢？度量一下，和你的猜想一致吗？你能证明你的猜想吗？把你的结论和同学比较一下。

随后，教材通过引导语指出，上述猜想涉及线段相等、角相等。而利用三角形全等得出全等三角形的对应边相等、对应角相等，是证明线段相等、角相等的一种重要方法。为此，可以通过添加辅助线，构造两个三角形，利用三角形全等进行证明。

在通过衔接语指出接下来要研究平行四边形的对角线后，给出“探究”：

在▱$ABCD$中，连接AC，BD，并设它们相交于点O。点O把每条对角线都分成两部分，这两部分有什么关系？

利用信息技术工具，改变▱$ABCD$的形状，你发现的结论还成立吗？证明你发现的结论。

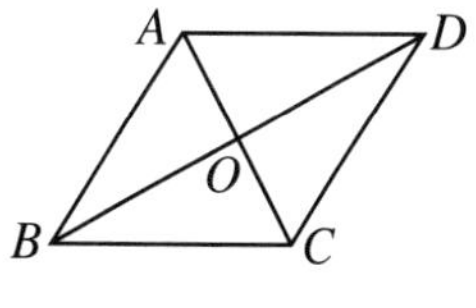

上述探究过程围绕平行四边形的核心要素开展，有利于学生形成研究图形的一般方法。同时，结合“21.2.2 平行四边形的判定”指出的“讨论平行四边形的判定，就是确定当四边形的边、角、对角线满足怎样的位置关系和数量关系时，它是平行四边形”，进一步将图形的“性质”与“判定”的研究脉络清晰地呈现出来。

还是从平行四边形的边、角出发，当角满足特殊情况（有一个角是直角）就是矩形，当边满足特殊情况（有一组邻边相等）就是菱形，当角和边同时满足特殊情况（有一个角是直角，且有一组邻边相等）时就是正方形。其研究的思路与方法，同平行四边形完全一致。平行四边形具有的所有性质，特殊的平行四边形同样具有；矩形、菱形所具有的所有性质，正方形也同样具有。另外，对于这些特殊的平行四边形的研究，都是采用先给出几何对象的定义，再探究其性质和判定的研究思路，以及从性质定理的逆命题出发，探究图形判定条件的方法。平行四边形性质和判定的探究，体现了用三角形及全等三角形有关知识研究平行四边形；同时，三角形中位线的探究和直角三角形斜边上的中线性质的发现，则体现了用平行四边形和矩形有关知识研究三角形性质。

（2）关于曲线形

圆是一种特殊的曲线。在“圆”一章中，圆的许多性质是通过与圆有关的线段（如直径、弦、切线等）和角（如圆心角、圆周角等）体现的，其研究思路与直线形一致，同样是围绕边、角这些要素及其之间的位置关系和数量关系展开的。例如，垂径定理建立了直径、弧、弦之间的关系；有关弧、弦、圆心角的定理建立了弧、弦、圆心角之间的关系；圆周角定理建立了圆周角与圆心角之间的关系，从而把圆周角与弧、弦联系起来；等等。在得出和证明圆的性质的过程中，直线形的有关性质和判定发挥了重要作用。

在本章中，许多内容的研究方法与直线形也是一致的，可采用类比的方法进行研究。例如，类比圆心角的概念学习圆周角的概念，不仅有助于概念的理解，也有助于发现同弧所对的圆周角与圆心角的关系。当然，圆的许多性质与圆的对称性有关，可借助圆的对称性进行研究。例如，结合圆的轴对称性得到垂径定理，结合圆的旋转对称性得到弧、弦、圆心角之间的关系。

（三）帮助学生会用几何语言表达现实世界

数学是人类文明史上最早的语言形式之一，数学的重要功能就包括描述现实世界。为此，教材在编写本主题内容时，重点考虑了几何语言的培养和训练，并基于使用几何的概念、原理和方法，表达现实世界中的现象。使学生在构建几何模型解决实际问题的过程中，感悟几何内容应用的普遍性，帮助学生形成和发展用数学的语言表达现实世界的核心素养。

1. 重视几何语言的培养和训练

正确掌握几何语言是学好几何知识的必备条件。几何图形是“图形与几何”的研究对象，一般按照“实物和模型—几何图形—文字表示—符号表示”的程序展开。其中，图形是对实物和模型进行第一次抽象后的产物，是形象、直观的语言；文字语言是对图形的描述、解释与讨论；符号语言则是对文字语言的简化。显然，首先建立的是图形语言，然后引入文字语言和符号语言，最后形成三种数学语言的综合运用。

例如，在编写七年级上册“几何图形初步”一章时，重点考虑了“模型—图形—文字—符号”的抽象过程。首先，强调实物原型的作用，引入了大量实物，让学生从中抽象出几何图形；其次，重视图形语言的作用，对于图形的文字和符号描述，都是紧密联系图形展开的，充分发挥直观图形的作用，在图形的基础上发展其他数学语言。关于线段的比较、线段的和与差、线段的中点、角的比较、角的平分线等内容，都是先给出直观的图形，再给出文字描述，最后再给出符号表示，使几种几何语言优势互补，起到较好的刻画几何的效果。同时，教材除了重视“模型—图形—文字—符号”的转化过程外，也重视“符号—文字—图形”的转化过程，让学生先理解符号或文字所表达的图形及其关系，并把它们用图形直观地表示出来，化“无形”为“有形”。通过这些方面的呈现与训练，意在使学生能较快地掌握三种语言的运用，从而更好地掌握所学习的几何图形知识。

在编写八年级上册“全等三角形”一章时，重点考虑了引导学生分析条件与结论的关系，书写严谨的证明格式；对于以文字形式给出的几何命题，从具体问题的证明中总结出证明的一般步骤，以实现循序渐进地培养推理能力。

2. 感受几何内容应用的广泛性

从数学学科的特征看，数学的高度抽象性带来的是应用的广泛性。因此，编写教材时，呈现了大量现实生活中的几何内容相关问题。通过数学解决问题，学生可以感受到几何与现实世界的密切联系，甚至体会到几何在跨学科领域中的应用。

例如，在“三角形”一章中，体现了三角形在生产和生活中的广泛应用。房屋的“人”字梁具有三角形的结构，因此坚固和稳定；在栅栏门上斜着钉一条（或两条）木板，构成一些三角形，就可以使栅栏门不变形；大桥钢架、输电线支架、索道支架等都采用三角形结构，这些都是应用三角形稳定性的结果。

在“四边形”一章中，体现了四边形在生产和生活中的广泛应用。“探究与发现——用多边形镶嵌平面”通过用地砖铺地引入镶嵌，探究一些多边形（如单独用正三角形、正方形、正五边形或正六边形，用三角形与正方形，或用任意三角形）能否镶嵌成平面图案，并运用探究得出的结论（如果拼接在同一个点的各个角的和恰好等于 360°，相邻的多边形有公共边，那么多边形能镶嵌成一个平面图案）进行简单的镶嵌设计，使学生将所学的多边形知识得到巩固和运用。

在“圆”一章中，通过利用垂径定理解决赵州桥主桥拱半径问题，展示了圆在实际问题中的应用。此外，涉及弧长、扇形面积、圆锥侧面积和全面积的计算问题，也体现了圆在生产和生活中的广泛应用。日常生活中的锅、杯、壶、缸、桶等许多加盖的盛具，都是圆口圆盖的形状，这反映了等宽曲线（圆在任意方向都有相同的宽度）的广泛应用。等宽曲线还可以用于设计自行车的车轮，以及设计汽车发动机、许多艺术品，等等。

（四）其他方面

1. 关于尺规作图

尺规作图起源于古希腊的数学课题，是指用无刻度的直尺和圆规进行有限次操作，以此来解决不同的平面几何作图题。欧几里得《原本》的五条公设中的前三条都是关于几何作图的：

第一条，由任意一点到任意一点可以作直线；

第二条，一条有限直线可以继续延长；

第三条，以任意点为心及任意的距离可以画圆。

《标准（2022 年版）》指出，理解和掌握尺规作图的基本原理和方法。教材倡导基于图形的性质或关系作图，优化了对尺规作图的要求。在《标准（2011 年版）》中，“尺规作图”内容是集中呈现的，主要包括“能用尺规作图完成基本作图”“会利用基本作图作三角形”“会利用基本作图完成与圆有关的作图”“了解作图的道理”；而在《标准（2022 年版）》中，“尺规作图”内容是分散安排的，增加“过直线外一点作直线的平行线”和“过圆外一点作圆的切线（选学内容）”，并与基本图形的基本性质密切相关，承载了丰富的思想内涵。为此，教材在安排尺规作图内容时，沿用了原教材分散呈现的方式，编写时更加注重了尺规作图的操作过程和依据，注重揭示作法的产生思路，强化基本作图的基本原理与方法。此外，教材基于图形中要素之间的关系，重视引导学生利用已学的基本作图完成新的作图，力求将尺规作图的想法、作法和道理融为一体，为落实新课程理念、开展相关的教学研究，起到积极的引导作用。

（1）分散安排，重在尺规作图的产生思路和依据

与《标准（2011 年版）》配套的原教材中的尺规作图内容，已经是分散安排的。例如原教材中，“作一个角的平分线”既有“4.3.2　角的比较与运算”中通过折纸作角平分线的动手操作和直观确认，又有“12.2　三角形全等的判定”中所依据的基本事实和逻辑推理；“作一条线段的垂直平分线”与“13.1.2　线段的垂直平分线的性质”的内容息息相关；还有“13.3.1　等腰三角形”“24.2.1　点和圆的位置关系”“24.2.2　直线和圆的位置关系”“24.3　正多边形和圆”等，均结合基本图形的性质或者关系安排了尺规作图的具体内容。这样分散式的安排，已经关注到了“作图的道理”。

新教材在上述基础上，结合《标准（2022 年版）》的要求，注重在学习图形的有关性质之后，进一步利用图形的性质进行尺规作图，将尺规作图的内容安排如下：

“作一个角等于已知角”安排在“14.2　三角形全等的判定”中由“探究 4”得到基本事实之后，只需将需要作出的角置于某个三角形中，使该角成为三角形中的一个角；再利用三边分别相等的两个三角形全等（SSS）作出这个三角形；然后根据三角形全等的性质，其对应角即为要求作的角。

“作一个角的平分线”安排在“14.3　角的平分线”中，基于“角的平分线上的点具有什么特性以及满足什么条件的点在角的平分线上”的想法，尺规作图的依据为三边分别相等的两个三角形全等（SSS）。

“作一条线段的垂直平分线”安排在“15.1.2　线段的垂直平分线”中，基于线段的垂直平分线的性质（线段垂直平分线上的点到线段两端距离相等）以及“到线段两端距离相等的点在线段的垂直平分线上”，再结合基本事实“两点确定一条直线”即可进行尺规作图。

“过一点作已知直线的垂线”（《标准（2022 年版）》例 73）安排在“15.1.2　线段的

垂直平分线”中“作一条线段的垂直平分线”之后，作为“例题”，其尺规作图的依据仍然是线段的垂直平分线的性质和基本事实“两点确定一条直线”。

“过直线外一点作这条直线的平行线”（新增内容）安排在“14.2 三角形全等的判定”中“作一个角等于已知角”之后的例 4，利用“同位角相等，两直线平行”，或者“内错角相等，两直线平行”，即可完成该尺规作图。

“已知三边、两边及其夹角、两角及其夹边作三角形”安排在“14.2 三角形全等的判定”中。由探究 2、探究 3、探究 4 得到三个基本事实之后，尺规作图的基本原理包括三个基本事实：两边及其夹角分别相等的两个三角形全等（SAS）、两角及其夹边分别相等的两个三角形全等（ASA）、三边分别相等的两个三角形全等（SSS）。

“已知底边及底边上的高线作等腰三角形”安排在“15.3.1 等腰三角形”的例 3。根据等腰三角形“三线合一”的性质可以完成该尺规作图，也是对“作一条线段的垂直平分线”的应用。

“已知一直角边和斜边作直角三角形”安排在习题 15.1 第 9 题，作为“过一点作已知直线的垂线”的应用。

“过不在同一直线上的三点作圆”安排在“29.1.2 过三点的圆”中。基于“所作的圆要经过 A，B，C 三个点”的想法，依据“线段的垂直平分线的性质”，只要所作圆的圆心既在线段 AB 的垂直平分线上，又在线段 BC 的垂直平分线上即可。

“作三角形的外接圆”也安排在“29.1.2 过三点的圆”中。事实上，在给出外接圆的概念之后，过不在同一直线上的三点所作的圆就是以这三个点为顶点的三角形的外接圆。在复习题 29 的第 8 题，安排了分别作锐角三角形、直角三角形、钝角三角形的外接圆的问题。

“作三角形的内切圆”安排在“30.2 三角形的内切圆”中。先想象如果已经作出符合条件的圆，那么这个圆应该具有怎样的特性（满足圆心到三角形三边的距离都等于半径），依据角平分线的性质（角的平分线上的点到角的两边的距离相等），只要作出三角形中两个角的平分线，它们的交点即为所求作圆的圆心。

“作圆的内接正方形”安排在“29 圆”的数学活动“四等分圆周”中。通过尺规作出圆周的四等分点，可以得到内接正方形。“作圆的内接正六边形”安排在“30.3 正多边形与圆”中，基于正六边形的边长等于其外接圆的半径，通过用尺规作出圆周的六等分点，可以得到内接正六边形。

“过圆外一点作圆的切线”（新增选学内容，《标准（2022 年版）》例 76）安排在“30.1.2 圆的切线”中。基于圆的切线的性质（圆的切线垂直于过切点的半径）和切线的判定定理（经过半径的外端并且垂直于这条半径的直线是圆的切线），先想象作出的切线符合怎样的特性，即满足圆外一点与圆上一点的连线与过圆上这一点的半径垂直，依据圆周角定理的推论（90°的圆周角所对的弦是直径），只要作出以圆外一点与圆心为端点的线段为直径的圆即可。

另外，教材注重了学习图形的有关性质之后，再进一步利用图形的性质进行尺规作图。例如，在“21 四边形”学习了菱形的性质和判定之后，安排了“探究与发现——利用菱形的性质和判定尺规作图”的内容。

(2) 把握本质，重在尺规作图的思想内涵和价值

本主题内容所涉及的研究对象：点、线、角、三角形、四边形、圆或者由它们组成的图形，均可以用无刻度的直尺和圆规画出。事实上，我们所遇到的关于几何图形的问题主要有两类：第一类是建立在对于现实问题的抽象的基础之上，给定满足某种条件（主要是位置关系）的图形，研究其中要素之间的数量关系，会产生一系列的计算或证明问题；第二类是给定某种条件，要求画出的图形满足这些条件，自然需要无刻度的直尺和圆规来实现。此外，在欧几里得公理体系中，最基本的假设也决定了作图只限于使用无刻度的直尺和圆规的有限次操作。可见，尺规作图在研究基本图形的基本性质，培养学生的空间观念、几何直观以及推理能力的过程中，发挥着重要的作用。

尺规作图的思想性应如何体现呢?《标准（2022 年版）》对于尺规作图的学业要求指出，经历尺规作图的过程，增强动手能力，能想象出通过尺规作图的操作所形成的图形，理解尺规作图的基本原理和方法，发展空间观念和空间想象力。由此可见，尺规作图的课程目标，更加指向操作、想象、原理和方法。如果说直观和变化是研究基本图形的基本性质的重要方法，那么尺规作图就是加以适当描述或刻画的数学工具之一。围绕“你是如何想到的”，明确想法、作法与道理的内在关联与相互统一，帮助学生感受到像几何证明一样，作图也需要做到基于事实、有理有据、融会贯通，进而养成良好的观察、思考、表达现实世界的习惯。

2. 关于信息技术工具的应用

信息技术工具的使用，能为学生的数学学习和发展提供丰富多彩的教育环境和有力的学习工具。利用信息技术工具，可以方便地制作图形并使其动态化。许多计算机软件还具有测量功能，这有助于在图形运动变化的过程中发现不变的位置关系和数量关系，从而揭示图形的性质。这使得许多传统教学呈现方式难以实现或效果不佳的任务变得容易。因此，教材在编写本主题时，考虑了信息技术工具在探索某些数学规律时的重要作用，并在相关内容的展开过程中安排了信息技术工具的使用。

例如，“6.1 几何图形”利用信息技术展现了多姿多彩的图形世界，通过丰富的、动态的图形演示，呈现出几何图形的抽象过程，能够帮助学生更好地理解相关概念。

“相交线与平行线”一章，充分利用了计算机软件的测量功能，通过对图形中某些位置关系的改变，观察、发现动态变化过程中几何图形所具有的不变的特性。例如，“7.1.1 两条直线相交”中，为直观获得“对顶角相等”，在“探究”中基于静态地观察任意画出的两条直线相交所形成的四个角之间的数量关系，设计了“利用信息技术工具，改变两条直

线相交所成的角的大小，上述关系还保持吗？为什么？”的问题；“7.1.2 两条直线垂直”为帮助学生发现“垂线段最短”，在“探究”中设计了“你也可以利用信息技术工具，在直线 l 上拖动点 A，改变点 A 的位置，探究 PO 与 PA 的长度关系”的活动；“7.2.3 平行线的性质”为帮助学生直观理解“两直线平行，同位角相等”，在“探究”中设计了“利用信息技术工具改变截线 c 的位置，同样度量并比较各对同位角的度数，你的猜想还成立吗？”的问题。

在“全等三角形”一章，安排了“信息技术应用——探究三角形全等的条件”，意在让学生通过动手操作的过程加深理解哪些条件能判定两个三角形全等。教材正文部分是通过画图的方式获得判定两个三角形全等的三个基本事实（SAS，ASA，SSS），并由此推理得到新的判定方法（AAS）。这里，使用信息技术工具给出“通过在两个元素分别相等的基础上添加一个元素相等的条件”，同样可以直观获得判定两个三角形全等的方法。在两边分别相等的情况下，添加夹角或另外一边也相等，可获得基本事实（SAS，SSS）；在两角分别相等的情况下，添加夹边相等，可获得基本事实（ASA）。

在“21.2 平行四边形”探究“平行四边形对角线互相平分”的性质时，安排了“利用信息技术工具，改变▱$ABCD$ 的形状，你发现的结论还成立吗？证明你发现的结论”的活动。

通过创设合理的信息化学习环境，能够提升学生的探究热情，开阔视野，激发想象力。此外，为学生提供丰富的学习资源，还对促进学生学习方式的转变、提高信息素养，起到积极作用。

第二节 图形的变化

“图形的变化”主题中的课程内容包括：轴对称、平移、旋转等图形的运动，相似及锐角三角函数，投影与视图。学习这些内容，有利于学生理解几何图形性质的本质，发展空间观念、几何直观、抽象能力和推理能力。

一、“图形的变化”主题的内容分析

图形的变化指的是一个图形变化成另一个图形，本质上反映的是空间到其自身的映射。自从 F·克莱因利用变换群对几何学进行分类以来，用变换群下不变性观点理解各种几何体系中图形的性质得到数学界的普遍认同。项武义认为，欧氏空间最为根本而且控制全局的本质是由它的所有保距变换所构成的变换群，欧氏几何就是研究这个变换群下的不变量的理论。平面上的轴对称、平移、旋转及其复合变换构成了一个变换群，平移是其单位元。欧氏空间是线性空间，具有空间反射对称性。对于直线，沿着任意一点对折，该点

两侧的部分能完全重合；对于平面，沿着任意一条直线对折，在直线两侧的半平面能完全重合；对于三维空间，沿着任意一个平面进行镜面反射，平面两侧的部分能完全重合。直线的反射对称性是线段在直线上可以保距任意移动的直观基础，平面的反射对称性是角区可以在平面上保角移动的直观基础，也是三角形全等的“边角边”判定方法的直观基础。

在平面上，平移和旋转可以看作不同对称轴下轴对称的复合作用的结果。因此，可以先安排轴对称的内容，再安排平移和旋转的内容。然而，从变换群的角度看，平移是单位元，是最直观、最简单的几何变换。因此，先安排平移、再安排轴对称和旋转，反映了变换群下不变性的几何学本质，符合从直观到抽象、从简单到复杂的学习规律。

初中阶段学习平移、旋转、轴对称时，先基于物体和图形的运动，发现平移、轴对称、旋转前后图形之间的形状、大小的不变性，再探索位置变化的规律；接着，通过用坐标表示平移、轴对称、中心对称等变化，初步体会这些变化反映的平面上所有点的运动的共同特征——保距性。与小学阶段用直观的方法学习图形变化不同，初中阶段要在直观经验的基础上，通过直观构图、命题推理、借助坐标进行初步量化表达的方式学习图形的变化，并且要用图形变化中的不变性研究和理解平面图形的性质。

相似是放缩变换与刚体运动的复合，具有保角特征，是以平行公理为基础的定量平面几何的重要研究内容。同时，它具有成比例放缩的特征，即在相似变换下，平面上任意两点之间的距离按照固定的倍数放大或缩小（当相似比为 1 时，相似变换就是全等变换）。因此，相似是全等的一般化，全等是相似的特例，可以类比全等形和全等三角形的学习，开展相似形和相似三角形的学习。为了体现相似具有的这种保角变换和线段成比例放缩的特性，初中几何课程用相似三角形的判定定理和性质定理进行刻画：由三角形中的两个（三个）内角分别对应相等得到三角形相似，进一步得到对应线段成比例；由两边分别对应成比例且夹角对应相等可以推出三角形相似，进一步得到其余两角对应相等以及对应线段的比等于相似比；由三边分别对应成比例推出三角形相似，进一步得到三个内角对应相等。面积是刻画二维平面图形大小的几何量。平面图形的面积放缩倍数是相似比的平方。在初中几何课程中，这种关系通过三角形这一最简单、最典型的图形在相似变换中的面积比等于相似比的平方来体现。

如果用图形的确定性理解相似三角形，可以得到：在一个三角形中，如果两个内角的大小确定，则这个三角形的形状确定，从而三边的比唯一确定。在直角三角形中，如果一个锐角的大小确定，则其形状确定，即无论这个直角三角形的大小如何变化，其任意两边的比值是不变的、唯一确定的。这种由锐角的大小确定直角三角形任意两边的比值的解析表达，就是锐角三角函数。因此，锐角三角函数是对相似直角三角形的内角与边的比值的依赖关系的定量刻画。利用锐角三角函数，可以研究直角三角形中边的长度与角的度数之间的关系。

投影是一种降维映射，建立了三维空间与二维平面之间的联系，可以帮助人们通过研究低维空间来理解和表达高维空间。在初中阶段，学生可以通过投影、视图以及展开图初步理解三维空间和平面的关系，发展空间观念，为高中立体几何的学习奠定基础。

综上所述，初中几何课程内容中的图形的变化主题，包括刚体运动、放缩变换、投影变换，以全等变换和相似变换为主体，适当渗透了投影的内容，所涉及的几何变换是线性变换。

物理运动和形变是理解图形变化的重要直观模型。物理运动是基于参照系的，因此，感知几何图形的运动也需要基于参照系。在初中阶段，学生在小学阶段直观理解图形的运动和放缩的基础上，通过推理的方法研究这些几何变化的性质。需要借助参照系，用命题描述图形变化的性质，形成几何直观，发展空间观念。例如，平移的参照系可以是相对静止的任何对象，决定图形平移的要素是平移的方向和距离；轴对称的参照系是对称轴，它也是轴对称的决定要素；旋转的参照系是旋转中心，旋转中心、旋转方向和旋转角是其决定要素；位似的参照系是位似中心，位似中心和放缩的倍数是其决定要素；等等。

研究图形全等变化的一般框架如下：

研究内容：图形变化前后的几何量的不变性及变化规律，图形变化前后位置的变化规律。

研究思路：背景—定义—性质—作图—坐标表示。

研究方法：在直观的基础上，通过命题推理获得性质并用命题表达，借助坐标对物体及位置变化规律进行初步的量化表达。

图形相似的研究框架与图形全等的研究框架类似：

研究内容：相似图形的保角特征与一致放缩特征的关联（相似三角形的判定和性质）。

研究思路：背景—定义—性质—相似三角形（定义—判定—性质）。

研究方法：直观想象与构图、推理论证、坐标表示。

二、“图形的变化”主题的课标要求

《标准（2022 年版）》按照轴对称、旋转、平移、相似、投影五个条目提出了内容要求。由于在图形的全等条目中，已经以全等三角形为例提出了图形运动中线段与角度不变性的内容要求，因此在对图形刚体运动（轴对称、旋转和平移）提出的内容要求中，包括理解（认识）概念、探索性质（图形运动中位置的变化规律，用决定运动的要素与对应点的关系来描述变换中的保距性与保角性）、画出图形、坐标表示、利用图形变化研究和解决简单的问题（包括探索图形的轴对称性和中心对称性、研究几何图形的性质、解决测量、规划和设计等方面的问题）。

图形的相似的主要研究内容是相似三角形的判定和性质，以及锐角三角函数。对于相似三角形的内容，《标准（2022 年版）》基于平行线分线段成比例基本事实的逻辑起点，要求了解相似三角形的判定和性质，并能用其解决测量和设计中的简单实际问题。实际上，相似三角形的判定和性质反映的是相似变换的“保角”与“按比例放缩”的等价性；对锐角三角函数的内容要求，主要是借助直角三角形探索并认识锐角三角函数，要求学生了解锐角三角函数与直角三角形相似的关系，知道锐角三角函数反映了直角三角形中锐角与边的比值之间的依赖关系，能用锐角三角函数、两锐角的互余关系和勾股定理解直角三角形，解决简单的实际问题。

《标准（2022 年版）》中图形投影的内容要求的核心是认识投影和视图，会利用三视图和展开图理解三维图形，建立立体图形与平面图形的联系。

本部分内容的学业要求主要表现为：理解刚体运动及其基本特征，会用图形的运动的观点认识、理解和表达现实世界中相应的现象，理解图形的性质；理解和表达现实生活和自然界中的对称美；了解相似，认识和表达现实生活和自然界中的和谐美，理解锐角三角函数并能用来解决与解直角三角形有关的简单实际问题。在这些活动中，进一步发展空间观念，建立几何直观，发展抽象能力和推理能力。

综上，可以结合内容确定本主题的如下教学目标：

(1) 经历从物体运动的现实情境中抽象出平移、轴对称和旋转概念的活动，理解轴对称的概念，了解旋转和平移的概念，发展空间观念、几何直观和抽象能力；经历探索轴对称、旋转、平移的基本性质的活动，理解轴对称、旋转、平移变换的保距性，发展空间观念、几何直观、抽象能力和推理能力；能画出一个图形运动后的图形，会用坐标表示轴对称、平移和中心对称，体会轴对称、旋转和平移是空间到其自身的保距变换，知道几何变换的研究是基于直观想象，通过命题推理及量化表达进一步深化。

(2) 探索等腰三角形、矩形、菱形、正多边形、圆的轴对称性和平行四边形、圆的中心对称性，掌握垂直平分线的性质定理及其逆定理，会用图形的对称性启发学生找到解决问题的思路，发展基于概念和推理的更加理性的几何直观——对称直觉。

(3) 经历从物体和图形形变情境中抽象出相似图形概念的活动，了解相似的保角（保形）和按比例放缩的特征，能欣赏自然界和艺术中的和谐美，发展空间观念、几何直观和抽象能力；理解“平行线分线段成比例”基本事实在推导相似三角形判定中的逻辑起点地位，知道依据这一基本事实和已经学习过的平行线、全等三角形的判定可以证明相似三角形的判定，并进一步证明相似三角形的性质，体会欧几里得几何的公理化思想，进一步发展推理能力，体会相似三角形的判定和性质反映了相似变换的保角特征与按比例放缩特征的等价性。能应用相似三角形的判定和性质解决简单的实际问题，发展模型观念和应用意识；建立利用相似三角形求线段、角度、面积问题的几何直觉，通过实例了解位似，能利用位似把一个图形按一定比例进行放大或缩小，发展几何直观。

(4) 经历借助直角三角形，应用相似三角形研究其锐角与边的比值关系的活动，抽象出锐角三角函数的概念，发展推理能力和抽象能力；能综合直角三角形的锐角互余、勾股定理及锐角三角函数解决简单的实际问题，发展模型观念和几何直观。

（5）经历从具体实例中认识几何体的投影（包括中心投影和平行投影、正投影）和视图，会画简单图形的三视图和平面展开图，会根据三视图和平面展开图想象立体图形，体会立体图形与平面图形的联系，发展几何直观和空间观念。

三、“图形的变化”主题的教材设计

“图形的变化”主题涉及多种变化，这些变化的基本性质是图形在刚体运动中线段长度的不变性和放缩变换下对应线段比的不变性。用几何变换下的不变性理解图形的变化，可以增强几何的直观性。

（一）整体结构

教材先安排图形的运动（平移、轴对称、旋转），再安排图形的相似和锐角三角函数，最后安排图形的投影。在图形的运动相关内容中，先结合平行线的内容安排图形的平移；再在学习了全等三角形后，学习轴对称；最后，在学习平行四边形之后、学习圆之前，安排了旋转的内容。在研究完图形在刚体运动中的不变性后，在九年级下册安排了图形的相似、锐角三角函数和投影等内容。教材中“图形的变化”主题内容的结构体系见图 3-3。

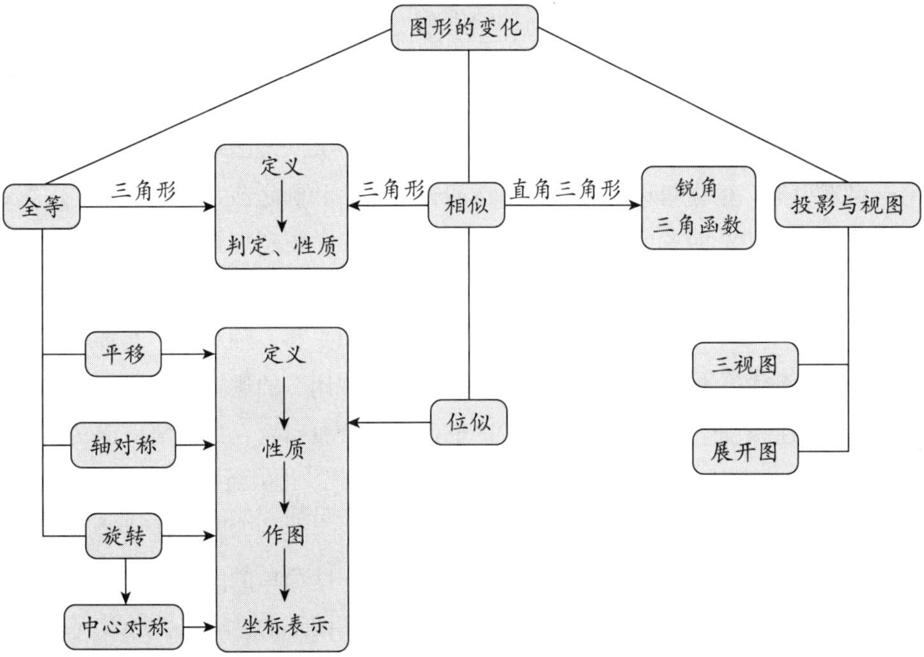

图 3-3

在这一结构体系中，图形的变化内容由三个模块组成，分别是全等变换（刚体运动）、相似变换（放缩）和投影。在图形的全等中，重点研究三角形在刚体运动（平移、轴对称、旋转）中保距、保角的特征，由三边分别对应相等得到角对应相等，或者由部分边、角对应相等得到其余的边、角对应相等；在图形的相似中，重点研究三角形在相似变化下的保角特征和线段成比例放缩特征的等价性，即由三个角分别对应相等推出三边对应成比例，由三边对应成比例推出三个角分别对应相等，由部分角对应相等和边成比例推出其余角对应相等、对应边成比例，对应线段的比等于相似比，面积比等于相似比的平方。

锐角三角函数是相似的直角三角形的解析表达，反映了直角三角形中锐角与边比值之间的对应关系，在现实中有比较广泛的应用，教材在“相似三角形”一章后，安排了“锐角三角函数”一章。

在投影和视图模块中，安排了投影、中心投影、平行投影、正投影及立体图形的三视图等内容。

（二）内容的组织

首先，重视本部分内容与图形的性质的关联。一方面，借助图形的性质，对图形的变化进行命题表达和推理论证；另一方面，用图形变换下的不变性观点，深化对图形的性质的理解。例如，在七年级下册的平行线后，安排了平移的内容。这种处理的优势有两方面，可以用平行线描述平移前后对应点之间的位置关系，可以用平移的观点理解平行线之间的位置关系，把平行线看作由一条直线平移得到的。又如，在八年级上册的全等三角形之后，安排了轴对称内容。这种处理的优势很多，可以用图形的全等描述成轴对称的两个图形的形状、大小的不变性，可以用全等三角形证明垂直平分线性质定理及其逆定理，掌握对称轴与对应点之间的联系，还可以让学生深化全等三角形的“边角边”基本事实反映平面的反射对称性这一平面本质属性的理解；让学生学会欣赏图形的对称美，基于对称发现结论、启发思考，建立对称直觉；在平行四边形之后和圆之前，安排旋转的内容，既能用平行四边形作为中心对称的典型样例，又能为进一步学习和理解圆的旋转对称性奠定基础；等等。

其次，重视图形变化一般观念的引领。教材在组织平移、轴对称、旋转的内容时，都是按照“背景—定义—性质—画图—坐标表示—联系应用”的逻辑主线展开。对于三种图形变化，教材都是先通过现实中的物体或图形的运动背景引入，进而给出定义以明确研究对象；再借助直观图形，通过操作和归纳探索基本性质，并用命题表达；在“28　旋转”中的“阅读与思考——全等变换”中，总结出三种图形变化的保距、保角性质；然后利用定义和性质进行作（画）图；进一步地，用坐标表示一些简单的图形运动，如用坐标表示平移、轴对称和中心对称；最后，应用图形的运动理解图形的性质，体会几何图形的性质指的是图形在变换群下的不变性，体会全等变换的保距性和保角性，如研究等腰三角形、矩形、菱形、正方形、圆的轴对称性，理解平行四边形的中心对称性及圆的旋转对称性，并能基于图形运动直觉启发思路，解决实际问题。学习图形变化，可以分为直观感知、命题推理、量化表达三个阶段。几何变化的本质是空间到其自身的映射，学生学习图形变化，也要经历从直观感知到命题推理和量化表达的过程。

类似地，教材类比“全等”组织“相似”的内容，把相似看作全等关系的一般化，从保距变换推广到按比例放缩变换，按照“背景—定义—判定、性质—应用”的主线展开，调整了原教材的内容呈现方式，按照“图形的相似—相似三角形—相似三角形的应用—位似”的线索展开，缩短了相似图形和相似多边形的教学时间，突出平行线分线段成比例这一基本事实的逻辑起点地位。此外，在相似三角形判定中，按照“两角分别相等—两边对应成比例且夹角对应相等—三边对应成比例—直角三角形中的斜边和直角边对应成比例”的顺序展开研究。

（三）内容的呈现

在呈现本主题内容时，首先创设物体的运动和形变的直观背景，设计观察、想象、语言表达等活动，形成平移、轴对称、旋转、相似等概念；其次，设计操作、观察、归纳等探究活动，探索其性质，理解图形变化过程中形状、大小、位置的不变性和变化规律，并借助坐标进行初步的量化表达；最后，安排活动应用图形的变化的知识、思想和方法研究几何图形的性质，以及解决简单的实际问题。

（1）平移

对于平移，教材首先安排了“思考”，学生通过观察图案，思考它是由哪些基本图形组成的，以及这些基本图形是如何运动的，从而抽象出平移的概念。接着，安排了一个“探究”，让学生通过图形平移的操作，观察图形在平移过程中的形状、大小和位置，分析哪些仍保持不变，哪些发生了变化，并用对应点连线之间的关系进行描述，通过归纳得出平移的性质。然后，安排一个已知图形及其平移后图形上的一点，画出平移后图形的例题，以及利用平移设计图案的探究活动。最后，在“平面直角坐标系”一章中，安排用坐标表示平移的内容。平移的内容按照“背景—定义—性质—画图—坐标表示—联系应用”的逻辑主线展开。

（2）轴对称

在“轴对称”一章中，教材首先呈现了轴对称图形，让学生体会现实生活和自然界中的对称美。连续设计了两个“观察”，引导学生抽象出轴对称图形和轴对称的相关概念，让学生基于图形的轴对称变化理解轴对称图形。通过操作、观察和想象等方法，学生可以直接得出：一个图形经过轴对称变化后，其形状和大小保持不变。接着，教材设计了“探究”，研究轴对称的对应点与对称轴的关系。在轴对称中，由不动点组成的对称轴具有特殊的地位，它是决定一个轴对称变化的要素，是用来描述对应点位置关系的参照系。因此，课标提出了作轴对称的对称轴的要求。对称轴是对应点连线的垂直平分线，研究线段的垂直平分线的性质，是用尺规作对称轴和作轴对称图形的逻辑基础。因此，在轴对称的内容中，增加了线段的垂直平分线的性质定理及其逆定理。在此基础上，教材安排了作线段的垂直平分线和过直线外一点作已知直线的垂线的活动。进一步，教材安排了作轴对称图形的对称轴，以及已知图形和对称轴作一个与已知图形成轴对称的图形的活动。最后，教材安排了用坐标表示轴对称的内容。为了让学生体会对称美，能够基于对称直觉进行线段和角的等量转换并解决问题，教材还在“轴对称”一章中安排了用轴对称研究等腰三角形、等边三角形、含 30°角的直角三角形等内容，并在章末安排了“探究与发现——三角形中边与角之间的不等关系”。

整体上，轴对称内容的安排也是按照“背景—定义—性质—画图—坐标表示—联系应用”的逻辑主线展开的。

（3）旋转

在“旋转”一章中，教材仍然按照类似于平移和轴对称的逻辑主线展开，体现图形刚体运动研究思路的一致性。首先，教材创设了物体旋转的现实情境，设计了“思考”，引导学生抽象出旋转的概念，并分离出旋转的决定要素——旋转中心、旋转方向和旋转角。接着，教材安排了“探究”，让学生通过旋转硬纸板或利用信息技术，在操作、观察和想象的基础上，归纳出旋转的基本性质。然后，教材安排了利用旋转的定义和性质进行作图及设计图案的活动。图形的旋转有一种重要的特例，即中心对称（旋转 180°）。教材类比轴对称，呈现了中心对称的内容，如给出定义，探究对应点与对称中心的关系，作一个图形关于一点成中心对称的图形，用坐标表示（以坐标原点为对称中心）中心对称对应点的坐标，介绍了中心对称图形的概念，并用中心对称的观点重新理解平行四边形的性质。后续内容中，教材还安排了圆的中心对称性内容等。为了深化对图形的平移、轴对称和旋转等全等变换的保距、保角性质的认识，教材在本章中设计了“阅读与思考——全等变换”，通过介绍图形的全等变换的概念，提出平移、轴对称、旋转等全等变换具有的保距、保角的性质，并针对三角形的旋转证明其保距性和保角性。

（4）相似

相似是一种形变，这种形变具有和谐美，图形上任意两点之间的距离都按照统一的比例放大或缩小。如果缩放比为 1∶1，相似图形就变成了全等图形。从形变的视角看，全等是相似的特例，相似是全等的拓展。因此，教材采用类比图形全等的逻辑主线展开和呈现相似的内容，但相似的内容比全等更丰富，对学生理性思维的要求更高。

类似于全等形，教材先从现实中物体的形变情境引入，给出相似图形的描述——形状相同的图形叫作相似图形。接着，用放缩的观点描述相似图形，进一步，在多边形中从边与边的对应关系、角与角的对应关系两方面给出相似多边形的定义，明确研究对象。然后，以三角形为例，通过演绎推理研究其判定和性质，通过举例说明相似三角形的判定和性质在解决测量、设计等实际问题中的应用。最后，介绍特殊的相似——位似。

关于教材中相似三角形的判定和性质的内容，通过定义明确论证的对象，通过平行线分线段成比例的基本事实确立论证的起点，结合平行线的判定和性质、全等三角形等知识确立论证的依据，通过证明确立论证的逻辑，通过相似三角形的判定和性质定理表达论证的结果，建构知识体系。在这里，渗透了欧几里得几何的基本思想和基本框架。

相似是一种保角变换，与位置无关。位似是具有特殊位置关系的相似，它反映了图形相似的按比例放缩的本质。在位似内容中，以了解位似的概念、利用位似放大或缩小图形为重点。所以，教材在“31.4 位似”内容中设计了三个“探究”。第一个“探究”是确定对应点所在直线经过同一点且对应点到该点的距离比相等的两个三角形相似，为理解位似是特殊的相似，引入位似概念奠定逻辑基础；第二个“探究”是探索利用位似按比例放大和缩小图形；第三个“探究”是探索以坐标原点为位似中心的位似变化的坐标表示。

（5）锐角三角函数

教材通过三角测高法提出了已知直角三角形的一个锐角和斜边求对边的问题，使得“锐角三角函数”这一章的内容聚焦于直角三角形中锐角与边的关系。进一步，将锐角特殊化为30°和45°，通过计算发现，在三角形大小变化时，对边与斜边的比值的不变性。然后，推广到一般情况，提出猜想，并利用相似三角形证明：在直角三角形中，当一个锐角的大小确定时，其对边和斜边的比值唯一确定。在此基础上，引入锐角的正弦的概念；通过类比，抽象出余弦和正切的概念。最后，结合直角三角形中锐角的互余关系和勾股定理，解直角三角形，解决实际问题。

（6）投影与视图

投影与视图是课程标准中的了解性内容，但这一内容在现实中有广泛的应用，对发展空间观念具有重要作用。教材基于现实情境引入了投影、中心投影和平行投影的概念，重点展开了特殊的平行投影——正投影，研究了直线和平面与投影面成不同角度时正投影的形状。在此基础上，教材介绍了三视图，讲解了如何画出简单几何体的三视图，以及如何根据三视图想象简单的几何体。

四、编写“图形的变化”主题时重点考虑的问题

1. 重视核心素养培育的整体性、一致性和阶段性

图形的变化是贯穿小学、初中、高中和大学的核心几何内容。如何立足初中阶段，同时链接小学、高中、大学的学习，整体、一致而又侧重初中阶段的核心素养，是“图形的变化”主题要考虑的关键性问题。

在小学阶段，学生通过直观的方法（如观察、操作和想象）认识图形的平移、旋转、轴对称、放缩和视图。初中阶段则着重通过定义明确图形的变化，通过推理，用命题表达这些图形变化的特征，并用坐标对图形的变化进行初步的量化表达。高中阶段则通过向量及其运算来表达这些图形的变化，用数形结合的思想研究欧氏几何。大学阶段则统一把这些图形变化用正交变换的相关矩阵来表达，从而建立线性代数与几何的本质联系，并用变换群的思想理解各种公理体系下的几何学。

在各学段图形的变化内容的学习中，统一地蕴含着发展用数学的眼光观察现实世界、用数学的思维思考现实世界、用数学的语言表达现实世界的育人价值。小学阶段课程着重引导学生通过直观观察和想象物体的运动和形变、画图以及初步的语言表达，直观、初步地认识图形的变化。在这些活动中，有助于学生发展空间观念和几何直观。初中阶段则在小学的基础上，给出了这些图形变化的定义，结合直观和逻辑获得性质，借助坐标法进行初步的量化表达。在这些活动中，学生进一步发展空间观念、基于概念和推理的更加理性的几何直观——图形变换的直觉，发展抽象能力，并通过应用图形变化的知识解决问题，发展几何直觉和模型观念。高中阶段则通过抽象新的几何量——向量，运用向量及其运算，表达几何变换，分析和解决问题，发展数学抽象、直观想象、逻辑推理和数学运算等关键能力。大学阶段则借助函数基础上的空间之间的映射，通过线性变换研究几何量的不变性，建立不同的几何体系。在这些活动中，学生的核心素养能够获得更高水平的发展。

教材在安排本部分内容时，下接小学，上联高中，逐步提升地设计图形的变化的内容。在小学发展空间观念和几何直观的基础上，逐步提升抽象和推理运算的要求。在七年级的相交线和平行线之后，安排平移的内容，通过抽象给出了平移的定义。在小学直观感知平移的基础上，通过操作和归纳获得平移的性质，并用命题表达。至于平移的坐标表示，教材将其安排在“平面直角坐标”一章中。关于轴对称内容的设计，同样在直观的基础上抽象概念、给出定义，基于操作和归纳获得性质，借助坐标进行初步的量化表达。旋转内容（包括中心对称）的设计也类似。在“旋转”一章的“阅读与思考——全等变换”中，针对三角形，给出了从旋转的定义出发证明旋转的保距、保角性质的过程，并提出让学生针对三角形证明平移和轴对称的保距、保角性质的要求。通过这些活动，学生将体会图形刚体运动的保距性与保角性需要用推理的方法加以证明，提升认识图形变换的理性水平，为高中阶段借助向量量化表达图形的变换奠定基础。

相似内容的设计则是在小学直观感知图形放缩和八年级学习全等的基础上，类比全等设计整体思路，更加重视用推理的方法研究相似三角形中角的大小和线段比的不变性。通过抽象相似图形、相似多边形、相似三角形的概念明确研究对象，通过抽象“平行线分线段成比例”基本事实确立论证的起点，从这一基本事实出发，通过演绎推理证明相似三角形的判定定理和性质定理，确立论证的逻辑，通过命题确立论证的结果，建立相似三角形的知识体系。在“锐角三角函数”一章中，创设现实情境，提出研究直角三角形中边角关系的问题，建立直角三角形中角与边的比值之间的依赖关系，抽象出锐角三角函数的概念。通过抽象相似三角形的概念、明确定义、证明相似三角形的判定和性质，并进一步在直角三角形中对相似关系进行解析表达。在小学直观认识图形放缩和比例以及初中利用推理研究相似三角形的基础上，通过锐角三角函数建立锐角的大小和边的大小之间的依赖关系，体现数形结合的思想，更加理性地理解图形的相似。

2. 注重核心内容的整体性与结构性

《标准（2022年版）》提出了整体把握教学内容的教学要求，并指出要帮助学生建立能体现数学学科本质、对未来学习有支撑意义的结构化的数学知识体系，注重教学内容与核心素养的关联。在课程标准的“教材编写建议”中，提出了“注重来龙去脉，有利教师引导”，要求在呈现新知识时展现“知识背景—知识形成—揭示联系”的过程；在安排运用数学知识解决问题内容时，适当体现“问题情境—建立模型—求解验证”的过程，以利于教师在教学过程中帮助学生有效地理解知识与方法、积累活动经验、提高“四能”，开展素养导向的教学。

教材以“背景—定义—性质—画图—坐标表示—迁移应用”为逻辑主线，以研究几何变换下的不变性（形状大小的不变性——保距性）和位置变化规律为重点，前后连贯、逻辑一致地安排平移、轴对称、旋转的内容。教材旨在帮助学生理解三种基本几何变化的统一性、关联性和各自的特点，帮助学生建立图形刚体运动下不变性和变化规律的几何直观。图形的相似既是一种保形变换，又是一种放缩变换。保形的本质是保角，放缩的本质是将变换前后图形上任意两点之间的距离按相同的比例放大或缩小。与保距的全等变换相比，相似变换将“变换前后任意两点之间的距离保持不变”的条件放宽为“变换前后任意两点之间距离的比值不变”，因此全等变换是特殊的相似变换。因此，教材在相似内容的设计上，其总体思路与全等一致：先介绍图形相似的概念，再以三角形为例，研究三角形相似的判定和性质，最后安排特殊且反映放缩变换本质的位似的相关内容。先研究变换下的不变性（保角性和对应线段比的不变性），再研究用位置变化规律刻画这种变换下的不变性。这与图形运动中先研究变换下距离和角度的不变性，再研究位置变化规律，用位置变化规律刻画运动中的不变性的思路是一致的。

图形的放缩建立在欧几里得空间平直性的基础上，因此，平行线分线段成比例是相似三角形判定的逻辑基础。这个命题是可以证明的，但根据课程标准的要求，考虑到大多数学生的认知水平，教材把这个命题作为基本事实，不要求学生证明。

基于上述原因，教材按照如图3-4的逻辑体系设计相似的课程内容。

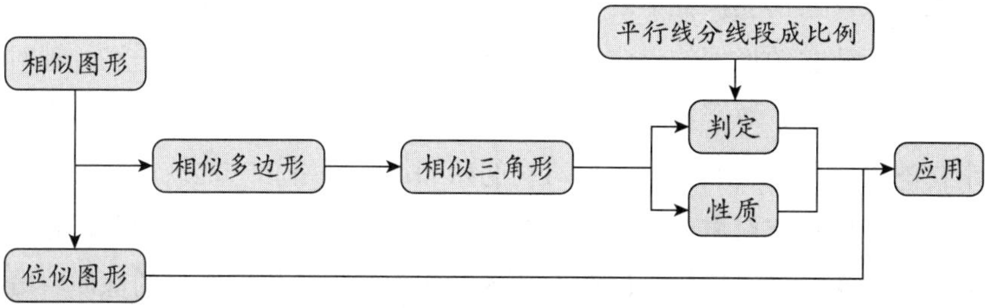

图3-4

由于相似在测量和设计中有广泛的应用，并且能够培养学生的空间观念、几何直观、推理能力和模型观念等核心素养，所以教材在这部分内容中适当加强了应用相似三角形的判定和性质进行推理计算、解决实际问题的内容，并增配了例题。

教材把锐角三角函数作为利用相似三角形知识，建立直角三角形中边角之间数量关系的重要内容来安排。因此，只强调研究直角三角形的边与角的关系，以及锐角三角函数在解三角形、解决实际问题中的应用，而淡化其函数属性（如函数性质）。

3. 根据学生学习规律适当体现图形变换的数学本质

几何变换的本质是空间到其自身的映射。在初中阶段，学生学习的图形刚体运动、图形的放缩、图形的投影，均属于欧氏空间中的线性映射。其中，刚体运动（全等变换）具有保距性质，图形的放缩（相似变换）具有保角性质。教材在编排这些内容时，充分考虑了学生的认知可接受性，并适时地揭示了这些几何变换的本质。

在安排用坐标表示关于坐标轴方向平移、关于坐标轴对称，以及关于原点对称的内容时，教材并未从具体图形入手，而是直接着眼于点，由具体到一般地归纳了对应点坐标间的数量关系。这一归纳实际上涵盖了平面上任意一对对应点之间的数量关系，并通过这种坐标间的数量关系，展现了平面上任意一点经过变换后的对应点坐标的计算公式。

这种从全等到相似，从依赖具体图形展示图形变化，到采用平面到其自身的映射视角来呈现图形变换的坐标表示的教学安排，遵循了学生学习图形变化的认知规律，揭示了几何变换的本质。

教材把线段的垂直平分线的性质定理及其逆定理安排在轴对称内容中，体现了空间的反射对称性作为垂直关系的基础这一本质；在“旋转”一章的“阅读与思考”中安排了让学生通过推理证明旋转、轴对称和平移的保距性的内容，体现刚体运动的保距性和图形变换中命题推理的研究方法；在“相似”一章中安排了相似三角形的判定内容，把平行线分线段成比例这一基本事实和相似三角形判定的预备定理单独成节，同时按照“两角分别对应相等—两边分别对应成比例且夹角对应相等—三边对应成比例”的顺序安排相似三角形的判定，不仅体现了欧几里得几何的基本思想，还彰显了相似变换的保角和按比例放缩的本质特征。

4. 应用图形变换思想研究几何图形的性质、解决实际问题

研究空间在某一几何变换群下的不变性质，即可得到一类几何学理论。因此，几何变换的核心作用在于建立图形间的对应关系，以表达和研究几何性质。平移、轴对称和旋转等初等变换，其物理背景源于自然界和现实生活中普遍存在的运动方式，学生对此类运动方式具有丰富的直观经验，人脑中存在对应的认知加工网络——枕顶神经环路；对于图形形状的理解，人脑中也有对应的认知加工网络——枕颞神经环路。这两条环路及语言环路在角回区域存在紧密的神经连接。因此，从图形变化的视角研究图形的性质，既是理解几何学本质的必要途径，也符合人类大脑学习几何的规律。教材在展现图形变化研究的一般框架的基础上，依据学生的认知水平和学习规律，合理安排应用图形变换的思想、方法和知识来研究几何图形的性质，并解决简单问题的活动。例如，在轴对称内容后，安排等腰

三角形的相关知识，运用轴对称思想研究三角形的性质，以帮助学生建立轴对称的几何直观，并启发其解决问题的思路；在旋转内容后，安排圆的相关知识，探索圆的轴对称性和旋转对称性，以帮助学生建立旋转对称和中心对称的直觉；等等。

5. 融合知识的发生发展过程落实核心素养发展目标

数学核心素养是在学生用数学的眼光观察、用数学的思维思考和用数学的语言表达的过程中形成和发展起来的。通过从现实世界中物体运动与形变的背景出发，结合直观想象和抽象，学生能够形成图形的平移、轴对称、旋转、相似等概念。这些概念的抽象过程蕴含着培养学生空间观念、几何直观与抽象能力的育人价值；在深入探究图形变化的性质的过程中，则进一步体现了发展空间观念、几何直观和推理能力的育人价值。此外，在应用图形变化的知识、思想、方法来分析问题与解决问题的过程中，还蕴含着发展模型观念、建立在概念和推理基础上的更加理性的几何直观、应用意识和创新意识等育人价值。

首先，教材通过相对集中的方式，系统呈现某一图形变化内容，使学生能够全面且连贯地经历从现实背景中抽象出图形变化的概念，并在概念的基础上结合直观与逻辑探究其性质，以及应用这些性质分析和解决问题。在这一系列活动中，学生得以发展空间观念、几何直观、抽象思维与推理能力。其次，教材遵循螺旋式上升的原则，有序安排从刚体运动到相似变化，从平移到轴对称再到旋转等内容，旨在让学生反复经历从抽象概念到性质探究，再到应用性质解决问题的完整过程，从而在重复用相同的思路与方法探究不同类别的图形变化的过程中，积累丰富的数学活动经验，逐步深化对图形变化的理解，促进核心素养的发展。第三，教材紧密结合图形变化知识的发生发展过程，精心设计了多种栏目，以辅助教师构思适宜的教学活动及驱动性问题、任务，有效组织和引导学生开展学习活动。例如，通过“观察”“思考”等引发学生抽象图形变化的概念；通过“探究”引发学生直观观察和归纳、提出性质猜想以及证明猜想；通过例题、数学活动和综合与实践活动，有层次地引发学生应用图形变化的知识、方法、思想来分析和解决问题；等等。

第三节 图形与坐标

用来确定数或数组与基本几何对象（常常是点）之间对应关系的参考系称为坐标系，确定平面或空间中点的位置的一组有序数称为坐标。坐标系的建立，坐标的引入，平面或空间中的点与有序数对（组）便建立起了一一对应关系，从而使数学的两大基本要素“数”与“形”统一起来。几何的概念可以用代数表达，几何的研究目标可以通过代数来达到。几何不仅为抽象的代数式和方程提供了形象而直观的模型，几何思想方法与代数的融合还促进了微积分的产生与近代数学的快速发展。

在《标准（2022年版）》中，“图形与坐标”是第四学段“图形与几何”领域的三大主题之一，分为“图形的位置与坐标”和“图形的运动与坐标”两个部分。其主要内容是在“图形的性质”“图形的变化”两个主题的基础上，通过建立平面直角坐标系，结合坐标和图形的性质探索图形的位置与变化，以量化的方式研究图形和图形之间的关系。这部分内容是用代数方法研究图形的起始与基础，也是学生后续学习函数，以及今后进一步学习解析几何与向量几何等知识的基础。

一、“图形与坐标”主题的内容分析

整体而言，“图形与坐标”主题的核心内容就是用坐标去确定点的位置，进而确定物体的位置；利用坐标的变化去刻画点的运动，进而去刻画整个图形的运动。“图形与坐标”主题包括两个属性，一个是低阶属性，一个是高阶属性。低阶属性即“定位”，用数或数对去描述位置；高阶属性可以概括为“重构”，即在坐标系背景下，从代数角度重新认识图形，探究图形的性质以及相应的关系与规律，利用代数思想，从几何角度重新建构几何知识体系。

作为代数方法研究图形的起始与基础，“图形与坐标”主题在初中数学中的地位和作用主要体现在以下四个方面：

第一，坐标系的创立，开创了用代数方法解决几何问题的新途径，对促进后续学习及思想方法的发展具有重大意义。

第二，建立平面直角坐标系，实现了“数”与“形”的实质性结合，这是数形结合思想的重要体现。

第三，将几何图形“搬到”直角坐标系中，借助代数来研究图形，不仅是对几何图形的学习，也是对代数知识的运用与巩固，坐标系是沟通几何与代数的纽带和桥梁。

第四，在坐标平面内，坐标的变化导致图形的变化，图形的变化也必定导致坐标的变化，“数”与“形”之间的可转化性提供了解决数学问题的新的化归途径。

总体而言，这部分内容的学习，是提升学生数形结合意识和思想的重要途径，也是发展学生的几何直观、空间观念、抽象能力与推理能力，进一步培养学生的创新意识和应用意识的重要载体。

二、“图形与坐标”主题的课标要求和教材设计

《标准（2022年版）》中，初中数学课程“图形与坐标”主题的主要内容为：平面直角坐标系及相关概念，建立平面直角坐标系刻画图形的位置、描述基本几何图形，坐标方法的简单应用。其具体要求如下：

1. 图形的位置与坐标

理解平面直角坐标系的有关概念，能画出平面直角坐标系；能在平面直角坐标系中用

坐标刻画图形的位置，描述基本几何图形；能运用方位角和距离刻画两个物体的相对位置；在经历用坐标表示图形的过程中，理解平面上点与坐标之间的一一对应关系，体会用代数方法表达几何图形的意义，感悟数形结合思想，会用数形结合的方法分析和解决问题。

2. 图形的运动与坐标

探索并了解图形经过平移、轴对称、关于原点对称以及位似变化前后坐标的变化规律；体会用代数方法表达图形变化的意义，感悟数形结合思想，发展几何直观、推理能力和运算能力。其中，用坐标描述图形的运动，涉及的图形主要指多边形；对于轴对称，仅要求“以坐标轴为对称轴”；对于平移，只研究“沿坐标轴方向平移”的情况；对于位似，限于图形“有一个顶点为原点”的研究。

按照《标准（2022 年版）》对这一主题内容的要求，依据学生的认知规律与学习特点，遵循事物发展的螺旋式上升与波浪式前进的原则，教材将“图形的位置与坐标”的相关内容集中安排在七年级上册的“9　平面直角坐标系”中；将“图形的运动与坐标”中的内容与“图形的变化”主题中的相关内容相结合，依照学生的学习顺序，依次安排在七年级下册“9.2.2　用坐标表示平移”、八年级上册“15.2　画轴对称的图形”、九年级上册“28.2.3　关于原点对称的点的坐标”、九年级下册“31.4　位似”等内容中。各个不同的学习内容相互关联，共同指向图形与坐标的核心思想“用数来刻画图形及图形变化”，体现了知识的连贯性和逻辑的一致性。

三、编写“图形与坐标”主题时重点考虑的问题

1. 突出“图形与坐标”主题的数学本质，整体设计研究路径

“图形与坐标”主题的内容可从“静态”和“动态”两个层面去理解。“静态”层面指的是“图形的位置与坐标”，即利用坐标描述点的位置，进而去描述图形。“动态”层面指的是“图形的运动与坐标”，即利用坐标的变化规律描述图形的运动变化。其中，“图形的位置与坐标”是学习“图形的运动与坐标”的基础。

初中阶段的“图形的位置与坐标”“图形的运动与坐标”与小学阶段的“图形的位置与运动”相衔接。小学阶段通过实体工具“方格纸”以及数学工具“数轴”（数射线）搭建图形与坐标之间的联系。初中阶段引入数学工具“平面直角坐标系”，一方面是对方格纸的提升，另一方面也是对数轴的拓展。由于数轴上的点与其坐标是一一对应的，因此一条数轴可以精准地刻画一条直线上的点的位置。进而，可以利用互相垂直，且原点重合的两条数轴建立平面直角坐标系，使平面上的点与有序数对形成一一对应关系，这样便可精准地刻画平面上所有点的位置。平面直角坐标系的建立使点与数的对应关系实现了由一维到二维的“升级”，这也为用代数方法研究几何问题提供了重要的数学工具。

原教材是从实际生活中确定位置出发，引出坐标系，然后展开对平面直角坐标系的相关概念及建立坐标系的方法的学习，最后再利用坐标系解决生活中确定地理位置的问题。这样的内容编排，容易让人认为坐标系的出现仅仅是为了确定点的位置。其实，引入坐标系的重要目的是用代数方程表示曲线，把几何曲线与代数方程联系起来，这样就可以通过讨论方程来研究曲线的性质，并用代数方法解决几何问题，同时解决自然科学中运动变化的规律问题。

坐标系源于定位，但高于定位，其价值在于表示各种几何图形，并通过数形结合，从定量与变量等角度研究几何图形。结合《标准（2022 年版）》的要求，教材不再专门讨论利用有序数对确定物体位置（该内容移至小学），而是基于数轴与坐标系的联系，从学生熟悉的数轴出发，直接展开对平面直角坐标系的研究。首先，教材将帮助学生学习平面直角坐标系的相关概念、掌握建立平面直角坐标系以及用坐标表示点的位置。其次，教材将“用坐标描述简单几何图形”单独设为一节，引导学生从两个角度学习此内容：角度一，根据简单几何图形的形状特征，建立恰当的平面直角坐标系，用坐标描述图形的关键点的位置，进而描述图形；角度二，根据简单几何图形的关键点（例如多边形的顶点）的坐标，确定关键点的位置，进而在平面直角坐标系中确定该图形。最后，在上述内容的基础上，展开对“坐标方法的简单应用”的探讨。

如此编排，旨在形成“建立平面直角坐标系—用坐标描述简单几何图形—坐标方法的简单应用”这一清晰、自然的知识发生发展的主线，并在知识的自然生长中潜移默化地渗透坐标系所体现的深刻思想。图 3-5 展示了初中阶段“图形与坐标”主题的内容结构。

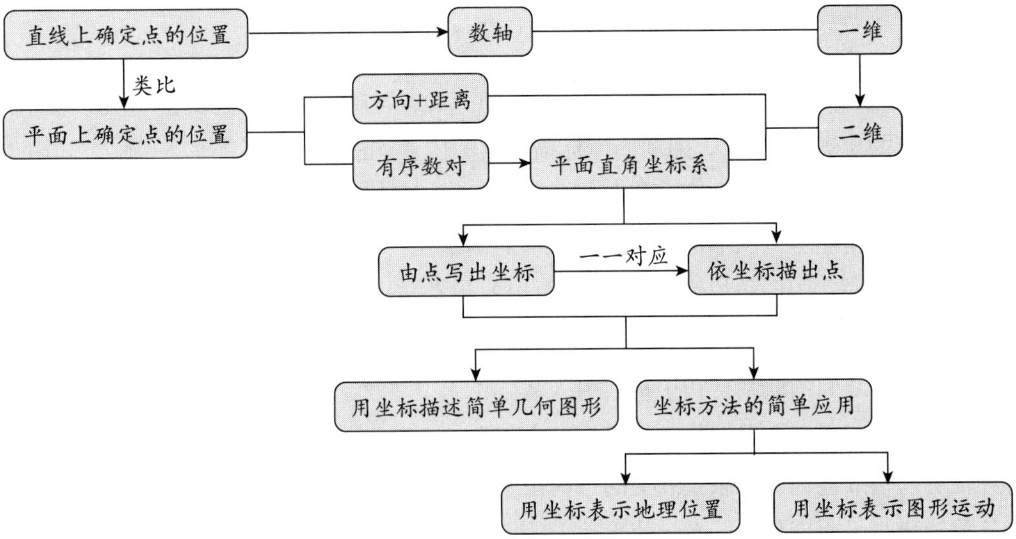

图 3-5

2. 立足学生的最近发展区，引导学生经历坐标系概念的形成过程

最近发展区理论认为学生的发展有两种水平：一种是学生的现有水平，指独立活动时所能达到的解决问题的水平；另一种是学生可能的发展水平，也就是通过教学所获得的潜在发展水平。两者之间的差异就是最近发展区。教学应着眼于学生的最近发展区，为学生提供带有启发性、挑战性的内容，调动学生的积极性，发挥其潜能，超越其最近发展区而达到下一发展阶段的水平，然后在此基础上进行下一个发展区的发展。

学习平面直角坐标系之前，学生已经掌握了“用有序数对表示具体情境中物体的位置”和数轴的相关知识，知道了直线上的点与实数的一一对应关系，但要从“实际生活中确定点的位置”过渡到“坐标平面内确定点的位置”，从“一维空间内点与数的关系”过渡到“二维空间内点与数对的关系”，对学生的数学抽象能力、数学表达能力、研究方法的迁移能力等均有较高要求。教材编写时，充分考虑了知识的系统性、学生已有的知识经验和认知障碍，立足学生的最近发展区，从平面直角坐标系与数轴之间的联系入手，以数轴和数轴上的点的关系为“脚手架”，为学生搭建思维的支架，进而构建出平面直角坐标系概念的形成过程。

教材首先以国庆 70 周年联欢活动为背景，创设学生熟悉的情境，通过章前图与章引言的配合，从国庆联欢活动中用有序数对确定表演区的点位出发，回顾利用有序数对可以确定物体的位置。随后启发学生，在数学中可以通过类似的方法来确定平面内点的位置，进而勾画出本主题所要研究的主要内容。接下来，从学生熟悉的数轴出发，给出点在数轴上的坐标的定义，建立点与坐标的一一对应关系，并得出结论：利用数轴上点的坐标可以确定直线上点的位置。在此基础上，借助“思考”，提出问题：能不能找到一种办法来确定平面内点的位置？通过引导学生独立思考、动手实践、自主探索、合作交流，让学生在解决具体问题的过程中，自然而然地建立平面直角坐标系概念，并以此为基础学习其他相关概念。

这样编排，一方面，引领学生在熟悉的情境中抽象出数学概念，积累从具体到抽象的数学活动经验；另一方面，通过加强平面直角坐标系与数轴的联系，可以帮助学生更好地理解点与坐标的对应关系，有助于学生形成概念系统，从而使学生对概念的理解更透彻，顺利地实现由一维到二维的过渡。

概念是思维的细胞，是人们对事物本质的认识。它是逻辑思维的起点，也是学生数学学习的基石。因此，数学概念的教学要格外重视。在进行平面直角坐标系概念的教学时，应结合教材中的“思考”与数轴的相关知识，引导学生从一维数轴提出问题，再到二维空间发现问题。结合图 3-6、图 3-7、图 3-8，可将问题“能不能找到一种办法来确定平面内点的位置呢?”进行合理分解，得到如下问题串：

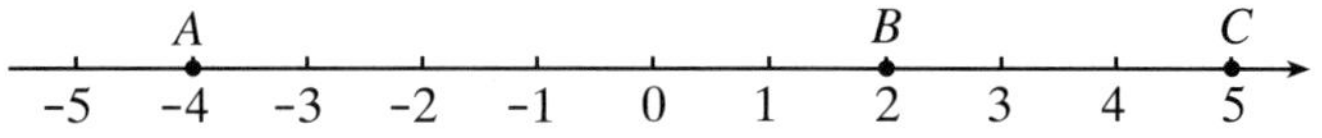

图 3-6

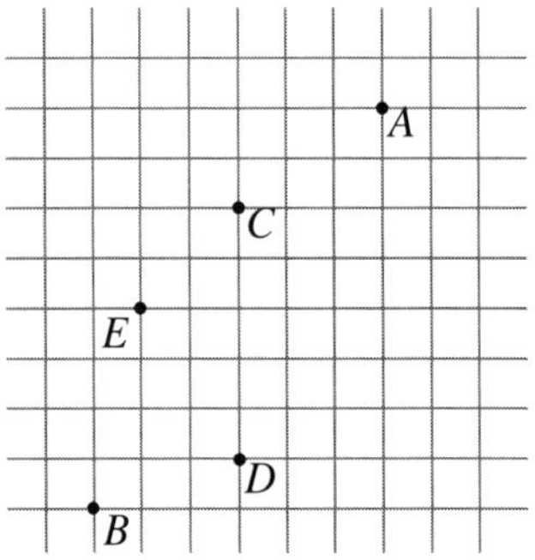

图 3-7

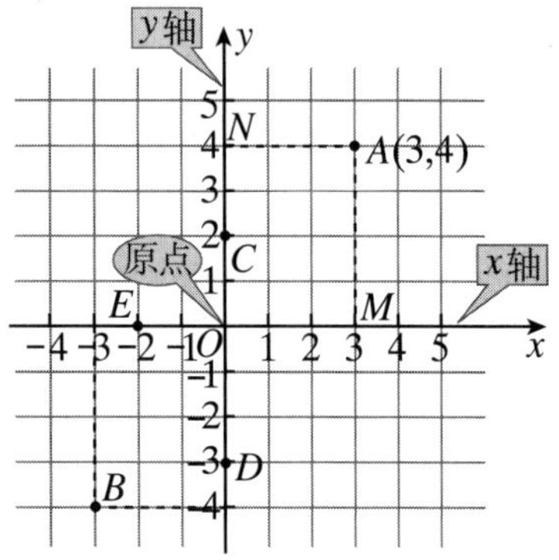

图 3-8

问题 1：一条数轴能否同时确定平面内所有的点？

问题 2：如果一条数轴不能，两条数轴是否可以（图 3-7 中，点 C，D 在同一铅垂线上，对你有什么启示）？

问题 3：实际生活中可以用有序数对确定物体的位置，对你有什么启示？

问题 4：类比数轴确定直线上点的位置，如何合理地设置参数（原点、单位长度、正方向），以便利用两条数轴来确定平面内点的位置？

通过上述问题串，为学生搭建拾级而上的思维台阶，引导学生完整地经历“概念的引入—概念的形成—概念的明确—概念的表示—概念的巩固与应用—纳入概念系统”的平面直角坐标系概念学习的全过程。同时，在上述探索过程的推动下，还可以促进学生理解建立平面直角坐标系的重要性和必要性，突破认知难点。

3. 注重类比学习，充分利用学生的已有经验探究新知

以同类事物或相近性质为基础进行比较推理，进而认识新事物的方法即为类比。类比是联系新旧知识的纽带，是学习新知、深化认知、优化知识结构、培养学生探究能力与创新能力的有力工具。在数学学习中，通过类比，可以使学生在新知识的学习中有思维的固着点，促使学生自主发现并获得数学的研究对象与内容、研究方法与路径，使数学学习有章可循，触类旁通，进而化被动为主动。

在“图形与坐标”主题的学习中，无论是“图形的位置与坐标”，还是“图形的运动与坐标”，都有许多内容可以与本主题的已学内容及主题之外的内容进行类比学习。本主题的一些后续学习内容也可以与已学内容进行类比研究。教材非常重视类比的思想方法在本主题学习中的运用，以此引导学生构建自主探究的逻辑与路径，促使学生主动且高效地学习。

首先，类比数轴学习平面直角坐标系。平面直角坐标系以数轴为基础，两者之间存在着密切的联系。平面直角坐标系由两条相互垂直、原点重合的数轴构成，坐标平面内点的坐标是根据数轴上点的坐标定义的，平面内点与坐标的对应关系也类似于数轴上点与坐标的对应关系。教材充分体现了这种联系，注重引导学生体会数轴与平面直角坐标系之间的内在关联，并借鉴数轴学习的一般方法，学习平面直角坐标系及其相关概念。

在“图形的运动与坐标”中，用坐标表示平移的研究框架是：确定研究对象（图形的关键点）—关注图形运动（平移）前后点的位置变化—关注图形运动（平移）前后点的坐标变化—探究基本规律。轴对称与平移都是基本的图形变化，同属于刚体运动。因此，其研究路径与思想方法基本一致。教材类比“用坐标表示平移”学习“用坐标表示轴对称”，指出：类似于平移，下面我们在平面直角坐标系中研究轴对称，研究关于坐标轴对称的图形的对称点坐标之间的关系。对于另外两种图形的运动变化（中心对称、位似）与坐标之间的关系的探索，教材也进行了类似的处理，通过类比旧知学习新知。

探究四类基本图形变化的坐标规律的方法基本一致。教学中，应注意充分引导学生运用类比的思想方法去发现问题并提出问题，主动获取研究的对象与内容、路径与方法，实现知识的正向迁移。在类比学习的过程中，注意强化对图形的变化与坐标本质的理解，帮助学生学会用整体的、联系的、发展的眼光去看待问题，体会数学内容的整体性与研究方法的一致性。

4. 突出“数”“形”互化，渗透数形结合思想

数学是研究数量关系和空间形式的科学。“数”与“形”是数学研究的主要对象，“数”抽象、理性，“形”直观、具体。数形结合就是把抽象的数学语言、数量关系与直观的几何图形、位置关系等结合起来。通过数形结合，抽象的数量关系得到直观的几何描述，可使问题形象易懂，帮助人们更好地洞悉问题的本质。直观的几何图形得到数量化的表达，可通过对数量关系的定量研究，获取对图形更为精准、理性地认识。华罗庚曾这样描述数形结合在数学学习与研究中的作用：数缺形时少直观，形缺数时难入微，数形结合百般好，隔离分家万事休。数形结合思想确切地反映了客观事物深层次的内在联系和矛盾统一的辩证规律。

建立平面直角坐标系后，对于坐标平面内任意一点 M，都有唯一的一对有序实数（x，y）（即点 M 的坐标）和它对应；反过来，对于任意一对有序实数（x，y），在坐标平面内都有唯一的一点 M（即坐标为（x，y）的点）和它对应。这样，“数”与“形”之间便搭建起了桥梁。通过这座桥梁，“数”与“形”可以实施相互转化，使得可以用几何的方法研究代数问题，也可以用代数的方法研究几何问题。对于平面直角坐标系的这种桥梁作用，教材给予了充分的重视。

在“9.1 用坐标描述平面内点的位置”一节中，为了引入平面直角坐标系的概念，教材从学生熟悉的数轴出发，给出点在数轴上的坐标的定义，建立了直线上的点与实数之

间的一一对应关系。明确平面直角坐标系的概念后，教材通过“思考”与例 1，设计了两个活动“根据点的位置写出坐标”和“由坐标确定点的位置”，将一维认知“数轴上的点与实数一一对应”上升到二维认知“平面内的点与有序实数对一一对应”，引导学生充分体会数形结合思想的内涵。对于例 1，教材利用第一象限的点 $A(4,\ 5)$，详细介绍了描出这个点的方法，其余的几个点要求学生自己描出。点 A 的横、纵坐标都是正数，而其余几个点的横、纵坐标有负数和 0 的情况，这些点留给学生描出，也给学生提供自己探索学习的机会。在概念的巩固与应用环节，教材探讨了如何在坐标平面内建立适当的平面直角坐标系，用坐标描述简单的几何图形，以及给出简单几何图形的顶点坐标，然后画出该图形等问题。让学生体悟，在平面直角坐标系中，由简单几何图形的一些关键点（例如顶点）的坐标，确定这些关键点的位置，进而便可确定简单的几何图形。利用坐标的方法研究平移、轴对称、旋转和位似等内容，是从数的角度刻画图形的运动，也就是用代数的方法研究几何问题，体现了平面直角坐标系在数学中的作用，这是数形结合思想的直接体现。通过这些内容的学习，让学生理解坐标不仅具有定位功能，还能通过数量关系刻画图形的关键点，从而刻画图形的位置、大小和形状特征。同时，也让学生了解，平面直角坐标系的构建加强了“数”与“形”之间的联系，它是解决数学问题的强有力的工具。

用经纬度表示地球上一个地点的地理位置，用极坐标表示区域内地点的位置，以及用平面直角坐标表示区域内地点的位置等，实际上都是利用了有序数对与点的对应关系，是坐标与点一一对应思想的体现，也即是数形结合思想的体现。教材突出了这种对应关系，利用这种对应关系研究了如何建立坐标系并用坐标表示地理位置的问题，使学生体会坐标思想在解决实际问题中的作用。

对于用代数方法研究几何问题和借助几何图形研究代数问题，平面直角坐标系作为数形结合的载体，都是有效的数学工具。从数轴上确定点的位置到平面直角坐标系表示物体的位置，从用坐标描述简单图形到用坐标刻画图形的运动，最后到坐标系在生活实际中的应用，自始至终都蕴含和渗透着数形结合的思想。这是教材在“图形与坐标”主题中贯穿始终的一条思想方法主线。

5. 设置适切的探究活动，引导学生感悟“通过几何建立直观、通过代数得到表达”的过程

用坐标表示图形的运动变化是“图形与坐标”主题学习的重要内容，也是“图形的变化”主题的学习内容的延伸。具体而言，就是以坐标的形式呈现图形变化的性质（对应点与图形变化的基本要素之间的关系），这也体现了坐标系在数学中的应用。

点是构成图形的基本元素，是联系图形与坐标的纽带。点的运动引起图形的变化，而图形的运动实质上就是点的运动。因此，研究图形的运动与坐标，只需要研究对应点及其坐标的变化规律。基于上述考虑，教材采取从特殊到一般、从简单到复杂的研究策略，通

过设置一系列适切的探究活动，结合学生的操作实践（观察、实验、分析、比较、猜想、验证等），对图形变化下对应点坐标之间的关系进行循序渐进的探究。教材引导学生经历用坐标表达图形的平移、轴对称、中心对称、位似变化的过程，同时从坐标之间特殊的数量关系中发现图形特殊的位置关系，体会用代数方法描述图形的运动和变化规律，用几何方法分析图形的性质，表达图形变化的意义。学生在此过程中感悟“通过几何建立直观，通过代数得到表达”的过程，在此基础上积累数学活动经验，培养推理能力与模型观念，发展学生的几何直观与空间观念。

例如“9.2.2 用坐标表示平移”，主要研究了点（或图形）的平移（上、下、左、右平移）引起的点（或图形上的点）的坐标的变化，以及点（或图形上的点）的坐标的变化引起的点（或图形）的平移。教材首先设置了一个“探究”，分析在平面直角坐标系中，将一个已知点向右或向左平移某个单位长度得到一个新点，这个点的坐标与平移前的点的坐标有什么关系；同样地，如果将这个点分别向上或向下平移某个单位长度得到新的点，这个点与平移前点的坐标又有什么关系。通过分析平移前后点的坐标的变化，发现坐标的变化规律。对于图形的平移引起的图形上点的坐标的变化，以及将一个图形依次沿两个坐标轴方向平移所得到的图形，可以通过将原来的图形作一次平移得到，教材设置了第二个“探究”，让学生确定一个正方形平移后顶点的坐标，得出有关的结论。接下来，教材设置了第三个“探究”，讨论了一个三角形顶点坐标的某种有规律变化引起的三角形的平移。比如，将三角形三个顶点的横坐标都减去某个正数，纵坐标不变，得到三个新的点，连接这三个点，得到一个新的三角形，这个新三角形与原来的三角形在大小、形状和位置上的关系就是要解决的问题。通过探究发现，这两个三角形的大小、形状完全相同，只是位置不同，实际上是对三角形进行了平移。通过循序渐进地三次探究，得出以下结论：一般地，在平面直角坐标系中，将点（x，y）向右（或左）平移 a 个单位长度，可以得到对应点（$x+a$，y）（或（$x-a$，y））；将点（x，y）向上（或下）平移 b 个单位长度，可以得到对应点（x，$y+b$）（或（x，$y-b$））。反过来，如果把一个图形上的各个点的横坐标都加（或减）一个正数 a，相应的新图形就是把原图形向右（或向左）平移 a 个单位长度；如果把这个图形上的各个点的纵坐标都加（或减）一个正数 b，相应的新图形就是把原图形向上（或向下）平移 b 个单位长度。以上结论揭示了对应点的坐标与平移变化的关键要素（平移方向、平移距离）之间的关系。从“探究点的平移规律”到“探究图形的平移引起图形上点的坐标变化的规律”，再到“探究图形上点的坐标变化引起图形变化的规律”，这是由特殊到一般，由提出问题、验证猜想到得出结论的思维过程，更是一个几何直观（识图、作图、析图）与代数表达相互融合的过程。

在初中阶段，“图形的运动与坐标”主要研究平移、轴对称、中心对称以及位似四种图形变化。教材在探究与呈现这四种图形变化与坐标之间的关系与规律时，所采用的方式方法是一脉相承、一以贯之的，均是从几何图形的基本元素“点”出发，探究“点”的变化以及由点的变化引发的“数（坐标）”的变化规律，反之亦然（图 3-9）。

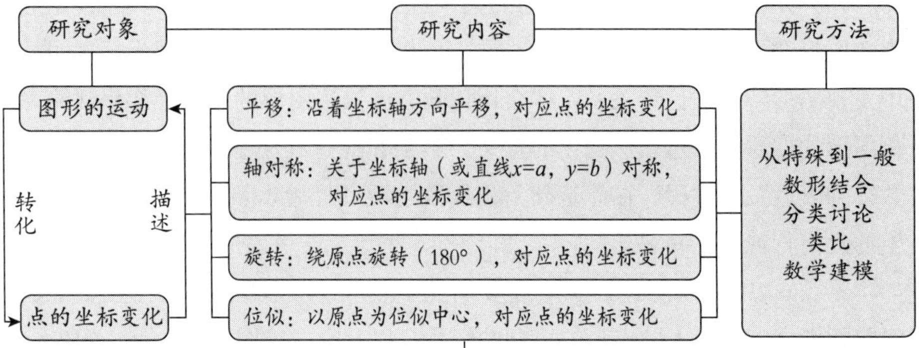

图形运动	平移		轴对称		旋转	位似
	沿x轴向右（左）平移a个单位	沿y轴向上（下）平移b个单位	关于x轴对称	关于y轴对称	绕原点旋转180°（中心对称）	以原点为位似中心，相似比为k
(x, y)的变化	$(x\pm a, y)$	$(x, y\pm b)$	$(x, -y)$	$(-x, y)$	$(-x, -y)$	(kx, ky)或$(-kx, -ky)$

图 3-9

在教学中，要注重引导学生经历探索的全过程，让学生在亲身经历中发现图形运动变化的性质及其蕴含的数量关系。学生在探索规律时，不要急于求成，要关注学生的基本活动经验，突出能力的培养，重点关注知识的生成过程，对学生授之以“渔”。鼓励学生用适当的语言描述发现的规律，并进一步引导学生找出更多的对应点，直观感知坐标变化的规律。由于列举的点基本都是网格点，加之学生认知的局限，因此一定要让点“动”起来，并注重利用信息技术工具，在点的位置发生变化的过程中，引导学生观察点的横、纵坐标的变化，从“形”和“数”两方面感受变化中的不变性，洞悉图形的运动变化与坐标之间关系与规律的本质。

另外，在学生经历数学活动的过程中，应注重思想方法的渗透，帮助学生形成思想方法和思维逻辑体系，为学生持续学习和发展奠定基础。例如，在建立平面直角坐标系研究图形的运动变化的过程中，渗透坐标思想；在探究点的位置与坐标的关系的过程中，渗透数形结合思想；在探讨特殊点的坐标变化到一般点的坐标变化的过程中，渗透特殊到一般的思想；在平移、轴对称、位似等坐标变化规律的探究过程中，渗透分类思想；等等。

6. 注重坐标法的形成与应用，发展应用意识与创新意识

初中阶段，认识与研究几何图形的方法主要有三种：一是演绎证明，即通过实验探究、直观发现、推理论证来研究图形；二是运动变化，即用运动变化的观点来研究图形，理解图形在运动变化过程中的变化规律和变化中的不变量；三是量化分析，即通过建立坐标系，结合坐标与图形的性质探索图形的位置与变化，以量化的方式研究图形和图形之间

的关系。

将图形坐标化并进行量化分析，用代数的方法来研究几何图形及其性质的方法，本质上就是坐标法，也称解析法。坐标法开辟了用代数方法研究几何图形的新思路，是图形研究的有力手段，这也是建立坐标系的意义所在。

关于“图形与坐标”主题，教材按照“直线坐标化—平面坐标化—坐标方法的形成与应用”的逻辑顺序进行编排，同时突出了坐标方法的形成与应用过程。在引入平面直角坐标系并学习相关概念后，教材随即展开了用坐标描述简单几何图形的学习。通过对“建立合适的坐标系，写出边长为 6 的正方形的顶点坐标”“给出长方形的顶点坐标，画出长方形”等问题的探究，让学生感悟在平面直角坐标系中，可以用坐标刻画一个图形上的关键点（例如顶点），进而刻画这个图形。在平面直角坐标系学习的后半部分，教材安排了“坐标方法的简单应用”一节，详细介绍了用坐标系表示地理位置、用坐标系表示运动变化。虽然以上这些还不是真正意义上的坐标法的应用，但通过这些内容的学习，可以引导学生进一步了解平面直角坐标系在日常生活、生产实践、科学技术及数学内部的应用，理解坐标法的意义与作用，发展学生的应用意识与创新意识，也为学生在高中进一步学习解析几何与向量等相关知识打下坚实的基础。

7. 重视数学史实，让学生接受数学文化的熏陶，拓展对内容的理解

数学史是数学文化的重要组成部分，也是学习数学、认识数学的工具。

数学史展示数学知识的起源、形成与发展过程，诠释数学知识的源与流。通过数学史的学习，可以了解数学的基本概念、原理和结构，理解数学的本质；可以从中看到数学思想的演变和数学知识体系的构建，从而建立起对数学的整体认知，帮助学生掌握数学的思想与方法，拓展思维的宽度和广度；可以重温数学的发现之旅，欣赏到数学家们不断追求数学真理和完善数学体系的探索过程，感受数学家严谨求实的科学态度和百折不回、锲而不舍的探索精神；还可以体会数学对人类文明发展的促进作用，提升学习数学的兴趣。

笛卡儿坐标系的创立结束了自古希腊以来代数与几何的分离状态，使得数学从欧氏几何为主的研究，转变为代数与几何并驾齐驱，开启了近代数学的大门。用坐标表示点、用方程表示曲线，在此基础上建立的解析几何，把代数的知识和方法系统地用于几何研究，这是数学史上具有里程碑意义的重要事件。

坐标系的历史揭示了其产生的背景、发展过程、蕴含的思想方法以及广泛的应用价值，这里面蕴含着丰富而重大的数学文化与教育价值。教材通过设置“溯源”，引导学生探寻坐标系知识的本源，了解平面直角坐标系的产生以及它对数学的影响，进而拓展对坐标系相关内容的理解，开阔学生的数学视野，完善他们的知识体系。教学中，教师可结合“溯源”，引导学生查阅相关资料，进一步了解数学家笛卡儿的生平、贡献与成就，梳理平面直角坐标系产生的背景，展现坐标系知识的发展历程与重要价值，帮助学生

更好地领悟坐标系所体现的深刻思想内涵，体悟数学家解决问题的思维历程和坚定信念，以及数学在人类文明发展中的作用，激发学生的学习兴趣与好奇心，培植学生的科学精神。

执笔人：刘金英，吴增生，王用华

研究组成员：刘金英，刘长明，李海东，梁燕，宋莉莉，王用华，吴增生，俞求是，张鹤

第四章 “统计与概率”编写研究

概率论与统计学都是从数量角度研究随机现象规律性的学科，它们都是处理总体和样本的问题。概率论是在假设总体已知的情况下，研究从总体中抽取的样本的有关问题，往往表现为在一定概率模型或分布中随机事件概率的计算、随机变量性质的研究等，这是关于随机现象规律演绎性的研究。统计学主要是在样本可以获得的情况下，研究如何从样本得出关于总体的一些结论，表现为根据样本数据推断总体的分布或估计各种数字特征等，这是关于随机现象规律归纳性的研究。可见，虽然概率论和统计学都是研究随机现象的规律性，但二者以相反的方式进行研究，概率论是从总体到样本的推理，而统计学是从样本到总体的推理。

由于现实世界中随机现象的普遍性，以及随着人们对概率与统计方法认识的深入，目前概率与统计知识已经广泛应用到科学、技术、工程和现代社会生活的各个方面。随着大数据时代的到来，概率与统计的重要性变得越来越突出。

在基础教育中，概率与统计已经成为数学课程主要的学习领域之一，并覆盖从小学到高中的所有学段。在《标准（2022 年版）》中，“统计与概率”是义务教育数学课程的四个学习领域之一。在初中阶段，统计与概率各设一个主题，分别为“抽样与数据分析”和“随机事件的概率”。统计与概率的学习，有助于学生感悟从不确定性的角度认识客观世界的思维模式和解决问题的方法，初步理解通过数据认识现实世界的意义，感知大数据时代的特征，发展数据观念和模型观念。

第一节 抽样与数据分析

统计学主要是通过数据研究随机现象的规律性，包括数据的收集、整理、描述、分析和解释。根据研究内容和研究方法的不同，统计学可分为描述统计学和推断统计学。描述统计学研究如何取得反映客观现象的数据，并通过图表和数字特征的形式对所收集的数据进行加工处理和显示，内容包括：统计数据的收集方法、加工处理方法、显示方法和数据分布特征的概括与分析方法等。推断统计学根据从总体中随机取出的样本所获得的信息来推断总体的性质，即把收集到的数据化为相对较少的一些能粗略描述样本的统计量，并根据统计量的分布对总体作出推断。描述统计与推断统计常可结合使用，推断统计方法常以描述统计方法为基础，并常应用描述统计方法的结果。

一、“抽样与数据分析”主题的内容分析

（一）学科本质分析

统计处理数据的基本过程如图 4-1 所示。

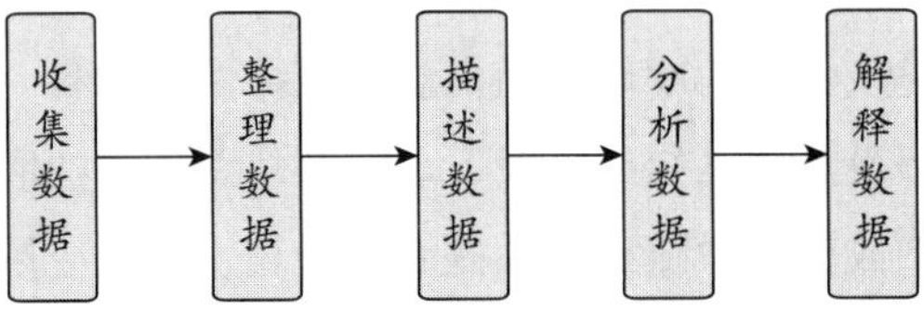

图 4-1

1. 收集数据

数据是统计的研究对象，收集数据是统计工作的第一步。统计数据的来源有两种途径：一种是通过自己的调查或实验活动获取数据，这种数据来源称为数据的直接来源，获取的是一手数据；另一种是找到并使用由别人通过调查或实验等方式收集的数据，这种数据来源称为数据的间接来源，获取的是二手数据。所有统计数据的最初始来源都是调查或实验。调查通常是对社会现象而言的，而实验大多是对自然现象而言的。如何有效收集两种来源的数据，都有专门的研究和方法。

通过调查获取数据，分全面调查和抽样调查。如果调查针对总体中的所有单元进行，这种调查称为全面调查或普查；如果调查只针对总体中的部分单元进行，通过调查的部分单元去推断总体，这种调查称为抽样调查。全面调查具有信息全面、完整的特点，但当总体较大时，全面调查耗时、费力，调查成本会非常高；并且，当调查具有破坏性时，全面调查将无法实施。因此，全面调查并不是经常能实施的。抽样调查由于只调查总体中的部分单元，调查所受的制约比全面调查要少，其关键在于抽取调查的样本是否具有代表性。

抽样调查收集数据最核心的问题是如何抽选出有代表性的样本。通过抽样调查收集数据的具体方法有许多种，不同的方法可以分为两类：概率抽样和非概率抽样。概率抽样也称随机抽样，是指遵循随机原则进行的抽样，总体中每个单元都有一定的机会被选入样本。非概率抽样是相对概率抽样而言的，指抽取样本时不是依据随机原则，而是根据研究目的对数据的要求，采用某种方法从总体中抽出部分单元对其实施调查。概率抽样包括简单随机抽样、分层抽样、整群抽样、系统抽样、多阶抽样等，非概率抽样包括方便抽样、判断抽样、滚雪球抽样、配额抽样等。非概率抽样不是依据随机原则抽取样本，样本统计量的分布是不确切的，因而无法使用样本的结果对总体相应的参数基于概率进行推断。概

率抽样是依据随机原则抽取样本，样本统计量的理论分布是存在的，因此可以根据调查的结果对总体的有关参数进行估计，计算估计误差，得到总体参数的置信区间，并且在进行抽样设计时，根据估计的精度要求，可计算出满足精度要求所需要的样本量。

在众多抽样方法中，简单随机抽样是最基本的抽样方法，是其他抽样方法的基础。这种抽样方法的突出特点是简单、直观。由于每个单元被抽到的概率相同，用样本统计量对目标量进行估计及计算估计量误差都比较方便。但简单随机抽样在实际应用中也有一定局限性，例如，当总体很大时，构造抽样框并不容易；抽取的单位比较分散，实施调查并不容易；没有利用其他辅助信息，估计效率并不高。因此，在规模较大的调查中，很少直接采用简单随机抽样，而是把简单随机抽样和其他抽样方法结合使用。

2. 整理数据

整理数据主要是指对数据进行分类或分组，并计算相应的频数、频率等。通过整理数据，可以对数据分布的形状和特征有一个初步的了解，并为后续的描述、分析数据等提供基础。

开始整理数据前，要对数据进行预处理。数据预处理是在对数据分类或分组之前所做的必要处理，包括数据的审核、筛选、排序等。数据预处理不仅为后续数据分类或分组提供基础，还关系到最后统计分析的结论是否有意义。数据审核就是检查数据是否存在错误。对于原始数据，主要审核数据的完整性和准确性；对于二手数据，主要审核数据的适用性和时效性。数据筛选是根据需要找出符合特定条件的某些数据。数据排序是指按一定顺序将数据排列，以便发现数据一些明显的特征或趋势，为问题解决找到线索，也为数据分类或分组等提供方便，甚至有助于发现数据中存在的错误。数据的筛选和排序，可以借助统计软件高效完成。

数据经过预处理后，可根据数据的不同类型采取不同的整理方法。数据层次按从低到高分为分类数据、顺序数据、数值型数据。一般地，对品质数据（包括分类数据和顺序数据）主要进行分类整理，对数值型数据则主要进行分组整理。分类数据整理时，首先列出所分的类别，然后计算出每个类别的频数、频率或比例、比率等，形成一张频数或频率分布表。对其中的顺序数据，还可以计算累积频数和累积频率。数据分组是根据统计研究的需要，将原始数据按照某种标准分成不同的组别。数据经分组后，再计算出各组中数据出现的频数、频率或比例、比率等，可形成一张频数或频率分布表。数据分组的方法有单变量值分组和组距分组两种。对离散型变量，当变量值较少时，通常采用单变量值分组，即每个变量值作为一组。对连续型变量或变量值较多的离散型变量，通常将全部变量值按大小依次划分为若干个区间，并将一个区间内的变量值作为一组，即组距分组。

3. 描述数据

描述数据主要指用统计图形对数据进行可视化表示。利用视觉对图形的敏感性，从直观上发现数据分布的形状和特点，为后续进一步数据分析提供方向。

数据可视化表示的图形跟数据的类型有关。适用于描述低层次数据的统计图形，也适用于描述高层次的数据，反之则不然。适用于分类数据的，有条形图、扇形图、环形图、帕累托图等；适用于顺序数据的，有累积频数或频率分布图；适用于数值型数据的，有直方图、茎叶图、箱线图、折线图、散点图、气泡图、雷达图等。通过数据的可视化，可以对数据分布的形状和特征有一个大致的了解。不同的统计图在表现数据的特征上各有其特点，正确地使用统计图是做好数据分析的基本技能。

4. 分析数据

分析数据主要是定量分析和提取数据中蕴含的信息，可以通过数字特征获得数据分布某一方面的特征，也可以通过分布获得数据全面的取值规律。

（1）数字特征

一般而言，可以从三个方面刻画数据分布的特征：一是分布的集中趋势，反映各数据向其中心值靠拢或聚集的程度；二是分布的离散程度，反映各数据远离其中心值的趋势；三是分布的形状，反映数据分布的偏态和峰态。这三个方面分别反映了数据分布特征的不同侧面。

和数据的可视化表示类似，分布特征的刻画方法跟数据类型有关，适用于低层次数据分布特征的刻画方法也适用于高层次数据，反之则不然。集中趋势的刻画，适用于分类数据的有众数等，适用于顺序数据的有中位数、四分位数等，适用于数值型数据的有（算术）平均数、几何平均数等。众数、中位数、平均数是刻画集中趋势的三个主要指标，它们具有不同的特点和应用场合。离散程度的刻画，适用于分类数据的有异众比率等，适用于顺序数据的有四分位距等，适用于数值型数据的有极差、平均差、方差和标准差等。分布形态的刻画，有偏态系数、峰态系数等。

当数据是样本数据时，通过样本数据的数字特征可以估计总体相应的数字特征。由于样本具有随机性，样本的数字特征也具有随机性。估计的精确度和可靠性的刻画，依赖于数字特征的抽样分布，因此得到数字特征的抽样分布对于估计结果的刻画非常关键。

（2）分布

数据的分布能够全面刻画数据的取值规律。当数据是样本数据时，通过样本数据的经验分布可以估计总体的分布。

5. 解释数据

针对实际问题，需要解释和说明数据特征的具体含义、数据分布的取值规律，从而获得问题的解答。对于抽样数据，可以用样本数据的数字特征估计总体的数字特征，并根据抽样分布计算估计的置信区间，刻画估计的精确度和可靠性；也可以用样本数据的分布估计总体的分布。

（二）课标要求分析

根据《标准（2022年版）》，学生在小学阶段学习收集、整理、描述、分析数据的简单方法，建立初步的数据意识。初中阶段的“抽样与数据分析”主题是在小学阶段统计内容基础上的进一步学习，学生将学习简单地获得数据的抽样方法，以及通过样本数据推断总体特征的方法。与小学阶段侧重数据的收集、整理与表达的整个过程，以及对数据进行描述性统计分析比较，初中阶段更加强调数据收集与分析的方法，以及对数据进行推断性统计分析。

在初中阶段的统计内容中，强调从实际问题出发，经历更加有条理地收集、整理、描述、分析数据的过程。收集数据的方法主要是简单随机抽样；整理与描述数据的方法主要是对数据进行合理的分组，并绘制扇形统计图和频数直方图直观呈现数据；分析数据的方法主要是通过数据的数字特征提取数据的信息，包括刻画数据集中趋势的平均数、中位数与众数，刻画数据离散程度的方差，以及刻画数据分布位置的四分位数、百分位数等；利用数据解释或说明问题的方法主要是利用样本的数字特征估计总体的数字特征，利用样本的变化趋势估计总体的变化趋势。

1. 收集数据

初中阶段收集数据的方法主要是简单随机抽样。《标准（2022 年版）》对收集数据的要求是：体会抽样的必要性，通过实例认识简单随机抽样；进一步经历收集数据的活动，了解数据处理的过程。收集数据应当以现实生活中的实例为背景，引导学生亲自经历收集数据的活动过程，理解抽样的必要性，让学生知道要根据研究问题的需要选择恰当的方法收集数据，掌握简单随机抽样的方法。

抽样的必要性主要来自两个方面，一是调查的总体较大，不宜实施全面调查；二是调查具有破坏性，无法实施全面调查。例如，要研究全国初中生的视力情况，收集全国所有初中生的视力数据，要花费很多人力、物力和时间，成本太高，不宜采用全面调查的方法。又如，要研究一批灯泡的使用寿命，收集灯泡的使用寿命数据需要通电测试直至用坏为止，因为测试对灯泡具有破坏性，也不能采用全面调查的方法。

（1）简单随机抽样的定义

简单随机抽样就是从总体中等概率地抽取样本。简单随机抽样分放回简单随机抽样和不放回简单随机抽样两种。一般地，设一个总体含有 N（N 为正整数）个单元，从中逐个抽取 n（$1\leqslant n<N$）个单元作为样本，如果抽取是放回的，且每次抽取时总体内的各个单元被抽到的概率都相等，就把这样的抽样方法叫作放回简单随机抽样；如果抽取是不放回的，且每次抽取时总体内未进入样本的各个单元被抽到的概率都相等，就把这样的抽样方法叫作不放回简单随机抽样。从总体中逐个不放回地随机抽取 n 个单元作为样本，与一次性批量随机抽取 n 个单元作为样本（全样本抽取法），两种方法是等价的。通过简单随机抽样获得的样本称为简单随机样本。

简单随机抽样属于概率抽样，是最基本的抽样方法，是其他抽样方法的基础。与放回简单随机抽样比较，不放回简单随机抽样的效率更高。因此，实践中人们更多采用不放回简单随机抽样。在初中阶段，简单随机抽样指不放回简单随机抽样。

（2）简单随机抽样的实现

①抽签法

将总体的单元分别编上 1～N 的号码，并制作 N 个签（标号为 1～N），然后均匀混合后制作的 N 个签，从中抽取 n 个签，则这 n 个签上的号码所对应的单元组成的样本即为简单随机样本。

②随机数法

将总体的单元分别编上 1～N 的号码，利用随机试验（例如，重复随机摸标号为 0，1，2，…，9 的小球，分别代表个、十、百等位值上的数字）或计算机软件产生 n 个随机数（范围为 1～N），随机数表示抽中的号码，则这 n 个随机数对应的单元组成的样本即简单随机样本。

2. 整理数据

《标准（2022 年版）》对整理数据的要求是：进一步经历整理数据的活动，能用计算器处理较为复杂的数据；经历数据分类的活动，知道按照组内离差平方和最小的原则对数据进行分类的方法。整理数据应引导学生通过对实际问题中数据的整理，了解数据分类的意义和简单的数据分类方法，并为数据的描述、分析等提供基础。

一般地，对品质数据进行分类整理，对数值型数据作分组整理，统计各类别或组别的频数，并计算出相应的频率、比例等，形成一张频数分布表。品质数据分类的类别一般是明确的，数值型数据的分组则需要根据统计研究的需要，将原始数据按照某种标准分成不同的组别。对数据按照组内离差平方和最小的原则进行分组的方法，是本次课程标准修订新增加的内容。按这种原则对数据进行分组，会涉及大量的计算。

例如，通过画频数分布直方图观察数据的分布特征时，需要对数据进行分组。各组的组距可以相等，也可以不等。等距分组可以按如下步骤进行：

第 1 步，计算数据的极差，即数据最大值与最小值的差。

第 2 步，确定组距和组数。组距、组数和极差的关系为

$$组数=\frac{极差}{组距}。$$

第 3 步，列频数分布表。统计各组数据的个数，整理得到频数分布表。

又如，大数据时代来临，对数据进行合理分组非常重要。离差平方和可以刻画数据的离散程度，按组内离差平方和最小的原则可以对数据进行分组。一组数据按组内离差平方和最小的原则进行分组是非常合理的，也是最传统的方法。设有 n 个数据 x_1，x_2，…，x_n，其平均数记为 $\overline{x}$，则这组数据的离差平方和为

$$d^2=(x_1-\overline{x})^2+(x_2-\overline{x})^2+\cdots+(x_n-\overline{x})^2。$$

若前 m（$m<n$）个数据和后（$n-m$）个数据的平均数分别记为 $\overline{x}_1$ 和 $\overline{x}_2$，则前后两组数

据的离差平方和分别为

$$d_1^2=(x_1-\overline{x}_1)^2+(x_2-\overline{x}_1)^2+\cdots+(x_m-\overline{x}_1)^2,$$
$$d_2^2=(x_{m+1}-\overline{x}_2)^2+(x_{m+2}-\overline{x}_2)^2+\cdots+(x_n-\overline{x}_2)^2。$$

可以证明

$$d^2=d_1^2+d_2^2+d_{12}^2,$$

其中 $d_{12}^2=m(\overline{x}_1-\overline{x})^2+(n-m)(\overline{x}_2-\overline{x})^2$。上述等式表明，一组数据的离差平方和（$d^2$）可以分解为，两个组内的离差平方和（$d_1^2+d_2^2$）与两组数据的平均数关于所有数据平均数的离差平方和（d_{12}^2），前者表示两组数据组内的离散程度，后者表示两组数据组间的差异。对于一组数据，由于 d^2 不变，若 $d_1^2+d_2^2$ 达到最小，则可使 d_{12}^2 达到最大，反之亦然。按组内离差平方和最小的原则把一组数据分成两组，可以按如下步骤进行：

第 1 步，按从小到大排列数据，记为 $x_{(1)}$，$x_{(2)}$，…，$x_{(n)}$。

第 2 步，分成两组共有 $n-1$ 种分法，计算每种分法的 $d_1^2+d_2^2$（或 d_{12}^2）。

第 3 步，取 $d_1^2+d_2^2$ 最小值（或 d_{12}^2 最大值）的分法。

3. 描述数据

《标准（2022 年版）》对描述数据的要求是：进一步经历描述数据的活动；会制作扇形统计图，能用统计图直观、有效地描述数据；通过实例，了解频数和频数分布的意义，能画频数直方图，能利用频数直方图解释数据中蕴含的信息。描述数据应通过具体的问题引导学生认识统计图的功能和不同统计图的特点，会选择合适的统计图描述数据，如条形统计图、折线统计图、扇形统计图、频数直方图等，绘制扇形统计图及频数直方图是学习的重点。

（1）扇形统计图

扇形统计图简称扇形图，它用整个圆表示数据的总量，圆内各扇形的大小表示各部分数据量占数据总量的百分比。各扇形所对应圆心角的度数等于各部分数据所占百分比乘 360°。用扇形统计图描述数据时，应先将数据分类或分组，求出每类或每组数据量占数据总量的百分比，再根据百分比求出该类别或组别数据对应的扇形圆心角的度数，最后借助量角器画出各类别或组别数据对应的扇形即可。扇形统计图中每组数据的占比，其实就是该类别或组别数据的频率，即该组数据的频数（即个数）与数据总量的比值。容易看出，各组数据的频率之和等于 1。

扇形统计图不仅可以直观地展示各部分数据的占比，而且能反映出各部分占比的大小。但是，当数据类别或组数太多时，会显得比较杂乱。

（2）频数直方图

直方图是用矩形的面积表示频数或频率。初中阶段只学习频数直方图，频率直方图将在高中学习。直方图适用于描述数值型数据，画频数直方图时需要对数据进行分组，统计出每一组包含的数据频数（即个数），以组距为矩形的一边，用矩形的面积来表示该组数据的频数。组距和组数的确定没有固定的标准，可以等距分组，也可以不等距分组，要凭借经验结合所研究的具体问题来决定。将一批数据分组，一般数据越多，分组数也越多。当数据在 100 个左右时，按照数据的多少，常分成 5～12 组。

画等距分组频数直方图步骤如下：

第 1 步，计算数据的极差，即数据最大值与最小值的差。

第 2 步，确定组距和组数。组距、组数和极差的关系为

$$组数=\frac{极差}{组距}。$$

第 3 步，列频数分布表。统计各组数据的个数，整理得到频数分布表。

第 4 步，画频数直方图。在平面直角坐标系中，用横轴表示数据取值，纵轴表示频数与组距的比值，以各组组距为宽，以该组频数与组距的比值为长画出长方形，则该长方形的面积$=组距\times\frac{频数}{组距}=$频数。各长方形面积之和就是数据总量。

在数据按等距分组时，各长方形的面积与高的比值是常数。因此，画等距分组的频数直方图时，为画图与看图方便，通常直接用小长方形的高表示频数。

频数直方图可以直观地展示各分组数据的频数与相互大小，从整体上反映数据在不同取值区间上分布的疏密程度，即数据的分布规律。但是，当数据划分的组数太多时，不容易从整体上看出数据的分布规律。

4. 分析数据

初中阶段分析数据主要是通过数字特征提取数据的信息。《标准（2022 年版）》对数据分析的要求是：理解平均数、中位数、众数的意义，能计算中位数、众数、加权平均数，知道它们是对数据集中趋势的描述；体会刻画数据离散程度的意义，会计算一组简单数据的离差平方和、方差；会计算四分位数，了解四分位数与箱线图的关系，感悟百分位数的意义。四分位数是本次课程标准修订新增加的内容。对于根据四分位数绘制的箱线图，要求了解四分位数与箱线图的关系，能看懂箱线图所反映的数据的信息。

数据分析应引导学生通过对实际问题中数据的整理与分析，认识数据数字特征各自的意义与功能，会根据实际问题选取合适的数字特征分析相关问题，初步了解数字特征在大数据时代的应用，例如加权平均数在分布式计算中的应用。

（1）平均数、中位数与众数

设有 n 个数据 x_1，x_2，…，x_n，则

$$\frac{x_1+x_2+\cdots+x_n}{n},$$

叫作这组数据的平均数，记作 $\overline{x}$。若每个数据的权分别为 ω_1，ω_2，…，ω_n，则

$$\overline{x}=\frac{x_1\omega_1+x_2\omega_2+\cdots+x_n\omega_n}{\omega_1+\omega_2+\cdots+\omega_n}$$

叫作这组数据的加权平均数。根据样本数据计算得到的平均数，叫作样本平均数；根据总体数据计算得到的平均数，叫作总体平均数。样本平均数依赖于样本的选取，如果样本是随机抽取的，样本平均数就具有随机性。通过样本平均数可以估计总体平均数。

一组数据按从小到大（或从大到小）的顺序排列，处于中间位置的数叫作这组数据的中位数。设有 n 个数据 x_1，x_2，…，x_n，按大小排序后为 $x_{(1)}$，$x_{(2)}$，…，$x_{(n)}$。当 n 为奇数时，$x_{\left(\frac{n+1}{2}\right)}$ 处于中间位置，中位数为 $x_{\left(\frac{n+1}{2}\right)}$；当 n 为偶数时，处于中间位置的数据有两个 $x_{\left(\frac{n}{2}\right)}$，$x_{\left(\frac{n}{2}+1\right)}$，取它们的平均数 $\dfrac{x_{\left(\frac{n}{2}\right)}+x_{\left(\frac{n}{2}+1\right)}}{2}$ 为这组数据的中位数。

一组数据中出现次数最多的数据叫作这组数据的众数。

平均数、中位数和众数都可以用于刻画一组数据的集中趋势，但它们作为一组数据的代表又各具特点。

平均数是一组数据的平均值，计算时要用到所有的数据，能够充分利用数据提供的信息，在现实生活中较为常用。但平均数受极端值（一组数据中与其余数据差异很大的数据）的影响较大，对于存在极端值的数据，一般平均数的代表性较差。

中位数是一组数据排序后处于中间位置的数据，计算简单，不易受极端值影响。但中位数不能充分利用这组数据提供的信息。

众数是一组数据中出现次数最多的数据，不易受极端值影响。但当各个数据的重复次数差别不大时，众数往往不具有代表性。

因此，在选择反映数据集中趋势的数字特征时，应根据实际问题的需要选择其中的一种或几种。

（2）方差

设有 n 个数据 x_1，x_2，…，x_n，用 $\overline{x}$ 表示它们的平均数，把 $x_i-\overline{x}$ 叫作 x_i 关于平均数 $\overline{x}$ 的离差。把

$$(x_1-\overline{x})^2+(x_2-\overline{x})^2+\cdots+(x_n-\overline{x})^2$$

叫作这 n 个数据关于平均数的离差平方和。把离差平方和的平均数

$$\frac{(x_1-\overline{x})^2+(x_2-\overline{x})^2+\cdots+(x_n-\overline{x})^2}{n}$$

叫作这组数据的方差，记作 s^2。方差越大，数据的离散程度越大；方差越小，数据的离散程度越小。根据样本数据计算得到的方差，叫作样本方差；根据总体数据计算得到的方差，叫作总体方差。样本方差依赖于样本的选取，如果样本是随机抽取的，样本方差就具有随机性。通过样本方差可以估计总体方差。

方差反映了一组数据与平均数的平均差异程度，能较好地反映出数据的离散程度，是刻画数据离散程常用的数字特征。但方差的单位是数据单位的平方，而刻画数据离散程度的理想量应该与数据具有相同的单位。

除了方差，极差、标准差（这两个数字特征在高中阶段学习）也是反映数据离散程度的常用数字特征。

一组数据的最大值与最小值之差称为极差。极差反映了一组数据的变化幅度，是描述数据离散程度的最简单的数字特征，但它容易受极端值的影响。由于极差只利用了一组排序数据两端的数据信息，不能反映中间数据的离散状况，因而不能全面描述数据的离散程度。方差的算术平方根称为标准差。标准差与方差在刻画数据离散程度上具有一致性，而且标准差的单位与数据相同。因此，在实际问题中，人们更多地采用与观测数据同单位的标准差。

（3）百分位数与四分位数

一组数据按从小到大的顺序排列，将数据分成 100 等份的每一个分点处的值，叫作这组数据的百分位数（百分位数的严格定义和计算在高中阶段学习），百分位数是刻画数据分布位置的数字特征。若用 P_r 表示第 r 百分位数，其中 r 是区间 $[1,\ 99]$ 内的整数，则 P_r 将一组数据分成两部分，有 $r\%$ 的数据小于或等于 P_r，有 $(100-r)\%$ 的数据大于或等于 P_r。当 $r=50$ 时，P_r 就是中位数。可以通过下面的步骤计算一组 n 个数据的第 r 百分位数：

第 1 步，按从小到大排列数据，记为 $x_{(1)}$，$x_{(2)}$，…，$x_{(n)}$。

第 2 步，计算 $i=n\times r\%$。

第 3 步，若 i 不是整数，用 j 表示大于 i 的最小整数，则第 r 百分位数 $P_r=x_{(j)}$；若 i 是整数，则第 r 百分位数 $P_r=\dfrac{x_{(i)}+x_{(i+1)}}{2}$。

四分位数是特殊的百分位数，分别为 P_{25}，P_{50}，P_{75}。其中，P_{25} 称为第一四分位数或下四分位数，用 Q_1 表示；P_{50} 称为第二四分位数或中位数，用 Q_2 表示；P_{75} 称为第三四分位数或上四分位数，用 Q_3 表示。Q_1，Q_2，Q_3 这三个数将一组数据大致分成四等份，因此称这三个数为四分位数。Q_3-Q_1 称为四分位距。

由于百分位数的内容在高中阶段学习，在初中阶段可以按下面的步骤求一组数据的三个四分位数：

第 1 步，按从小到大排列数据，记为 $x_{(1)}$，$x_{(2)}$，…，$x_{(n)}$。

第 2 步，先求出这组数据的中位数，即这组数据的第二四分位数。

第 3 步，求出第二四分位数左侧和右侧的数据各自的中位数，分别作为这组数据的第一四分位数和第三四分位数。

四分位数可以反映一组数据分布的大致位置特征。根据一组数据的最小值、最大值和三个四分位数（称为“五数”）可以画出箱线图（又称盒须图）。箱线图可以直观反映数据的大致分布情况。

5. 解释数据

《标准（2022 年版）》对利用数据解释或说明问题的要求是：体会样本与总体的关系，

知道可以用样本平均数估计总体平均数，用样本方差估计总体方差；能解释数据分析的结果，能根据结果作出简单的判断和预测，并能进行交流；通过表格、折线图、趋势图等，感受随机现象的变化趋势。利用数据解释或说明问题时，应针对实际问题引导学生亲自通过抽样收集数据，提取样本数据的数字特征，以此来估计总体的数字特征，通过样本数据的频数分布来估计总体的分布，通过样本数据的变化趋势来估计总体的变化趋势。在此过程中引导学生体会样本数据的平均数、方差、频数分布及变化趋势等都具有随机性。

二、“抽样与数据分析”主题的教材设计

（一）教材结构设计

1. 先学习统计后学习概率，让学生充分体会数据的随机性

概率论与统计学都是研究随机现象数量规律的学科，它们存在密切的联系。概率论为统计学的发展提供理论基础，而统计学则可看成是概率论的应用。例如，用样本均值估计总体均值时，由于样本均值具有随机性，往往不会等于总体均值，那么为什么样本均值可以用来估计总体均值？估计的精确度和可靠性如何？样本量是如何影响估计效果的？等等。对于这些问题的科学回答，需要用到较多的概率知识，如大数定律、抽样分布、中心极限定理等。也就是说，对统计结果的随机性进行度量，需要借助概率的知识。以概率的形式对统计结果进行定量刻画，是统计科学性的一个重要体现。因此，在系统的概率与统计课程中，一般先安排概率内容，再安排统计内容。

根据《标准（2022 年版）》对“统计与概率”领域的内容要求，初中阶段的统计学习以图表、数字特征等描述统计内容为主，也涉及一些推断统计内容，但只要求：体会样本与总体的关系，知道可以用样本平均数估计总体平均数，用样本方差估计总体方差。可见，初中阶段对样本估计总体的要求主要是基于经验或直觉，并不要求以概率的形式刻画估计结果。事实上，初中阶段的概率内容只要求用列举法求概率和用频率估计概率，这些知识不足以为平均数、方差等估计结果的概率刻画提供理论基础。因此，在初中数学课程中，尽管概率与统计有联系，但概率并不构成统计的理论基础。

概率论与统计学都是研究随机现象的学科，在开展随机现象数量规律的研究、学习统计与概率的知识时，对数据随机性需要有充分的体会和比较清醒的认识。初中阶段初始学习的概率内容是用古典概率模型确定随机事件的概率，这本质上是利用试验结果的对称性确定的一个比值，从中不容易体会到数据的随机性。相对而言，学生在统计学习中更容易体会到数据的随机性。因为统计是通过数据解决问题的，经常需要处理带有随机性的数据，尤其一开始学习的简单随机抽样，随机性是抽样数据最主要的一个特征。为了让学生充分体会数据的随机性，也为概率的学习作好铺垫，教材把统计内容安排在概率内容之前。这样的安排顺序与课程标准中对统计与概率内容的呈现顺序是一致的。

2. 按统计活动的基本过程安排统计内容

完整的统计活动包括收集数据、整理数据、描述数据、分析数据、解释数据。根据《标准（2022年版）》对“统计与概率”领域的内容要求，初中阶段的统计内容涉及统计活动的各环节，因此教材中的统计内容按照统计活动的基本过程安排，这能够比较清晰地呈现内容展开的线索和内容间的相互联系。

按统计活动的基本过程，再结合每个活动环节的容量，教材把初中阶段的统计内容安排成“数据的收集、整理与描述”和“数据的分析”两章。“数据的收集、整理与描述”一章侧重介绍数据处理过程的前三个环节，章内按数据处理过程安排内容。“12.1 统计调查”主要讲解全面调查和抽样调查，重点是简单随机抽样调查；“12.2 用统计图描述数据”主要讲解各种统计图，例如扇形图、条形图、折线图、直方图、趋势图等。考虑到数据整理只要求会用简单表格整理数据，要求不高，因此将其安排在统计调查中学习，作为数据收集内容的一个自然延伸，不单独设节。“数据的分析”一章侧重介绍数据处理过程的数据分析环节，章内整体按数据不同统计特征的刻画安排内容。“24.1 数据的集中趋势”主要讲解平均数、中位数、众数；“24.2 数据的离散程度”主要讲解离差平方和、方差；“24.3 数据的四分位数”主要讲解四分位数和箱线图，“24.4 数据的分组”主要讲解利用组内离差平方和最小的原则对数据进行分组。需要注意的是，“数据的分组”可以归为数据整理环节，但由于要用到离差平方和的概念，故安排的“数据的离散程度”之后。

（二）教材呈现方式

统计学是一门应用性很强的学科，其概念和方法的产生基本都来自解决实际问题的需要。与建立在定义、公理基础上，通过演绎方式进行研究的数学其他分支不同，统计学是建立在数据基础上，通过归纳的方式研究随机现象，通过数据分析解决问题。因此，统计的学习有别于其他数学分支，基于典型案例的问题解决是统计学习的基本形式。结合典型案例，由具体问题驱动学习，有助于学生在问题解决的过程中体会数据的随机性，学习统计的概念和方法，积累数据分析的经验。教材在选择案例时，非常关注案例的典型性，典型的案例不仅要体现统计概念、方法引入的必要性和解决问题的适切性，案例的背景还要符合学生的认知特点，有助于学生对相关统计概念和方法的理解。

例如，对于抽样调查，教材以了解“喜爱五类课外活动的情况”这个学生熟悉的问题为案例。先设置问题1，要求学生了解全班的情况，通过全面调查回顾统计调查的基本过程及相关概念；然后设置问题2，要求学生了解全校2 000名学生的情况，通过总体的扩大体现引入抽样调查的必要性，再结合这个问题介绍抽样调查的总体、样本等有关概念，以及校门口随机调查、随机抽取学号调查等实现简单随机抽样的具体方法。

又如，对于数据集中趋势的描述，教材以比较甲、乙两组同学的跳绳成绩这个学生常见的问题为案例，由于无法直接比较两组数据，体现出用一个数值刻画数据集中趋势的必要性。教材先结合这个案例介绍刻画数据集中趋势最常用的量——平均数，然后在同一案例中，通过类似成绩超过平均数是否就一定在中等水平之上的设问，引导学生发现案例中一组数据的平均数超过中等水平，而另一组则相反。据此，既体现引入中位数刻画数据集中趋势的必要性，也揭示了两个统计量在刻画集中趋势上的不同特点。

这种结合典型案例的呈现方式，一方面可以克服抽象的概念和方法带来的学习困难，使学生在分析、解决实际问题的情境中，经历处理数据的过程，并在这个过程中结合具体案例学习统计的概念和方法，发展学生的数据观念；另一方面可以使学生感受统计与实际生活的联系，体会数据分析在解决现实问题中的作用。

三、编写“抽样与数据分析”主题教材时重点考虑的问题

1. 突出数据处理的基本过程

统计是通过数据来解决问题的，数据处理的基本过程体现了统计解决问题的基本思路。数据处理的每一个环节都可能有多种具体的方法，例如收集数据有全面调查、随机抽样调查等，描述数据可以使用条形图、扇形图、直方图、折线图等，分析数据可以使用平均数、中位数、方差、四分位数等。每种方法的特点和适用场合固然重要，但因为每个环节最终是为统计的目的服务，所以把各种方法放在数据处理的基本过程中学习，对于理解各种方法的作用、意义、特点等是非常重要的。例如，一种抽样方法的好坏要通过其抽取的数据对总体估计的效果进行评价。

教材对统计内容的安排，除了章节以统计活动的基本过程为线索，在具体内容的展开中（不管是抽样方法的学习，还是统计图、数字特征的学习），都尽可能通过具体案例呈现数据处理的基本过程。这种安排方式，可以让学生在经历数据处理的基本过程中，学习具体统计的概念和方法，避免对每个数据处理环节的孤立学习，而不理解其在整个数据处理过程中的意义与作用。

2. 加强统计概念和方法的形成过程

在数据分析中需要用到很多数学的工具，如果不了解数学符号和公式背后的统计思想和数学原理，学生容易把统计学习变成纯粹的画图列表、公式计算等程序性操作，难以体会统计方法的合理性。统计方法引入的必要性，可以通过合适的案例来体现，而统计方法的合理性，则需要加强从直观想法到数学表达的转化过程。了解了方法的必要性和合理性，不仅使得知识的产生自然流畅，也有利于学生更好地把握统计方法的本质。

在初中阶段的数据分析中，主要是在用数字特征刻画数据的统计特征中使用数学工具。有些数字特征的形式比较简单，其统计含义比较容易理解。例如，平均数刻画了一组数据的平均水平，众数是一组数据最典型的代表等。但有些数字特征的数学表达相对复杂，其统计含义经常并非一目了然，例如，离差平方和、方差。了解数字特征定义背后的

直观想法，如刻画数据哪一方面的特征，如何利用数学性质进行刻画，不仅有助于学生理解数字特征的统计含义，还有利于学生理解数字特征为这种形式的原因。让学生经历这个由统计直观到数学表达的过程，也是帮助学生积累数据分析经验的过程。

例如，对于方差的概念，教材以选甜玉米种子为背景，由于选合适的种子既要考虑产量，又要考虑产量的稳定性，以此体现在刻画数据集中趋势基础上，引入刻画数据离散程度的必要性。基于用一个数值刻画数据的离散程度的目标，教材分三步来得到方差的概念。首先，用散点图表示数据，直观发现数据的离散程度可以通过数据与其平均数的差异来刻画。其次，设置了一个“思考”，考察用平均离差刻画一组数据离散程度的可行性。由于离差有正有负，一组数据的离差和总为 0，因此平均离差无法刻画一组数据与平均数的差异。最后，为了避免离差求和时正负抵消的问题，先对离差进行平方，然后求其平均数，得到方差的概念。在这个过程中，通过统计图直观发现数据的统计特征，以及在用数学表达式刻画统计特征时，利用平均消除数据个数的影响、利用平方消除正负抵消等，都是统计中常用的数据处理思路和方法。

3. 体现统计与大数据的联系

统计与概率方法在大数据和人工智能中发挥着重要的作用，已经是数学在相关领域应用的主要方法。大数据最主要的特征包括数据量大、类型繁多等，对数据进行快速计算和有效分类是高效利用数据资源的手段。《标准（2022 年版）》在“抽样与数据分析”主题的内容要求中，新增加了“经历数据分类的活动，知道按照组内离差平方和最小的原则对数据进行分类”“会计算四分位数、了解四分位数和箱线图的关系，感悟百分位数的意义”，以及加权平均数的应用实例，它们均与大数据紧密相关，都是课程内容时代性的反映。

教材根据初中阶段统计内容的特点，以及学生的认知基础，以统计方法应用和选学材料的形式，让学生了解大数据，了解统计方法与大数据的联系，体现课程内容的时代性和知识的应用价值。例如，教材在介绍了加权平均数的概念后，安排了一道利用加权平均数计算两个网站用户停留时间的平均数和对军事话题感兴趣话题的百分比的例题。如果按照平均数或百分比的定义计算，需要用两个网站的总时间数除以两个网站的总用户数，由于两个网站用户数很大，因此计算量是非常大的。而利用加权平均数，则可以非常方便地根据两个网站各自的平均数或百分比及其用户数，计算出两个网站总体的平均数和百分比。教材通过这个加权平均的具体例子，让学生体会，在数据量很大时，分别计算再汇总的计算方法在实际应用中具有重要价值，并据此进一步指出，类似这样的计算方法属于分布式计算，以及分布式计算在大数据时代的意义，让学生感受所学知识与大数据的联系。

为了让学生更好地了解大数据及其与统计的联系，教材还安排了一个选学材料“阅读与思考——大数据及其应用”。该材料介绍了大数据及大数据技术，大数据的特点和大数据在生活中的应用场景，以及大数据与所学统计知识的联系。

4. 注重信息技术与课程内容的融合

在数据分析中，经常会涉及数据的整理、可视化表示、计算等处理，尤其数据量比较大时，数据处理的工作量就会变得非常大。因此，如何高效地处理数据，在统计中变得非常重要。在历史上，由于数据处理的困难，很多统计方法的应用和推广受到阻碍。随着信息技术的发展，尤其是专业统计软件的出现，数据处理的准确性和效率都得到大幅提升，而且使得一些人工难以完成的数据处理变成可能，这大大促进了统计方法的应用和发展。在大数据时代，信息技术在处理数据中更是发挥着关键的作用。因此，会使用信息技术处理数据，是现代统计学习的必要组成部分。

在初中阶段的统计学习中，应该培养学生使用信息技术处理数据的意识和初步能力。当数据的处理不再困难时，学生才会更主动地使用所学统计方法去解决实际问题。另外，信息技术也是统计教学的有效辅助手段，通过合理使用信息技术，可以把学生从机械、烦琐的数据处理中解放出来，把更多精力集中于统计概念和方法的理解、应用上，提高教学的效率和质量。

例如，画频数分布直方图，涉及数据的分组、频数的统计、图形的绘制等大量工作，用信息技术可以快速画出既准确又美观的直方图，在短时间内绘制出数据不同分组的直方图，从而使学生可以把更多精力花在直方图信息的提取，以及数据不同分组直方图的特点比较上。又如，对于计算平均数、离差平方和、方差等数字特征的值，在学生已理解数字特征统计含义和计算方法的情况下，用信息技术可以快速计算出准确的数字特征的值，从而使学生可以把更多精力花在数字特征的选择，以及在具体情境中数字特征含义的解释上。尤其《标准（2022 年版）》新增的数据分类活动，按照组内离差平方和最小原则对数据进行分类，重点是理解这种分类方法的合理性以及会按这个原则对数据进行分类，不同分类情况下各类的离差平方和的计算可以用信息技术完成，否则计算量往往会非常大，而且这种计算对学生的价值也并不大。

对于平均数和方差这两个最重要的数字特征，教材在正文中给出了使用计算器的提示与说明。由于计算器的统计功能相对比较有限，为了让学有余力的学生更好地了解信息技术在统计中的应用，教材在统计内容中设置了两个信息技术应用的选学栏目——“利用信息技术工具画统计图”和“利用统计软件求统计量”，以此介绍利用计算机软件画统计图和计算统计量的值。为了增加可操作性，以画直方图和计算平均数为例，较详细地介绍了画统计图和计算统计量的值的操作步骤。类比以上操作，并适当参阅软件的使用说明，就可以画条形图、扇形图、折线图等统计图和计算离差平方和、方差等统计量的值。

第二节 随机事件的概率

概率论是研究随机现象规律的一门学科，它为人们从不确定性的角度认识客观世界提供了重要的思维模式和解决问题的方法。自17世纪中叶以来，概率论已由最初的研究博弈问题（主要是赌博问题）发展成为一门有鲜明特点的综合性学科。尤其是近些年来，概率论与其他学科不断交叉融合，越来越发挥出不可替代的作用，不断有从事概率论研究的学者获得菲尔兹奖或沃尔夫奖等国际数学大奖。这充分说明，概率论学科不仅汇入了数学的主流，而且逐步走向数学的前沿而引领数学科学的发展。① 经过几十年的发展，在中小学数学课程中，概率从无到有，从附属地位到中学数学课程的主线，概率内容在我国中小学课程中的地位有了明显的提高。

随着信息化时代的到来，统计与概率内容已经成为每个公民必备的基础知识。目前，我们已进入大数据时代，为了适应社会与科学技术的发展和进步，统计与概率内容已经成为大学数学教育的基础课程。在义务教育阶段，概率内容变得越来越重要，在培养学生的随机观念和提升学生的核心素养方面具有不可替代的作用。概率课程的主要育人功能是培养学生分析随机现象的能力，提升学生的数据观念、模型观念、应用意识等核心素养。通过对随机现象（主要是古典概型）的探索，在构建随机现象的研究路径、抽象概率的研究对象、建立概率的基本概念、发现和提出概率的性质、探索和形成研究具体随机现象的思路和方法、应用概率知识解决实际问题的过程中，发展学生认识不确定性现象的思维模式，使学生学会辩证地思考问题，成为善于认识问题、善于解决问题的人才。②

一、“随机事件的概率”主题的内容分析

“随机事件的概率”主题是义务教育阶段帮助学生认识随机现象规律的重要内容，它为学生从不确定的角度认识客观世界提供了一种视角。统计学与概率论都是研究随机现象规律的学问，但两者刻画随机现象的角度不同，统计学是从数据的角度寻找随机现象发生的规律性，重在用数据说话；概率论则是通过建立一定的概率模型（古典概型），从定量的角度刻画随机事件发生的可能性的大小。“随机事件”和“可能性”等概念研究的就是随机现象，本身就蕴含着丰富的随机思想。对本部分内容的学习，有助于培养学生的创新思维和科学精神。

义务教育阶段概率内容的分布见表4-1。

---

① 徐传胜. 从博弈问题到方法论学科——概率论发展史研究［M］. 北京：科学出版社，2018：iii.

② 章建跃，程海奎. 高中必修课程中概率的教材设计和教学思考［J］. 课程·教材·教法，2017（5）：27-33.

表 4-1

小学部分	第三学段：5～6 年级	随机现象发生的可能性
初中部分	第四学段：7～9 年级	随机事件的概率

概率的内容在小学阶段主要是定性描述随机事件发生的可能性大小，在初中阶段主要是定量描述随机事件发生的可能性大小，初中阶段的概率是在小学学习基础上的深化，也对学生的能力提出了更高的要求。

“随机事件的概率”强调经历简单随机事件发生概率的计算过程，尝试用概率定量描述随机现象发生的可能性大小，理解概率的意义。这些内容的学习，有助于学生感悟从不确定性的角度认识客观世界的思维模式和解决问题的方法，初步理解通过数据认识现实世界的意义，发展数据观念和模型观念。

对于概率这部分内容，还重点对以下问题做了思考。

1. 概率论的研究对象

与“数与代数”“图形与几何”等领域的研究对象不同，概率论的研究对象是不确定的随机现象。在现实世界中，许多现象是可以事先预言其结果的，如太阳东升西落；同性电荷相斥；因为 $x-2<3$，所以 $x<5$；等等。以上事实的反面则不会出现，如太阳东落西升；同性电荷相吸；$x-2<3$，而 $x\geqslant5$；等等。这种在一定条件下必然发生或必然不发生的现象称为确定性现象。确定性现象的特征是：当条件给定时，其结果可以事先确切地预言或推算。一般地说，代数、几何中研究的大量问题都具有确定性。然而，在现实世界中还存在着许多现象，我们无法事先断定其结果。例如，向上抛一枚硬币，落地时其结果是“正面朝上”还是“反面朝上”，事先是无法准确断言的；某一路段，在一定时间段内有多少车辆通过，也是无法事先断定的。这类事件有很多，它们的共同特点是：在相同的条件下，重复同一试验（或观察）时，会得到不同的结果，就一次或少数几次试验来看，其发生与否是不确定的，这种事件就是随机事件。但当大量重复试验（或观察）时，事件发生的可能性就整体来说呈现出一定的规律。例如，将上述的抛硬币试验大量重复时，就可以发现“正面朝上”或“反面朝上”的频率大致相等。这种大量重复试验（或观察）时所呈现出的集体规律性，称为统计规律。这类在个别试验中呈现出不确定性，而在大量重复试验中，又具有某种统计规律的现象，就是研究随机现象时要讨论的问题。

现实生活中的随机事件多种多样、极其复杂，限于学生目前的知识，在初中阶段只研究简单随机事件，这类事件的特征是：在一次试验中，可能出现的结果只有有限种，且各种结果出现的可能性相等。也就是说，在初中阶段学习的随机事件，它的概率是可以用古典概率模型进行刻画的。

2. 概率的本质

数学的本质在于度量，无论是确定性问题，还是随机性问题都是如此。[①] 概率论并不研究一个现象为什么是随机发生的，以什么样的形式发生，概率论只是用定量的方法研究一个随机现象发生的可能性大小。概率是一个大于等于 0，且小于等于 1 的数。对于概率的理解，可以借助下面的例子进行说明。例如，在一个不透明的袋子中，有 3 个小球，其中 2 个是红球，1 个是黑球，它们除颜色外无差别，现从袋中随机摸出一个球，则摸到红球的概率为$\frac{2}{3}$。怎么理解摸到红球的概率为$\frac{2}{3}$呢？因为在一次摸球试验中，不是摸到红球就是摸到黑球，所以很难理解摸到红球的概率为$\frac{2}{3}$。尽管概率是比较抽象的，但是频率是比较直观的，事实上，我们可以借助频率来理解概率。在上面的摸球试验中，如果将这个摸球试验重复做很多次，那么在 $3n$ 次试验中，摸到红球的次数大致是 $2n$，摸到黑球的次数大致是 n。尽管很难说明摸到红球的这 $2n$ 次具体是哪些次，但大致有这么多次是事先可以预知的。

现实生活中的随机事件复杂多样，有些随机事件的概率可以通过建立古典概率模型求出，有些可以通过建立几何概率模型求出，有些可以用频率来估计，甚至有些随机事件的概率我们不得而知，但其发生的概率是不变的，概率是随机事件的固有属性。

3. 概率论的创立

人们通常认为概率论的发展起源于骰子的应用。据记载，在 960 年左右，怀特尔德已经能够正确列举出掷三枚骰子时，有 56 种不同的组合数（其中三枚骰子全相同有 6 种结果，仅有两枚骰子相同有 30 种结果，三枚骰子全不同有 20 种结果）。但由于这些结果不是等可能出现的，因此不能成为计算概率的依据。直到 16 世纪初，意大利才有一些数学家开始讨论掷骰子中的概率问题。卡尔达诺是比较突出的一位，他的一生富有传奇色彩，在众多领域都有突出贡献，并且因发现了一般的三次代数方程的解法而闻名。因痴迷于游戏和赌博，他花了大量精力研究赌博，积累了丰富的赌博经验，并著有《论赌博》一书。尽管他有丰富的赌博经验，但令人遗憾的是，在卡尔达诺的这部著作中，没有任何有关在赌博中各种结果出现频率的记载，这也许是因为在当时尚未认识到能用频率来估计概率这一事实。此外，卡尔达诺对当时比较盛行的“分赌本问题”比较感兴趣，他意识到了分配方案不仅和已经发生的结果有关，也和未发生的结果有关。令人遗憾的是，卡尔达诺并没有解决这一问题。

直到 1654 年的一天，分赌本问题才引起大数学家帕斯卡的注意。热衷于赌博游戏的德梅尔在一次聚会中遇到了帕斯卡，他怀着敬仰的心情向帕斯卡请教了亲身经历的分赌本

---

① 史宁中. 数形结合与数学模型：高中数学教学中的核心问题［M］. 北京：高等教育出版社，2018：87.

问题：德梅尔和对手进行一场公平的赌博游戏，开始时各出 32 枚金币作为赌本，约定谁先赢得 3 分，就可获得全部赌金。在游戏进行到德梅尔拿到 2 分，对手拿到 1 分时，游戏被迫终止，两人应该怎样分配赌金才公平呢？

面对这样的问题，双方各执一词，德梅尔认为自己已经得了 2 分，领先了对手 1 分，再赢一局的可能性很大，理应获得全部赌金；而对手则认为自己也有翻盘的可能性，应该将赌金悉数退回。赌金到底应该怎么分，双方各执一词，并且说的都颇有道理。在聚会现场，帕斯卡也没有想出合理的分配方案，但他对该问题表现出了极大的兴趣。帕斯卡很快意识到，赌金的分配不仅和当时的得分情况有关，也和接下来可能发生的结果有关。为了给出合理的分配方案，帕斯卡与当时的另一位数学家费马共通信 7 次。从两人的通信中可以看出，他们运用不同的方法，都给出了分赌本问题的正确解答。

通常认为帕斯卡与费马的第三封通信具有历史性意义，标志着分赌本问题被史无前例地解决，这为近代概率论的发展奠定了基础。在概率史学界，通常认为两人的第三封通信标志着概率论的诞生，这一天是 1654 年 7 月 29 日。

4. 概率的四种定义

(1) 概率的古典定义

在随机试验中，有一类比较简单的随机试验，它满足以下条件：

①随机试验的结果只有有限种，即样本空间只包含有限个样本点；

②各次试验中，每种结果出现的可能性都相同。

满足上述特征的随机试验，称为古典概率模型，简称古典概型。由于这类试验相对比较简单，在概率论发展的初期就被注意和研究，很多概率学家，借助古典概率模型，得到了很多概率论的结果，促进了概率论早期的进步和发展。对于这类随机试验，事件发生的概率很容易被计算。

在一次试验中，如果有 n 种可能的结果，且每种结果发生的可能性都相等，事件 A 包含其中 m 种结果，那么事件 A 发生的概率

$$P(A)=\frac{A\text{ 包含的结果数}}{\text{试验的所有可能结果数}}=\frac{m}{n},$$

这就是概率的古典定义。法国数学家拉普拉斯在其 1814 年出版的《概率的哲学导论》中给出了这个定义，并称这个定义称为概率的一般定义。现行的概率论与数理统计教材中，涉及古典概型时，都采用了这个定义。

(2) 概率的几何定义

概率的古典定义固然很好，但存在局限性，因为古典概型要求样本空间中样本点的个数有限，且每种结果出现的可能性都相同。但现实生活中有很多随机现象，其样本点的个数是无限的，且每种结果出现的可能性都相同。这就需要寻找新的方法求这类问题的概率，于是就有了概率的几何定义。

一般地，在一次试验中，试验的结果等可能地出现，每个事件发生的概率只与构成该事件区域的长度（面积或体积）成比例，则称这样的概率模型为几何概率模型，简称几何概型。在几何概型中，事件 A 发生的概率计算公式如下：

$$P(A)=\frac{\text{构成事件 }A\text{ 的区域长度（面积或体积）}}{\text{试验的全部结果所构成的区域长度（面积或体积）}}。$$

在几何概型中，计算一个事件发生的概率时，重要的是用长度（面积或体积）表示出样本空间和所求事件。历史上有很多著名的几何概型的问题，其中比较著名的一个问题就是布丰投针问题。该问题的研究，开创了几何概率研究的先河。下面来看布丰投针问题：

据传，1777 年的一天，布丰邀请了很多朋友来家里聚会。说是聚会，其实是这位数学家借着聚会的名义，向大家宣布一项自己的新发现。等朋友都到齐了，布丰就拿出事先准备好的道具——一大张白纸和若干根小针，他事先在白纸上画了很多条间距相同的平行线，其中平行线间的距离是小针长度的两倍。接下来，布丰请朋友们将小针一根一根随机地扔在白纸上，而他却在一旁悠闲地记录着小针与平行线相交的次数。过了很久，投掷活动结束了。经过统计，朋友们一共投掷了 2 212 次，其中小针与平行线相交的次数为 704 次。布丰当场宣布 $\frac{2\ 212}{704}\approx 3.142$，这就是圆周率 π 的近似值。你知道其中的缘由吗？

如图 4-2 所示，不妨设小针的长度为 l，平行线间的距离为 $2l$，用 θ 表示小针与直线所成的角，d 表示小针的中点与最近一条直线的距离。为了使用几何概型，以 θ 为横轴，d 为纵轴，建立如图 4-3 所示的平面直角坐标系。这样一来，全部试验结果就构成了区域 $\Omega=\{(\theta,\ d)\,|\,0\leqslant\theta\leqslant\pi,\ 0\leqslant d\leqslant l\}$，这是一个长方形区域，它的面积 $S_{\Omega}=l\pi$。由于小针被任意投掷，所以长方形区域中的任意一点（θ，d）被等可能取到。记事件 $A=$“小针与平行线相交”，则事件 $A=\left\{(\theta,\ d)\,\middle|\,0\leqslant\theta\leqslant\pi,\ d\leqslant\frac{l}{2}\sin\theta\right\}$，即图 4-3 中阴影部分表示的区域。借助微积分的知识，可以求得 $S_A=l$。根据几何概型求概率的公式，可以得到 $P(A)=\frac{S_A}{S_{\Omega}}=\frac{l}{l\pi}=\frac{1}{\pi}$。由于 $P(A)$ 的值还可以从试验中获得，也就是可以用 $\frac{n}{N}$（N 表示

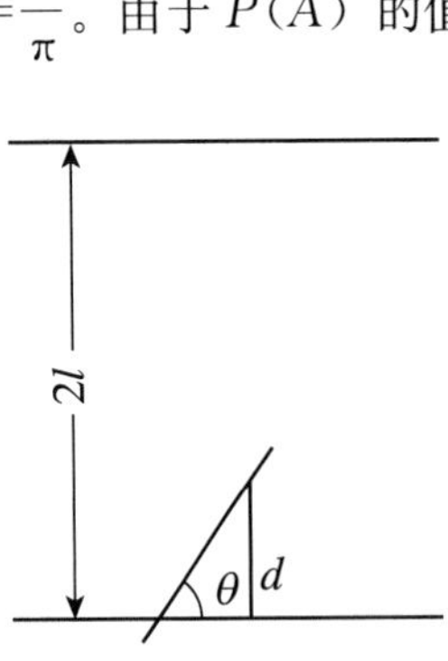

图 4-2

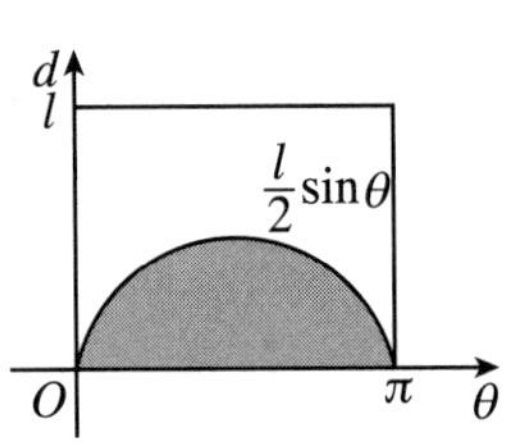

图 4-3

投针次数，n 表示小针与平行线相交的次数）近似代替，则有$\frac{n}{N}\approx P(A)=\frac{1}{\pi}$，于是得到$\pi\approx\frac{N}{n}$。

这就是为什么布丰算出$\frac{2\ 212}{704}\approx 3.142$，便宣称这个值就是圆周率 π 的近似值。

与以往计算圆周率方法不同的是，布丰根据频率与概率的关系，借助投针试验，计算出了 π 的近似值。这是一种全新的方法，这种方法把两个看似毫不相干的领域（几何与概率）联系了起来。尽管《标准（2022 年版）》未对几何概型有所要求，但现实生活中满足几何概型的随机试验随处可见。因此，该部分内容的学习，对于拓展学生的知识面很有必要。在教材中，主要是通过选学材料“探究与发现——π 的估计”体现几何概型。

（3）概率的统计定义

概率的古典定义和几何定义解决问题的前提，都要求随机试验的每种结果出现的可能性都相等，但现实生活中有大量的随机试验不满足这个条件。例如，抛一枚图钉，试验结果有钉尖朝上和钉帽朝上，两种结果的可能性并不相同。类似这样的试验，不胜枚举，如何求对应随机事件的概率，这就需要概率的统计定义。

将一个随机试验在相同的条件下进行 n 次，若将事件 A 发生的频率记为 $f_n(A)$，大量试验表明，随着随机试验次数 n 的逐渐增大，事件 A 发生的频率 $f_n(A)$ 会逐渐稳定于一个常数 p 附近，我们就称 p 为 $f_n(A)$ 的稳定值，并将之定义为事件 A 的概率。瑞士数学家雅各布·伯努利对这一规律给予了严格的描述和数学证明，奥地利数学家米泽斯把这个稳定值定义为事件的概率，称之为概率的统计定义。

人们普遍认为概率的统计定义是合理的，但它也有一定的局限性。因为在实际的工作中，人们无法把一个试验进行无限次，所以要想获得概率的稳定值是困难的。然而，概率的统计定义在实际生活中具有重要的应用。它不仅为我们提供了一种求概率近似值的方法，而且为我们提供了一种检验某种理论或假设正确与否的依据。

在教材中，尽管没有明确给出概率的统计定义，但把用频率估计概率作为一种方法去估计随机事件发生的概率。这种估计概率的方法使用范围广泛，它比借助概率的古典定义和几何定义求概率更具有一般性。

（4）概率的公理化定义

无论是概率的古典定义、几何定义还是统计定义，都有其局限性和不完善之处。于是，1933 年，数学家柯尔莫哥洛夫在总结前人成果的基础上，提出了概率的公理化结构，使概率成为严谨的数学分支。

对于有限样本空间，概率的公理化结构为：设随机试验 E 的样本空间为 Ω，随机事件是样本空间的子集，所有事件构成的集类$\mathbb{F}$称为事件域，定义在事件域$\mathbb{F}$上的“集合函数”P 称为概率，如果满足如下三个条件：

①非负性：$P(A)\geqslant 0$；

②规范性：$P(\Omega)=1$；

③可加性：如果 A，$B\in\mathbb{F}$，且 $A\cap B=\varnothing$，则 $P(A\cup B)=P(A)+P(B)$。

对每个事件 A 按照某种规则赋予一个实数 $P(A)$，满足①②③，称 $P(A)$ 为 A 发生的概率。

在公理化定义中，把①②③作为公理，概率的其他性质均由这三条公理推出。[①]

概率的公理化定义避免了以上几种定义的局限性，但它高度抽象。尽管这种定义对深刻理解问题的本质很重要，但这是以舍弃直观为代价的。正因为如此，许多学者把基于公理体系的概率论归于纯粹数学的范畴。

《标准（2022 年版）》对概率的公理化定义没有要求。鉴于概率的公理化定义比较抽象，教材中并未涉及该内容。但为了更好地理解概率，教师仍需要对概率的公理化定义有一定的了解。

5. 大数定律

1713 年，雅各布·伯努利的划时代著作《猜度术》问世，其中的精华便是伯努利大数定理。当时，雅各布·伯努利对大数定律的描述为：所要探讨的是，是否随着观测次数的增大，记录下来的赞成与不赞成例数的比值接近真实比值的概率也随之不断增加，使得这个概率最终将超过任意确信度。[②] 大数定律的思想非常简单，就是随着观测次数的增加，频率的不稳定逐渐减小。雅各布·伯努利认为：即使一个没有受过教育，以前也未受过训练的人，凭天生的直觉也会理解的。但这个原理的科学证明却一点也不简单。[③] 现如今，用数学的语言，可以将大数定律叙述如下：

设事件 A 的概率为 p，$f_n(A)$ 是 n 次试验中事件 A 发生的频率，则对任意的 $\varepsilon>0$，都有

$$\lim_{n\to+\infty}P(|f_n(A)-p|\leqslant\varepsilon)=1 \text{ 或 } \lim_{n\to+\infty}P(|f_n(A)-p|>\varepsilon)=0。$$

雅各布·伯努利不仅巧妙地证明了大数定律，而且给出了上式成立时需要做的试验次数，也就是给出了概率估计值的精确度，这在当时是一项了不起的工作。

在雅各布·伯努利以前，多半是借助古典概型解释概率，将概率先验地解释为一种“期望”，但这种“期望”是以等可能的假设为前提的。雅各布·伯努利认为这么做有很大的局限性，于是他找到了一条新的道路：后验地去探知无法先验地确定的东西，也就是从大量同类事例的观察结果中去探知它。[④]这就实现了从先验的期望解释转到了后验的频率

---

① 程海奎，张伟. 人教 A 版《普通高中教材·数学》第十章概率教材设计与教学思考［J］. 中学数学教学参考，2021（10）：31-32.

② 徐传胜. 从博弈问题到方法论学科——概率论发展史研究［M］. 北京：科学出版社，2010：41.

③④ 徐传胜. 从博弈问题到方法论学科——概率论发展史研究［M］. 北京：科学出版社，2010：42.

解释，因此，可以抛弃等可能假设这个前提，去处理更大范围的问题。

二、“随机事件的概率”主题的课标要求和教材设计

《标准（2022 年版）》从内容要求、学业要求、教学提示三个方面，对“随机事件的概率”主题进行了要求，见表 4-2。

表 4-2

随机事件的概率	内容要求	（1）能通过列表、画树状图等方法列出简单随机事件所有可能的结果，以及指定随机事件发生的所有可能结果，了解随机事件的概率。 （2）知道通过大量重复试验，可以用频率估计概率。
	学业要求	能描述简单随机事件的特征（可能结果的个数有限，每一个可能结果出现的概率相等），能用列表、画树状图等方法求出简单随机事件所有可能的结果以及指定随机事件发生的所有可能结果，能计算简单随机事件的概率；知道经历大量重复试验，随机事件发生的频率具有稳定性，能用频率估计概率；体会数据的随机性以及概率与统计的关系；能综合运用统计与概率的思维方法解决简单的实际问题。
	教学提示	要从小学阶段的定性描述逐渐走向初中阶段的定量分析，应当通过简单易行的情境，引导学生感悟随机事件，理解概率是对随机事件发生可能性大小的度量；引导学生认识一类简单的随机事件，其所有可能发生结果的个数是有限的，每个可能结果发生的概率是相等的，在此基础上了解简单随机事件概率的计算方法；引导学生通过大量重复试验，发现随机事件发生频率的稳定性，感悟用频率估计概率的道理，会用频率估计概率。在这样的过程中，引导学生会从统计与概率的角度认识、理解和表达现实世界中大量存在的随机现象。

通过表 4-2 可以看出，内容要求主要是对学习范围的表述，在初中阶段主要是掌握列表和画树状图两种方法表示简单随机事件的结果，并对随机事件的概率有一定的了解；知道通过大量重复试验，可以用频率估计概率。学业要求主要是对学习程度的表示，通过初中阶段的学习，学生可以达到的程度主要是根据学业要求进行说明的，比内容要求更加明确具体。例如，针对“知道通过大量重复试验，可以用频率估计概率”这一内容要求，提出“知道经历大量重复试验，随机事件发生的频率具有稳定性，能用频率估计概率；体会数据的随机性以及概率与统计的关系”这一学业要求。在教学提示中，给出了相应的教学实施建议。例如，要重视小学阶段形成的对随机事件发生的可能性大小的定性描述的经

验，逐步转换到对随机事件发生的可能性大小的定量描述，体会概率是对随机事件发生可能性大小的度量，根据学生的已有经验设计教学活动，这正体现了关注小学和初中衔接的要求。

与《标准（2011 年版）》相比，《标准（2022 年版）》从学什么到学到什么程度，再到怎样学，对“随机事件的概率”这一主题都有详细描述，这么做增强了课程标准的可操性和指导性，对“随机事件的概率”这一主题的教材编写、课堂教学和教学评价都有重要的指导作用。下面，我们来看教材中“随机事件的概率”这一主题的体系结构、组织形式和呈现方式等。

在教材中，“随机事件的概率”这一主题独立成章，安排在九年级下册最后一章，该章的知识结构框图如图 4-4 所示。

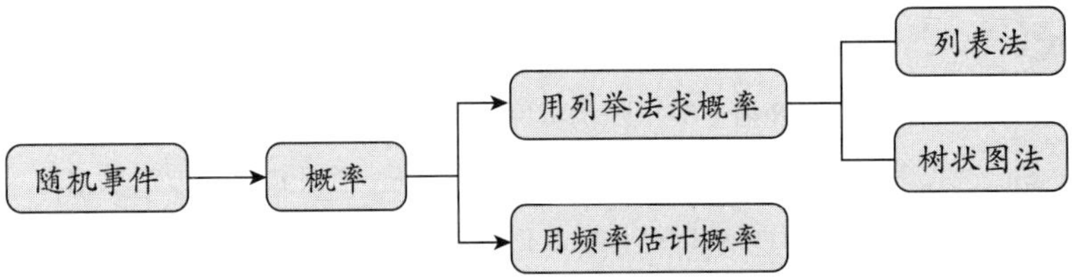

图 4-4

结合图 4-4 可以发现，本主题内容的教材结构比较简单。教材在定量描述随机事件的概率时，主要涉及两个方面：一是对满足古典概率模型的问题，用列举法求概率；二是对不满足古典概率模型的问题，用频率估计概率。

对于“随机事件的概率”这一主题，涉及随机事件以及随机事件发生的概率等概念。在初中，限于学生目前的知识水平，还无法严格定义随机事件，教材的做法是通过学生身边的、典型的具体案例，让学生体会在一定条件下随机事件有可能发生，也有可能不发生，进而理解随机事件的含义。对于随机发生的概率，教材是按如下方式设置：首先，在体会随机事件发生的可能性大小的基础上，归纳得到简单随机试验的共同特征：(1) 每一次试验中，可能出现的结果只有有限种；(2) 每一次试验中，各种结果出现的可能性相等。其次，教材给出计算概率的经验公式（也就是古典概型公式）以及概率的性质。最后，通过计算一些具体的随机事件的概率，认识随机事件发生的概率。

对于满足古典概率模型的一些随机试验，有些随机试验的结果相对复杂，为了不重不漏地列举出随机试验的所有可能结果，教材引入了列表法和树状图法。在介绍这两种方法时，主要是借助具体案例让学生体会两种方法在表示随机试验结果时的优越性，这些随机试验主要有“同时抛两枚质地均匀的硬币”“同时掷两枚质地均匀的骰子”“从三个不同的袋子中各摸一球”等，要不重不漏地列出随机试验的所有结果通常需要分两步或多步才能完成。

在教材中，尽管没有明确给出概率的统计定义，但是涉及用频率估计概率这种估计概率的方法。教材的做法是通过大量重复试验，让学生体会抛质地均匀的硬币，“正面朝上”

的频率具有稳定性。由于在前面的学习中，通过古典概率模型，可以计算出抛一枚硬币时“正面朝上”的概率为0.5，再用频率估计“正面朝上”的概率，可以使学生更加深入地体会：频率是变化的，概率是不变的，但随着试验次数的增加，频率呈现出一定的规律性，即频率在概率附近摆动的幅度越来越小的可能性越大。教材紧接着给出，用频率估计概率尽管不能确切地给出随机事件发生的概率，但这一方法不受“各种结果出现的可能性相等”这一条件的限制，因此适用范围更广。例如，可以用这一方法，估计掷一枚图钉或一枚质地不均匀的骰子时，“针尖朝上”或“点数为6”的概率。最后，教材给出了两个运用频率估计概率的实际问题，可以借助频率估计概率这一方法，解决移植成活率和水果定价问题。需要注意的是，在《标准（2022年版）》中，对用频率估计概率的要求为“知道”层次，属于认知目标的最低层次，只需让学生了解即可，不要随意提高教学要求。

在素材的选取上，教材选取了大量学生身边的、经典的随机试验（如抛硬币、摸球、抽取卡片等），让学生体会概率就在我们身边。通过对经典素材的分析和讨论，为学生营造生动的学习氛围，引导学生深入地思考，培养学生的逻辑思维能力和问题解决能力。

在内容的呈现上，教材图文并茂，使用了较多的插图和表格，帮助学生更加直观清晰地理解概率的相关概念、方法和应用。例如，教材呈现了雨后彩虹、骰子等插图，帮助学生理解随机事件的概念；在表示掷两枚质地均匀的硬币或骰子的结果时，教材借助表格呈现随机试验的所有可能结果，帮助学生直观有效地解决问题；在表示三步及以上的随机试验的结果时，教材借助了树状图呈现随机试验的所有结果，树状图美观、清晰，不仅可以吸引学生的注意力，增强学习的趣味性和吸引力，还可以直观有效地展示不同事件之间的关系，在帮助学生解决概率问题和培养逻辑思维能力方面有重要作用。

在动手操作方面，教材鼓励学生动手试验。例如，在用频率估计概率时，教材首先收集学生的试验数据，然后将收集到的数据对应的结果标注在图中，最后呈现历史上的学者试验得到的数据。在这个过程中，通过学生的亲身经历，能够加深其对频率与概率关系的认识。再如，在“探究与发现——π的估计”中，为了估计π的值，教材设计了掷飞镖和撒米粒的游戏，让学生积极参与其中，既有趣味性，又能加深学生对用频率估计概率这一思想方法的认识。

三、编写“随机事件的概率”主题教材时重点考虑的问题

1. 注重模型观念的培养

模型观念主要指对运用数学模型解决实际问题有清晰的认识。

模型观念的具体表现之一是知道数学建模是数学与现实联系的基本途径。教材在编写过程中，选用了大量的生活中的实例。例如，为了度量随机事件发生的可能性，引入了概率这一概念；在列举随机事件的结果时，借助了列表和树状图等方法；在用频率估计概率

时，结合具体实例介绍了估计概率的方法。这些做法都是用数学的语言表达现实世界的规律，体现了概率与现实的联系，都可以视为数学模型的表现形式。

模型观念的具体表现之二是初步感知数学建模的基本过程。从现实生活或具体情境中抽象出数学问题，用数学符号建立方程、不等式、函数等表示数学问题中的数量关系和变化规律，求出结果并讨论结果的意义。学生只有亲身经历建立概率模型解决问题的过程，才能更加深刻地体会建立概率模型解决问题的一般方法和步骤，才能积累基本活动经验，理解随机现象的本质。例如，教材通过典型实例，归纳出了古典概率模型满足的条件，当解决一些实际问题时，可以根据试验的条件，判断一个试验是否满足古典概率模型，对于满足古典概率模型的试验，可以根据概率的古典定义求随机事件发生的概率，进而找到实际问题的答案。这个过程就是数学建模的基本过程，通过学习，让学生理解满足什么条件的试验，可以借助古典概率模型解决问题，进而掌握借助古典概率模型解决问题的方法，提高学生分析问题、解决问题的能力，进而发展模型观念。

2. 注重数据观念的培养

数据观念主要指对数据的意义和随机性有比较清晰的认识，知道可以用定量的方法描述随机现象的变化趋势及随机事件发生的可能性大小。在编写“随机事件的概率”一章时，教材注重让学生理解数据的意义。数据是具有一定背景的、蕴含信息的材料。数据不仅是数字，还可以是字母、图片等，这在统计部分体现得更加充分。

对于随机性的认识，教材重视在试验活动中体现随机性，主要通过以下方式体现：首先，设置了一个情境：一个袋子中装有 4 个黑球、2 个白球，除颜色外，这些球无其他差异，现从中随机摸出一个球，让学生猜摸出了哪种球，并估计摸出哪种球的可能性更大；接着以“思考”的形式让学生分析：如何改变球的数量，使摸到两种颜色球的可能性大小相等。然后，在用频率估计概率时，教材通过“试验”鼓励每组学生抛一枚硬币 50 次，尽管各组同学做了同样次数的试验，但是每组收集到的数据不一定相同。最后，虽然每组同学得到的结果不一定相同，但只要有足够多的数据，就可以从中发现规律。教材的做法是：逐次叠加各组的试验数据，并将得到的结果用图形呈现，进而发现频率与概率的关系。这么做是让学生在经历收集数据、分析数据的基础上，体会数据的随机性，发展学生的数据观念。

3. 加强概率与统计的联系

统计与概率研究的对象都是随机现象，两者之间有很强的联系。教材编写时，加强概率与统计的联系是必要的。统计与概率都有较强的实际背景，两者从不同的角度描述随机事件发生的规律。统计是通过收集数据，用样本数据推断总体的信息；概率则是建立一定的模型，以此定量认识随机事件发生的可能性。统计研究问题的方法，更加符合学生认识新事物的规律；相比之下，概率更加抽象，更难理解。

教材注意引导学生从频率的角度认识概率，帮助学生辨别两者的联系与区别。例如，对于抛一枚质地均匀硬币的试验，我们知道“正面朝上”的概率为 0.5，为了呈现用频率估计概率这一方法，教材设计了“试验”，让学生动手操作，并通过观察“正面朝上”的频率与其发生的概率 0.5 之间的关系，进而发现频率是变化的，概率是不变的，但随着试验次数的增加，频率在概率附近波动且具有稳定性。通过这个过程，有助于学生体会频率与概率的关系，加深学生对概率的理解。

4. 密切联系生活实际

概率问题是日常生活中经常碰到的问题，涉及生活的方方面面（如天气、体育比赛、游戏、投资、保险等）。在进行决策时，我们都在自觉或不自觉地应用概率的思想。在编写“随机事件的概率”一章时，也充分注意到了概率与日常生活的联系。例如，在章引言中，教材列举了明天的天气情况，参加抽奖活动的中奖情况，一天内进入某超市的顾客数等生活中常见的例子，以此引入生活中的概率问题。在引入随机事件的概念时，教材运用了日常生活中常见的抽签和掷骰子试验，这些是实际生活中用随机性来解决公平性问题的常见方法；在用列举法求概率时，转盘指针落在某个区域的概率，选志愿者时选到男生的概率等，都是实际生活中经常遇到的问题；在“阅读与思考——中奖的概率”中，用概率的知识解释生活中彩票的中奖问题；在“34.3 用频率估计概率”中，估计幼树的移植成活率和水果定价都是应用概率知识帮助决策的问题；等等。教材的例题与习题中，也有很多类似“抛硬币决定哪队先开球”的实际应用的例子。这些材料都是从实际中提炼出来的，有助于学生从实际生活中发现概率问题，运用所学知识解决实际问题。

5. 鼓励学生动手试验

概率论中许多概念和原理相对抽象，有的甚至比较难理解。通过试验可以帮助学生更加直观地理解这些概念和原理。例如，为了验证摸到哪种球的可能性更大，教材让学生在亲身经历摸球试验后，直观感知摸到哪种球的可能性更大，并验证事先的判断是否正确。又如，为了让学生体会随机试验中频率的随机性以及大量重复试验中频率的稳定性，进而加强对概率意义的理解，教材在“34.3 用频率估计概率”一节中设置了抛硬币的试验，为学生提供了体验随机试验的机会。由于这个试验需要较多的抛硬币次数，因此需要发动全班学生积极参与，通过集体的力量快速获得试验频率。再如，教材鼓励学生用模拟的方法进行试验，特别是利用计算机或计算器进行模拟试验。在“探究与发现——π 的估计”中，设计了用撒米粒的方法估计 π 的值，这种方法适用于所有学生。通过动手试验，不仅能加深学生对概率知识的认识和理解，还能激发学生的兴趣、提高学生解决问题的能力。

6. 重视信息技术运用

随着“互联网＋”和人工智能时代的来临，信息技术在教育领域发挥的作用越来越大。教材充分利用信息技术的优势，使得大量重复试验成为可能。教材借助信息技术工具产生随机数，模拟掷硬币、掷飞镖等试验，揭示频率既具有随机性，又具有稳定性，从而帮助学生深刻理解频率与概率的关系。

执笔人：张唯一，张伟

研究组成员：赵楠，张唯一，雷晓莉，王红权，张伟

第五章 “综合与实践”编写研究

“综合与实践”是义务教育数学课程的四个领域之一。相比《标准（2011 年版）》，《标准（2022 年版）》对“综合与实践”领域进行了较大调整。在小学阶段，将部分数学知识的学习纳入本领域。在初中阶段，更加侧重于跨学科的实践活动，以项目式学习的方式呈现，注重在活动中培养学生会用数学的眼光观察现实世界、用数学的思维思考现实世界、用数学的语言表达现实世界，提升学生的应用意识和创新意识。

一、综合与实践的意义及价值

1. 跨学科主题学习

《义务教育课程方案（2022 年版）》指出，课程的主要变化包括设立跨学科主题学习活动，加强学科间的相互关联，带动课程综合化实施，强化课程实践性要求。同时，《义务教育课程方案（2022 年版）》通过“基本原则”中的第四条“加强课程综合，注重关联”强调：加强课程内容与学生经验、社会生活的联系，强化学科内知识整合，统筹设计综合课程和跨学科主题学习；加强综合课程建设，完善综合课程科目设置，注重培养学生在真实情境中综合运用知识解决问题的能力；开展跨学科主题教学，强化课程协同育人功能。

完整地认识“跨学科主题学习”，需要先理解“跨”“学科”“跨学科”“主题”等词的意义，然后把这些词的意义进行整合。“跨”是一个动词，此处的意义是连接、相互之间，而非超越、跨越。“学科”是一个比较宽泛的概念，主要有三种含义：一是指学术分类，如人文学科、自然学科、社会学科等；二是指教学科目，如基础教育的语文、英语、数学等；三是理论知识，如军事或体育训练中的学科。此处的“学科”无疑是指中小学教学科目。“跨学科”是与“分科独进”相对的一种学习组织方式，是学科之间的联系，而非学科之间的融合。学科之间融合的课程是综合课程，如科学学科是物理、化学、生物等学科的融合，社会学科是道德与法治、历史、地理等学科的融合。联系的目的是综合运用各学科的知识内容，生成新的知识、思想、方法，进而解决问题。“主题”通常是一个相对复杂、有真实情境的综合问题，需要学生运用多学科的知识、技能、思想方法去解决。主题因其问题的综合性，而必须有多学科参与。但在低年级阶段，主题通常是指问题承载的数学知识内容。也就是说，主题既有内容导向的主题内容，也有问题导向的主题任务，更有两者的密切结合。当然，最理想的跨学科主题学习是兼具知识融合、问题解决与价值观念的“三位一体”的活动，能够承担起把学生培养为有理想、有本领、有担当时代新人的重任。

虽然义务教育各学科课程标准使用的概念稍有差异，比如“跨学科主题学习”“跨学科实践”“综合与实践”等，但在超越传统单一学科的视角审视一个重要主题、问题或议题这一点上，跨学科主题学习的概念具有一定的共识性。在一定程度上，每门学科都有跨学科的成分，都有现实的或其他学科的情境。特别是数学学科，它的背景、应用等在很大程度上是现实或其他学科提出的问题，自身具备跨学科的要素。现在之所以强调跨学科主题学习活动，并安排不少于10％的课时，从课程自身的角度看，一个很大的原因是防止出现学科本位现象，避免各自为战，希望在解决具有真实情境的问题中，推动知识间的深化融合。

设置跨学科主题学习，符合社会发展趋势与国家实施的人才强国战略。随着信息时代和知识经济的到来，社会变化加剧，人类面临在不确定的世界中处理复杂问题的挑战。改革教育模式，重塑新一代人才的跨学科素养结构，成为教育改革的战略目标。跨学科主题学习是学生跨学科能力培养的重要载体。新世纪以来，推进跨学科主题学习的制度化实践，已经成为世界各国提升国家竞争力的教育战略选择。从学生成长的角度看，跨学科主题学习所发展的不仅是学生的知识整合与问题解决能力，还涉及道德性、价值观和意义感等人格属性。青少年在跨学科主题学习所提供的整合性体验中，有机会处理价值问题，并且是以一种真实的情感和态度直面这些价值问题，这对培养具有良好个性和对周围世界与群体生活负有责任感的个体而言是至关重要的。

科技创新、经济发展、社会进步对教育提出了更高的要求。教育是培养人才的工程，跨学科主题学习超越传统单一学科方法的束缚，在解决真实问题中借用、移植多学科的方法，拓展认知边界，尝试用更广阔的思路实现不同学科知识的碰撞，从而产生新的创意，实现知识创新。跨学科主题学习是培养拔尖创新人才的主要途径，而课程是教育的重要载体（课程界定了学什么、为什么学、如何学等内容），联系、综合、实践等是发现、培养拔尖创新人才的重要方式。

2. 数学中的跨学科主题学习——综合与实践

跨学科主题学习一般分为两种类型：一是以单学科主导的跨学科主题学习，难度不大，比较容易完成；二是多学科融合的跨学科主题学习，难度相对较大，要综合运用多学科知识解决问题，源于美国的STEAM教学就是这一类跨学科主题学习的代表。数学中的跨学科主题学习是介于两者之间的“中间道路”——数学主导与多学科融合之间的平衡。

STEAM 关注在活动过程中综合运用所有必要的学科知识解决跨学科问题，强调在活动过程中感受不同学科知识之间的相互关联与彼此融合。而数学跨学科主题学习则强调在活动过程中充分挖掘现实问题背景中的数学元素，注重让学生从数学的角度发现和提出问题，体现数学在解决问题中的关键作用。可见，“数学属性”是数学跨学科主题学习的重要特征。①

《标准（2022 年版）》将“综合与实践”作为数学学科中的跨学科主题学习，与“数与代数”“图形与几何”“统计与概率”并列为四大学习领域。它以培养学生综合运用所学知识和方法解决实际问题的能力为目标，根据不同学段学生的特点，分为主题式学习和项目式学习两种方式。其中，主题式学习是融入知识学习的主题活动。在这类活动中，学生将学习和理解数学知识，感悟知识的意义。项目式学习是综合运用数学及其他学科的知识解决问题的活动。在这类活动中，学生将综合运用所学知识解决问题，体会数学的科学价值，以及数学与其他学科、与实际生活的关联。初中阶段的综合与实践活动可采用项目式学习的方式，以问题解决为导向，整合数学与其他学科的知识和思想方法，让学生从数学的角度观察与分析、思考与表达、解决与阐释社会生活以及科学技术中遇到的现实问题，感受数学与科学、技术、经济、金融、地理、艺术等学科领域的融合，积累数学活动经验，体会数学的科学价值，提高发现与提出问题、分析与解决问题的能力，发展应用意识、创新意识和实践能力。关于综合与实践，《标准（2022 年版）》给出了翔实而具体的、内容要求、学业要求和教学提示。

跨学科主题学习是对整个义务教育阶段所有学科的要求。在安排课程时，原则上，跨学科主题学习的课时不少于总课时的 10%。10%课时的跨学科主题学习与 90%课时的其他知识领域的学习，共同构成了初中数学课程的整体结构，共同承担着学生核心素养的培育任务。10%课时的规定是义务教育课程改革稳妥推进的重要体现，换言之，10%仅是最低要求，其他 90%课时的课程内容设计也应当以整合为目标，带动学习方式的变革。

3. 综合与实践的育人价值

初中数学“综合与实践”领域的有效实施，有助于培养学生的问题意识、应用意识和创新精神，提高学生的“四能”，使学生积累数学活动经验，提高解决现实问题的能力，从而实现核心素养的全面提升。具体来说，其育人价值主要体现在以下几个方面。

（1）提高学生的应用意识、创新意识和实践能力。综合与实践活动以培养学生综合运用所学知识和方法解决实际问题的能力为目标，旨在发展学生的应用意识及创新意识。相比于传统的讲授式教学，综合与实践通过设置操作型的活动，使学生通过操作、探究、交

① 孙虎，刘祖希. 数学跨学科实践活动：“内涵”“价值”与“实施路径”[J]. 数学教育学报，2023，32（1）：19-24.

流，获得“做中学”的体验，使学生通过“做”获得解决问题的思路，收获新知，在活动过程中培养学生的实践能力，形成积极认真、乐于实践的学习态度。

（2）发展学生的问题意识，提升学生的“四能”。综合与实践活动旨在培养学生在不同情境中从数学的角度发现和提出问题，以及综合运用数学和其他学科的知识从不同的角度分析和解决问题的能力，从而发展学生的问题意识。从某种意义上讲，问题解决中的结论并不重要，重要的是通过问题解决的过程，发展学生的问题意识和创新精神，提升学生解决现实问题的能力。

（3）培养学生通过查阅资料获取信息的能力及信息素养。通过综合与实践活动解决问题时，所需要的资料、信息往往需学生亲自查询，学生需要学会自行查阅资料，从纷繁的信息中提取出所需的、真实的信息，这也是信息化社会对人才提出的要求。另外，在问题解决的过程中，有时也需要借助信息技术工具。学生需要学会合理地使用现代信息技术，从而提升信息素养。

（4）培养学生的分析、表达、合作交流以及自我反思的能力。综合与实践活动重视合作探究，提倡自主探究与合作探究相结合。在与他人合作交流解决问题的过程中，学生需要准确地表达自己的观点，并能较好地理解他人的思考方法和结论，从而锻炼了学生的分析、表达及合作交流能力。在通过评价引导学生回顾解决问题的过程中，学生需要反思解决问题的方法和结论，初步形成自我反思的意识。

二、综合与实践的内涵及特征

（一）综合与实践的内涵

“综合与实践”不是一个全新的名词。2001 年，《义务教育课程设置实验方案》就明确提出：加强课程综合性；注重学生经验，加强学科渗透；各门课程都应重视学科知识、社会生活和学生经验的整合；改变课程过于强调学科本位的现象。并给出了具体举措：设置综合课程；增加综合与实践活动，如信息技术、研究性学习；学科的综合与实践：体现实践性、综合性、课题学习。《标准（2011 年版）》《标准（2022 年版）》对于“综合与实践”的描述都有进一步的完善。《标准（2022 年版）》与之前各版本课程标准相比，首次确立了核心素养导向的课程目标，强调在“综合与实践”领域以主题式学习和项目式学习的方式设计与组织跨学科主题的教学活动。

综合与实践活动是一类以问题为载体、以学生自主参与为主的学习活动。它有别于学习具体知识的探索活动，更有别于课堂上教师的直接讲授。它是教师通过组织一个个活动，通过问题引领、引导学生自主参与、实践过程相对完整的学习活动。在综合与实践活动中，学生将综合运用“数与代数”“图形与几何”“统计与概率”等领域的数学知识和方法以及其他学科的知识和方法解决问题。

1. 活动类课程——活动链、任务串的组织方式

“综合与实践”是活动类课程，与之相对的是知识类课程。知识类课程，一般来说有确定的内容、严谨的体系、规范的结构，通过学科知识本位的教材内容组织方式，具体呈现于教材中。活动类课程对于传统的数学学科知识本位的教材内容组织方式提出了挑战，它需要通过主题活动实现教材内容组织的重构，必须创新教材呈现方式的形态，从而达成教材组织方式的变革。

活动类课程的组织，主要通过开展活动，将所有活动组成一个链条。每个活动都有明确的主题，活动层层递进；活动重视任务串，以“问题”的形式引导学生发现问题，在发现问题的基础上提出问题；通过分析问题，以及一系列问题的解决，完成相关的任务，达到活动的目的。

相较于常规学习，活动类课程的学习有两个明显的转变：首先，课堂教学不是以知识内容为载体，而是以问题为载体，将知识学习穿插于问题的解决过程当中，因此知识不是靠听讲获得的，而是需要学生在问题解决的过程中获取的。其次，将课堂学习转变为活动的参与，强调“参与”的重要价值，即活动过程不是为了直接获得知识，而是为了得到活动的体验。通过在参与活动的过程中积累经验，从而生成知识，提高解决问题的能力。

2. 跨学科的本质——在问题解决中深刻领悟数学的价值

在具体阐述跨学科的本质之前，首先要明确数学是什么，数学的研究方法，数学的研究过程，以及数学的价值和作用。《标准（2022 年版）》在“课程性质”中有如下表述：数学是研究数量关系和空间形式的科学。数学源于对现实世界的抽象，通过对数量和数量关系、图形和图形关系的抽象，得到数学的研究对象及其关系；基于抽象结构，通过对研究对象的符号运算、形式推理、模型构建等，形成数学的结论和方法，帮助人们认识、理解和表达现实世界的本质、关系和规律。数学不仅是运算和推理的工具，还是表达和交流的语言。数学承载着思想和文化，是人类文明的重要组成部分。数学是自然科学的重要基础，在社会科学中发挥着越来越重要的作用，数学的应用渗透到现代社会的各个方面，直接为社会创造价值，推动社会生产力的发展。随着大数据分析、人工智能的发展，数学研究与应用领域不断拓展。

从上面的表述中不难看出，数学源于现实生活，源于其他学科；反过来又应用于现实及其他学科；基于抽象结构，数量关系、空间形式是数学的内涵；符号运算、形式推理、模型构建是数学的研究方法，更是贯穿其他学科的一条无形之线。由此，我们有理由认为，数学自身就是“跨学科”的学科。在教材编写、课堂教学、评价考试中，我们重视数学的背景与应用，在背景、应用中讲数学；强调数学的历史与文化，在历史、文化中讲思想。实际上，这些都是“综合与实践”的具体表现。

在基础教育阶段，之所以分科教学，是因为各门分支学科有其自身的根系脉络，以及自身赖以发展的生长点，没有分科就没有系统的知识，学生就难以获得成体系的基础知

识、基本技能、基本思想、基本活动经验（实践经验、思维经验）的发展；而没有分科学习后的适当综合，学生就无法解决现实中的问题，无法提高发现问题、提出问题、分析问题和解决问题的“四能”。基础教育仍然是通识教育，需要多学科并进，在并进的基础上进行适当的综合，基础教育不是专业教育。

3. 四大学习领域之间的关系——各有侧重、有机统一

“数与代数”“图形与几何”“统计与概率”等知识领域都有其核心内容和基本思想，并以其为主线循序渐进地展开，侧重知识的理解与掌握。这些领域的主要研究方式是抽象概念，并在概念的基础上，得到定理、公式、法则，进而巩固概念，熟练定理、公式、法则等基本技能的训练，再运用它们解决问题。因此，设置问题的主要目的在于巩固概念、熟练技能、培养能力，然后运用它们解决数学内部、其他学科以及现实世界中的问题。从一定程度上说，这些都是“综合与实践”的具体体现，只不过此时问题的综合性、复杂度、实践性较弱，情境相对单一。而“综合与实践”领域突出过程，侧重问题解决，主要是培养能力、发展数学学科核心素养，特别是拔尖创新人才的培养。人才培养主要是培养理性思维、科学精神、发展个人智力；人才培养要在普及的基础上提高。而人才的创新意识主要是指：主动尝试从日常生活、自然现象或科学情境中发现和提出有意义的数学问题。通过综合与实践活动，学生要初步学会通过具体的实例，运用归纳和类比发现数学关系与规律，提出数学命题与猜想，并加以验证；勇于探索一些开放性的、非常规的实际问题与数学问题。创新意识有助于学生形成独立思考、敢于质疑的科学态度与理性精神。“综合与实践”领域的案例综合性、实践性、探索性都较强，它们是培养拔尖创新人才的有效载体。

（二）综合与实践的特征

基于《标准（2022 年版）》对“综合与实践”领域的定位，在教材的开发过程中，相较于其他三大知识领域的编写，综合与实践活动的编写必须重点关注：如何处理好不同学科内容间的综合？如何使学生获得良好的活动实践？如何使活动设置更好地满足不同类型的教学需求？基于上述 3 个关注点，得到数学综合与实践活动的 3 个关键特征：综合性、实践性、开放性。

1. 综合性

基于《标准（2022 年版）》对数学综合与实践活动的描述，综合性不仅指数学与日常生活的紧密联系，还可以是数学与其他学科间的关联。综合与实践活动的问题解决需要数学及其他学科的知识共同作用，有机结合，因而体现出较强的综合性。综合性既指问题情境的综合，也指解决问题时需要的学科知识及能力的综合。

2. 实践性

综合与实践活动具有实践性。课程以活动为主要开展形式，强调学生的亲身经历，要求学生积极参与到各项活动中，通过观察、实验、测量、讨论、展示交流等一系列操作性的活动，亲身经历发现、提出、分析和解决问题的过程，把认知与行动、理论与实践有机

融合，发展实践能力和创新能力。从学习结果来看，跨学科综合与实践最显著的特征是有物化的实践成果，即通过作品和成果来外显习得的知识和能力。这里的“物化”是广义的，不局限于实物作品，还包括小论文、研究报告等成果形式。

3. 开放性

开放性首先表现为跨学科主题学习面向的对象开放，即不同水平的学生都能够参与其中，每个学生都能在其中找到触发思考和活动的切入点。其次，活动的设置是开放的。在活动的条件、问题、过程、结果等环节上具有多种可能。条件的开放性，主要表现为提供给学生冗余或缺失的活动条件，要求学生自行选择或补充有用信息。问题的开放性，主要表现为可供学生选择的平行任务，或可由学生从不同角度提出不同的研究问题，从而面对各式不同的活动等。过程的开放性，指由于学生选择的活动和任务的不同、问题的开放性，以及活动和核心任务的实施和解决也可以采用不同的思维和方法，所以不同的学生可能产生形式各异的实践过程。结果的开放性指综合与实践活动不一定有确定的结论或唯一正确的答案，活动结果具备更多未知，允许多种可能性发生，可以产生多种结果。

由于综合与实践活动具有实践性、开放性的特点，综合与实践活动的课堂还具有“生成性”的特点，整个活动的实施不是按照预设的教学计划一成不变地走下去的，而是随着活动的开展、伴随着学生问题的选择、任务的完成自然而然地生成的。这种生成性特点与综合与实践活动的开放性密不可分。

三、“综合与实践”领域的教材整体设计

将课程标准中对综合与实践的要求落实到教材中，是课程实施中的关键一环。初中数学综合与实践活动以培养学生综合运用所学知识和方法解决实际问题的能力为目标，对学生发现与提出问题、分析与解决问题的能力，综合应用所学知识解决实际问题的能力以及核心素养等都提出了要求。而学生综合能力的提高、核心素养的发展不是一蹴而就的，也不是通过单一领域的学习就能实现的，需要结合其他知识领域的学习进行联合培养。

教材中跨学科综合与实践内容的设置考虑了“三步走”的策略，由小型的跨学科题目到单课时的数学活动，再到多课时的综合与实践活动，实现逐级递进。

1. 跨学科题目

在其他知识领域中，设置了具有跨学科情境的小型题目，需要综合运用数学与其他学科的知识共同解决。通过这类题目，可以初步培养学生综合运用数学及其他学科知识解决实际问题的能力，逐步渗透跨学科解决问题的思维。例如，教材九年级下册“锐角三角函数”一章的习题 32.2 第 12 题，就需要同时使用数学和地理学科的知识：

12. 如图，设地球表面某地正午太阳高度角为 θ，δ 为此时太阳直射的纬度，φ 为该地的纬度，那么这三个量之间的关系是 $\theta=90^\circ-|\varphi-\delta|$。当地夏半年 δ 取正值，冬半年

δ 取负值。在北京地区（纬度数约为北纬 40°），如果在一栋高为 h_0 的楼房北面盖一栋新楼，要使新楼一层正午的太阳全年不被前面的楼房遮挡，两楼的距离不应小于多少？（提示：根据地理知识，在北京地区，太阳直射北回归线时物体的影子最短，直射南回归线时物体的影子最长。因此，为了使新楼一层正午的太阳全年不被遮挡，应当考虑太阳直射南回归线时的情况。）

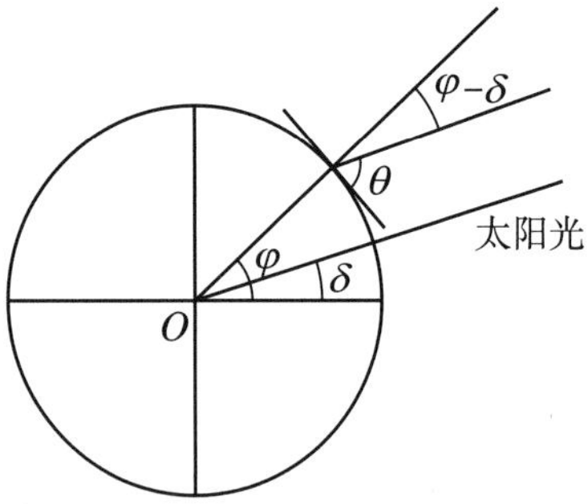

2. 数学活动

教材在每一章选择合适的素材，设置单课时的数学活动，从而进行中等规模的数学综合与实践活动。这类活动通常与本章的知识紧密联系，问题解决的方法相对比较明确，能够进一步渗透综合运用已学的知识和方法解决实际问题的思维，帮助学生积累数学活动经验。例如，八年级下册“勾股定理”就设置了一个数学与美术设计相结合的数学活动“利用勾股定理绘制图案”：

利用勾股定理，可以绘制出各种不同的图案。图中的图案均与勾股定理有关，不仅体现出勾股定理在图案设计中的应用，还彰显出数学的“无限”之美。这些图案是如何利用勾股定理绘制的呢？

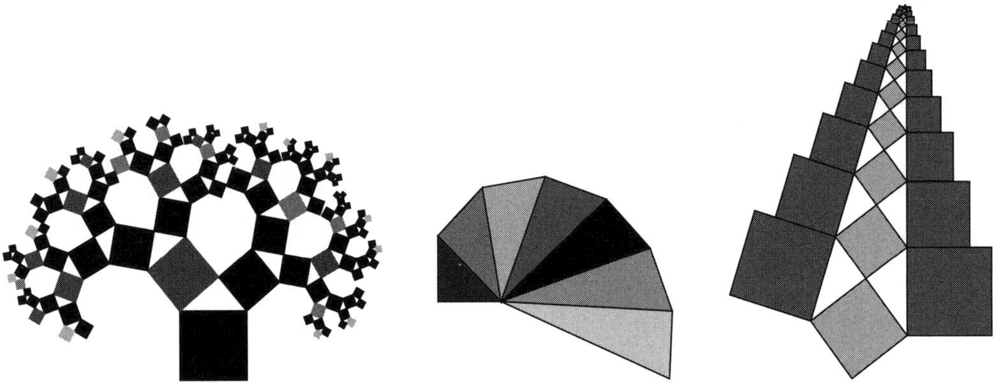

……

请你尝试创作一幅与勾股定理有关的图案，并向同学分享你的作品及其蕴含的数学秘密。

3. 综合与实践活动

教材设置多课时的综合与实践活动，以主题学习或项目式学习的方式呈现，让学生充分经历发现、提出、分析、解决问题的全过程，全面培养学生综合解决跨学科实际问题的能力。

上述三种设置方式中，除了多课时的综合与实践活动，每章的数学活动也是为了积累学生的数学活动经验而设计，属于小的课题活动，强调趣味性、可操作性，以及数学内部之间的联系、综合。教材中还有很多与实际问题相关的数学活动（如密码中的数学、木杆挂重物问题、设计窗格图案、轮胎换位问题、估计心脏跳动的次数、刹车距离与刹车时车速的关系），它们在综合性、实践性以及开放性上都有较高层次的表现，对于提高学生“四能”、培养学生综合解决实际问题的能力很有帮助。

四、综合与实践活动的主题选取

1. 主题选取的原则

初中阶段的数学综合与实践活动，以跨学科主题学习为主。编写教材时，首先要考虑选取什么样的主题能激发学生的研究兴趣，什么样的主题能引导学生综合运用数学和其他学科的知识与方法解决问题，以积累学生的数学活动经验，发展核心素养。

结合综合与实践活动的综合性、实践性、开放性的特征，确定综合与实践活动主题选取的原则如下：

（1）真实性

综合与实践活动以培养学生综合运用所学知识和方法解决现实问题的能力为目标，所以综合与实践活动的主题必须保证真实性。主题可以选自现实生活中的问题、生活常识，也可以来源于其他学科中的真实问题。

（2）综合性

从综合与实践活动的特征、培养目标来看，综合与实践活动中的核心问题需要综合运用数学和其他学科的知识和方法来分析和解决。因此，综合与实践活动的主题通常是情境真实的较为复杂的综合性问题，要能体现知识内容的综合、思想方法的综合，体现数学与其自身、生活以及其他学科的关联。为此，可以通过寻找数学与其他学科可结合的知识点，同时联系其他三个知识领域的学习内容，多方面、多角度地选择活动主题。

（3）学科性

综合与实践活动的主题和目标的确定，主要是来自本学科的知识、技能、思想、方法。[①] 数学综合与实践活动要突出数学在解决实际问题中的作用，让学生从数学的角度发现并提出问题，综合应用数学和其他学科的知识解决问题，体会数学的科学价值及应用价值。因此，选取综合与实践活动的主题时，一方面要考虑“跨学科”的属性，另一方面要考虑在问题的发现和解决过程中突出数学学科的核心地位，以用数学方法解决现实问题为主。

---

① 郭华，袁媛. 跨学科主题学习的基本类型及实施要点［J］. 中小学管理，2023（5）：10-13.

（4）探究性

综合与实践活动重在培养学生的问题意识和应用意识，因此主题要有较强的探究价值，具有一定的拓展性，同时要有一定的趣味性，要能吸引学生深入、持续地探究下去。学生能围绕主题中的活动经历发现问题、提出问题、分析问题和解决问题的过程，感悟科学研究的过程与方法。

除了上述主题选取的基本原则，综合与实践活动的选题也关注主题教育，选取有教育意义的主题让学生进行探究，以实现与主题教育的有机融合。例如，选取与生态文明、体质健康等相关的主题，以进行安全教育、健康教育；选取能够展现我国社会、科技发展新成就的主题，以弘扬社会主义先进文化；等等。也可以从一些政策性文件中，选取一些与社会发展密切相关的社会性议题进行开发，使学生潜移默化地了解国家的政策走向，增强学生的责任意识和社会参与感。

2. 活动的整体安排

《义务教育课程方案（2022 年版）》规定，各门课程用不少于 10％的课时设计跨学科主题学习。这 10％的课时是均衡地分散在各个学期，还是等学生的数学知识、技能都比较全面后，再在高年级集中地开展综合与实践活动呢？除了课时分配的原因，学生进行综合与实践活动的能力和相关素养也需要逐渐培养，综合与实践活动要统筹安排、整体设计。初中三年的教学是有机的整体，不同年级的综合与实践活动存在着层次上的递进，要体现螺旋上升的原则。因此，每册教材都设置了两个综合与实践活动，随着学生认知水平的不断提升，逐步提高对学生跨学科解决问题能力的要求：从偏主题学习的活动，到跨学科的项目式学习，再到数学建模活动，难度逐级上升。

3. 主题的确定

结合综合与实践活动的特征与主题选取的原则，根据学生的认知基础及活动经验，教材一共确定了 12 个综合与实践活动，见表 5-1。

表 5-1

册次	课题名称	主题特点	册次	课题名称	主题特点
七年级上册	进位制的认识与探究	体现数学与信息技术的关联，有机融入中华优秀传统文化教育	七年级下册	低碳生活	社会性议题，体现数学与化学的关联，有机融入生态安全教育
	设计学校田径运动会比赛场地	从学生的真实校园生活中选取主题，体现数学与体育的关联		白昼时长规律的探究	体现数学与地理、信息技术的关联

续表

册次	课题名称	主题特点	册次	课题名称	主题特点
八年级上册	确定匀质薄板的重心位置	体现数学与物理、工程的关联	八年级下册	音乐与数学	体现数学与艺术的关联，有机融入中华优秀传统文化教育
	最短路径问题	体现数学与生活的关联，具有数学建模的属性		学生体质健康调查与分析	体现数学与体育、信息技术的关联，有机融入生命安全与健康教育
九年级上册	高铁列车运行中的数量关系	体现数学与物理的关联，弘扬社会主义先进文化	九年级下册	停车位设计问题	生活中的实际问题，数学建模
	生活中的优化问题	生活中的实际问题，数学建模		建筑中的数学	体现数学与工程、艺术的关联，有机融入中华优秀传统文化教育，弘扬社会主义先进文化

这些主题的选取充分考虑了与其他三个知识领域的融合。例如，七年级上册在“有理数”“有理数的运算”两章之后，安排了综合与实践活动“进位制的认识与探究”，将学生对有理数的认识以及有理数运算的研究经验推广到对进位制记数法的认识及运算中，该活动考虑到了有理数的运算是理解进位制与进位制的转换、运算等的基础；七年级下册在“数据的收集、整理与描述”一章之后，安排了“白昼时长规律的探究”这一综合与实践活动，引领学生经历收集数据、整理数据、描述数据及分析数据得出结论的统计过程，体会统计在解决跨学科问题和实际问题中所起的作用；在八年级上册“三角形”一章介绍了三角形的重心之后，教材安排了“确定匀质薄板的重心位置”这一综合与实践活动，通过解决这一工程问题，拓展学生对简单平面图形以及组合图形的重心的认识；八年级下册在“函数”“一次函数”两章之后，安排了综合与实践活动“音乐与数学”，从函数的角度分析五线谱，培养学生用数学的眼光观察现实世界的素养；九年级上册在“二次函数”“反比例函数”两章之后，安排了综合与实践活动“高铁列车运行中的数量关系”，引导学生探究高铁列车运行过程中路程、速度、时间之间的函数关系；九年级下册在“锐角三角函数”之后，安排了“停车位设计问题”，引导学生综合运用三角函数、平面几何图形等相关知识，对停车场中通道与停车位排列方式的关系进行重点探究，初步经历数学建模的全过程，体会数学在解决实际问题中的作用；等等。

另外，综合与实践活动主题的选取充分考虑了与主题教育相融合，注重反映时代特征，注重将社会主义先进文化、革命文化、中华优秀传统文化、国家安全、生命安全与健康等主题教育作为主题选取的重要参考。例如，“低碳生活”选取的背景就是“2020 年，我国承诺，二氧化碳排放力争于 2030 年前‘碳达峰’，2060 年前实现‘碳中和’”，选取这一主题进行综合与实践活动，可以增强学生对我国在全球环境治理中的责任感和领导力的认识，激发学生减少碳排放的环保意识；“学生体质健康调查与分析”关注学生在体质健康测试项目中的表现，将生命安全与健康教育融入其中；“高铁列车运行中的数量关系”以我国在轨道交通方面取得的成就为问题背景，体现了我国社会的发展、科技的进步，弘扬社会主义先进文化；“建筑中的数学”则既有对中国古代建筑的研究，也有对现代建筑的研究，有机融入中华优秀传统文化和社会主义先进文化教育。

在拟定综合与实践活动的标题时，充分考虑了其活动的属性。作为主题式学习的综合与实践活动，侧重知识的学习，其标题具有明显的数学特征，如“进位制的认识与探究”。作为项目式学习的综合与实践活动，则侧重问题解决，其标题往往是需要解决的具体问题，如“设计学校田径运动会比赛场地”“确定匀质薄板的重心位置”“停车位设计问题”等。

五、综合与实践活动的设计思路

综合与实践活动是活动类课程，教师需要通过课前设计活动方案、课堂上组织学生参与活动、活动后做好活动评价来完成教学。在教材编写时，综合与实践活动的文本呈现要从利于老师组织活动、利于学生参与活动的角度来设计。具体地说，将具有综合性、探究性的活动主题分解为多个相互衔接、关系紧密的活动，共同构成综合与实践活动研究的主体，便于教师组织活动；每个活动又分解为若干任务，它们既是活动的细化，又是活动的具体操作策略，便于学生参与活动。整个综合与实践活动呈现为围绕核心任务构建的序列化活动及任务，引导学生在参与活动的过程中完成对核心任务的探究和解决。在具体的活动设计时，体现出了如下的特点。

1. 活动的引入从现实问题出发，问题情境真实、自然

综合与实践活动要求学生面对现实的背景，能从数学的角度发现并提出问题，综合运用数学和其他学科的知识与方法，分析并解决问题。因此，教材注重从现实问题出发，创设真实的问题情境，引导学生从现实问题中提炼出与数学有关的问题，体验从实际问题到数学问题的抽象过程。

问题情境真实的前提是素材要贴切。贴切是指素材应尽可能地贴近学生的现实，素材来源于社会生活与科学技术中的现实问题，符合学生的认知经验，能使学生快速进入角色。如下是一些体现素材贴切的具体案例。

例如，在“进位制的认识与探究”中，选用了人们初学加法时掰手指算数的素材，引入对记数法的研究。这一素材与学生的学习经验紧密贴合，容易引起学生的共鸣。在“白昼时长规律的探究”中，选用了北京天安门广场上每天升降旗这一学生熟悉的素材。在“确定匀质薄板的重心位置”中，选用了现实生活中应用物体重心位置的多种实例，如滑冰比赛中运动员在转向时，通过调整身体重心的位置来改变滑行方向；同时，又引入了水坝、挡土墙、飞机、混凝土搅拌机等问题中重心位置的应用。通过上述素材，使学生感受到现实生活中对物体重心位置的广泛应用，从而引导学生对物体的重心位置进行探究。又如，在“音乐与数学”中，引用了《琵琶行》中的经典诗句，引出文学中对音乐的精彩描述，从而激发学生对用数学描述音乐的研究兴趣。

此外，在选取素材时，教材也注意与主题教育的关联，将主题教育有机融入其中。例如，在“进位制的认识与探究”中，通过引入第十四届国际数学教育大会（ICME-14）的标识，将“洛书”“河图”等中华优秀传统文化有机融入其中。在“白昼时长规律的探究”中，介绍了二十四节气的由来和含义，并指出二十四节气被联合国教科文组织正式列入《人类非物质文化遗产代表作名录》，在弘扬中华优秀传统文化的同时，有助于增强学生的民族自豪感。在“音乐与数学”中，通过介绍音乐律制的发展过程，引入中国古代的三分损益法、中国古代律学家朱载堉创立的十二平均律及其制作的 81 档双排位大算盘（图 5-1），展现了我国古代学者在艺术和数学上的双重成就。

图 5-1

问题情境真实、自然是指问题来源于真实生活，没有人为加工的痕迹，能从情境中自然地引出问题，将学生吸引到活动中来；情境主要指科学情境、现实情境，或者上述两种情境的复合。例如，在“设计学校田径运动会比赛场地”中，由于有的学校体育场为标准的 400 m 跑道，有的学校因场地限制只能设置 300 m 或 200 m 跑道，在具体活动时，就可以基于实际情况形成各种真实情境。又如，在“生活中的优化问题”中，从现实问题出发，指出：在生活中，产品包装箱的纸张浪费和垃圾等问题成为社会治理的新问题，如何用更少的包装纸来包装更多的商品，对于环境保护和商家的利益来讲都是非常重要的。然后通过上面的问题背景，引出对产品包装箱用料最小问题的研究。

2. 活动的设计体现数学学科属性，充分发挥数学在解决跨学科实际问题中的作用

综合与实践活动要求学生能够基于现实背景，从数学的角度发现和提出问题，并综合运用数学和其他学科的知识，从不同角度寻求分析问题和解决问题的方法。也需注意的是，作为数学学科的综合与实践活动，要具有明显的“数学化”的特点，要考虑突出数学

学科的主体地位，充分体现数学在活动中的重要作用。具体地说，在数学综合与实践活动中，活动起点要重点考虑从数学的角度发现和提出问题，活动过程以用数学方法解决现实问题为主，活动结果指向数学素养的形成。因此，活动设计时要充分考虑主题与数学高度融合的内容，任务的设置也要突出数学在其中发挥的作用，这样设计的综合与实践活动才能体现“数学化”。

例如，在“低碳生活”中，教材注重引导学生从数学的角度发现和提出问题：

要实现我国“碳达峰”的目标，你能从碳排放强度、二氧化碳排放量、国内生产总值（GDP）等方面提出哪些数学问题？

……

根据你查阅得到的资料，你还能结合低碳生活提出一些数学问题吗？

又如，在“白昼时长规律的探究”中，为了探究北京白昼时长的变化规律，通过对北京二十四节气日的日出、日落时刻及白昼时长的数据进行收集、整理、描述、分析，推断出北京日出、日落时刻及白昼时长的变化规律。上述过程完整地呈现了数据的收集、整理、描述及分析的过程，渗透了用样本估计总体的思想，体现了数学在解决实际问题中发挥的作用。

在“音乐与数学”中，设计了两个主干活动：活动一“探究音乐律制中蕴含的数学原理”、活动二“从函数角度分析乐谱”。活动一中音乐律制的建立与数学真实相关，反映了数学在音乐律制的发展过程中发挥的作用；活动二引导学生从函数的角度分析五线谱，旨在培养学生用数学的眼光观察现实世界的素养。在活动过程中，注意引导学生从数学的角度发现、提出、分析及解决问题。例如，在引入音乐律制的素材后，提出问题：这些音乐律制的原理是什么？背后有哪些数学知识？在提到最初的制谱方法有缺陷时，提出问题：你能从数学角度解释为什么存在上述不足吗？这些问题都需要先将其转化为数学问题，再利用数学知识来解决。

3. 活动及任务的设置体现进阶性，关注其内部的逻辑

主题内部活动及任务的进阶，是指活动之间层层递进，前面的活动往往是后面活动的基础，后面的活动是前面活动的发展，它们共同组成一个有机的整体。每个活动又可分解为若干任务，任务之间体现从易到难的原则，解决前面任务的结果往往成为解决后面任务的基础，任务之间的逻辑结构相对清晰。整个综合与实践活动由主题分解的活动和任务组成，形成结构化的问题链，使学生在参与活动的过程中，逐渐提升思维能力，更好地达成活动目标。

例如，在“进位制的认识与探究”中，活动一是“认识进位制，探究不同进位制的数之间的转换”，教材将这一活动分解为三个易于操作的任务，体现出活动下的任务分解。任务设置遵循从易到难的原则，先让学生体验将二进制数转换为十进制数，再让学生体验将十进制数转换为其他进制数，最后让学生自行选择不同的进制数进行转换，从而将问题

研究一般化。此外，活动之间的设计也体现进阶性。在完成了活动一及活动二“探究进制数的加法运算”后，学生对进位制的认识及加法运算有了认知基础，才可能开展活动三中的探究 ICME-14 标识蕴含的记数方法的研究。

在“设计学校田径运动会比赛场地”中，任务“径赛项目跑道的设计”下设 4 个问题。先在问题（1）中引导学生探究标准 400 m 跑道的直道、弯道的设计原理；再在问题（2）中引导学生发现在标准 400 m 跑道内，不同跑步比赛的起跑线不同，从而引导学生探究其背后的原因；在问题（1）（2）的铺垫下，问题（3）让学生基于标准 400 m 跑道为不同跑步比赛划定起跑线；进一步地，在问题（4）中探究特殊情况下的起跑线划定问题（为 300 m 跑道划定 200 m 跑比赛的起跑线）。在上述 4 个问题中，对前面问题的研究是后面问题研究的基础，为后面的问题研究作准备，体现了任务内部的逻辑性。

在“白昼时长规律的探究”中，先在活动一中探究固定地点（北京）白昼时长的变化规律，然后在活动二中探究不同纬度、不同经度地区白昼时长的变化规律，体现了活动的逐层深入。

在“音乐与数学”中，活动一“探究音乐律制中蕴含的数学原理”中的四个任务环环相扣，由浅入深地引导学生进入对音乐律制的探究过程。任务 1 先要求学生查阅资料，回答什么样的声音合奏起来比较和谐；任务 2 是在任务 1 的基础上引入律制，由声音悦耳的秘密引出古代中、西方两种不同的音乐律制的制定方法；任务 3 提出两种制谱方法都有共同的缺陷，使音乐作品的转调存在困难；最后在任务 4 中引入了现在普遍采用的十二平均律，引导学生探究十二平均律能使音乐作品顺利转调的原因。通过上述任务链，学生能比较完整地了解音乐律制的发展过程及其后蕴含的数学原理，从而达成活动目标。同时，活动一中获取的音乐律制的知识，也为供学生选做的活动三“乐器的分析与制作”提供了理论基础。

4. 活动任务的设置突出问题意识，体现问题的引领

综合与实践活动以培养学生综合运用所学知识和方法解决实际问题的能力为目标。从学科关联的角度剖析数学综合与实践活动，可以将其看作以问题为中心，用数学的眼光分析现实问题，将现实问题转化为数学问题，进而借助数学知识与其他学科知识的联系解决问题。综合与实践活动中任务的建构，遵循发现、提出、分析、解决问题的思路，体现出问题的引领性。

在设计活动时，教材通过精心设计的问题链，引领活动的发展。例如，在“进位制的认识与探究”中，提出如下问题：

两种不同进位制的意义分别是什么？为什么会有不同的进位制？不同进位制的数之间能否互相转换？如何转换？二进制数之间能否进行运算？如何运算？是否还有其他进位制？

这一问题链提纲挈领地概括了本章要研究的主要数学问题，体现了问题的引领性。

此外，为了使问题引领整个综合与实践活动，要处理好问题的适用性，例如确保问题能够激发学生的挑战欲望、问题解决符合学生的能力等。只有保证学生兼备解决问题的意愿与能力，才能够使问题真正引领整个活动。

为了培养学生的问题意识，在设计综合与实践活动时，重视发展学生发现与提出问题、分析与解决问题的能力。例如，在“低碳生活”中，活动一“学习‘碳中和’等相关知识”提出问题：

在我们生活的大气层中，二氧化碳虽然只约占大气体积的 0.03%，但其对气温有较大的影响。

根据此信息，你能提出哪些问题？你能解决其中的哪些问题？

同样地，在活动三“认识、分析我国‘碳达峰’‘碳中和’目标”中，在介绍了我国关于“碳达峰”“碳中和”的目标举措下，设计了让学生自行提出相关的数学问题并加以解决的任务，这有助于培养学生发现、提出、分析、解决问题的能力。

5. 设置开放的任务，体现综合与实践活动的开放性特征

开放性是综合与实践活动的一个重要特征。教材通过设置开放的任务，使综合与实践活动在条件、问题、过程及结果等各环节上都具有开放性，具备多种可能。此外，综合与实践活动还重视设置平行任务，学生可自由选择平行任务，或由学生自行提出感兴趣的研究问题。这种处理使综合与实践活动向所有学生开放，让每个学生都能参与其中。

例如，在“进位制的认识与探究”中，活动三安排了两个主题，一个是让学生探究 ICME-14 标识中的记数符号所表示的数，另一个是让学生撰写一篇与进位制有关的文章，两个主题可以由学生自由选择。

而在“设计学校田径运动会比赛场地”中，也多处体现了综合与实践活动的开放性。例如，设置的活动及任务具有可选择性，学生可自由选择其中的部分完成。在活动三中，也能够体现让学生自己提出问题并加以解决的设计：

规划比赛场地时，还有其他问题吗？自己提出规划学校田径运动会比赛场地时与数学有关的问题，并加以解决。

这种设计体现了该活动在问题、过程及结果上的开放性。

又如，在“建筑中的数学”中，教材在活动一的任务 3“发现建筑中的‘和谐美’”中，提出：

建筑中还有很多采用特定比例的例子，请查阅资料，收集建筑物中使用比例知识来体现和谐美的例子，并列式说明相关比例。

这一问题没有固定的答案，体现了结果的开放性。还是这个综合与实践活动，其活动三将设计建筑图纸作为选做活动，学生可以根据兴趣选做。由于不同学生设计图纸的过程以及最终的设计图都各不相同，所以也能体现出综合与实践活动过程及结果的开放性。

再如，在“停车位设计问题”中，活动一在得出斜列式停车区域的面积显然大于垂直

式和平行式停车位设计所需的面积后，提出问题：

为什么这种停车位还会广泛存在？研究停车位设计问题可能还需要考虑哪些影响因素？

这些开放性的问题使不同层次的学生都能参与到活动中。

6. 设置操作性的活动，体现综合与实践活动的实践性特征

综合与实践活动以“活动”为主要开展形式，强调学生的亲身参与，引导学生在观察、操作、比较、分析、讨论、实验、设计、制作等一系列活动中发现、提出、分析和解决问题，体现出综合与实践活动的实践性特征，体现了“做中学”的理念。其中强实践性的活动有合作交流、方案设计、制作物品等。

综合与实践活动倡导通过团队合作的形式来解决问题，注重展示交流，因此活动本身就具有很强的实践性。教材还通过设置各种操作性的活动，使学生高度参与其中，充分体现综合与实践活动的实践性特征。

例如，在“设计学校田径运动会比赛场地”中，涉及引导学生测量体育场的各种数据、画运动项目的场地示意图，以及划定不同跑步比赛的起跑线等实践活动；在“确定匀质薄板的重心位置”中，需要学生通过查阅资料、做实验、小组讨论等活动，确定图形的重心位置；等等。

另外，从活动结果来看，最能体现实践性特征的是物化的实践成果。这里的“物化”是广义的，不局限于实物作品，还包括论文、汇报等成果形式。例如，在“音乐与数学”中，设计了乐器制作的活动；在“建筑中的数学”中，安排了设计建筑图纸的活动；在12个综合与实践活动中，都设计了写小论文或研究报告的活动。这些活动充分体现了综合与实践活动的实践性特征。

7. 设置选做活动，体现活动的弹性

综合与实践活动与其他三大知识领域一样，属于必学内容，因此综合与实践活动要面向全体学生。考虑到学生思维水平的不同，活动的设计要有弹性，能够让不同水平、不同特长的学生都参与其中，满足学生的不同需求，落实“人人都能获得良好的数学教育，不同的人在数学上得到不同的发展”的课程理念。在设计活动时，将大部分学生可以参与的活动设为必做活动，而综合性、实践性或者拓展性比较强并且难度较大的活动设为选做活动。同样地，活动下的任务也根据难度的不同，设为必做和选做两种。这些选做内容为学有余力的学生提供了进一步拓展的空间，对于培养学生解决实际问题的能力、为学生积累数学活动经验都有很大帮助。

例如，在“确定匀质薄板的重心位置”中，教材设计了一个选做活动“跳高运动员为什么采用‘背越式’”，供学有余力的学生进行探究；在“音乐与数学”中，活动三“乐器的分析与制作”也是一个选做活动，教材提供了如下两个选做的任务，体现了弹性的设置：

任务 1　选择一种乐器，借助活动一中学过的音乐律制的知识，分析乐器结构中蕴含的数学元素。

任务 2　尝试自制一个小乐器，和同学比较一下看谁制作的乐器音准更好。

又如，在“生活中的优化问题”中，活动三“产品包装箱的设计”通过设置选做任务，体现了活动的弹性，为学有余力的学生提供更多探究的空间。

8. 搭建适宜的脚手架，在活动过程中提供必要的引领

对于初中生而言，当综合与实践活动中某些活动的综合性、实践性或者拓展性很强时，其解决问题的难度就会很大。这时候对一些关键任务的步骤进行说明，能为学生顺利完成活动任务搭建脚手架。例如，通过使用通俗易懂的文字说明对难点、关键点进行必要的介绍或提示，可以帮助学生克服难点，突破关键点；或者是为学生提供适宜的活动过程范例，也可以为学生较好地完成活动中的任务提供帮助。

例如，对于“进位制的认识与探究”中的探究 ICME-14 标识中八卦符号的记数方法，教材通过提示给出了解读标识中记数符号的关键步骤，从而为学生顺利完成这一活动提供了保障。在“白昼时长规律的探究”中，为了帮助学生分析如何较为全面地刻画北京白昼时长的变化规律，教材精心设计了下面的引导性语言：

北京全年的日出、日落时刻数据繁多，能否选用其中一些具有代表性的数据来刻画呢？

我们知道，二十四节气日是气候变化的节点，北京日出、日落时刻以及白昼时长与它们可能有着密切联系。

通过这样的引导语，将抽样调查中如何选取样本的方法渗入其中，引导学生在众多的数据当中，选择一些关键的、典型的数据进行整理、分析，从而找到解决问题的思路。

又如，在“音乐与数学”中，活动二是从函数角度分析乐谱，培养学生用数学的眼光观察现实世界的素养。在该活动的任务 1 中，教材通过类比的方法引导学生发现五线谱中记谱的方式和在平面直角坐标系中刻画点的位置具有相似性：

图象由点组成，在画函数图象时，需要在平面直角坐标系中描出点的位置，这就需要先确定点的横、纵坐标。类似地，人们在记谱时，也是通过记录乐音的音高和音值这两个基本要素来记录乐音。

而在该活动的任务 2 中，要求学生在平面直角坐标系中刻画乐曲片段时，教材给出了关键步骤的提示，引领学生完成这一任务，起到了脚手架的作用。

在“生活中的优化问题”的“产品包装箱的设计”这一活动中，任务 1 为当圆柱体产品单层排列时，研究使得长方体包装箱表面积最小的排列方式。由于该任务综合性大、实践性强，学生不易想到问题解决的思路，所以教材先通过“提示”说明排列方式要考虑齐排列和错排列两种，再对任务进行分解：先考虑齐排列的方案有几种，分别计算它们的包装箱表面积，找出表面积最小的排列方案；再考虑错排列的方案有几种，找出其中包装箱

表面积最小的排列方案；最后综合比较齐排列与错排列两种排列方案，找出最省料的包装方式。通过上述对任务过程的分解，帮助学生明确解决问题的方法，从而降低了活动难度。

9. 精选主题设计数学建模活动，使学生初步感知数学建模的过程

高中阶段的综合与实践活动以数学建模活动和数学探究活动为主，是高中数学课程的四条主线之一。其中，数学建模活动是运用数学模型解决实际问题的一类综合与实践活动。初中阶段的综合与实践活动以培养学生综合运用所学知识和方法解决实际问题的能力为目标，其发展的高级状态应为数学建模活动。另外，初中阶段学生需具备的核心素养之一——模型观念，要求学生知道数学建模是数学与现实联系的基本途径，初步感知数学建模的基本过程。综合上述原因，随着学生数学知识和能力的完善，在初中高年级的综合与实践活动中，逐渐提升了综合与实践活动的难度，设置了一些类似数学建模的活动，分阶段渗透数学建模的关键步骤，直至呈现完整的数学建模活动，使学生在建模活动中发展模型观念。

数学建模过程主要包括：（1）作出前期假设，简化实际问题；（2）对简化后的实际问题进行数学抽象，提出数学问题；（3）分析问题、建立模型；（4）确定参数、求解模型；（5）检验模型、改进模型；（6）解决实际问题。教材通过渗透“对现实问题提出假设，简化现实问题，转化为用数学可以解决的问题”的建模步骤，培养学生从实际问题中抽象出数学问题的能力。例如，在“高铁列车运行中的数量关系”中，在研究高铁列车运行路程与时间之间的关系时，通过假设列车在三段路线的起始 10 min，最后 10 min 分别做匀变速运动，中间阶段做匀速运动，简化高铁列车的运行状态，从而使通过建立数学模型推断高铁列车在三段路线上的运行状态成为可能。同时，教材还对这样的假设作出了解释，说明其合理性：

实际上，高铁列车的运行状态非常复杂，绝对的匀速、匀变速几乎是不可能的。但是，这样的假设来自实践经验，是对问题的简单化、理想化的描述，可以使我们运用已有的知识研究问题，这是科学研究常用的方法。

又如在“生活中的优化问题”中的“寻找最大射门角度”这一活动中，教材通过合理的假设，使实际问题简化，将问题转化为数学问题：

足球场上，球员进行直线带球过程中的射门训练，射门时球员与球门两端会形成一个角度，什么时候这个射门角度最大？我们把这个问题简化，只考虑足球沿草坪直线运动的情况。射门角度最大的问题可以简化为：直线上的点在什么位置时与线段两个端点的连线形成的角度最大的问题。

在“停车位设计问题”中，呈现了完整的数学建模活动。在研究汽车转弯的运动轨迹时，教材通过合理的假设，简化实际问题：

在研究汽车从停车位以固定角度转弯时，一方面，要考虑司机驾驶的一般水平；另一

方面，在研究复杂问题时，往往需要对条件进行一定的限制或将问题适当简化，研究某种理想状态。因此，我们可以只研究从汽车后轮与车位线重合时开始，以固定转弯角度前进，直到汽车与通道线平行的情况。

在研究斜列式停车位停车所需的最小通道宽度时，通过假设将汽车转弯的数学模型进一步简化：

忽略车头到前轮、车尾到后轮的距离，将四个车轮抽象成四个点，则汽车可看作一个以这四个点为顶点的矩形。

从而将问题转化为用数学方法求解斜列式停车位停车所需的最小通道宽度，即建立数学模型的过程。其后，通过建立的数学模型解决不同倾斜角度的斜列式停车方式（含倾斜角为 90°时的垂直式停车）的最小通道宽度问题。教材还注重渗透模型检验的步骤，引导学生查找相关数据，进行模型检验、修正：

查阅你所在地区的《建设工程规划设计通则》，其规定的不同停车位排列方式匹配的通道宽度，与你计算的数据对比，它们的差距大吗？如果差距较大，尝试分析原因并改进。

最后，在得到各停车方式所需的最小通道宽度后，教材给出一个实际的停车场设计图，让学生分析停车布局的优缺点，并为停车场设计提出建议，从而落实到解决实际问题中。通过这一活动，有助于学生初步体验数学建模的全过程，发展模型观念，为进入高中后进一步的数学建模活动作准备。

六、综合与实践活动的教材呈现

教材中综合与实践活动的文本呈现，重视利教利学，即利于教师组织活动，利于学生参与活动。围绕活动的设置、实施与评价，教材文本主要包括以下几个要素：活动背景、活动目标、活动准备、活动任务、活动过程和活动评价等。活动前有“活动准备”，活动后有“活动评价”，它们是活动的必要组成部分。不完成“活动准备”中的相关要求，就无法开展后续的“活动任务”；同样地，如果没有“活动评价”，就无从了解“活动任务”的具体成效，无法反思“活动任务”中的不足，难以推动“活动任务”的高效实施。

“活动背景”以活动引言的形式呈现。每个综合与实践活动都通过引言引出要研究的问题。这些引言通过选取贴近学生现实的素材，创设真实的情境，从而引出待研究或解决的问题。例如，“设计学校田径运动会比赛场地”的引言如下：

学校体育场是学生进行各类体育运动的主要场所。不同学校的运动场设置不一定相同，如有的学校体育场设置了标准 400 m 跑道，有的学校因场地限制，只能设置 300 m 或 200 m 跑道；有的学校设置了标准篮球场，有的学校设置了半场篮球场；等等。

学校一般会在春季或秋季举行田径运动会。举行运动会前，需要施划不同项目的比赛场地。施划这些运动场地，除了要考虑体育场的大小、不同运动项目的特点，还要用到数学知识。

下面，我们用数学的眼光观察学校体育场，并为学校日后举行的田径运动会规划比赛场地。

“活动目标”概述了本案例的活动内容：要解决的实际问题或获得的新知，以及学生通过活动在数学活动经验上的积累和核心素养上的发展。例如，“最短路径问题”的活动目标为：

会用数学的眼光发现生活中的最短路径问题；会用数学知识、思想、方法描述最短路径问题，把最短路径问题转化为数学问题；会通过逻辑推理解决数学问题；会用数学问题的结果解释最短路径问题，获得最短路径问题的答案。

“活动准备”是开展活动的重要基础，教材在“活动准备”中将本次综合与实践活动所需要的预备知识、工具、需要收集的数据资料等列举出来，为学生顺利开展后续的“学习任务”进行先行引导。在活动开展前，学生要在课外查阅相关资料，这是综合与实践活动的特点。对于综合与实践活动，并非所有的知识内容都是学生已掌握的，总有部分知识需要查阅资料、临时学习，进行必要的补充。例如，“设计学校田径运动会比赛场地”的活动准备如下：

1. 材料用具

卷尺、教学用的三角尺、直尺、量角器、圆规等作图工具。

2. 资料学习

通过咨询体育老师、查阅相关书刊资料或网络搜索，了解田径运动会不同运动项目的场地设计规格与要求。

“活动任务”是案例的核心部分。每个综合与实践活动由一系列不同主题的活动组成，活动层层递进；每个活动都配置了任务链，以问题串的形式引导学生发现问题、提出问题；通过分析问题，以及一系列问题的解决，完成相关的任务，达到活动的目的。例如，“设计学校田径运动会比赛场地”设计了三个活动：活动一“了解田径运动会相关运动项目场地设计的要求”，活动二“为学校田径运动会规划比赛场地”，活动三“自己提出问题并加以解决”。其中，活动二的任务 1 聚焦径赛项目跑道的设计，具体如下：

任务 1 径赛项目跑道的设计

（1）一个标准的 400 m 跑道的直道长是多少米？第一分道的总长度是多少米？弯道是什么形状？弯道中各分道的长度分别是多少米？你能找到其中蕴含的规律吗？

（2）在一个标准的 400 m 跑道内，100 m，200 m，400 m，800 m，1 500 m 等比赛跑道的起点相同吗？为什么会出现这种情况？

（3）如何在学校 400 m 跑道内划定 400 m 跑比赛的起跑线？4×100 m 接力跑比赛的起跑线又该如何划定？画出它们的示意图。

(4) 若学校只有 300 m 跑道，如何划定 200 m 跑比赛的起跑线？画出示意图。

“活动过程”要呈现清晰的活动过程结构。教材充当着既是教材、又是学材的重要角色，应具备足够的教学实施指导性。因此，对于综合与实践活动，教材有必要呈现出必要的活动过程，以此作为活动实施的文本指导。基于综合与实践活动的综合性、实践性的特点，教材设计了如下的活动过程（以“设计学校田径运动会比赛场地”为例）：

1. 组建合作团队

本次综合与实践活动需要团队协作。在班级中组成 5～8 人一组的研究小组，每位同学参加其中一个小组，每个小组确定一名负责人。

2. 方案构思

小组成员进行充分的讨论与交流，集思广益，形成解决上述任务的方案。

3. 方案实施

按照小组设计的方案进行任务分工，使每位成员都有明确的任务。根据规划的研究步骤实施，完成活动任务，并给出设计图和设计说明（要给出规划理由等），记录完成任务的过程，形成研究报告。

4. 展示交流

制作向全班汇报的演示文稿，选出代表向全班同学展示本组各项任务的规划示意图，并进行说明。分享实践过程中的活动经验、遇到的困难及其解决方法，反思活动中的不足。

注意：展示交流活动要邀请体育老师参加点评。

对上述活动过程的呈现，能够对综合与实践活动的顺利实施起到辅助作用。

“活动评价”是综合与实践活动的重要组成部分。综合与实践活动的评价既要体现结果性评价，也要关注过程性评价。进行结果性评价，即评价学生最终完成活动要求的情况，例如要求学生画出设计图、找到任务解决方案、建立数学模型并判断其与实际情况是否相符等。进行过程性评价，即评价学生在活动过程各阶段的任务完成情况以及表现，例如学生在合作小组中的工作表现及完成情况、与同伴交流的顺畅性、在活动中的耐挫表现等。通过评价引导学生从不同角度认识自己和他人在活动中的表现，积累更多的活动经验。即使最后结果按计划来说是失败的，也可以从学生获得了宝贵经验的角度视之为重要成果，肯定其活动价值。以“设计学校田径运动会比赛场地”为例，教材中给出了如下关于活动评价的提示：

通过成果展示与交流，基于各组完成的研究报告，根据情况选择任务完成表、表现评分表、自我反思表等进行评价。与老师（包括体育老师）和全班同学一起，通过质疑、辩论、评价，总结成果，分享体会，分析不足，开展自我评价、同学评价和教师评价，完成本次综合与实践活动。

需要说明的是，由于综合与实践活动在问题的条件、过程、结果方面的开放性，学生的成果并不唯一。教师在进行评价时，主要看学生方案的设计、落实、改进，具体方案下分析、解决问题的完整过程，以及对问题解决全过程的反思。综合与实践活动的评价主体多元，不仅包括教师评价，还应包括学生相互评价、学生自我评价等，从多方位、多角度对学生参与活动的情况进行评价，以促进学生的反思，汲取他人值得借鉴的经验等。关于综合与实践活动的评价，提供教师评价表（表 5-2）、小组评价表（表 5-3）、自我反思表（表 5-4），供师生在活动中使用。

表 5-2

评价内容	评价标准	教师评价
小组分工	活动计划科学，活动步骤清晰	
	科学合理分配任务，分工明确	
	小组成员主动接受任务	
学习态度	积极参与活动，发现或提出问题	
活动实施	会用多种方法收集处理信息	
	积极参与活动，主动分析、解决问题	
	问题解决方法多样性	
	高效地完成活动任务	
合作交流	主动与成员合作	
	辩证地倾听他人观点	
研究报告	格式正确，阐述清楚，分析得当，语言严谨	

表 5-3

组别：　　　　　　　　姓名：

评价内容	成员 1	成员 2	成员 3	……	自评
能表达自己的想法，参与方案的形成					
能参与方案实施并承担相应任务					
能认真观察、记录，参与撰写研究报告					
能在活动中找到解决问题的方法					
能进行协调沟通、展示交流					
能与小组成员互助、合作，具有合作意识					

表 5-4

组别：　　　　　　　　　　　　姓名：

本次任务中最简单的是：
本次任务中最难的是：
本次任务中最有趣的是：
本次任务中最意想不到的是：
本次任务中我需要改进的地方是：
如果想将任务完成得更好，我们需要：

综上可知，教材中综合与实践活动的设计蕴藏了四条主线：一是体验线，从入项到出项，从情境、任务、规则到交流与评价，学生将经历各个场景；二是活动线，从目标、准备、任务到评价，包括了全部环节；三是思维线，活动过程主要以“发现问题、提出问题、分析问题、解决问题”为逻辑线索，以“问题串”的形式呈现，落实“学习任务”以及预设的“学生活动”和“教师组织”；四是指导线，教师通过活动任务单、记录表、实验报告、论文、口头交流、实物模型等多种形式，搭建适宜的学习支架，让学生亲历发现、实验、探究、体验、合作、交流、反思等学习过程，体现活动的生成性与开放性，指导线既是对实施过程的引导，又为学生提供了思维外显化和反思的学习支架。通过这四条主线的搭建，将综合与实践活动提高学生的“四能”、发展学生的应用意识、创新意识和实践能力的育人价值蕴含其中。

七、综合与实践活动的实施建议

如前所述，教材中综合与实践活动的编写充分考虑了利教利学，以活动和任务串的形式呈现，便于教师在教学中组织和实施。在提供了文本的情况下，如何组织好综合与实践活动的教学也是一个值得深入研究的课题。综合与实践活动作为“活动型”的课堂，不同于常规课堂上以教师授课为主的内容导向的教学，而要通过活动来引领课堂、根据活动的开展情况来组织后续课堂，具有生成性、开放性的特点。活动的主体是学生，但是教师的作用也是不可忽视的。教师既是活动的设计者、组织者，又在一定程度上是活动的参与者。从活动前的设计，到活动过程中的组织，以及活动评价，都需要教师发挥积极的引领作用。

1. 活动准备阶段

在活动前，教师需要根据“活动准备”中的内容，组织学生做好材料用具的准备、资料的查询、预备知识的学习以及信息技术工具的使用等准备工作。在这一过程中，教师可以提供必要的指导。以资料查询为例，根据资料的不同特点，教师可以让学生通过报刊、图书、网络等进行开放式的查询；也可以提供一定的资料文本，限定资料查询的范围；还可以将 AI 引进课堂，在课堂上通过查询关键词一起来搜集资料。此外，综合与实践活动具有开放性的特点，学生在活动中可能会提出各种各样的问题，因此教师在活动准备阶段也要充分了解相关的背景知识，这样可以在学生遇到困难时给予有效的指导。教师要计划好各项活动、任务的具体内容，给学生提出明确的活动要求，策划活动组织的形式，做好活动的各种预设，为活动的顺利开展提供保障。

2. 活动过程

在活动过程中，一方面，教师要营造自由、开放的活动氛围，充分发挥学生的自主探究和合作探究精神；另一方面，教师要发挥积极的引领作用，保障活动的顺利进行。教师要及时了解学生的研究方向，从学生的研究中产生后续的研究内容，或引导学生确定研究方案等；要有目的、有计划地在方法层面上给予学生指导和帮助，特别是要加强对学生问题选择、设计方案思路、解决问题策略方法等方面的指导。教师要关注学生在活动过程中的状态、表现和体验，既要关注学生整体参与活动的情况，把握任务完成的效果，又要善于捕捉个体学生在活动中展现出的思维亮点，或是学生思维的碰撞点，及时开展针对性教学；或者适时地提问、点拨，帮助学生推进研究过程，提供个性化的帮助指导；或者对学生发散的思维进行适当归纳、提升，以促进学生抓住问题的本质，促进学生对问题的理解。

3. 活动评价

教师要根据活动目标确定评价方式，做好活动的评价工作。既要进行结果性评价，也要进行过程性评价。进行结果性评价，即评价学生最终完成活动要求的情况。例如，研究报告、设计图的完成情况，建立的数学模型是否能有效解决实际问题等。进行过程性评价，即评价学生在活动过程各阶段的任务完成情况以及表现。例如，学生在活动中的操作、思考、创意等方面的表现，学生在合作小组中的表现，遇到困难时的应对，与同伴的合作交流是否顺畅等。通过过程性评价，教师可以指导学生对问题解决的过程及结果进行检视和反思。

执笔人：张艳娇，张劲松，秦德生

研究组成员：秦德生，张劲松，曹自由，李健，刘达，宋莉莉，
孙锋，王飞兵，王立东，张艳娇

第六章

数学教材例习题系统的构建

数学教材各章节包括正文、例题、习题等内容，例题、练习、习题、复习题构成了教材的思维能力培养体系（以下简称例习题系统）。例习题系统作为数学教材的重要组成部分，是实现数学课程目标、实施数学教学的重要资源。

例题在教材中的呈现往往是在一个新概念、定理或法则等内容之后，为了阐明原理和规则的应用，通过示例来帮助学生理解和巩固数学基础知识、基本技能、基本思想和基本活动经验。习题是教学中供练习用的题目，练习、习题和复习题从总体意义上来讲，都属于习题的范畴。习题主要是为了加深学生对知识的理解、掌握和运用，同时对学生理解与掌握“四基”的程度进行评价，既有助于教师及时调整教育教学方式方法，也有助于学生检测学习情况，并进行针对性调整。教材习题还可以帮助学生了解所学知识在实际生活中的应用，理解现实生活背后的数学原理，感悟数学的审美价值，形成对数学的好奇心和想象力，主动参与数学探究活动，发展创新意识。例习题的功能在于有效诠释教材所构建的数学知识体系，并通过循序渐进的针对性思维能力培养达到知识体系的内化，以涵养学生“四基”“四能”，提升学生的数学思维品质。正文、例题、习题是一个整体，例题、习题是正文的自然延续，通过例习题的示范引领、巩固提升、反馈调节和拓展延伸，可以帮助学生理解正文内容。例习题系统的质量，直接影响着学生的数学核心素养的发展。

一、例习题系统的特征

为进一步完善教材例习题系统的编写，对原教材的例习题系统开展了专题研究。从核心知识、思想方法和关键能力三个方面，对原教材的数、式、方程、函数、图形的认识、图形与证明、图形与变换、数形结合、统计与概率等九个部分进行了系统分析，概括提炼出了原教材例习题编写的特色和亮点。

一是例习题总体结构合理，目的明确，严控了机械重复，注重加强例习题的多样性、选择性、结构性及解释性，重视内容与学习目标的匹配度，以及例习题的难易度与内容的关联。

二是例习题既体现了知识的再现、巩固等基本功能，更具有扩展知识框架、培养思维品质、提升情感等高阶功能。

三是关注例习题系统的各个要素，从结构层次的配置情况（数量、类型）、难易度、层次性与一致性（例题与习题的一致性程度、习题内部编排的层次差异）等，以及数学素养的有关情境（现实情境、数学情境、科学情境）、内容（数学知识、数学思想、数学能力）、过程（数学表达、数学运用、数学阐释）等角度，全面思考例习题系统设计。

四是甄选的问题经典，创设让学生“做数学”的机会，经历“数学化”与“再创造”的过程，以利于学生积极学习，提升思考探究能力，尤其突出了例习题系统的整体性、联系性、递进性，提高学生对知识的结构化与知识应用价值的理解，有效引导学生逐步学习如何解决数学问题，逐步获得“数学地思考”。

在上述研究的基础上，基于对新教材编写的思考，对例习题系统的功能、目标、类型、结构等方面又进行了认真的探讨，认为教材的例习题系统应具备如下特征。

1. 例习题系统应具有针对性

例习题系统是教材正文内容的必要辅助和补充，既要辅助学生进一步挖掘正文内容的数学本质，还要适度补充学习内容，并针对学生的年龄特征，让学生在解决问题的过程中对“学什么”“怎么学”有深入的体验和理解。为使教材例习题系统更具有针对性，要更为关注各章核心知识、思想方法、关键能力在例习题系统中的体现。

2. 例习题系统应具有整体性

例习题系统要更加关注学生学习，有助于提高课堂教学的效益。在例习题的编写中，如果缺少对整体把握，容易给学生的数学问题解决带来困扰。有的学生在遇到一些数学问题时，感到束手无策；有的学生能够着手解决，但不能得到正确的结果；有的学生虽能够完成解答，但解法复杂，思路不流畅。克服学生在解决数学问题时产生的困扰，关键是让学生学会思考，形成解决问题的思路，而良好的例习题系统，有助于学生整体地把握初中数学内容，领会其中的思想方法，从而有助于学生提升问题解决能力。

3. 例习题系统应具有层次性

例习题系统应关注层次和梯度，体现教材中各部分、各栏目的要求，形成一个立体化的能力培养系统。按照习题的不同功能，习题可分为“复习巩固”“综合运用”“拓广探索”三个层次。“复习巩固”层次的习题应关注核心内容，有效地落实“四基”；“综合运用”层次的习题应涉及相关知识的联系，在数学思维方面体现思想方法，在数学能力方面体现综合运用本章（节）知识解决问题；“拓广探索”层次的习题应对本章（节）内容进行拓展和延伸，或利用本章（节）知识解决更深层次的问题，体现探究性和拓展性。习题的难度不宜跳跃过大，应与例题、练习题以及前面的习题相配合。复习题应起到复习全章的作用，内容覆盖要全面，难度梯级要显著，题型设置要多样。

4. 例习题系统应具有精确性

应保证科学性和准确性，确保所选题目能够使学生达到训练要求。要配备足够的题目以巩固所学正文内容，要设置综合性题目以体现内容的联系性，要安排开放性题目以体现探究性。保证题目的数量、难度、层次、表述、解答的恰当，使教材例习题系统能够准确发挥其应有的效应。

5. 例习题系统应具有新颖性

例习题的设计应注重实践检验，基于证据分析，凝练并形成问题的创新立意，但不能脱离内容本质这个“根”，不在“奇”“特”上做文章，应体现数学知识的真正应用。教材例习题系统应随正文内容的变化而变化，因正文内容的创新而创新。素材应更具时效性，角度更为新颖，题型更加多样，开放性更强，并与信息技术结合得更加紧密。

二、例习题系统的设计原则

在编写例习题的过程中，注重例习题要引发学生对数学的兴趣，利于引导学生学习；例题、练习、习题等之间应形成有机序列，能规范学生一步一步达成数学学习目标，一点一点完成学习任务；要关注学生在基础知识、能力习得上的循序渐进，注重培养学生的数学思维和数学素养。由此，教材例习题系统的设计应遵循以下原则。

1. 目的性

例习题系统应严格遵循课程标准要求，体现核心素养目标。参照《标准（2022 年版）》的学业要求，从知识和技能、思想方法、核心素养表现三方面设计例习题。以结构化的数学知识主题为载体，使学生在形成与发展“四基”的过程中，形成抽象能力、推理能力、运算能力、几何直观和空间观念等核心素养；选择内容应从学生熟悉的生活情境、社会情境，以及符合学生认知发展规律的数学与科学情境出发，使学生经历用数学的眼光发现和提出问题，用数学的思维与数学的语言分析和解决问题的过程，从而形成模型观念、数据观念、应用意识和创新意识等核心素养；在数学知识的学习和运用、问题的实践探索活动中，积累数学活动经验，逐步培养学生对数学的好奇心、求知欲和学习数学的兴趣和信心，养成独立思考、探究质疑和合作交流等学习习惯，并培养自我反思的意识和能力。

2. 典型性

教材的例习题应具有典型性与示范性特征，特别是例题更要具备这类特征。选择例习题时，要重点关注数学本质，关注通性通法。学生掌握了教材的一类例习题，就能对其他类似问题触类旁通，起到举一反三的作用。此外，具有典型性的例题还提供了解决问题的规范和学习方式方法的示范，例如作图的规范演示、代数的规范运算、几何的规范推理、概率统计的规范表述、解题过程的规范书写等。数学例题的完整呈现包括思路分析、过程表述和反思总结等三个基本环节，这本身就展现了一个分析、解决数学问题的一般流程，为学生解决类似数学问题提供了范本。简洁、明了、规范的数学例题解答过程，为相关问题的解答提供了样板，为后续学习奠定了基础。

3. 基础性

在新时代背景下的义务教育阶段，教材例习题系统的基础性应理解为：教材的例习题要为学生的终身可持续发展奠定正确的价值观、关键能力、必备品格，以及基本观念、学习策略、学习习惯等。与其他书籍中的例习题不同，教材中的例习题要严格依据课程标准的要求编写，与教材知识要求和能力要求相呼应，凸显基础，突出核心知识和核心能力，关注学生的认知水平。例题不宜过于简单，过于简单的例题示范价值较小，难以为学生提供理解内化的素材和模仿解题的范例，过于简单的例题往往还会带来过于简单的解题过程，不利于提升学生对解题思路的理解。同样，例题也不宜过难，过难的例题不匹配大多数学生的认知能力水平，学生难于模仿，不利于巩固内化知识。例题的编写要有意识地让学生感受到新知识的学习要从模仿开始，一个新的概念、规则，应该先有带模仿性的简单练习，不要急于拓深拓广，急于加大难度。习题应帮助学生掌握正文内容，主要承担落实“双基”的功能，以熟悉公式、定理、方法等为主，让学生在头脑中留下清晰的印记。当然，习题也要关注数学思维含量，不要表现为对例题的简单重复训练，既要注重帮助学生巩固基础，也要注重学生的能力提升。习题数量要适宜，要保证达到应有的训练强度。

4. 发展性

数学核心素养的内涵表现既具有数学特征，也具有教育特点。例习题的设置既要考虑数学课程内容的学科本质，也要考虑其教育意义。教材例习题的选择要关注学生核心素养的发展，通过丰富的实例引导学生认识数学对象、发现数学规律、验证数学结论、解决数学问题。例如，通过创设丰富的情境，让学生感受数学在实际生活中的作用，发展学生的抽象概括能力；在解决问题的过程中，发展学生学习将陌生问题转化为熟悉问题的能力，感受化归思想；在解决现实问题的过程中，既可以加深学生对所学知识的理解，也可以让学生体会数学的价值。习题作为数学教材的重要组成部分，应充分考虑其与教材正文内容的协调，充分认识到习题的功能和作用。例如，课时练习题注重基本概念的辨析，帮助学生夯实基础知识和基本技能，形成基本的认知结构；节习题需要在课时练习题的基础上有所提升，注重知识的综合、拓展；章复习题要注重让学生形成网络化、系统化、结构化的知识体系，加深学生对数学思想方法的理解，积累数学活动经验，形成良好的数学思维能力，促进学生数学素养的发展。

5. 丰富性

教材例习题系统的编写要服务于数学基础知识、基本技能、基本思想和基本活动经验目标的落地；应适当设置生活、社会、科学、数学等不同情境的问题；既要有解答题，也要有选择题、填空题；既要有常规性问题，也要有开放性问题。例习题设计要精选现实生活和数学发展中的典型问题，相应的问题情境要自然、真实、合理、科学，尽可能贴近学生生活实际，与学生的个人生活、所处的社会环境紧密联系，避免出现失真或有违常识的问题。通过解决具有真实背景的问题，让学生感受数学与生活及其他学科的联系，体现数学的模型思想，发展学生的应用意识，引导学生开展观察、实验、比较、归纳、猜想、推理、反思等活动，给学生提供自主探索的机会，提高学生的数学思维能力，使之逐步形成用数学的思维来思考和处理问题的习惯。问题的呈现形式应尽可能多样，以满足学生对知识的巩固、复习、应用、拓展等不同学习需要，满足不同学习阶段的学习需要，满足不同作业完成方式的需要。

6. 创新性

创新是教材编写理应追求的目标，基于课程标准的教材编写更应当在有效体现课程理念、实现课程目标、发展学生核心素养等方面有所创新。[①] 例习题要保证知识内容的科学性和准确性，确保所选题目使学生达到训练要求，配备足够的题目巩固所学正文内容，设置适当的题目体现内容的综合性，保证题目的数量、难度、层次、表述、解答合理，使教材例习题系统准确发挥效应。特别要注意安排题目和使用的素材要体现探究性和创新性。例习题的创新主要体现在准确把握数学知识的内涵，明确创编立意，注重资料素材的创新，从呈现形式、栏目设置到逻辑结构、习题顺序等，都要体现新意，体现数学本质和数学文化意蕴。

三、例习题系统的呈现方式

教材的例习题是落实数学核心素养的直接载体，例习题编写从系统的高度出发，通过整体谋划，构建立体化的例习题科学体系，确保分类细化各领域、各主题核心素养的教学要求。

（一）构建立体化的例习题体系

教材例习题系统是一个立体化的供学生学习知识、形成能力、培育素养的系统。从宏观角度来看，既充分体现了相同数学课程领域内不同知识之间的层级关系与内在关联，又关注了不同领域内容之间的联系和沟通；从中观角度来看，教材以章为单元，构建同一主题内不同知识之间相互关联的例习题框架；从微观角度来看，教材以节为单位，构建具体知识的例习题框架。通过宏观、中观、微观三个层面的安排，形成丰富、完整的例习题体系。

例习题体系的章结构见图 6-1。

---

① 史宁中，曹一鸣. 义务教育数学课程标准（2022 年版）解读［M］. 北京：北京师范大学出版社，2022：315.

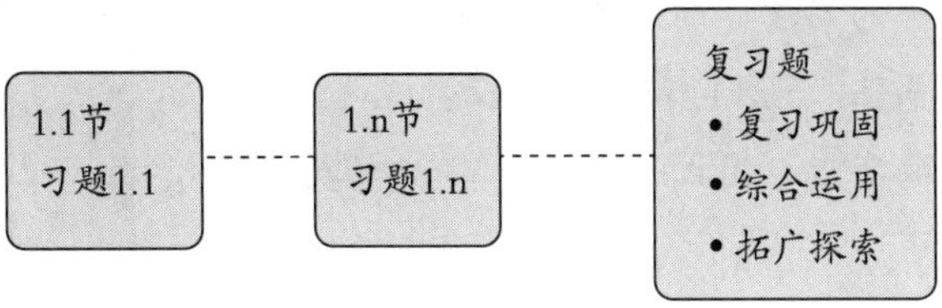

图 6-1

例习题体系的节结构见图 6-2。

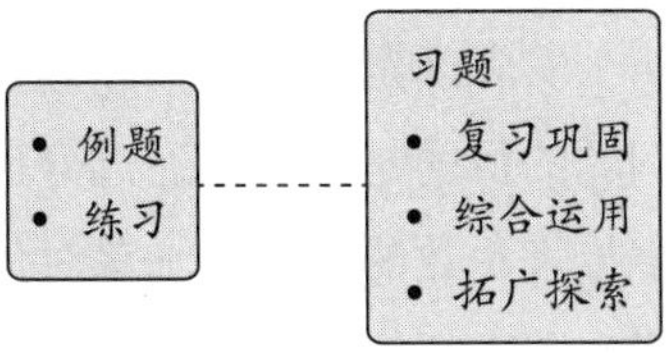

图 6-2

1. 同一领域内容的系统性

教材整体考虑例习题的设置，在体系结构上既关注知识内容的逻辑，也关注学生的心理逻辑。教材的例习题设计不仅重视同一主题内知识的直线深入，还关注同一领域知识的衔接与递进。下面以“代数式”一章为例，阐述其中例题的整体设计。

列代数式表示简单的数量关系是后续学习列方程（组）表示等量关系、列不等式（组）表示不等量关系、列函数表示变量之间的对应关系的基础，因此本章的例习题素材具有一般性和基础性。教材还适当设置了开放性的问题，体现发展性。同时，教材也特别关注不同内容的协调，重视整体联系。

例如，教材“3.1　列代数式表示数量关系”中的例 1、例 3 和例 5：

例 1　(1) 苹果原价是 p 元/kg，现在按九折优惠出售，用代数式表示苹果的售价；

(2) 一个长方形的长是 0.9 m，宽是 p m，用代数式表示这个长方形的面积；

(3) 某产品前年的产量是 n 件，去年的产量比前年产量的 2 倍少 10 件，用代数式表示去年的产量；

(4) 一个长方体水池底面的长和宽都是 a m，高是 h m，池内水的体积占水池容积的三分之一，用代数式表示池内水的体积。

例 3　用代数式表示：

(1) 购买 2 个单价为 a 元的面包和 3 瓶单价为 b 元的饮料所需的钱数。

(2) 把 a 元钱存入银行，存期 3 年，年利率为 2.75%，到期时的利息是多少元？

(3) 某商品的进价为 x 元，先按进价的 1.1 倍标价，后又降价 80 元出售，现在的售价是多少元？

例 5　如图，四个圆柱形容器内部的底面积分别为 10 cm^2，20 cm^2，30 cm^2，60 cm^2。分别往这四个容器中注入 300 cm^3 的水。

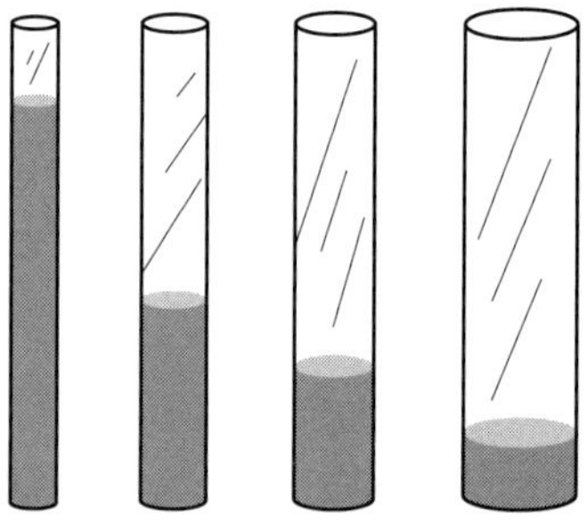

（1）四个容器中水的高度分别是多少厘米？

（2）分别用 x（单位：cm^2）和 y（单位：cm）表示容器内部的底面积与水的高度，用式子表示 y 与 x 的关系，y 与 x 成什么比例关系？

这 3 个例题的设置遵循了循序渐进原则，从易到难，从单一到综合。这些例题关注通性通法，抓住基本概念，不在技巧上做文章，不片面追求内容的深度、问题的复杂程度、难度、解题技巧。例 1 给出了四个实际问题，这些实际问题的背景是学生熟悉的，其中所蕴含的数量关系也很基础。此例题的目的是让学生通过分析实际问题的数量关系，列出代数式表示这种数量关系，体会字母表示数的作用，加深对代数式概念的理解。其中，特意将例 1 中前两个问题的答案设置为同一个代数式，可以引发学生思考，感悟代数式的一般性。例 3 以日常经济生活为主题设置了三个实际问题，这三个问题涉及初中生熟悉的经济问题，关注了学生的财经素养培养，并且能够进一步加强学生从真实情境中抽象出代数式的能力。例 5 以生活中的向容器注水为背景，当水的容积一定时，水面高度与底面积成反比例关系。学生很容易理解这个问题情境，并且通过图示能够直观感知高度的大小与底面积的大小之间的关联，加深对成反比例的两个量的认识。上述几个例题的设置，既服务于代数式这一章的学习，还涉及二次函数关系、反比例关系等内容，为今后的数学学习埋下了伏笔。

教材在关注从多个实际问题情境抽象出具有共同特征的概念的同时，也关注对同一个问题情境在不同学段的不同认知，从而突出体现学生学习的螺旋式上升，强调学生学习的阶段性、一致性、发展性。例如，“数与代数”领域主要包括“数与式”“方程与不等式”“函数”等主题，这些主题是学生理解数学符号，以及感悟用数学符号表达事物的性质、关系和规律的关键内容，是学生初步形成抽象能力和推理能力、感悟用数学的语言表达现实世界的重要载体。教材以不同的矩形为载体，以矩形的边长和面积为研究对象，这一问题贯穿代数式、方程、函数等内容，具体情况如下：

复习题 3 第 4 题：

4. 用一根绳子围成一个长方形，相邻两边的长分别为 x m 和 y m。

（1）当绳子的长为 12 m 时，用式子表示 y 与 x 的关系。

（2）当长方形的面积为 12 m^2 时，用式子表示 y 与 x 的关系。

（3）当长方形的周长一定时，相邻两边的长成反比例关系吗？当长方形的面积一定时呢？为什么？

习题 5.2 第 5 题：

5. 用一根 60 m 长的绳子围出一个长方形，使它的长是宽的 1.5 倍。长方形的长和宽各应是多少米？

“22.1　函数的概念”例 1（3）：

例 1　指出下列问题中的常量和变量：

（3）用 20 m 长的绳子围一个矩形，记矩形的一边长为 x m，矩形的面积为 S m^2。

“25.3　实际问题与一元二次方程”例 2：

例 2　用一根长为 40 m 的细绳，能否围成一个面积为 96 m^2 的矩形区域？如果能围成，这样的矩形是否唯一？

“25.3　实际问题与一元二次方程”第一个“练习”第 1 题：

1. 怎样用一根长为 40 m 的细绳围成一个面积为 75 m^2 的矩形区域？能围成一个面积为 101 m^2 的矩形区域吗？如果能，说明围法；如果不能，说明理由。

“26.4　实际问题与二次函数”例 2：

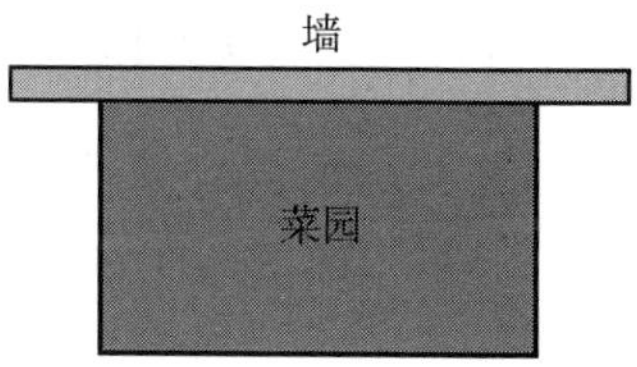

例 2　如图，利用一面墙（墙的长度不限），用 20 m 长的篱笆围成一个矩形菜园。如何围才能使菜园的面积最大？最大面积是多少？

习题 26.4 第 4 题：

4. 用总长 l（单位：m）的篱笆围成矩形场地，矩形场地的面积 S（单位：m^2）随矩形场地一边长 a（单位：m）的变化而变化。当 a 是多少米时，场地的面积 S 最大？最大面积是多少？此时的场地是什么形状？

习题 26.4 第 10 题：

10. 分别用定长为 l 的线段围成矩形和圆，哪种图形的面积更大？为什么？

这些题目都以矩形为背景，本质上都是对矩形边长、周长、面积等的研究。

复习题 3 第 4 题第（1）问是列代数式表示矩形周长一定时，矩形两邻边的和的关系；第（2）问是列代数式表示矩形面积一定时，矩形两邻边的积的关系；第（3）问则需要学生研究矩形周长或面积一定时，矩形两邻边之间的关系是否是反比例关系。这道题目的设计目的是使学生初步认识两个边长之间的基本数量关系。

习题 5.2 第 5 题以矩形周长为定长为前提条件，需要利用一元一次方程求解长和宽，以此引领学生认识数量之间的等量关系。

“22.1　函数的概念”例 1（3）从常量与变量的角度出发，引导学生关注矩形面积与矩形的一边长分别是一个变量，为认识两者之间具有函数关系进行铺垫。

“25.3　实际问题与一元二次方程”例 2 和第一个“练习”第 1 题，都是利用一元二次方程求解矩形的长和宽，能进一步深化学生对数量之间的等量关系的理解，同时借助问题串深化学生对方程解的实际意义的认识。

“26.4　实际问题与二次函数”例 2，以及习题 26.4 第 4 题和第 10 题，都是利用函数解析式刻画矩形周长一定时，矩形的面积与边长之间的关系，引领学生认识两个变量之间的单值对应关系。

上述例习题的设置引领学生先学习和、积等基本数量关系，再进阶学习等量关系，最后学习两个变量之间的对应关系，使得学生对数量关系的研究逐层深入，使得学生的学习成为一个前后贯通、拾级而上的有机整体，体现了核心素养培养的整体性和阶段性。

2. 同一章内容的整体性

教材一般以章为单位，呈现某一主题的相关内容，全章例习题的整体性体现在呈现方式的一致性、研究方法的一致性等多个角度。下面以“一元一次方程”一章为例，阐述本章例题的设计特色。

方程揭示了数学中最基本的相等关系，是一类应用广泛的数学工具。一元一次方程作为最简单的一类方程，是学生感悟用数学的语言表达现实世界的重要载体。全章内容包括方程（含一元一次方程）的概念、一元一次方程的解法和一元一次方程的实际应用。通过分析实际问题列出方程，有助于学生形成抽象能力和模型观念；解方程的过程主要体现了化归思想，有助于学生形成推理能力，发展运算能力。本章例习题在分析与解决实际问题的情境中展开，具体情况如下：

“5.1 方程”这节的核心是方程的概念，教材在引入方程的概念之后，设置了根据实际问题中的等量关系列方程的例 1。特别在边空中提示：“你能解释这些方程的左边、右边各表示什么意思吗?”引导学生深入思考，帮助学生体会方程的本质是从不同角度刻画同一个量。

解方程和列方程是利用方程分析和解决实际问题的基本过程中不可或缺的两个环节。“5.2 解一元一次方程”这节对一元一次方程解法的讨论始终是结合解决实际问题进行的，即先基于实际问题列出方程，然后讨论如何解方程，最后应用方程解决实际问题。本节在问题 1～3 之后，各安排了两道例题，其中前一例题（例 1、例 3 和例 5）是单纯解方程的问题，后一例题（例 2、例 4 和例 6）是对相应解法的简单应用。在问题 4 之后安排了一道解方程问题（例 7）。例 1、例 3 和例 5 的作用是巩固学生对相应解法的理解和掌握；例 2、例 4 和例 6 的作用有两个，一是巩固学生对相应解法的理解和掌握，二是逐步引导学生学会如何根据实际问题中的相等关系列方程。解答例 7 中的方程时，同时运用了合并同类项、移项、去括号和去分母四种基本步骤，其作用是帮助学生巩固对一元一次方程各种解法的深刻理解和灵活运用。总的来说，这 7 道例题都具有重要的示范作用。

3. 同一节内容的层次性

教材一般以节为单位呈现具体知识点的介绍。每节内容的例习题重点关注引导学生学会如何得到要研究的数学对象、如何研究数学对象、如何理解数学对象，以及如何应用数学知识解决问题。例如，习题 3.1 第 8 题：

8. 观察一组数：5，10，15，20，25，…。

(1) 你认为这组数有可能是按什么规律排列的？用文字描述这组数可能的排列规律。

(2) 根据 (1) 中的规律，用代数式表示第 n 个数。

解决这个问题时，不同的学生有不同的观察视角。部分学生可能关注到两个相邻数依次多 5 的关系，这种观察具有一定的局限性，还停留在算术思维层面。为了解决这个问题，应引导学生将隐性的这组数的排列序号显性化，引导学生对这一组数的序号及结果两方面进行整体观察，这样才能自然地想到引入字母来表示这两个数量，从而初步感悟代数思维方式。此题注重引领学生经历文字描述和符号描述两次抽象，教会学生如何用数学的眼光观察，如何用数学的语言表达，从而培养学生的抽象能力。

教材按课时安排练习，每课时安排 2～4 个题目，将其作为学生课内学习活动的一个组成部分，发挥其帮助学生巩固所学内容的作用。习题和复习题按题目的教学功能分为“复习巩固”“综合运用”“拓广探索”三个层次。习题按节课时安排题目数量，每课时对应 3～5 个题目，复习题按章课时安排题目数量，每课时对应 1～1.5 个题目。习题和复习题旨在帮助学生巩固和运用知识、培养数学能力、拓展知识、深化数学理解和应用，并且注重它们在培养学生创新意识和实践能力方面的重要作用。习题和复习题的设置还考虑了它们在学生达成学业质量标准上的评价功能。对于同一内容的例习题，教材依据循序渐进的原则展开，注重从易到难、从单一到综合地分层次呈现。下面以“代数式”的复习题 3 为例，阐述本章复习题的分层次设计。

复习题 3 的“复习巩固”层次安排了 5 个题目，这些题目对全章内容进行了全面复习。第 1 题需要列代数式表示简单的数量关系，用于巩固代数式的概念。第 2 题包括多个实际问题，需要列代数式表示较为复杂的数量关系，以此巩固列代数式表示数量关系的能力。第 3 题可以复习代数式的意义，问题具有一定开放性，能够巩固代数式的概念。第 4 题用绳子围成长方形，探索长方形的长和宽在周长、面积一定时的关系，并且能够通过对比不同条件下的两邻边关系突破认知难点，加强对反比例关系的理解。第 5 题用于巩固代数式的值的概念与求法，同时渗透两数的平方差与两数差的平方不相等，为学习完全平方差公式埋下伏笔。

复习题 3 的“综合运用”层次安排了 2 个题目。第 6 题以礼堂生活情境为背景，需要从特殊到一般地发现规律、表达规律，并从一般到特殊地求代数式的值。第 7 题是一道求不规则图形面积的几何题目，需要借助公式列式与计算。两道题目主要用于巩固列代数式与求代数式的值。

复习题 3 的“拓广探索”层次安排了 2 个题目。第 8 题需要用代数式表达图形的变化规律，解决此题有“数”和“形”两种思考视角。从“数”的角度看，只需通过数棋子个数就可以得到一组数据 4，8，12，…，从而可以发现规律；从“形”的角度看，通过关注图形的不同构成方式，从而可以发现变化规律，例如可以将每条边上的棋子数看作正方形的边长，总棋子数就可以看作是正方形的周长减去 4（正方形的四个顶点）。第 9 题以中华传统小吃为背景，糖葫芦历史悠久，展现了劳动人民的勤劳与智慧，体现了中华优秀传统文化。同时，此题可以引导学生用数学的眼光观察现实世界，用数学的语言表达现实世界。

（二）分类细化有效落实核心素养

《标准（2022年版）》提出会用数学的眼光观察现实世界，会用数学的思维思考现实世界，会用数学的语言表达现实世界，对义务教育阶段的数学学习提出了整体要求。在初中阶段，数学的眼光主要表现为抽象能力、几何直观、空间观念和创新意识；数学的思维主要表现为运算能力、推理能力；数学的语言主要表现为数据观念、模型观念和应用意识。这些核心素养的培养离不开具体的载体。丰富多样的例习题，就是发展学生的核心素养的有效载体。通过教材中的例习题，可以帮助学生获得适应未来生活和进一步学习所必备的数学基础知识、基本技能、基本思想和基本活动经验，体会数学知识之间、数学与其他学科之间以及数学与生产生活实际之间的联系，提高发现问题、提出问题、分析问题和解决问题的能力，进一步提高数学学习的兴趣，增强学习数学的信心，养成良好的数学学习习惯，以逐步形成和发展正确的价值观、必备品格和关键能力。新教材的例习题的呈现方式，全面体现了上述要求。

1. 引导学生学会用数学的眼光观察

教材设计注重引导学生感悟数学是一种认识与探究现实世界的观察方式。

（1）通过用数学知识解释现实世界中的现象，培养学生的数学眼光

用数学的眼光观察现实世界是发展学生数学核心素养的起点。因此，运用数学知识和原理观察与学生生活和社会生产相关的现实世界的各种问题，是培养学生数学眼光的重要方法。例如，习题6.2第6题和第9题：

6.（1）如图（1），把原来弯曲的河道改直，A，B两地间的河道长度有什么变化？

（2）如图（2），公园里修建了曲折迂回的桥。与修一座直的桥相比，修建弯曲的桥能对游人观赏湖面风景起什么作用？你能用所学数学知识说明其中的道理吗？

（1）

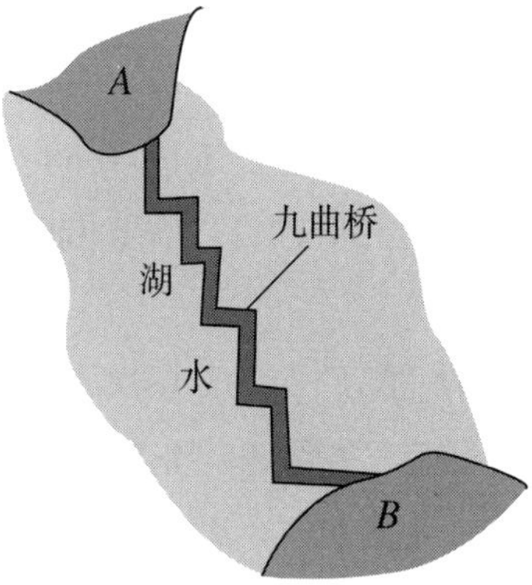

（2）

9.（1）如图（1），一只蚂蚁从点 A 沿圆柱表面爬行到它正上方的点 B 处，怎样爬行路线最短？

(2) 如图 (2)，如果蚂蚁从点 A 沿圆柱侧面爬行一圈到达点 B，怎样爬行路线最短？从点 A 沿圆柱侧面爬行两圈到达点 B 呢？说出你的理由。

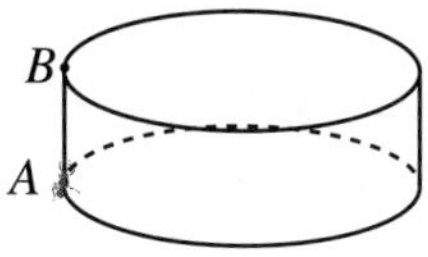

(1)

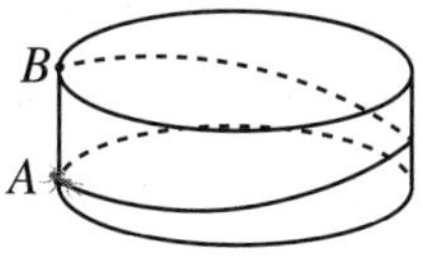

(2)

两道题目从不同角度考查了“两点之间，线段最短”。第 6 题第 1 问以河流改道为素材，需要对比河流长度的变化；第 6 题第 2 问以中国古代经典建筑园林曲桥为背景，学生需要将曲桥和直桥抽象为两种几何图形，然后对其进行长短比较，从而达到运用数学原理解释生活中建筑设计奥秘的目的。第 9 题以蚂蚁爬行的最短路径为背景，解决此题的关键是能将立体图形转变为平面图形。题目设计由易到难，特别是将爬行路线由绕一圈增至绕两圈，不断提升学生的思维深度。第 6 题与第 9 题都关注学生能否用数学原理解释生活中的现象，引导学生用数学的眼光观察现实世界。这种呈现方式注重学生经历将实际问题抽象为数学问题的过程，回避了单纯进行计算的考查，重在知识的运用。这种设计有利于改变师生容易忽视知识产生、发展的过程，只注重题海训练的教学方式；有利于通过日常教学引领学生用数学的眼光观察现实世界，运用数学原理解释现实现象，渗透应用意识。

(2) 通过从问题情境中抽象出数量关系和几何图形，培养学生的数学眼光

数学是研究数量关系和空间形式的科学，抽象是数学最本质的特征之一。然而，抽象又是看不见、摸不着的东西，很难被学生所理解。这就需要在教材例习题的编写中，通过恰当的情境创设，使学生经历解决实际问题的过程，从而加深对数量关系和几何图形的理解。例如，习题 11.1 第 10 题和“11.2　一元一次不等式”例 4：

10. 某市地铁票收费标准如下：

不超过 6 km 3 元；超过 6 km 到 12 km（含）4 元； 超过 12 km 到 22 km（含）5 元；超过 22 km 到 32 km（含）6 元； 超过 32 km 部分，每增加 1 元可再乘坐 20 km。

一位乘客单次乘坐地铁购票花费了 8 元，设他乘坐地铁的里程为 x km，用不等式表示 x 的范围。

例 4　甲、乙两超市以同样价格出售同样的商品，并且又各自推出不同的优惠方案：在甲超市累计购物超过 100 元后，超出 100 元的部分按九折收费；在乙超市累计购物超过 50 元后，超出 50 元的部分按九五折收费。顾客到哪家超市购物花费较少？

两道题目都以生活消费为背景，关注学生列不等式解决实际问题能力的培养。第 10 题以乘坐地铁的购票花费为情境，学生需要明确收费标准，理解其中的不等关系，才能正

确确定里程的范围。例 4 以超市购物为情境，学生需要明确两种优惠方案，通过分类讨论，梳理出其中的相等关系与不等关系，从而准确地建立方程、不等式解决实际问题。

再如，“21.3.2　菱形”例 3：

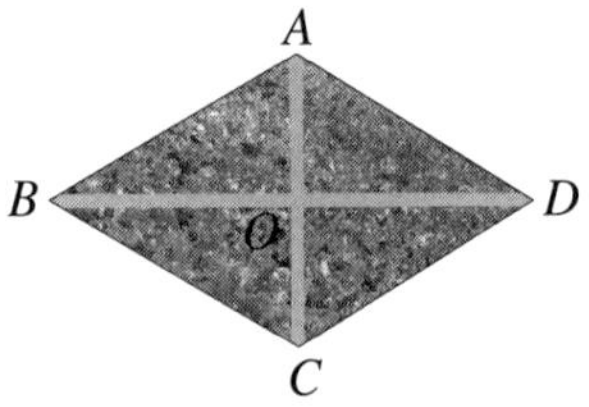

例 3　如图，菱形花坛 $ABCD$ 的边长为 20 m，$\angle ABC=60°$，沿着菱形的对角线修建了两条小路 AC 和 BD。求两条小路的长（结果保留小数点后两位）和花坛的面积（结果保留小数点后一位）。

此题以花坛为情境，解决此题的前提是将花坛抽象为菱形，将小路抽象为线段，从而将实际问题数学化。这种设计有利于学生将现实世界与图形世界关联起来，同时此题也充分体现了例题的探究性与发展性。例如为了求线段 AC 的长，可以直接利用$\triangle ACB$ 或$\triangle ACD$ 求解，也可以利用$\triangle AOB$ 等直角三角形求解。求四边形的面积也有两个观察视角：其一，可以直接利用面积公式求解；其二，将四边形面积分解为三角形的面积和，再求解。此题隐含着给出了菱形的面积等于对角线乘积的一半这个公式。如果进一步挖掘，还可以发现对角线互相垂直的四边形的面积等于对角线乘积的一半。因此，此题具有丰富的探究途径和探究方法，探究结论具有一般性和应用性，能够充分激发学生的探究兴趣，培养学生的发散性思维，体会数学探究的乐趣和成就感。

在小学阶段，学生通过熟悉的真实情境，已初步具备了一定的数感、量感、符号意识，形成了初步的抽象意识。在初中阶段深化抽象能力的培养，一方面是对小学数学抽象意识的发展，另一方面为高中阶段培养数学抽象素养奠定坚实的基础。教材中例习题的素材更加丰富多样，与生活实际的联系也更加紧密，陈述更有利于学生对抽象概念的认识和理解。

（3）通过以“形”释“数”和图形变化，培养学生的数学眼光

借助形状和想象感知事物的形态和变化是人的本能，利用几何图形的直观性理解和解决问题是培养学生数学眼光的重要方式。例如，“16.2　整式的乘法”第三个“练习”的第 2 题：

2. 计算：

（1）$(x+2)(x+3)$；

（2）$(x-4)(x+1)$；

（3）$(x+4)(x-2)$；

（4）$(x-5)(x-3)$。

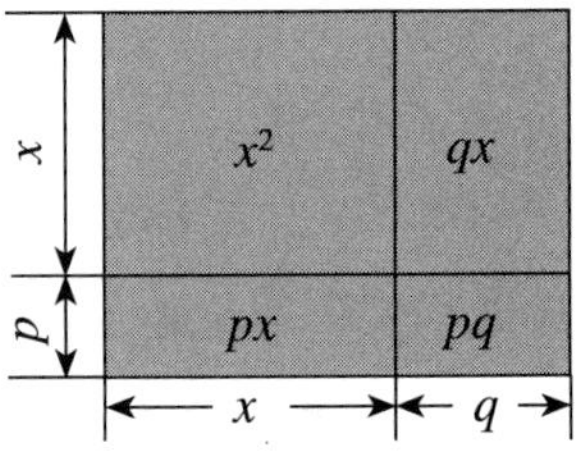

由上面计算的结果找规律，观察右图，填空：

$(x+p)(x+q)=(\quad)^2+(\quad)x+(\quad)$。

此题从“数”和“形”两个角度引导学生发现多项式乘法公式 $(x+p)(x+q)=x^2+(p+q)x+pq$。从“数”的角度突出从特殊到一般的归纳；从“形”的角度，注重直观理

解。以分割矩形为数学情境，引导学生将图形的面积分割和数的计算相关联，使学生借助图形分析问题和解决问题。通过这种以“形”释“数”的眼光，有利于提高学生的数学素养。

利用平移、轴对称、旋转等图形变化方式认识几何图形的性质与关系，是化静态为动态的认知方式的转变，是提升学生空间观念的关键因素。例如，复习题 28 的第 7 题和第 8 题：

7. 已知线段 AB，用平移、轴对称或旋转完成以下要求：

(1) 画出一个以这条线段为一边的正方形；

(2) 画出一个以这条线段为一边的等边三角形；

(3) 画出一个以这条线段为一边，一个内角是 30° 的菱形。

8. 如图，$\triangle ABC$ 和 $\triangle ECD$ 都是等边三角形，点 B，C，D 在同一条直线上。$\triangle EBC$ 可以看作 $\triangle DAC$ 经过平移、轴对称或旋转得到的。

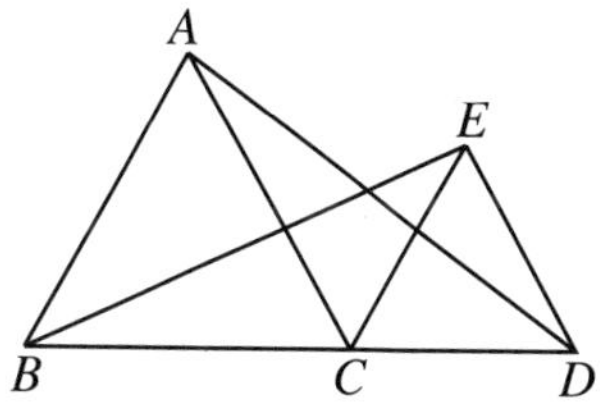

(1) 说明得到 $\triangle EBC$ 的过程；

(2) 若 $\angle ABE=36^\circ$，求 $\angle DAC$ 和 $\angle ADE$ 的度数。

两道题目都关注学生利用图形变化研究图形的位置关系和性质。第 7 题借助线段的变化重新认识正方形、等边三角形及特殊的菱形，答案开放，有利于学生充分展示自己的学习成果。第 8 题以旋转为变化主线，学生只有通过旋转变化的视角，变静态图形为动态图形，才能比较发现 $\triangle EBC$ 与 $\triangle DAC$ 的位置关系。这种设计有利于培养学生的空间观念，体现了对学生的核心素养的发展。

教材例习题系统力争让学生根据空间物体的组成、形状和结构等抽象出几何图形，养成用图形描述和分析问题的意识和习惯，建立“形”与“数”的联系，构建数学问题的几何模型；并使学生能够想象与表达物体的空间方位及相互间的关系，感知并描述图形的运动和变化规律。这些设计都有利于培养学生的几何直观，发展学生的空间观念。

2. 引导学生学会用数学的思维思考

数学的发展离不开逻辑推理和数学运算，推理与运算能力是培养学生数学思维方式的两个极为重要的因素。

(1) 通过合情推理与演绎推理，培养学生的数学思维

推理是数学的基本思想之一，推理能力包括合情推理和演绎推理，合情推理用于发现结论，演绎推理用于证明结论。例如，习题 20.2 第 6 题：

6. 我们知道 3，4，5 是一组勾股数，那么 $3k$，$4k$，$5k$（k 是正整数）也是一组勾股数吗？一般地，如果 a，b，c 是一组勾股数，那么 ak，bk，ck（k 是正整数）也是一组勾股数吗？

针对此题，学生需要先按照从特殊到一般的思路，发现勾股数的一般规律，从而得到猜想；再在此基础上，通过演绎证明得到勾股数的一般规律。整个设计兼顾合情推理与演

绎推理，突出对学生推理能力的培养。

（2）通过深化理解算理，培养学生的数学思维

数学运算具有规则性和一般性，这种特征正好与数学思维方式相吻合。通过加深对数学运算算理和运算法则的一般性的理解，能有效提升学生的数学思维水平。例如，“有理数的运算”一章的例习题，递进式地安排有理数的不同运算，由简单运算逐步过渡到综合运算。“加法运算”部分，先直接利用加法法则运算，再使用加法运算律进行运算；“减法运算”部分，从直接使用法则运算，到进行加减法混合运算；“乘法运算”部分，从直接使用乘法法则运算，到使用运算律进行运算；“除法运算”部分，从直接使用法则运算，到进行有理数混合运算。

教材例习题系统还适度增强了代数推理力度。这种设计能为提高学生的运算能力打下坚实的基础。例如，习题 16.2 第 11 题：

11. 确定下列各式中 m 的值（其中 p，q 为正整数）：

(1) $(x+4)(x+9)=x^2+mx+36$；

(2) $(x-2)(x-18)=x^2+mx+36$；

(3) $(x+3)(x+p)=x^2+mx+36$；

(4) $(x-6)(x-p)=x^2+mx+36$；

(5) $(x+p)(x+q)=x^2+mx+36$。

此题通过从特殊到一般的探究过程，引导学生归纳得出结论。这种处理也突出了代数推理的作用，使得学生感受整式乘法公式的结构特征。

运算能力作为数学核心素养之一，不仅是学生个体发展的需要，而且随着时代的发展，在社会生活中扮演着越来越重要的角色。数学运算的作用和功能不断拓展，运算对象从具体的数、字母符号扩展到向量、矩阵，从数值计算推广到图像计算，从精确计算发展到模糊计算。作为数学的“半壁江山”，运算已成为不同领域解决实际问题的重要工具。教材例习题系统的设计，力求让学生明晰运算的对象和意义，理解算法和算理之间的关系，理解运算的问题，选择合理的运算策略解决问题，并通过运算促进数学推理能力的发展。注重感悟算理，深化运算能力的认知，有助于学生形成规范化思考问题的习惯和品质。

3. 引导学生学会用数学的语言表达

数学的应用具有广泛性，其表现之一为可以用数学的语言表达现实世界。初中阶段的数学语言主要体现在模型观念和数据观念两方面。

（1）通过数学建模，培养学生的数学语言

数学建模是一种对现实问题进行数学化，用数学方法构建模型、解决问题的素养。教材中设置了大量建立数学模型解决实际问题的例习题。例如，“22.2　函数的表示”例 3，以及“22.2　函数的表示”第二个“练习”的第 3 题：

例 3　一个水库的水位在最近 5 h 内持续上涨。下表记录了这 5 h 内 6 个时间点的水位高度，其中 t 表示时间，y 表示水位高度。

t/h	0	1	2	3	4	5
y/m	3	3.3	3.6	3.9	4.2	4.5

（1）在平面直角坐标系中描出表中数据对应的点，这些点是否在一条直线上？由此你能发现水位变化有什么规律吗？

（2）水位高度 y 是不是时间 t 的函数？如果是，写出一个符合表中数据的函数解析式，并画出这个函数的图象。这个函数能表示水位的变化规律吗？

（3）如果这种上涨规律还会持续 2 h，那么 2 h 后水位高度将为多少米？

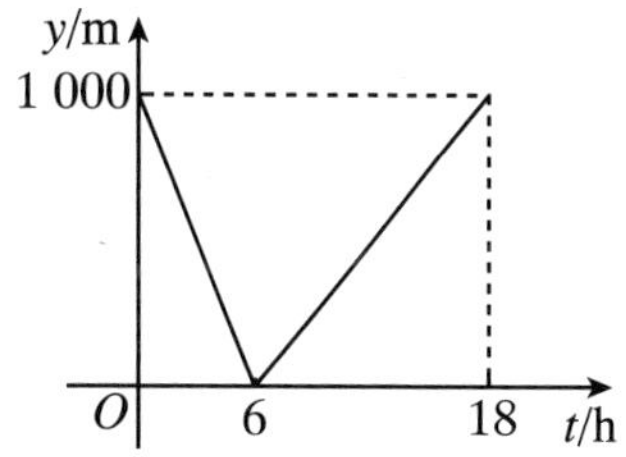

3. 如图，构建问题情境，使其中变量之间的函数关系可以用图中的图象来表示。

上述两道题目都是对函数的认识与应用。例 3 以水库的水位为情境，引导学生从数学的角度出发，利用表格分析水位高度和时间之间的关系，建立两者之间的函数解析式，从而实现利用函数模型预测水位高度，感受函数的应用价值。“练习”第 3 题从函数图象入手，希望学生通过构建符合图象的问题情境，加强学生对函数本质的理解。此题这种开放性的设计，能够强化学生对函数意义的理解，避免过于形式化的记忆。教材中这些例习题的设计，既关注了学生模型观念的培养，也能够发展学生的抽象能力与应用意识。

（2）通过数据分析，培养学生的数学语言

数据分析是大数据时代数学应用的重要方法，良好的数据分析能力需要学生具备与之相匹配的数据观念。形成数据观念有助于学生理解和表达生活中随机事件发生的规律，感知大数据时代数据分析的重要性，养成重数据、讲道理的科学态度。例如，“24.1.2　中位数和众数”的例 8：

例 8　某商场服装部为了调动营业员的积极性，决定实行目标管理，根据目标完成的情况对营业员进行适当的奖励。为了确定一个适当的月销售目标，商场服装部统计了每位营业员在某月的销售额（单位：万元），数据如下：

17	18	16	13	24	15	28	26	18	19
22	17	16	19	32	30	16	14	15	26
15	32	23	17	15	15	28	28	16	19

（1）月销售额在哪个值的人数最多？中间位置的月销售额是多少？平均月销售额是多少？

（2）如果想确定一个较高的销售目标，你认为在（1）的三个销售额中选哪一个作为销售目标合适？说明理由。

（3）如果想让一半左右的营业员都能达到销售目标，你认为月销售额定为多少合适？说明理由。

此题借助社会生活中的实际问题，体现了对学生数据观念的培养。解决问题需要计算平均数、中位数及众数三个统计量，并且要根据实际意义，合理使用这几个特征量。此题的设计重点在于：对于同样的数据可以有多种分析方法，从不同的角度分析，可以得到不同的结论。通过解决这类问题，使学生感悟到数据分析没有“对错”之分，但有“好坏”之别，全面提升学生的数据观念。

核心素养形成于具体的数学内容之中，但又高于具体的数学内容。教材中的例习题是培养学生核心素养的有效载体，对于如何看待例习题，希望师生不要仅仅停留在追求正确答案的浅层理解上，而应当深入挖掘每道题目背后蕴含的数学思想，不断将其内化为学生的数学素养。

四、编写例习题时重点考虑的一些问题

1. 注重例题分析，关注思维引领

教材特别强调对例题的分析。对于较复杂的例题，除解答外，还要有分析，分析不是简单地对解答进行陈述，而是要重点给出解决问题的思路，在“怎么想到的”上下功夫。下面以“轴对称”一章的两个例题为例，阐述例题分析的呈现特点：

“15.3 等腰三角形”例2：

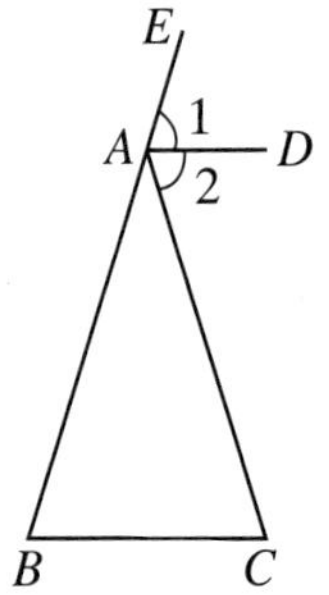

例2 求证：如果三角形一个外角的平分线平行于三角形的一边，那么这个三角形是等腰三角形。

已知：如图，AD 是$\triangle ABC$ 的外角$\angle CAE$ 的平分线，$AD \parallel BC$。

求证：$AB=AC$。

分析：要证明 $AB=AC$，可先证明$\angle B=\angle C$。因为$\angle 1=\angle 2$，所以可以设法找出$\angle B$，$\angle C$ 与$\angle 1$，$\angle 2$ 的关系。

本题突出分析法的使用，注重执果索因，强调引导学生发现未知量与已知量的关联，从而发现解决问题的思路。

“15.1 图形的轴对称”的例题：

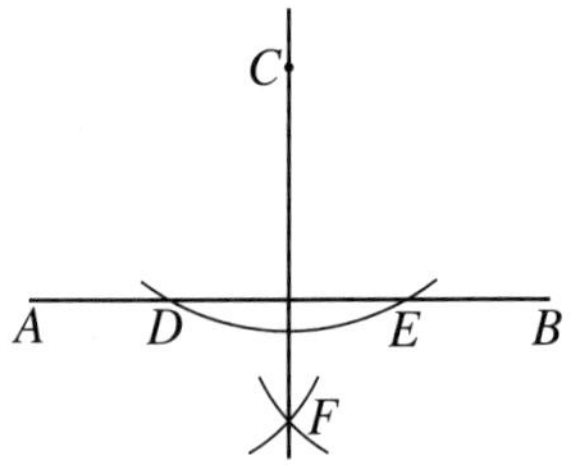

例 尺规作图：经过已知直线外一点作这条直线的垂线。

已知：直线 AB 和 AB 外一点 C（如图）。

求作：AB 的垂线，使它经过点 C。

分析：假设所求作直线已经作出，则它不仅过点 C 与直线

AB 垂直，而且是连接 AB 上与垂足距离相等的两点的线段的垂直平分线。我们已经会作线段的垂直平分线，因此需要首先在直线 AB 上确定这两点。根据前面关于线段垂直平分线的定理，这两点只需满足与点 C 的距离相等即可。

本题的分析从构图的结果出发，符合学生的思维特点，关注学生的空间观念。借助图形的性质与判定，通过推理需求作图路径，突出体现了尺规作图问题在培养学生空间观念和推理能力方面的作用。

2. 注重学习方式的引领，适当增加例习题数量

在例习题的编写中，我们十分重视学习方式的引领。例如，在“16.1.1　同底数幂的乘法”例 1 旁增加了边空“三个或三个以上同底数幂相乘，也具有这一性质”，有助于培养了学生的合情推理能力，从已有的事实出发，凭借经验和直觉，通过归纳和类比两个同底数幂相乘的法则推断出三个及以上同底数幂相乘的性质，起到举一反三的作用；进一步强化学生在运算中的推理意识，有助于学生形成抽象能力，推理能力和运算能力。

通过对原教材的使用情况调研发现，有的教师认为教材中的例习题数量不够，从而导致在教学活动中撇开教材另起炉灶，或选用其他教辅资料。新教材在遵循《标准（2022年版）》要求的前提下，对例习题的数量进行了适当扩充。

例如，相比原教材，新教材在“16.1.1　同底数幂的乘法”中增加了练习第 1 题，能够帮助学生加深对同底数幂的乘法的法则的理解：

1. 下面的计算是否正确？如果不正确，应当怎样改正？

（1）$a^3 \cdot a^2 = a^6$；（2）$a \cdot a^3 = a^{0+3} = a^3$；（3）$m^3 \cdot m^3 = 2m^3$；（4）$x^{2m} \cdot x^{4n-2} = a^{2m+4n-2}$。

又如，在“16.2　整式的乘法”中，例 1 相较于原教材增加了两个小题，丰富了题目的类型，增强了示范性。其中，新增的第 1 小题，降低了起始难度，而新增的第 4 小题则提高了问题的综合性，为学生灵活运用幂的运算性质提供了更多素材。教学中，教师可以视学情的不同，引导学生尝试不同解题方法。

例 1　计算：

(1) $3xy^2 \cdot 2y^3$；(2) $(-5a^2b)(-3a)$；(3) $(2x)^3 \cdot (-5xy)^2$；(4) $(-3x^2y)^2\ (-xy^3)^2$。

在图形与几何内容的编写中，也适度增加了相应的练习、习题的数量。例如，“29.1.1　圆的有关概念”的练习，新增了巩固点和圆的位置关系的第 3 题；“29.1.2　过三点的圆”第 2 课时的练习，新增了巩固反证法的两道题目；等等。

3. 素材与时俱进，反映时代发展

教材对例习题背景进行了调整，修正了与实际生活不完全相符合的情景，增补了一些更贴近学生生活实际且富有社会气息的新例题，例如在“反比例函数”一章中，删除了原教材中与反比例函数概念有关的“人均占地面积”问题，新增的生活中常见的“手机流量”问题体现了时代发展，拉近了与学生的距离；此外，还删除了当下多数学生不熟悉的

“煤气储存室”问题，并将“码头工人装卸货物”的例题修改为“港口起重机装卸货物”，使得问题背景更贴近现实生活。

教材也非常注重例习题素材在主题教育方面的时代特征。例如，“4.1　整式”例1的第4小题：

例1　用单项式填空，并指出它们的系数和次数。

(4)《北京2022年冬奥会——冰上运动》是为了纪念北京2022年冬奥会冰上运动发行的邮票。邮票1套共5枚，价格为6元，其中一种版式为一张10枚（2套），如图所示。某中学举行冬奥会有奖问答活动，买了 m 张这种版式的邮票作为奖品，共花费________元。

此题以北京2022年冬奥会为背景，通过邮票呈现出我国举办冬奥会这一国际体育盛事，既有文化意蕴，又彰显出我国的强盛国力。

4. 增加跨学科背景，综合性更突出

教材通过学生熟悉的生活情境、科学情境等创设跨学科问题，这些问题具有真实性、实践性的特征，且往往涉及物理、化学、生物等其他学科知识，具有较强的综合性。设置这些跨学科问题的目的包括引导学生发现解决现实问题的关键要素，用数学的思维分析要素之间的关系并发现规律，培养模型观念等。例如“27.3　实际问题与反比例函数”中涉及物理学中的功、作用力、位移关系的例3：

例3　在力 F（单位：N）的作用下，若物体会在力 F 的方向上发生位移 s（单位：m），则力 F 所做的功 W（单位：J）满足 $W=Fs$。当 W 为定值时，s 与 F 之间的函数关系如图所示。

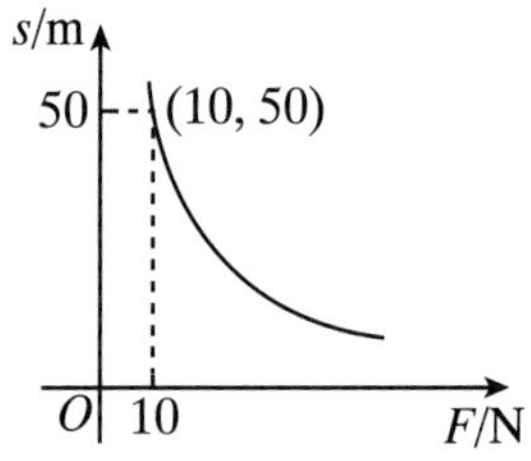

(1) 当力 F 为10 N时，求 F 所做的功 W；

(2) 写出 s 关于 F 的函数解析式；

(3) 在做功相同的情况下，要使物体在力的作用下的位移小于100 m，求力的范围。

通过跨学科问题，可以使学生在问题解决的过程中学会用数学的眼光观察现实世界，学会用数学的思维思考现实世界，学会用数学的语言表达现实世界，使学生在数学学习的过程中学会学习，逐渐形成理性思维，培养科学精神，发展应用意识和创新意识。

5. 加大信息技术融合

现代信息技术的出现，必然给教育带来深远的影响。在例题习题系统中，教材也特别注重与信息技术的融合。例如，“24.4　数据的分组”的例题就需要信息技术的应用：

例　10个城市某月的每日最高温度的平均数（简称平均高温）如表所示。

城市	北京	石家庄	呼和浩特	哈尔滨	上海	广州	海口	成都	贵阳	昆明
平均高温/℃	3	3	−3	−11	10	21	22	12	9	17

根据平均高温的组内离差平方和最小的原则，把这10个城市分为两组。

本例的解答需要借助计算器或信息技术工具，分别计算组内离差平方和（结果保留小数点后一位），体现出现代信息技术在处理数据方面的优势。

总之，教材例习题系统的设计遵循构建更有效的思维能力培养体系的原则。在体系构建方面，关注相同领域内不同知识之间的层级关系与内在关联；在具体题目设置方面，注重数学情境、生活情境、社会情境、科学情境的选取，突出问题的探究性和开放性；在问题解决方面，强调分析过程的展现。希望这样的设计能够引领学生感悟数学本质，发展核心素养，更有利于学生的长远发展。

执笔人：朱航，孙延洲

研究组成员：孙延洲，薛彬，胡红芳，刘金英，王凯歌，
袁亚良，张劲松，张文韬，朱航

第七章

数学教材中的问题情境

从数学学习的本质来看，学生数学学习中的建构过程，始终与知识赖以产生意义的背景及环境密切相关。恰当、合理地设置问题情境，有助于学生在面对现实问题时，懂得如何选择以及为什么选择他们所学过的知识来解决问题。由此可见，问题情境将对学生数学应用能力的提升起到重要影响。从数学课堂教学来看，数学核心素养是学生在具有情境的数学活动中，通过切实感悟、综合理解、反复强化所逐渐形成的，主要来源于数学活动经验的积累。① 教师进行课堂教学时，应着重考虑学生如何在具体问题情境中发展数学核心素养。此外，情境化的数学教学还有助于学生批判思维、自信心、积极学习态度等的提升，这也体现了注重情境教学的数学课程，能够有效服务于学生核心素养的发展。

国际上，“情境”构成了“以学习为中心”的课程发展新话语范式的基本要素。② 在国内，众多学者指出情境与数学核心素养具有密切关联，基于情境的课程开发也已成为教材编写的重要组成部分。在这场以“情境”为主旋律的课程发展浪潮下，仍有不少一线教师发出不解之声，尤其是应试教育背景下的个别数学教师，他们认为教材中的情境化设计增加了教学负担、浪费了教学时间，在真实的课堂教学过程中，时常对教材进行“去情境化”处理。除此之外，如何开发高质量的问题情境式课程资源，也是教材编写者与教师们的关注要点。

基于以上现状，本章将首先说明数学教材中问题情境的内涵，并解读问题情境的功能，阐明设置问题情境的价值所在；其次，通过阐释数学教材中问题情境的设置原则，帮助教师了解开发教材中问题情境时的基本遵循；然后，为了帮助教师更好地理解教材中问题情境的设置，本章将详尽介绍教材中问题情境的创设方法；最后是对教材中关于问题情境的一些事项的讨论。

---

① 常磊，鲍建生. 情境视角下的数学核心素养［J］. 数学教育学报，2017，26（2）：24-28.

② 裴新宁. 国际视野下李吉林情境课程优势分析［J］. 中国教育学刊，2016（10）：18-21，49.

一、问题情境及其功能

（一）问题情境及其相关概念

“情境”对应的英文单词为 situation 或 context，两者在许多时候可以互换，但又存在一定的差异。关于 situation 一词，多指事物所处的环境，所处的情况、形势、局面等，如情境认知理论（Situated Cognition Theory）使用 situation 一词表示学习者所处的环境。关于 context 一词，当在教育或教育研究领域使用 context 时，通常有两类含义：第一类是指学习环境，包括学习发生的不同环境以及学习的人际空间，这时候就与 situation 含义相似了；第二类是指文本中的上下文语境、背景信息，以及呈现给学生的任务的特征，包括帮助学生理解任务的文字、图片，或者是任务所处的环境与事件。相较而言，context 的第二类含义经常被使用，例如 PISA 使用 context 表示问题所依附的背景。因此，对于数学教材中的情境，可以通俗地理解为：通过数学教材中的背景（context），为学习者营造出学习、思考的思维场景（situation）。

在大致了解了本章研究的“情境”的含义后，我们接下来讨论“数学教材中的问题情境”是什么。戴再平认为，问题情境是问题的条件，能够为结论提供信息。① 因此，问题情境是具有目的属性的信息，需要根据问题情境的目的来决定。“问题情境”本身并不完全等同于“情境”，但在以解决问题为主体内容的数学教材中，展现情境之后，往往会提出与之相关联的问题，除了数学教材中的阅读性资源，教材中很少出现一个不涉及问题的情境。因此，数学教材中的问题情境，是指为了达成某种教学目的（如引出新知、理解新知、应用新知、反思总结），教材中呈现的问题的各类背景信息。在不加具体说明的情况下，本章将数学教材中的“问题情境”与“情境”视之为同一概念，理解为问题中呈现的背景信息。

最后，还有必要讨论与“问题情境”密切相关的概念“情境问题”。实际上，我们所研究的教材中的问题情境，就是指教材中的情境问题所对应的情境。有研究者认为，数学中的情境问题是直观的、容易引起学习者想象的数学问题，其特点在于问题背景包含于丰富的现实情境之中，并与学习者已经了解或学习过的数学知识相关联，尤其是与学习者已经具备的、但又未经训练或不那么严格的数学知识相联系。② 然而，我们也有必要承认，如果一个问题可以轻易转化为数学问题，其情境的作用微乎其微，那么也不应该将其视为情境问题。无论是上述哪种定义方式，均考虑了“情境问题”能否为学习者营造出心理冲突。但很难将这类定义方式用于数学教材中的情境问题，因为仅通过教材中的文本形式，无法准确地反映出该问题是否能够为学生营造出心理冲突。因此，本章所讨论的“情境问

① 戴再平. 数学习题理论［M］. 上海：上海教育出版社，1996：18.

② 孙晓天. 荷兰的数学教育和数学课程标准［J］. 教育科学研究，2000（3）：85-91.

题”，是客观存在的、具有背景信息的问题，它既具有问题属性，又包括相应的背景信息。

（二）数学教材中问题情境的功能

根据学生使用数学教材中问题情境的不同阶段，包括观察前期、融入中期、体悟后期，可以将问题情境的功能细分为六类，见图 7-1。

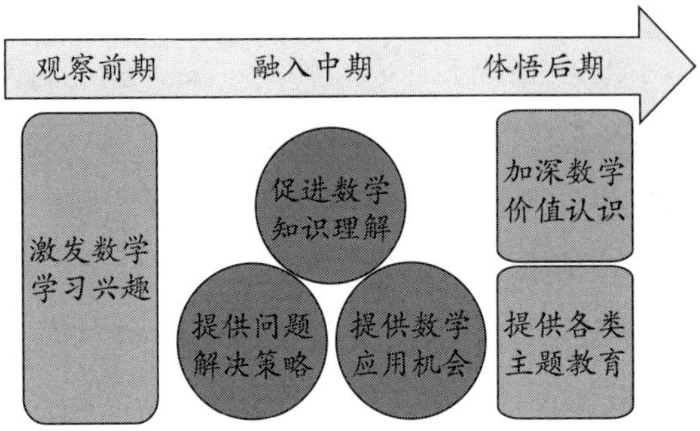

图 7-1

在观察前期，当学生第一眼看到问题情境时，情境所营造出的场域可能激发学生的数学学习兴趣。在融入中期，学生融入于问题情境之中，尝试相应的问题解决活动，这一过程可能促进学生对数学知识的理解，为学生提供数学问题的解决策略，为学生提供数学应用机会。在体悟后期，学生已经完成了基于问题情境所构建的数学活动，这时候学生可能通过反思，加深其对数学价值的认识，以及使其获得各类主题教育。

1. 激发学生学习数学的兴趣

数学的抽象性是导致多数学生数学学习兴趣不高的一个重要原因。在编写数学教材的过程中，引入问题情境是一种有效的解决策略。通过设计生动的、与日常生活密切关联的或能够引起学生认知冲突的问题情境，可以从多个维度激发学生的学习兴趣。从情境认知理论的角度来看，将数学教材中的问题情境与学生的现有知识和经验有效关联是关键，不仅有助于增强学生对数学问题的理解和兴趣，还能促进学生对知识的深层次加工和内化。因此，深入探析并创新数学教材中的问题情境设计，对提升学生的学习兴趣、动机与效果等，有着重要意义。一些实证研究也支持上述观点，例如，某项研究显示，相较于那些缺乏问题情境的代数方程问题，以故事形式提出的情境问题能够更有效地激发学生的学习兴趣，并有助于他们持续探索直至找到问题的答案；[①] 还有研究指出，引入数学历史的问题情境不仅能够维持学生对数学学习的兴趣，还能显著增强他们的学习动机。[②] 这些研究表明，通过将学习内容与引人入胜的故事或相关历史情境相结合，可以有效提升数学学习的

---

① Koedinger K R，Nathan M J. The real story behind story problems：effects of representations on quantitative reasoning [J]. The Journal of the Learning Sciences，2004，13 (2)：129-164.

② 曾峥，杨豫晖，李学良. 数学史融入初中课堂的案例研究 [J]. 数学教育学报，2019，28 (1)：12-18.

吸引力和教育效果。

2. 促进学生对数学知识的理解

初中生在理解数学知识时的困难，很大程度上源于数学的形式化表征和抽象性。不过，与高等数学不同的是，初等数学知识几乎都可以在现实世界中找到相应的关联情境，这种特性使得初中数学知识具有明显的情境性特征。这些知识的情境性特征不仅能支持和影响学生的数学知识获得，还能在一定程度上制约学生的认知进程。对学生而言，富有意义且易于理解的问题情境，可以激发其进行深入的数学思考。这样的问题情境不仅揭示了数学知识的产生背景、形成过程和实际应用，还能帮助学生更容易地理解并掌握数学知识。例如，通过现实情境“统计两位选手射击成绩的平均值与标准差，选择一名合适的选手参加比赛”，学生可以更好地理解集中趋势和离散程度的概念、关联性及其在现实生活中的应用性，这种方法能显著提高学生的数学学习效率。

3. 为学生提供问题解决的策略

通过在数学教材中设置学生熟悉的、与学习目标紧密相关的问题情境，有时可以有效地为学生提供问题解决的策略。许多学生在面对抽象的数学问题时，可能感到无从下手。但如果将问题嵌入有意义的情境之中，学生可以通过分析情境中事物之间的关系，快速地发现数学对象之间的各种可能联系，并据此形成针对性的解决策略。许多实证研究也证实了问题情境在这方面的作用。例如，一项研究表明，在货摊上，儿童能够处理涉及商品交易的复杂数学问题，而当相同的数学问题脱离实际购买情境时，儿童却难以给出正确的答案。① 我们还可以考虑这样一个情境：通过“剪—拼”三角形纸片，证明三角形内角和为180°。这一活动不仅使得学生能够亲手操作和直观感知三个内角组成一个平角，还为学生提供了探索和理解三角形内角和性质的证明路径，通过此问题情境显著增强了问题的可解决性。

4. 为学生提供数学应用的机会

在现实生活或需要解决的数学问题中，数学体现出极强的工具属性，成为帮助人们解决现实生活问题或数学问题的重要工具。因此，将数学应用于问题解决，成为学生达成数学学习目标的重要一环。在数学教材中设计有意义的问题情境，可以为学生提供应用数学的机会。通过解决真实的情境问题，学生可以像从业者或专家一样进行有意义、有目的的活动，并能将所获知识和经验有效迁移、应用到现实生活中的问题解决当中。数学教材中设置的问题情境，不仅能够模拟出生活中的各种数学应用场景，也能仿真不同行业中专业人士或数学家应用数学的场景，从而丰富学生的数学学习经验，增强学生的数学应用能力。例如，在数学教材中融入现实生活中有关统计知识的问题情境，不仅紧跟大数据时代

---

① Carraher T N，Carraher D W，Schliemann A D. Mathematics in the streets and in schools [J]. British Journal of Developmental Psychology，1985，3 (1)：21-29.

的潮流，还有助于培养学生所需的统计素养，并提供了多种现实且有效的统计应用场景。在教材中进行这样的问题情境设计，将使得学生的数学知识学习与现实问题解决紧密联系，为学生提供良好的应用数学的机会。

5. 加深学生对数学价值的认识

丁尔陞认为，数学不仅是解决实际问题的工具，而且要使学生懂得数学的价值。① 在数学教材中设置问题情境，恰好是对这一观点的肯定与体现。通过丰富多样的问题情境，学生能够直观感受并理解数学的价值。这种“价值认识”并非向学生进行简单介绍，而是通过精心设计的问题情境，引导学生经历应用数学的思维过程，从而在更深层次上领悟数学的思维价值和工具价值。例如，在教材中引入“不同能效空调的费用比较”这样的问题情境，可以让学生真实体验到数学在解决日常生活问题中的应用，深刻感受到数学的实用性。此外，引入如杨辉三角这样的数学史情境，有助于学生理解数学的历史和文化价值；通过对黄金分割这样的情境的探讨，学生可以发现数学在美学中的应用，从而认识到数学的美育价值。因此，在数学教材中进行合理的问题情境设计，将使得学生的数学学习不仅限于对知识、方法和思想的获得，还将服务于学生获得多元的数学价值体验。

6. 为学生提供各类主题教育

在学科融合的背景下，数学学科的功能不再仅仅局限于数学教育本身，它还担任着为其他领域教育提供支持的重要角色。由于数学教材经常融入日常生活和其他学科情境，它自然地为学生提供了一种“通过数学视角观察其他领域”的新视野。近年来，教育部全面贯彻习近平新时代中国特色社会主义思想学习要求，加强重大主题教育的顶层设计和统筹规划，目前已印发《习近平新时代中国特色社会主义思想进课程教材指南》《“党的领导”相关内容进大中小学课程教材指南》等多个文件，为重大主题教育进各学科教材提出了明确要求与重要指导。在数学教材中有机融入重大主题教育，成为一项为党育人、为国育才的重要任务。例如，在数学教材中，通过设计“天宫”空间站和“复兴号”高铁等具体情境，不仅可以展示我国社会主义现代化的成就，还促成了对学生的爱国主义教育。再如，设计需要多人合作完成任务的数学情境，能够培养学生的合作精神，进而实现劳动教育的目的。这些例证表明，数学教材中的问题情境设计，不仅服务于数学学科的学习，更拓宽了其功能，使之成为培育学生多方面价值观和技能的有力工具。

二、问题情境设置的原则

关于如何设置数学教材中的问题情境，目前的研究尚未发现较为系统的设置原则。基于课程设置的影响因素（社会、学科、学生）以及教材编写要求，提出了七条问题情境设

① 丁尔陞. 浅谈数学课程的设计 [J]. 课程·教材·教法，1991，11 (1)：15-18.

置原则，见图 7-2。

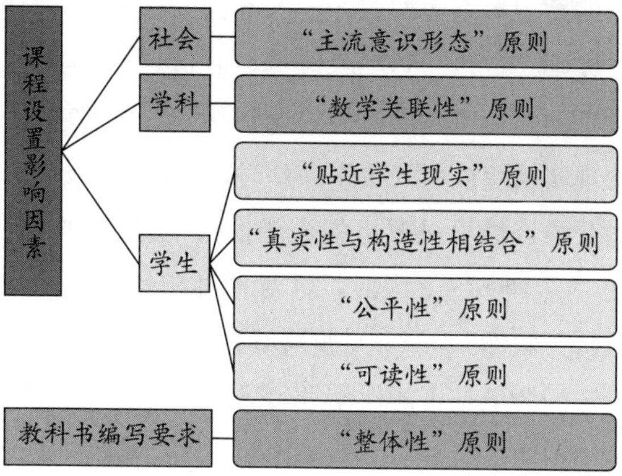

图 7-2

一方面，课程设置受到社会、学科和学生三类因素的影响，数学教材中问题情境的设置也与这三类因素密切相关。从社会因素来看，问题情境需要符合国家意志和要求，注意主流意识形态的宣扬；从学科因素来看，问题情境要特别注意与数学学科的关联性；从学生因素来看，问题情境需要注意贴近学生现实，做到真实性与构造性相结合，并考虑公平性和可读性。另一方面，作为整套或一册教材中的问题情境，还需要考虑对问题情境设置的整体规划。

1. “主流意识形态”原则

数学知识无国界，但数学教材有国界。教材的政治属性，决定了教材在传播国家认可的主流意识形态过程中所承担的正统角色。中国特色社会主义进入新时代，面对错综复杂的国际局势，有必要从为党育人、为国育才的战略高度思考数学教材的问题情境创设。因此，数学教材中的问题情境，必须严格遵循党和国家的要求，体现主流意识形态。2018年，教育部颁布的《中小学国家课程教材审定审查工作细则》指出，根据学科性质、任务和学生年龄特点，系统融入社会主义核心价值观教育。自 2021 年起，教育部印发了多个重大主题教育进课程教材的指导文件，对习近平新时代中国特色社会主义思想、“党的领导”相关内容、中华优秀传统文化、革命传统、国防、生命安全与健康、劳动、国家安全教育进课程教材体系进行了整体规划。《义务教育课程方案（2022 年版）》明确指出，要全面落实重大主题教育有机融入课程，增强课程思想性。因此，在数学教材情境中合理融入习近平新时代中国特色社会主义思想，体现社会主义核心价值观，将中华优秀传统文化、革命文化、社会主义先进文化等有机融入数学教材等行为，都是“主流意识形态”原则的重要表现。

例如，在新教材中，将我国的基本常识（如古代计量单位、时令节气）、古代技术或艺术（如古代测量方法、园林设计）、文化遗产（如东周钱币、延安宝塔）、数学家及数学成就（如祖冲之及其圆周率、华罗庚及其优选法）、我国发展成就（如北京冬奥会、新农村建设）、科技创新（如“中国天眼”射电望远镜、新能源汽车）等内容设置为问题情境，都能够体现出数学教材的意识形态属性。

2．“数学关联性”原则

数学关联性是在设置问题情境时需遵循的重要原则之一。它的核心在于能否激发学生的数学思维。当大量的现实情境被引入数学课堂时，虽然使得课堂更贴近生活，但也引来了一些学者的担忧：过分强调情境设置可能会降低数学课程的“数学味”[①]，数学课程中的“生活化”可能取代“数学味”[②]。因此，针对这种担忧，需要在设计数学教材时，特别注重问题情境的“数学关联性”。一个问题情境是否具有良好的“数学关联性”，可以通过许多方面来评判：设定的情境是否能促使学生进行纯粹的数学思考，设置的情境是否与数学概念直接相关，情境中的信息是否为解决问题提供必要的支持，解决方案是否能够清晰地回应问题情境等。这些标准帮助我们确保问题情境不仅是体现数学的生活化，更是对学生数学思维能力的培养。

以教材中使用的《孙子算经》中的“鸡兔同笼”问题为例，该问题情境提出：今有鸡兔同笼，上有三十五头，下有九十四足，问鸡兔各几何。这一问题情境非常适合引导学生进行数学建模和方程的学习。它不仅提供了生动的生活背景，使得问题更具吸引力和实际意义，同时也明确了解题所需的关键数学信息——1 只鸡有 1 个头和 2 只脚，1 只兔有 1 个头和 4 只脚。这种问题情境设置直接支撑了问题的数学化处理，即利用问题情境提供的信息列方程、求解问题。

3．“贴近学生现实”原则

在设计教材中的问题情境时，“贴近学生现实”起着至关重要的作用。一个有效的问题情境能够深刻影响学生的思维或情感，而这种影响的实现，其基础在于情境贴近学生现实（包括生活现实、数学现实和其他学科现实）。这种紧密的联系可以帮助学生轻松地将新知识与已有的经验结合起来，从而更好地理解和吸收新知识。如果数学教材中的问题情境是学生不熟悉的、难以理解的，那么无论其设计得多巧妙，都无法与学生的已有认知相匹配，难以激发学生的学习情感，从而失去设置问题情境应有的教育效果。在设置问题情境时，需要考虑学生的年龄、背景以及时代变迁等诸多因素。例如，改革开放初期数学教材中常见的关于生产队的问题情境很贴近当时学生的现实，但对于如今的学生而言，这类情境已经与学生的生活实际相去甚远，需要被更新以反映新的社会现实。

因此，高质量的问题情境必须从学生的视角出发，深入考察和分析学生现实，包括他们的日常活动、兴趣爱好、社会环境和已有学习经验等，以确保问题情境之于学生的关

---

① 黄翔，李开慧．关于数学课程的情境化设计［J］．课程·教材·教法，2006，26（9）：39-43．

② 郑毓信．试析新一轮课程改革中小学数学课堂教学——由若干小学数学课例说开去［J］．课程·教材·教法，2003，23（4）：29-33．

联性。

4."真实性与构造性相结合"原则

在编写数学教材时，将“真实性与构造性相结合”作为设置问题情境的重要原则，是为了兼顾教学的实用性和教育的目标性。基于此原则设置问题情境时，既要让情境拥有真实的背景，又要进行必要的简化和构造，以便更好地达到教学目标。真实性的引入是为了让学生能够将所学数学知识与现实世界联系起来，从而理解数学的实用价值和现实意义。学生通过解决基于真实情境的问题，可以更深刻地体会数学在现实生活中的应用，增强学习的动机和兴趣。然而，纯粹的真实情境可能包含很多冗余信息，这些信息可能会干扰学生的思考，使得学习过程变得复杂且效率低下。因此，适当的构造性调整是必要的。通过对情境的适度简化和抽象，去除与解决问题无关的信息，可以帮助学生集中注意力于学习目标上，提高教学效率和学习质量。这种精心设计的构造，使得问题情境既保持了基本的真实性，又增加了教学的针对性和实效性。

例如，对于“投向篮筐的篮球运动轨迹”或“击飞的高尔夫球的运动轨迹”等情境，它们都是关于抛物线运动的真实情境，有助于学生在解决问题时直观感受到数学与现实世界的联系，提升了学生解决实际问题的能力。同时，设置这类情境时，又都忽略了空气阻力的影响，简化了问题的复杂性，使得学生可以更专注于学习二次函数的性质和应用，有效支持了教学目标的实现。

5."公平性"原则

教材中问题情境设置的“公平性”，旨在确保使用教材的学生无论背景如何，均可平等地受益于教材内容。这一原则在设置问题情境时尤为重要，主要表现在认知公平和情感公平两个层面。首先，认知公平意味着设置的问题情境应当为所有学生所理解。例如，像“密室逃脱游戏”或“马球运动”等情境，可能对特定地理位置或文化背景的学生来说不够熟悉，尤其是对于那些来自农村地区的学生。因此，教材编写者应考虑到这些差异，尽可能选择学生普遍熟悉的情境，或在教材中提供足够的背景信息和解释，确保每位学生都能在尽可能平等的起点上接触数学问题。其次，情感公平要求教材中的情境应避免触及个别学生的敏感点。例如，统计“班级中身高最矮/最胖同学”的个体数据，或涉及灾难性事件（如地震）的死伤数据，这类情境可能激起部分学生的负面情绪或心理不适。因此，在设置情境时，应避免使用可能引起学生不适的内容，选择中性、普遍可接受的情境作为讨论和学习的基础。

总的来说，确保问题情境的公平性是提高教育质量和效果的重要关注点之一。只有当所有学生在接触和解决问题时感到被尊重和公平对待，他们才更可能在学习过程中保持积极和投入。

6."可读性"原则

编写数学教材时必须充分考虑学生的阅读能力，这一点体现在教材的可读性上。可读性强的数学教材能够确保所有学生都能轻松理解问题情境，从而更有效地学习和应用数学知识。在设置数学教材中的问题情境时，使用的语言应该是通俗易懂的，并且是能够吸引学生的。这不仅意味着避免使用晦涩难懂的术语，还包括采用学生熟悉和喜爱的表达方式。良好的可读性可以帮助学生轻松进入学习状态，不被复杂的描述或不熟悉的词汇所困扰，从而更加专注于解决数学问题本身。值得注意的是，“可读性”不仅仅指语法上的正确性，更包含内容的适宜性和语言的针对性。对于不同年龄段的学生，数学教材应使用不同层级的语言和表达方式。例如，对于才结束小学学习的七年级学生，其阅读能力和词汇量相对有限，因此对应的问题情境应考虑更为简单、易于理解的语言。而对于已经接受了两年初中学习的九年级学生，他们通常具备更强的阅读和理解能力，因此教材中的情境描述语言可以相对严谨，可以包含更多的专业术语或复杂结构。

综上所述，优质的数学教材，应通过加强内容的可读性，以此满足学生的阅读需求，确保为学生提供一个更为友好和有效的学习环境。

7.“整体性”原则

注重数学教材中问题情境设置的整体性，是实现教材编写的整体性的重要体现。这种整体性的深入考虑，不仅体现在问题情境的多维功能上，还表现在不同类型问题情境的均衡配置以及问题情境呈现的一致性上。

首先，问题情境的多维作用是衡量其整体性的关键方面。在设计教材中的问题情境时，需要确保各个问题情境能够协同工作，形成一种合力，以支持课标理念的实现。这包括激发学生对数学的兴趣，促进对数学概念的深入理解，提供解决问题的策略，展示数学的实际应用等多个方面。通过这种多维的功能整合，教材能够在不同层面上支持学生的学习过程，使其更为系统和高效。其次，对各类型问题情境的比例进行整体考量，也是确保整体性的重要方面。在整体规划问题情境时，应当考虑到不同类型情境的平衡，比如真实情境与构造式情境的适当比例。就真实情境而言，适当比例的真实情境能让学生明白数学在实际生活中的应用，过少可能使学生感受不到数学的实用性，过多则可能弱化教材中数学本质的体现，因此恰当的规划显得尤为重要。最后，问题情境在教材中的呈现体例与风格必须保持一致。无论是描述情境的语言，还是情境素材的视觉布局，都应确保风格一致，以便学生能够在一个连贯和统一的学习环境中进行学习。这种一致性有助于减少学生在学习过程中的认知负荷，使他们能够更集中地关注数学内容本身。

三、问题情境的创设方法

相较于原教材，新教材在问题情境设置上进行了很大程度的优化升级，使之能够更好地促进学生的数学情境学习。下面以新教材为研究对象，对教材中问题情境创设的原则、模式与方法进行说明与分析，希望借此为一线教师提供创建高质量情境式学习资源的有效策略和参考，进而促进以学生为中心的数学情境化教学。

（一）数学教材中问题情境创设的基本原则

数学教材中问题情境的创设，不是随意为之的，需要遵循一些基本原则。为了使数学教材中问题情境创设的原则科学、有效，所构建的基本原则应有一定依据。实际上，构建问题情境创设的基本原则是一项综合多方面因素的工作，而其中三个最为重要的考虑方面包括：课标理念，以及教材中创设问题情境的目的和价值。

第一，作为落实新课标理念的教材问题情境，服务于课标理念的落地是首位要考虑的。《标准（2022 年版）》提出“确立核心素养导向的课程目标”，即进一步强调使学生在获得数学基础知识、基本技能、基本思想和基本活动经验的过程中，在运用数学知识与方法发现、提出、分析和解决问题的过程中，逐步形成与发展数学核心素养。因此，在创设问题情境时，要始终围绕上述课标理念。

第二，在数学教材中创设问题情境，有其一定的目的，包括将数学的学习置于对学生有意义的问题情境中，激发学生已有的现实经验和知识经验，让学生通过经历数学知识的探索过程来构建知识，同时发展学生的数学思维，培养其数学核心素养。[①②] 因此，教材中创设问题情境的目的，既有传授知识、发展能力的目的，又有培养核心素养的目的，这些都是创设问题情境时需要重点考虑的。

第三，价值决定行为，数学教材中问题情境的创设，必然离不开对问题情境价值的体现。具体而言，在数学教材中创设问题情境有如下价值：可以激发学生学习数学的兴趣，可以促进学生对数学知识的理解，可以为学生提供问题解决的策略，可以为学生提供数学应用的机会，可以加深学生对数学价值的认识，可以为学生提供各类主题教育。[③]

从课标理念，以及教材中创设问题情境的目的和价值出发，在教材中创设问题情境应该考虑以下几个方面：要能服务于课程标准的总目标和具体教学目标，促进学生获得“四基”，发展“四能”，培养数学核心素养；要符合数学学习规律和学生认知发展规律，体现数学知识的内在逻辑，具有适当的层次性和梯度性；要能激发学生的学习兴趣和探究欲望，强调数学活动过程体验，引导学生自主探究和合作学习；要能准确清晰地呈现数学信息，降低学生学习难度、提高学习效率。据此，分别从教学目标的设定、学习规律的把握、探究过程的设计和优化呈现形式四个角度出发，提出了教材中创设问题情境的四条基

---

① 巩子坤，李森．论情境认知理论视野下的课堂情境［J］．课程·教材·教法，2005（8）：26-29，53.

② 任旭，夏小刚．问题情境的创设：基于思维发展的理解［J］．数学教育学报，2017，26（4）：15-19.

③ 李健，李海东．数学教科书中设置问题情境的作用与原则［J］．基础教育课程，2020（17）：59-66.

本原则。

1. 目标导向性原则

（1）明确教学目标：问题情境的创设应围绕具体的知识学习目标、能力发展目标和核心素养培养目标。

（2）直指目标：问题情境的创设应直接服务于教学目标，确保情境内容能够引导学生自然达成预设的学习目标。

2. 规律契合性原则

（1）符合数学学习规律：问题情境应反映数学知识的逻辑结构和应用过程，帮助学生理解数学的本质及其应用。

（2）与学生认知发展阶段相适应：问题情境应匹配学生的认知水平和心理发展阶段，确保难度适中，促进有效学习。

（3）具有层次性和梯度性：问题情境应逐步引导学生由浅入深地理解和掌握数学知识，最终形成系统的知识体系。

3. 探究驱动性原则

（1）激发兴趣与挑战思维：问题情境应激发学生的兴趣和好奇心，并通过具有挑战性的任务促使学生深入思考和探索，培养学生的问题解决能力和创新思维。

（2）强调过程：问题情境应注重让学生经历观察、实验、猜想、推理、交流、反思等数学活动过程，帮助学生更好地理解和掌握数学知识和技能，感悟基本思想，积累基本活动经验。

（3）引导自主探究与合作学习：问题情境应引领学生进行自主探究，并鼓励合作学习，培养学生的独立思考能力、问题解决能力以及团队合作能力。

4. 呈现合理性原则

（1）准确性和清晰性：问题情境应确保信息准确、表达清晰，语言简洁明了，并能够通过图示或表格等辅助学生理解。

（2）趣味性和实用性：问题情境应贴近学生的现实生活，并具有真实可信性，以提高学习的兴趣和动机。

在上述四条原则中，目标导向性原则是首要原则，决定了问题情境创设的方向和重点，但具体的实现路径，还需要其他原则的支持和补充。规律契合性原则是基础原则，问题情境只有符合学生的认知规律，才能激发学习兴趣，引导自主探究，促进有效学习，最终达成教学目标。探究驱动性原则是方法原则，指导问题情境的设计要为学生提供探究机会和探究支架，引导学生进行自主探究和合作学习。呈现合理性原则是形式原则，问题情境的呈现形式要为探究学习提供便利，降低认知障碍，同时也要具有吸引力，能提高学生的学习兴趣。

（二）数学教材中问题情境创设的模式

数学教材是涉及多项教学任务的综合性学习材料，其中的问题情境也有多种类型。因此，为了有针对性地讨论问题情境的创设，有必要整理出教材中问题情境创设的主要模式。

从发展学生数学核心素养的角度看，问题情境的创设致力于让学生经历数学知识的学习过程，并且在这个过程中提升数学思维，发展数学核心素养。具体说来，学生从具体“事实”出发，在归纳和概括事物本质的过程中抽象出数学对象，有利于发展抽象能力、几何直观、空间观念与创新意识；对数学对象进行研究，要通过观察、动手实验、计算等发现规律、获得猜想，并通过推理、论证，证明结论（定理、性质等），有利于发展运算能力和推理能力；应用数学知识解决问题，要用数学概念、原理分析问题，进行数据分析，经历数学建模的全过程，有利于发展数据观念、模型观念和应用意识；探索和发现不同数学对象之间的联系，构建数学知识体系，有利于发展批判性思维和创新意识。基于布鲁纳的发现学习理论，皮亚杰的认知发展理论、建构主义理论，弗莱维尔的元认知理论等，教材可以从问题情境创设目的的角度，通过创建四种模式的问题情境——引出新知、理解新知、应用新知和反思总结，实现发展学生核心素养的培养目标。

四种模式的问题情境分别对应了数学学习过程中的不同阶段。“引出新知”模式对应学生学习新知识的起始阶段，旨在帮助学生抽象出新的数学概念和方法；“理解新知”模式对应学生深入探究新知识的过程，旨在帮助学生掌握知识的本质属性和内在联系；“应用新知”模式对应学生运用所学知识解决实际问题的过程，旨在提升学生的数学应用能力；“反思总结”模式则对应学生对所学知识进行梳理、反思和提升的过程，旨在帮助学生构建完整的知识体系。它们较为完整地覆盖了学习一个数学对象的全过程，体现了数学学习的一般规律。图 7-3 展示了四种创设模式与学生数学学习过程的对应关系。

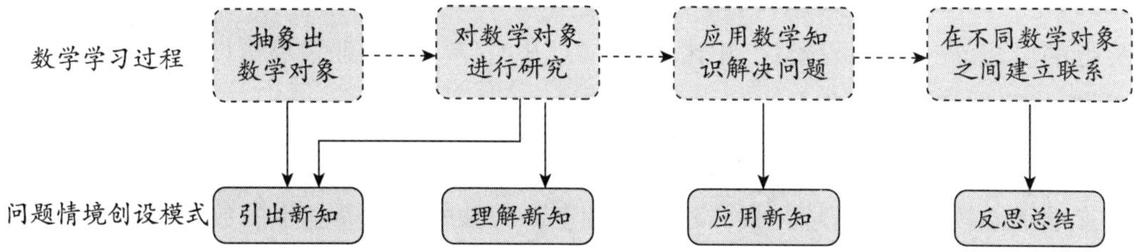

图 7-3

接下来，从获得过程、知识目标和核心素养培养目标等角度，对问题情境创设的四种模式进行界定。

“引出新知”模式：通过创设问题情境，让学生经历抽象、类比、概括等过程，发现和构建新的数学概念、方法、性质、公式等，培养抽象能力、几何直观、空间观念与创新意识等。

“理解新知”模式：通过创设问题情境，让学生经历观察、实验、计算、验证、推理、证明等过程，探索和把握知识的本质属性、内在联系和应用条件等，培养运算能力、推理能力、空间观念等。

“应用新知”模式：通过创设问题情境，让学生运用数学概念、原理分析问题，进行数据分析，经历数学建模的全过程等，解决现实问题或数学问题，提升数据观念、模型观念和应用意识等。

“反思总结”模式：通过创设问题情境，引导学生反思和系统梳理所学知识，建立知识间的内在联系，构建数学知识体系，探索知识的局限性和发展方向，发展批判性思维和创新意识等。

在教材中，正文部分（不包括例题）的问题情境主要分布在章引言、“思考”栏目、“探究”栏目以及“问题”和“试验”等板块中。为了深入了解教材中问题情境的分布特点，对整套教材中的问题情境进行了统计分析。结果表明，在统计的全部问题情境或问题情境串中，每一个都可以归属于四种创设模式中的一种。

四种创设模式下的问题情境占比并不均衡。其中，“引出新知”型问题情境占比最高，达到 72.3%。这一数据表明，教材在引导学生学习新知识时，非常重视通过创设问题情境来激发学生的学习兴趣，引发学生的思考，为新知识的学习奠定基础。这种编写策略有利于学生主动构建知识，提高学习的积极性。“理解新知”型问题情境占比为 16.3%，虽然远低于“引出新知”型问题情境，但高于“应用新知”型和“反思总结”型问题情境。这说明教材在帮助学生理解新知识方面也较为重视，通过设计探究、实验等问题情境，引导学生深入理解知识的本质属性和内在联系等。

值得注意的是，“应用新知”型和“反思总结”型问题情境的占比最低，分别仅为 5.9%和 5.5%。但需要指出的是，这两类问题情境在教材中的实际分布情况有所不同。“应用新知”型问题情境在教材的正文例题、习题、练习中也大量存在，只是由于不属于本专题的研究范围而未被统计。相比之下，“反思总结”型问题情境可以在一定程度上由“归纳”栏目和章末总结部分弥补。

（三）数学教材中问题情境创设的方法

在继承原教材问题情境创设方法的基础上，新教材以培养学生的数学核心素养为宗旨，进一步升级了问题情境的创设方法。在教材的正文编排中，以“引出新知”“理解新知”“应用新知”和“反思总结”四种模式的问题情境引导学生的学习，每种模式的问题情境以问题情境创设的基本原则为指导，采用了不同的创设方法，以确保对问题情境设计的关键环节进行细化和展开，为设计高质量的问题情境提供切实可行的操作指南。

表 7-1 系统列出了不同问题情境创设模式下，各创设方法在四条基本原则下的创设要点。

表 7-1

创设模式	创设方法	创设要点			
		目标导向性原则下的创设要点	规律契合性原则下的创设要点	探究驱动性原则下的创设要点	呈现合理性原则下的创设要点
引出新知	提出有待解决的问题	让学生感受到引入新知识的必要性	切合学生的认知水平，既有一定的挑战性，又使学生能独立地或在教师引导下解决问题	创设认知冲突，激发学生的好奇心和求知欲	表述言简意赅，避免歧义
	归纳	引导学生总结经验、发现规律，自然过渡到新知识的引入	遵循从特殊到一般、从具体到抽象的认知过程	让学生在总结经验中发现规律，体验发现的乐趣	素材贴近学生生活，形式多样，易于理解
	类比	引导学生利用已有经验、发现规律，自然过渡到新知识的引入	注重新、旧知识之间的联系和迁移	鼓励学生在新、旧知识之间建立联系，发展数学思维	类比的素材准确、恰当，新、旧知识的对应关系清晰明了
理解新知	操作探究	通过操作帮助学生深化对知识的理解	操作活动难度适中，操作过程体现数学知识的逻辑结构和内在联系	操作活动具有探索性和发现性，鼓励学生自主操作、观察、总结等	操作材料直观、具体，便于学生动手操作；操作步骤清晰、易懂，必要时辅以图示说明
	提出有待探究的问题	通过对问题的探究，帮助学生把握知识的本质属性、内在联系和应用条件等	探究问题难度适中，体现数学探究的一般规律，如观察、猜想、验证、总结等	问题的设置应具有开放性和挑战性，鼓励学生自主探究、提出不同解决方案	表述清晰、简洁，避免歧义；呈现形式多样，如文字描述、图示、表格等
应用新知	提出有待解决的应用问题	促进学生经历数据分析、数学建模等完整过程；体现新知识的应用价值	问题的解决需要在已有知识基础上进行一定的探索和创新；应体现数据分析、数学建模等的一般原理	应用问题的设置应具有开放性和挑战性，鼓励学生自主探究和合作交流，提出多样化的解决策略	应用问题的表述清晰、简洁，突出问题的核心要素和关键条件；背景材料真实、可信，数据准确、规范

续表

创设模式	创设方法	创设要点			
		目标导向性原则下的创设要点	规律契合性原则下的创设要点	探究驱动性原则下的创设要点	呈现合理性原则下的创设要点
反思总结	引导知识的反思与总结	引导学生回顾和反思所学知识，建立知识间的内在联系，构建系统化的知识体系，探索知识的局限性和发展方向	设计在回顾知识基础上进行比较、分析、概括等活动；体现按照知识的层次结构和关联性反思、总结的过程	贴近学生的学习经验，激发学生的反思意识和探究兴趣；鼓励学生通过多种思维方法总结知识	呈现简洁明了；引导语突出反思和总结的重点
	引导问题解决过程的反思	引导学生反思问题解决的过程，评价解决方案的合理性和局限性	引导学生在现有问题解决经验的基础上进行反思；体现对问题解决的一般过程或关键步骤的反思	激发学生反思的意愿和探究欲望；为学生提供交流和分享反思心得的机会	呈现简明扼要；引导语应突出反思的目标和要求

1. “引出新知”模式的问题情境创设方法

对于“引出新知”模式，有三种基本的创设方法：“提出有待解决的问题”“归纳”“类比”，以及对这三种基本创设方法的综合应用，即“提出有待解决的问题＋归纳”或者“提出有待解决的问题＋类比”。此外，还有一类问题情境是在提出问题的基础上，对解答问题的关键点进行提示，不妨称其为“提出有待解决的问题＋关键提示”。

“提出有待解决的问题”通过设置一个与新知识相关的问题情境，让学生在尝试解决问题的过程中感受到现有知识的不足，从而产生学习新知识的需要，例如引出有理数的运算、“内错角相等，两直线平行”的判定平行线的方法和不等式的概念等。在应用“提出有待解决的问题”创设的问题情境中，有一部分是基于知识间的逻辑联系的角度提出问题的，例如从命题与逆命题关系的角度探究三条线段组成三角形的条件、线段的垂直平分线的判定方法等，从包含关系的角度利用平行四边形的性质探究矩形的性质、利用圆周长探究弧长公式等。这类问题情境是用“提出有待解决的问题＋关键提示”的方法创设的。

“归纳”通过引导学生观察和比较一系列具体的数学事实或现象，归纳出它们的共同特征或规律，从而引出相关的数学概念、性质或公式，例如引出一元一次方程的概念、平方差公式和圆周角定理等。

“类比”通过引导学生比较已学过的知识与新知识之间的相似性，利用已有知识的学习经验，帮助学生理解和掌握新知识，例如引出分式的基本性质、用配方法解方程的方法、用“边角边”判定相似三角形的方法等。

“引出新知”问题情境可细分为“提出有待解决的问题”“归纳”“类比”“提出有待解决的问题＋归纳”“提出有待解决的问题＋类比”“提出有待解决的问题＋关键提示”六种创设方式，其所占的比例分别为：54.0%，27.9%，9.0%，4.5%，1.4%和3.2%。总的来说，“提出有待解决的问题”占比最高，表明教材更倾向于通过设置与新知识相关的问题，让学生在尝试解决问题的过程中感受到现有知识的不足，从而引发学习新知识的需要。“归纳”占比为27.9%，是本套教材常用的“引出新知”问题情境的一种创设方法。

接下来，通过两个例子说明“引出新知”问题情境的创设方法的特点。如下是“一次函数”一章中以“提出有待解决的问题＋归纳”方法创设的问题情境串：先提出一个有待解决的问题——登山运动员所处海拔的气温是多少，再在分析问题并列出函数解析式（一次函数）解决问题的基础上，让学生判断一系列（4个）情境中变量之间的关系是否为函数关系，对于属于函数关系的，写出函数解析式，并归纳函数解析式的共同特征。

问题

某登山队大本营所在地的气温为5 ℃，海拔每升高1 km气温下降6 ℃。登山队员由大本营向上登高 x km时，他们所在位置的气温是 y ℃。用函数解析式表示 y 与 x 的关系，并求当登山队员向上登高2 km时，他们所在位置的气温。

思考

在下列问题中，变量之间的对应关系是函数关系吗？如果是，写出函数解析式。这些函数解析式有哪些共同特征？

(1) 铁的密度约为7.9 g/cm^3，铁块的质量 m（单位：g）随它的体积 V（单位：cm^3）的变化而变化。

(2) 每个练习本的厚度为0.5 cm，一些练习本摞在一起的总厚度 h（单位：cm）随练习本的个数 n 的变化而变化。

(3) 一种计算成年人标准体重 m（单位：kg）的方法是：以厘米为单位量出身高值 h，再减常数105，所得差是 m 的值，m 随 h 的变化而变化。

(4) 把一个长10 cm、宽5 cm的矩形的长减少 x cm，宽不变，矩形的面积 y（单位：cm^2）随 x 的变化而变化。

从问题情境创设的基本原则的角度分析这个案例，可以发现这个问题情境串紧扣“引出一次函数概念”的教学目标：首先，通过设置一个现实中登山队员所处海拔与气温关系的具体情境，引导学生在解决问题的过程中初步接触一次函数解析式的写法和意义；接着，设置了一系列蕴含典型一次函数关系的情境，通过让学生用解析式表示其中变量之间的对应关系，引导学生由特殊到一般地归纳出一次函数解析式的特征。这一系列与学生生活经验相关的问题情境，不仅符合学生的认知规律，而且能够激发学生的探究兴趣，学生可以通过分析问题、列出解析式、观察特征等方式，在自主探究的过程中逐步建构新知识。

下面是“数据的收集、整理与描述”一章中，以“提出有待解决的问题＋关键提示”的方法创设的问题情境串，目的是引出趋势图的画法与定义。

问题 2

为了研究气温对冷饮销售的影响，一家饮品店经过一段时间的统计，得到一组当天卖出的冷饮杯数与最高气温的数据，如下表所示。

最高气温/ ℃	12	13	17	19	20	22	24	25	28
冷饮杯数	50	69	74	90	108	97	119	125	154

你能用统计图描述这家饮品店一天中卖出的冷饮杯数与当天的最高气温之间的关系吗?

探究

如果用一条尽可能靠近所有散点的直线来表示一天卖出的冷饮杯数与当天最高气温之间的关系，你能试着在下图中画出这条直线吗?

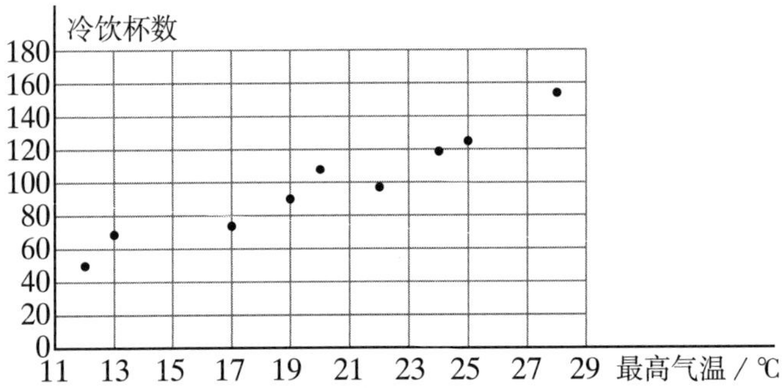

这个问题情境串先用冷饮销售与气温关系这一贴近生活的问题引发学生的兴趣，然后在对问题进行分析、画出散点图描述数据的基础上，提出探究问题，通过让学生“用一条尽可能靠近所有散点的直线”来表示两个变量之间的关系，引导他们自主观察散点图、思考变量间的关系、尝试画趋势线，从而自然过渡到趋势图。

2. “理解新知”模式的问题情境创设方法

“理解新知”模式的问题情境有两种基本的创设方法，分别是“操作探究”和“提出有待探究的问题”。“操作探究”通过设计与新知识相关的操作活动，引导学生在动手操作的过程中探究和发现数学规律，从而深化对知识的理解。例如，理解常见的立体图形，探索被开方数的变化引起算术平方根的变化规律和利用“弦图”推导勾股定理等。“提出有待探究的问题”通过提出与新知识相关的问题，引导学生在探究问题的过程中，深入理解知识的本质属性、内在联系和应用条件等。例如，探索平面直角坐标系的特殊位置点的坐标，理解分式方程需要检验等。这两种创设方法在四条基本原则下的创设要点如表 7-1 所示。

“操作探究”与“提出有待探究的问题”在“理解新知”模式中所占的比例分别为22%和78%。这表明教材更多地通过提出与新知识相关的问题，引导学生在探究问题的过程中加深对知识的理解。同时，教材可以增加与新知识相关的操作活动的设计，引导学生在动手操作的过程中探究和发现数学规律，从直观、具体的角度理解抽象的数学概念，提高学习的趣味性和有效性。

接下来，通过两个例子说明“理解新知”模式的创设方法的特点。

下面的问题情境来自“实数”一章，是用“操作探究”的方法创设的。先通过利用计算器计算和填表的操作活动，让学生在动手实践中探索被开方数的变化引起算术平方根的变化规律，再让学生运用规律解决问题。

探究

（1）用计算器计算下表中的算术平方根，并将计算结果填在表中。你发现了什么规律？

…	$\sqrt{0.0625}$	$\sqrt{0.625}$	$\sqrt{6.25}$	$\sqrt{62.5}$	$\sqrt{625}$	$\sqrt{6\ 250}$	$\sqrt{62\ 500}$	…
…								…

（2）用计算器计算$\sqrt{3}$（结果保留小数点后三位），并利用你在（1）中发现的规律求出$\sqrt{0.03}$，$\sqrt{300}$，$\sqrt{30\ 000}$的近似值，你能根据$\sqrt{3}$的值求出$\sqrt{30}$的近似值吗？

从问题情境创设的基本原则的角度分析这个案例，可以发现这个问题情境紧扣“探索算术平方根的变化规律”这一教学目标。设置的两个问题层次清晰：第一问通过设计一系列规律变化的算术平方根，引导学生在计算和填表的操作活动中，观察、发现算术平方根的变化规律；第二问引导学生应用规律解决问题，通过表格形式呈现一系列有规律变化的算术平方根，便于学生观察和填写。此外，使用学生熟悉的计算器作为探究工具，操作简单，便于学生获得结论。

下面的问题情境来自“数据的分析”一章，是用“提出有待探究的问题”的方法创设的。通过改变招聘情境中听、说、读、写成绩的权重，让学生通过计算发现不同比例下录取的应聘人员可能不同，从而进一步理解权的作用。

思考

如果这家公司想招一名口语能力较强的英文翻译，听、说、读、写成绩按照3∶3∶2∶2的比确定，那么甲、乙两人谁将被录取？与上述问题中的（1）（2）比较，你能体会到权的作用吗？

这个案例通过设置一个现实中招聘的问题情境，在学生已经学习了加权平均数的基本概念和计算方法的基础上，引导学生探究不同权重对加权平均数结果的影响，在探究的过程中加深对这一新知识的理解。问题情境中权重的设置合理，并且以之前的两个问题作为参照，便于学生进行计算和对比分析；呈现方式清晰，权重的形式与之前的问题一致，使学生容易理解问题的要求，把握问题的核心。

3. “应用新知”模式的问题情境创设方法

“应用新知”模式的问题情境只有一种基本的创设方法——“提出有待解决的应用问题”，即通过设置与新知识相关的应用问题情境，引导学生运用数学概念、原理分析问题，进行数据分析，经历数学建模的过程，解决现实问题或数学问题。例如一元一次方程的应用，用平移设计图案，以及用勾股定理证明用“斜边、直角边”判定直角三角形的方法等。这种创设方法在四条基本原则下的创设要点如表 7-1 所示。

接下来，通过一个例子说明“应用新知”模式的创设方法的特点。如下是“一元一次方程”一章中的问题情境，需要学生列出表示两种空调综合费用的一元一次方程，求解方程得到临界年份，再通过等价变形的方法比较不同年份下两种空调的综合费用。

探究

购买空调时，需要综合考虑空调的价格和耗电情况。某人打算从当年生产的两款空调中选购一台，下表是这两款空调的部分基本信息。如果电价是 0.5 元/(kW · h)，请你分析他购买、使用哪款空调综合费较低。

匹数	能效等级	售价/元	平均每年耗电量/(kW · h)
1.5	1 级	3 000	640
1.5	3 级	2 600	800

中国能效标识

从问题情境创设的基本原则的角度分析这个案例，可以发现这个问题情境紧扣“应用一元一次方程解决实际问题”这一教学目标。问题情境以选购空调这一生活实际问题为载体，呈现方式清晰、简洁，数据真实可信，能够激发学生的探究兴趣。学生需要根据提供的数据设置变量、列出方程、求解方程，并进行综合费用的比较和决策，这一过程符合学生的认知规律。问题情境引导学生综合运用所学知识建立方程模型、求解问题，在解决问题的过程中体会一元一次方程在实际生活中的应用价值。通过自主探究或合作学习的方式，学生能够经历建立数学模型解决实际问题的完整过程，积累数学活动经验，培养数学建模和问题解决的能力。

4. “反思总结”模式的问题情境创设方法

“反思总结”模式的问题情境有两种基本的创设方法，分别是“引导知识的反思与总结”和“引导问题解决过程的反思”。“引导知识的反思与总结”通过设置引导性的问题，促使学生回顾和反思所学知识，探究知识之间的内在联系，构建系统化的知识体系，深化对知识的理解。例如，比较解一元一次不等式与解一元一次方程的步骤和依据，归纳正方形、菱形、矩形与平行四边形之间的关系，以及比较条形图、扇形图和折线图在描述数据方面的特点等。“引导问题解决过程的反思”通过设置反思性的问题，引导学生回顾和评价问题解决的过程和方法，提出改进策略或新问题。例如，思考如何提高用样本估计八年级学生平均身高的精确度，计算三轮传染后的感染人数，以及思考如何比较两种食品成本的下降情况等。这两种创设方法在四条基本原则下的创设要点如表 7-1 所示。

“引导知识的反思与总结”与“引导问题解决过程的反思”在“反思总结”模式中所占的比例分别为 76%和 24%。接下来，通过两个例子说明“反思总结”模式的创设方法的特点。如下是“四边形”一章中用“引导知识的反思与总结”方法创设的问题情境，通过一个综合性的问题，引导学生反思这些四边形之间的关系：

思考

正方形、菱形、矩形、平行四边形之间有什么关系？与同学讨论一下，并列表或画框图表示这些关系。

从问题情境创设的基本原则的角度分析这个案例，可以发现这个问题情境紧扣“反思总结各种四边形之间的关系”这一教学目标。在学生已经学习了正方形、菱形、矩形、平行四边形等四边形的基础上，通过回顾知识、分析特征、讨论交流、总结表示等步骤，探究正方形、菱形、矩形、平行四边形之间的联系，从而加深对四边形知识的理解，构建系统的知识体系。

下面的问题情境来自“数据的分析”一章，是用“引导问题解决过程的反思”的方法创设的。教材先设置了一道例题，给出了某公司员工月收入的资料，让学生在计算员工月收入的平均数和中位数的基础上，判断用哪个统计量反映这家公司员工月收入水平更合适，然后给出了下面的反思问题：

思考

求出这家公司员工月收入的众数，用众数刻画这家公司员工月收入水平是否合适？为什么？

这个问题情境紧扣“根据具体问题，选择适当的统计量刻画数据的集中趋势”的教学目标，与前面的例题形成呼应，构成了从计算到应用再到反思的完整学习过程。通过对比平均数、中位数、众数的适用性，学生能够发现不同统计量的优缺点，体会根据具体问题选择统计量的重要性。问题情境延续了员工月收入这一贴近生活的背景，增加了问题情境的连贯性。学生能够在一个完整的情境中，深入探究选择统计量的原则，从而加深对集中趋势的理解和应用。

四、创设问题情境时还应关注的一些问题

1. 将问题情境作为重大主题教育的重要载体

问题情境是重大主题教育进数学教材的重要的载体。因为“三会”数学核心素养始终

重视“现实世界”，所以具有现实背景的问题情境也就成为学生数学学习的重要依托。又因为重大主题教育具有丰富的现实背景与意义，所以在新教材中，一些具有现实关联性的问题情境成为了学生接受重大主题教育的重要载体。

在教材中，通过问题情境体现重大主题教育的体现形式有显性和隐性之分。显性体现形式以重大主题教育相关事物作为问题背景，问题解决的过程、答案则不再关联重大主题教育。例如，教材中设置了一道关于正多边形的几何问题，该题以我国传统六角亭作为问题情境，这当然是对中华优秀传统文化的直接体现，但当把六角亭的地基抽象成正六边形后，后续问题解决及答案就不再体现六角亭的文化价值了。隐性体现形式发生在学生解决重大主题教育相关问题的过程中或结束后，学生可以通过问题解决过程或答案接受重大主题教育。例如教材中一道习题以近年来我国汽车和新能源汽车销量的数据为问题情境，要求学生描述可以基于数据得到哪些信息，学生通过绘制统计图可以发现我国新能源汽车高速发展，这有助于学生接受生态文明教育。

为了在教材中落实以问题情境体现重大主题教育的工作，教材着力在问题情境中讲好两个“故事”，即讲好中国贡献的数学故事，讲好数学呈现的中国故事。所谓中国贡献的数学故事，指能够在世界数学文化的殿堂中占有一席之地的、具有世界影响力的我国数学文化，例如我国的数学巨著《九章算术》、我国古今杰出数学家祖冲之、华罗庚及其数学成就等内容；所谓数学呈现的中国故事，指能够借助数学呈现的具有显著中国特色的文化、发展、成就等，例如在教材中，通过圆的知识研究赵州桥的圆弧拱、通过函数刻画“天宫”空间站与北京航天飞行控制中心的距离等。教材兼具知识传授功能和宣扬主流价值观的功能，[①] 两个“故事”的设置符合教材的这两类功能。两个“故事”都含有“中国”和“数学”的表述：“中国”表明所讲的两个“故事”都是中国的、中华文明的，而非他国、他文明的，确保了“故事”的意识形态属性；“数学”表明所讲的两个“故事”都是与数学相关联的，而非与数学无关联的，确保了“故事”的学科属性。

教材中不仅要有“故事”，还需要讲好“故事”。“故事”讲得好，学生愿意听、愿意学，重大主题教育的育人效果才有保障。为了讲好两个“故事”，新教材深刻把握两个“故事”中“中国”与“数学”的关联性，其实质就是利用问题情境将二者有效关联起来。在第一个“故事”中，重在突出中国数学文化之于世界数学文化中的影响、作用等。例如，教材中有关于华罗庚的“华氏定理”和“华-王（元）方法”都载入了国际数学史册的表述，其来源就是关于华罗庚纪念馆接待人数的问题情境。在第二个“故事”中，重在强调利用数学知识彰显具有中国特色的文化、发展、成就等。例如，教材中设置了一个雷锋雕像情境，通过研究雷锋雕像的腰部上、下半身的长度之比，发现该比值接近黄金分割数，能够体现较好的视觉美感，并为弘扬雷锋精神提供契机。

---

① 石鸥. 教科书概论［M］. 广州：广东教育出版社，2019：45.

2. 重视不良结构问题情境的设置

对于基础教育阶段的学生而言，他们在数学学习中接触到的大量问题都是专门“定制”的：问题情境向学生明确提供了需要解决的问题，并且提供的解题条件往往不多不少，恰好能够解决问题。然而，无论是在真实的日常生活、职场中，还是在数学研究中，所面对的问题往往是复杂和开放的，极少出现为问题解决者提供“恰到好处”的问题情境。因此，教材编写应当反映这一实际需求，加强问题情境的开放性，更好地为学生日后解决开放性的问题提供帮助。为此，教材加强了问题情境的开放性，既包括基于情境提出问题的开放性，又包括基于情境解决问题的开放性。

首先，教材体现基于情境提出问题的开放性，是指教材给出情境后，并未提供给学生明确的问题，需要学生自行确定有意义的研究问题。其次，教材体现基于情境解决问题的开放性，是指在明确研究问题的基础上，由情境提供给学生的必要解题条件是缺失或冗余的。关于条件缺失的问题情境，需要学生根据已有经验、通过现实世界中的调查和实验等各种方式，进行必要的条件补充，这也是学生在解决真实世界中面临的任务时的重要工作。关于条件冗余的问题情境，将提供给学生从纷繁复杂的条件信息中筛选、甄别信息的学习机会。

为了体现数学在现实世界中的真实使用，教材中设置了许多开放性的问题情境，尤其是“综合与实践”栏目中的问题情境，其开放性普遍较强。例如在“学生体质健康调查与分析”这个综合与实践活动中，其问题情境设置如下：

青少年的体质健康，既与其学习和生活息息相关，又与国家和民族的未来密不可分。为了提升学生的体质健康，进行学生体质健康调查与分析就必不可少。为了健全国家学生体质健康监测评价机制，激励学生积极参加体育锻炼，2014 年教育部印发了《国家学生体质健康标准（2014 年修订）》，为我国学生的体质健康监测提出了各种评价标准，初中生体质健康测试项目如下表所示，请查阅资料，了解体质健康测试的有关信息，并根据自身情况填写下表的相关数据。

<table>
<tr><td>姓名</td><td></td><td>性别</td><td></td><td>身高/m</td><td></td><td>体重/kg</td><td></td></tr>
<tr><td colspan="3">指标</td><td>成绩</td><td colspan="3">指标</td><td>成绩</td></tr>
<tr><td colspan="3">体重指数 BMI $=\dfrac{体重}{身高^2}/(\mathrm{kg}\cdot\mathrm{m}^{-2})$</td><td></td><td rowspan="2">男生专项</td><td colspan="2">引体向上/次</td><td></td></tr>
<tr><td colspan="3">肺活量/mL</td><td></td><td colspan="2">1 000 米跑/s</td><td></td></tr>
<tr><td colspan="3">50 米跑/s</td><td></td><td rowspan="3">女生专项</td><td colspan="2" rowspan="2">1 分钟仰卧起坐/次</td><td rowspan="2"></td></tr>
<tr><td colspan="3">坐位体前屈/cm</td><td></td></tr>
<tr><td colspan="3">立定跳远/cm</td><td></td><td colspan="2">800 米跑/s</td><td></td></tr>
</table>

活动一 “立定跳远成绩的调查与分析”；

活动二 “BMI 的合理性及其评价标准”；

活动三 “肺活量对长跑成绩的影响”；

活动四 “开展其他活动（选做）”。

上述活动以体质健康监测为背景，需要学生根据自身情况填写体质健康测试数据。其中，前三个活动体现了基于情境提出问题的开放性，最后一个活动则体现了基于情境解决问题的开放性。

在前三个活动中，均建议学生以所在学校八年级学生的体质健康测试数据为研究对象。不难发现，活动本身并未直接向学生提供这些数据，也就是情境提供给学生的必要解题条件是有缺失的，学生获得这些数据需要经历确定样本量、确定抽样方法、制定实施方案等过程。因此，这种问题情境会根据学生所在地域、学校的不同，产生很大的差异，甚至对于身处同一班级的两位学生，其所收集数据也可能产生一定差异。

活动四并未向学生提供明确的研究问题，需要学生自行提出问题。通过完成前三个活动，有助于学生获得从不同角度使用体质健康测试数据的经验，可以为学生提出新的研究问题提供指引。当然，学生也可以根据自身兴趣，通过小组协商等方式，提出其他类型的研究问题。

在素养本位人才发展观的时代诉求下，问题情境广泛地存在于当下的数学教材之中。面对教材中丰富的问题情境，教师要想借助这些问题情境教好数学，离不开对这些问题情境为何的认识，以及对这些问题情境何以为此的了解。本章探讨了数学教材中设置问题情境的内涵、功能以及原则等理论问题，并通过梳理实践经验，归纳出教材中问题情境的创设方法，这正是对教材中设置问题情境“为何”与“何以为此”的有力回应。

执笔人：宋莉莉，李健

研究组成员：王光明，宋莉莉，李健，李龙才，
王用华，吴增生，张艳娇

第八章 数学文化融入数学教材

数学文化因其文理交融的特点和独特的数学教育价值，自 20 世纪下半叶引起关注至今，已经成为数学教育领域的研究热点。2003 年，《普通高中数学程标准（实验）》首次将数学文化列为高中数学课程内容，意在通过数学文化让学生受到优秀文化的熏陶，感受数学的科学价值、应用价值、人文价值，领会数学的美，并列出了多个数学文化选题；2017 年，《普通高中数学课程标准（2017 年版）》进一步指出了数学文化的内涵，并强调将数学文化融入数学课程，在日常学习中结合相应的数学知识渗透数学文化，提升学生的科学精神、应用意识和人文素养；2022 年，《标准（2022 年版）》在课程理念、教学提示、试题命题、教材编写建议中，都给出了与数学文化相关的要求与建议。

教材既是基础教育课程内容的重要载体，也是教学的重要资源，因此数学文化在教材中的融入在一定程度上决定着相关课程目标和课堂教学的实现。那么，教材如何实现数学文化的融入，就需要先从数学和文化谈起，明确数学文化的内涵，以及数学与数学文化、数学文化与教材之间的关系。然后，在此基础上结合系统性的教材编写研究来思考数学文化融入教材的原则，以及内容选择与呈现方式等问题。

一、数学、数学文化与教材

1. 数学与数学文化

数学是什么？公元前 4 世纪的亚里士多德说，数学是量的科学；17 世纪的笛卡儿认为数学是研究有关世界的顺序和度量的科学；19 世纪的恩格斯说，数学是研究现实世界的数量关系和空间形式的科学；20 世纪的沙莫认为现代数学是研究结构和深奥结构的科学……这些说法告诉我们数学在研究什么，那么数学有什么用呢？伽利略说，宇宙这本书是用数学语言写成的……除非你首先学懂了它的语言……这本书是无法读懂的。所以，培根说数学是打开科学大门的钥匙。而物理学家劳厄把数学称为思想工具。当然，数学不仅具有运用抽象思维去把握现实的力量，还被看作理性的艺术。波莱尔说，数学在很大程度上是一门艺术，它的发展总是起源于美学准则、受其指导、据以评价的……

事实上，数学作为一门最早发展起来的科学，历来是人类文明发展中的一股重要力量。它的产生与发展伴随着人类文明的进程，并在其中起着重要的推动作用。在这个发展过程中，数学也形成了自己的文化，反过来，这种文化又推动着数学本身的发展，即数学文化。

关于数学文化的定义，并没有一个统一的说法。《普通高中数学课程标准（2017 年版 2020 年修订）》指出，数学文化是指数学的思想、精神、语言、方法、观点，以及它们的形成和发展；还包括数学在人类生活、科学技术、社会发展中的贡献和意义，以及与数学相关的人文活动。这实际上阐述了数学文化包括的两个方面：一个方面是作为人类文化子系统的数学文化，它所涉及的是数学文化与其他文化、整个文明的关系；另一方面就是数学本身作为一个文化系统，它的发生、发展及其结构。① 虽然看上去似乎数学文化包罗万象，但是从文化，即人类社会的生存方式以及建立在此基础上的价值体系的角度，它更强调的是精神及意识形态层面，即数学的生存方式——数学的发生、发展及其结构，以及在这个过程中所体现出来的数学的价值——科学价值、应用价值、人文价值等。

2. 数学文化与数学教材

虽然数学作为一种文化现象，早已是人们的常识，但是为什么自 20 世纪 80 年代以来，数学文化研究悄然兴起，21 世纪随着中小学课程改革的推进，它又获得了数学教育界的高度认同呢？张奠宙认为一个重要的原因是数学本身存在着脱离一般文化的孤立主义倾向，数学的过度形式化，使人们错误地感到数学只是少数天才脑子想象出来的“自由创造物”，数学的发展无须社会的推动，其真理无须实践的检验，当然，数学的进步也无须人类文化的哺育。② 于是，一批学者从历史和哲学层面分析数学文明史，充分揭示数学的文化内涵，从不同角度显性化数学的价值。

从教育层面来看，数学教育的根本在于提升学生的数学素养：一是对数学这门学科有一个基本正确的认识和理解；二是逐步领会数学的精神实质和思想方法，即使在走出学校、进入工作后，具体的数学知识已经淡忘，但所领会的数学思想和精神仍能发挥作用。因此，数学文化必须走进数学课堂，让学生在学习数学的过程中真正受到文化感染，了解它的发生、发展及其结构，了解它与其他文化、整个文明的关系，了解它的价值等。

作为课程内容重要载体和教学重要资源的教材，恰恰是数学文化走进数学课堂的起点。那么，如何处理数学文化与数学教材的关系呢？无论是弘扬数学文化还是提升数学素养，都需要在学习数学的过程中实现，需要以学习数学知识、完成数学训练为载体。没有文化的数学知识是孤立的，没有数学知识的文化是空虚的。因此，数学文化进入数学教材的最佳方式就是自然融入，让数学文化成为数学教材的内在要求和有机组成。在讲授数学知识的同时，将有关数学的重要发现与发明，摆到当时的历史环境中分析，并结合现今的

① 莫里斯·克莱因. 西方文化中的数学［M］. 张祖贵，译. 北京：商务印书馆，2013：xxv.

② 张奠宙，梁绍君，金家梁. 数学文化的一些新视角［J］. 数学教育学报，2003，12（1）：37-40.

发展及应用，揭示它们在数学文化层面上的意义及作用，从而达到画龙点睛的效果，在润物细无声的情境中得到深刻的启示，日积月累、潜移默化。

二、数学文化融入教材的原则

1. 意在育人

学习数学的目的是什么?《标准（2022 年版)》指出，数学教育承载着落实立德树人根本任务、实施素质教育的功能。《标准（2022 年版)》还指出，数学在形成人的理性思维、科学精神和促进人智力发展的过程中发挥着不可替代的作用，数学素养是现代社会每一个人应该具备的基本素养。那么什么是素养? 莫里斯·克莱因指出，就像不能把人体结构中每一块骨骼的名称、位置和功能当作活生生的、有思想的、富有激情的人一样，也不能把数学只看作一系列无意义的、充满技巧性的程序。数学文化融入教材的目的，就是展现"活生生的""有思想的""有激情的"数学，意在使学习数学者熏陶思想、丰富精神、获得美的感悟、提升素养，培育具有正确世界观、人生观、价值观的人。

在教材中，知识、方法、思想、历史、人物都是可见的，需要浓墨重彩的是它们的文化价值，特别是精神价值和数学的美。

最令人津津乐道的就是数学的理性精神。比如当我们学习几何时，以最基本的概念和命题作为逻辑的出发点，运用演绎推理论证各种派生的命题，这种使知识系统化、逻辑化的公理化方法就是数学理性精神的最震撼的体现。正如徐光启对《原本》的盛赞："能令学理者怯其浮气练其精心，学事者资其定法发其巧思，故举世无一人不当学""能精此书者无一事不可精，好学此书者无一事不可学"。现在，《原本》所开创的公理化与逻辑推理的方法，不仅用于建造现代数学大厦，而且已经运用到了其他领域。因此，作为理性精神的化身，数学已经渗透到以前由权威、习惯、风俗所统治的领域，而且取代它们成为思想和行动的指南。① 当然，数学不只有逻辑论证，它的历史告诉人们：数学的展开不是逻辑的，把直觉、巧妙的推测、纯粹性形式上的运算（不加批判地使用）和一些物理论证拼凑起来，便引导着数学家们去肯定他们所谓的定理。② 比如在探索微积分的过程中，直觉、推测、想象等就随处可见。事实上，创新精神是数学发展，特别是新概念的提出、新理论的创立所必不可少的。

作为一种宝贵的、无可比拟的人类成就，数学在使人赏心悦目和提供审美价值方面，至少可与其他任何一种文化相媲美。融入教材的数学文化在帮助学生欣赏、领悟数学美上有着独特的优势。例如从几何图形的对称美到数学结构的和谐美，再如从数学符号的简洁美到数学系统的形式美……

---

①② 莫里斯·克莱因. 西方文化中的数学［M］. 张祖贵，译. 北京：商务印书馆，2013：iv，xxii.

因此，当教材呈现知识时，有一种文化的意识；讲述历史时，有一种文化的视角；展现人物时，有一种文化的情怀……那么，无论是隐性的融入还是显性的表述，都意在揭示数学的文化价值，让学生熏陶思想、丰富精神、领悟美，全面提升个人素养，从而有助于实现数学教育的立德树人。

2. 选材重宏观

明确了数学文化融入教材的目的后，接下来就要讨论数学文化融入教材的内容选择。这种选择需要一种系统性的考虑，一是考虑数学文化的特点，二是考虑教材编研的特点。

数学历史的进程，就像一部交响乐的乐理分析那样，总共有好几个主旋律，你多少可以听出来某个特定的主旋律是什么时候首次出现的，以及这个主旋律又怎么逐渐与别的主旋律融会在一起，而作曲家的艺术就在于把这些主旋律同时编排。① 在这个历史进程中，经过长期的积累，一些思想、精神、价值等慢慢植根于人们心灵深处，形成了文化。所以，当我们去借助一段旋律、几段旋律的关系来品味一部交响乐时，最自然的做法是让自己置身于整部曲目中。类似地，当我们学习数学文化、提升数学素养时，置身于一个比较宏大的场景中，有利于揭示数学文化价值、感受数学文化意境、提升数学文化品味。

此外，教材编研是一个系统工程，这个系统工程往往划分为知识内容和特色主题两类，而数学文化属于特色主题类。特色主题之间虽然无法避免交叉，但是应追求交集最小化。例如问题情境主题和数学文化主题，情境中的科学技术情境在一定程度上也可以看作数学文化中的科学价值内容。为了避免交叉，数学文化在科学价值内容选择上，就会更加注重从宏观的角度选材。

因此，数学文化内容的选取，不是一个概念、一个定理、一个方法、一个应用、一个问题的选择，而是需要站在宏观的角度，在一段历史进程中，在一件重大事件中，在一个相关领域中，有社会背景与时代背景，有完整的思想发展画卷，有鲜活灵动的人物精神，从而体现出数学的各种文化韵味：社会性、深刻性、精神性、价值性、人文性等。这也是数学文化主题与其他主题选材的区别之一，即选材重宏观。

3. 方式需多样

知识是文化的载体，没有知识，就没有文化。可以说，学习知识就蕴含着数学文化的渗透。从这个角度来看，在知识讲解中，字里行间可以充满这个数学主题所蕴含的数学文化。我们认为，这是数学文化在教材中的一种隐性融入，即以数学知识为呈现焦点，兼顾数学文化；另一种是数学文化在教材中的显性融入，即以数学文化为呈现焦点，数学知识为载体，即教材的一个问题、一个栏目、一个题目、一段文字的呈现角度是“数学文化”，而非“数学知识”。对于前者，需要具备一种数学文化意识，在这种意识下，呈现知识、

① 李心灿. 当代数学大师［M］. 北京：北京航空航天大学出版社，2005：24.

编写题目时会有一种数学文化韵味蕴含其中；对于后者，则需要设计相应的呈现方式。在这里，我们主要探讨数学文化的显性融入方式。

教材的载体特点是容量有限，它受知识量、课时、学生负担、定价等多种主客观因素制约。此外，课程标准并没有为数学文化安排专门的课时，也就是说，数学文化不像一元一次方程、二次函数等具体知识点那样可以有专门的章节。在这种情况下，数学文化融入教材方式的多样化就显得尤为重要，首先，要充分利用教材空间，灵活地呈现数学文化内容，比如教材的边空、拓展栏目等；其次，要与其他主题相结合，实现“1＋1＞2”的效果，比如借助综合与实践活动的跨学科特点，在数学与建筑、音乐等领域关联时展现数学美等。

4. 讲述应适龄

数学往往给人一种清冷的感觉，一方面是与数学的“理性”有关，讲逻辑、明推理、求简洁；另一方面也与数学的符号语言有关，随着学习的深入，入目皆“符号”。如果不走到这些推理和符号的背后，很难感受到数学的温度。因此，将数学文化融入教材时，应充分借助数学文化“文理交融”的天然性，考虑学生的年龄特征，选择适合他们的讲述方式。无论是生理还是心理上，青少年阶段都是一个迅速成长、转变的时期。这个阶段的学生自我意识增强、好奇心旺盛，学习能力较强，逐渐从形象思维向抽象思维过渡，偏向阅读自己感兴趣的主题，关注成长中遇到的问题，偏好图文并茂的呈现形式等。鉴于此，数学文化的讲述可以注重文字表述的故事性和版式呈现的图文并茂性。

当以一段故事讲述数学文化时，可以从以下多个方面入手：

一是讲故事的角度，多视角地满足不同学生的兴趣。“历史与发展”从历史角度讲述数学的发展，“思想与方法”讲述数学中深刻的思想和奇妙的方法，“联系与互动”讲述数学与其他学科的相互作用，“人物与精神”讲述数学家的贡献和风采，“趣味与应用”讲述数学的广泛应用。

二是讲故事的方式，多场景中实现身临其境的体验：认知冲突中的问题解决，时间轴上跌宕起伏的事件发展，多样文明情境中的差异与共通，跨越时空的传承与超越等。

三是讲故事的篇幅，在小身材中实现大容量：考虑到教材载体容量的有限性，以显性融入方式进入教材的数学文化必然是小篇幅，甚至是迷你篇幅。因此，在寥寥数语或一小篇短文讲述中，设置适量、适切的“伏笔”或许是一条条通向广袤数学与数学文化世界路径的入口。例如，教材在“图说数学史——漫漫长路识负数”中介绍负数时，指出我国古代源于方程解法的探究，突破了正数的限制，引入了负数。这种表述既点明了负数的源起，又暗含了引发学生思考的问题“为什么在方程解法的探究中产生了新的数?”点明而不道明，让爱思考的学生根据自身兴趣深入探究不同文化对数学的影响，以及数学本身的运行规律。

当图文并茂地讲述数学文化时，可以考虑以下几个方面。一是插图的选择，不仅要考虑图文的搭配，还要注重插图的丰富性，比如统一风格的数学家画像，承载数学成果与文化韵味的文物照片，蕴含研究过程的场景图，展现概念或观念的抽象图，简洁直观的线条图，铭记卓越人物与成就的纪念币，等等。二是版式的设计，需要结合数学文化主题的特点，突破传统教材版式上的一些设计限制，多一点色彩，多一点活泼，多一点人文感……比如在讲述“历史与发展”时常用的时间轴，就可以根据不同的主题选择不同的设计，“图说数学史——函数概念的探索之路”用一条从左到右，从下到上的蜿蜒之路作为时间轴，“图说数学史——从机会游戏到概率论”则用经典的“硬币”投掷出的轨迹作为概率论发展的时间轴；等等。总之，图文版式的设计需丰富而不繁琐，从而实现美的视觉享受与轻松的阅读体验。

三、数学文化融入教材的内容与方式

（一）数学文化融入的内容

1. 内容条目及具体表现

通常，数学文化的内容包括数学与数学、数学与生活、数学与科技、数学与人文艺术四个方面。数学与数学多是数学史，包括数学概念的历史和背景、历史名题、数学家生平与肖像等；数学与生活指个人生活、学校生活、公共生活、经济生产、常识等所涉及的数学内容；数学与科技指数学在科学技术中的应用；数学与人文艺术指文学、历史、语言学、艺术作品（包括绘画、雕塑、音乐、建筑等）中的数学。① 借鉴这种数学文化内容的划分，根据数学文化融入教材的“选材重宏观”原则，聚焦于揭示数学的科学价值、应用价值、人文价值，从而实现数学文化内容的“意在育人”。编写教材时，选择了四种融入教材的数学文化内容条目：

（1）数学与数学、其他对数学的作用，它们构成了“数学的形成与发展”这个内容条目。

（2）众所周知，数学的工具性、方法性，使它成为了科学的语言，成为了人们认识世界和改造世界的工具，因此构成了“数学在人类文明中的贡献和意义”这个内容条目。

（3）数学的人文价值，既包括纯粹数学的美，也包括创造它的数学家的精神以及数学本身的精神，还包括数学与人文艺术的互动，特别是哲学、美术、音乐等，这些构成了“数学的人文价值”这个内容条目。

（4）与一般图书不同的是，教材本身承担着传播本民族优秀传统文化的责任，因此将“中华民族数学成就”单独作为一个内容条目。

---

① 王建磐，汪晓勤，洪燕君. 中、法、美高中数学教科书中的数学文化比较研究 [J]. 教育发展研究，2015，35 (20)：28-32.

图 8-1 直观表明了融入教材的数学文化内容与通常的数学文化内容之间的关系。

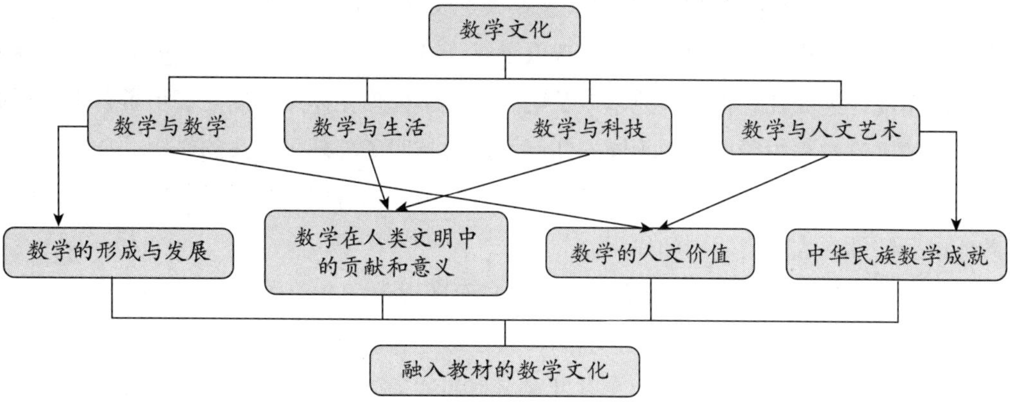

图 8-1

条目（1）意在以数学史上的人或事为脉络，展示数学发展的壮美图景；借助数学史料或经典数学问题，阐述数学及数学研究的方法。在这种展示和阐述中，关注数学本身发展规律的揭示，比如数学运行的法则是怎样的，数学的思维方式是怎样的，数学的结构有哪些特点，等等。由此，让学生以“局外人”的方式看数学，获得对数学学习或研究的启示。例如，数学中的很多法则是“规定”的，而“为什么如此规定”往往就蕴含着数学运行的规律。像法则“负负得正”，为什么这么规定呢？在七年级上册教材的“探究与发现——从数系扩充看有理数乘法法则”中，首先结合所学内容提出问题“应当怎样规定这些运算呢”；然后明确从数系扩充角度：“希望在有理数中新规定的加法、乘法运算与非负有理数中相应的运算具有一致性，并且加法、乘法都满足交换律和结合律，乘法对加法满足分配律”；接着，依照此设想，分别就“$1\times(-1)$”“$0\times(-1)$”“$(-1)\times(-1)$”进行代数推理，进而得到结论“规定 $1\times(-1)=-1$，$0\times(-1)=0$，$(-1)\times(-1)=1$ 是合理的”；最后提出问题“一般地，你能从数系扩充的角度说明有理数乘法法则的合理性吗?”通过这个“探究与发现”，可以让学生体会到数学的一项运行规律，即数系扩充时规定的新数的算法，需要符合乘法运算律（交换律、结合律、分配律），因此虽然数学中有很多规定，但是这些规定是“合理合法”的，并不是任意而为的。当学生在一定程度上了解了数学运行的规则，就能更好地理解这些“数学符号的运算”究竟是在做什么，从而做到心中有“数”，并且能避免由于不了解数学全貌而感到数学枯燥、无味。

条目（2）意在将数学置于更广阔的社会与文化背景中，阐明数学与其他文化、整个文明的关系，特别是数学在人类文明发展中所起的关键作用，从而让学生认识数学的科学价值和应用价值。例如，《原本》借助公理化方法，从 5 个公理、5 个公设和一些基本定义出发，建立了一座由 400 多个定理组成的“几何大厦”，即历史上第一个数学公理化体系——欧氏几何。自此，这种方法成为了数学乃至其他科学发展的公理化典范，它甚至对人们的观念都产生了深远的影响，即启示人们，在众多事物中，可以找出最基本的那些，并把它们作为起点，以推导出各种各样的结论，形成一个体系。八年级上册教材中设置的“图说数学史——公理化方法”就介绍了这颗人类文明中的璀璨明星。它从思想与方法角度，首先讲述了什么是公理化方法，并选取了汉译本中“刻几何原本序”的图片，从译者徐光启的角度评述欧几里得的《原本》及第一个数学公理化体系；然后展示了解决由第五公设引发的困惑过程中所产生的不同的几何；最后点明了公理化方法的作用。从数学内到数学外，让学生在一个广阔的历史背景和社会背景中，切身感受到数学与其他文化之间的关系，以及数学在人类文明中的作用。

条目（3）意在从精神理念和价值观系统层面展现数学文化的独特性，让学生有意识地感受数学的美，体会数学的精神。例如，数学的定理、思想、方法、符号等都有其审美标准。在“18.4　整数指数幂”中，通过溯源幂的符号，并以一条时间轴再现不同时期幂的符号，让学生看到符号的逐步简洁化，同时通过负指数符号的创造者牛顿的想法，说明了一个符号是如何诞生的，让学生体会 a^n 这种幂的符号不仅简明、利于运算，而且有助于幂的运算的推广。再如数学与人文艺术，由于对自然规律的了解无一不得益于数学的强大力量，数学成为了哲学家、艺术家等无法抵抗的灵感来源。当艺术家用基本几何形式创造作品时，作品呈现出了别具一格的美，七年级下册教材的“探究与发现——利用平移设计图案”从平移的角度揭示了埃舍尔的绘画艺术，通过简单的重复可以绘制整个平面的美丽图案，这样的图案给人整齐有序、无限延展的感觉。当建筑师设计建筑物时，将几何图形运用到设计之中，会给建筑物带来数学美。例如九年级下册教材的“综合与实践——建筑中的数学”，该活动能使学生发现建筑中的简洁美、对称美、和谐美。

条目（4）意在展现中国传统的优秀数学文化，让学生在了解中华民族数学成就中感受我们所独有的思考和学习方式，提升民族自豪感。中国传统数学源远流长，有其自身特有的思想体系与发展途径，呈现出鲜明的“东方数学”色彩，这种鲜明的特色具体表现为独创性、社会性、东方式。其中很多主题都和中学数学联系紧密，许多算书古籍中的经典问题至今看来仍是有趣、贴切的，许多中国数学家有着独到的思想与方法，而这些数学成就展示出一种别具特色的中国数学美，数学家也展现出了中华文化的民族精神。例如，中国最古老的天文学和数学著作《周髀算经》中就记载了勾股定理的证明。在“勾股定理”一章中，就以这本经典算书以及其中商高之语的记录页面为章前图，开启了勾股定理的学习。虽然我国古代数学并不以严谨的论证为主，但是“弦图”给出了清晰明了的勾股定理的图解，相比于直截了当的“证明”，从中能得到更加丰富的内容。再如古人特别擅长数字组合，这一点在“洛书”中体现得尤为充分：横线、纵线、斜线上的各数之和都相等，即三阶幻方。三阶幻方不仅是“数字游戏”，还象征着中国古人的现实观。七年级下册教材的数学活动“填幻方”就提供了这样的一个场景，学生可以在有趣的填数活动中了解我国古代数学的杰作之一——幻方，并且点明出处：“洛书”是我国文化中最古老、最神秘的事物之一，由此引发学生的兴趣和探索欲。此外，还有从古至今熠熠生辉的中国数学家祖冲之、刘徽、华罗庚等。以华罗庚先生为例，教材在两道习题中分别介绍了华罗庚先生的生平，以及他在飞机上解数学题的一个小故事，从成就和精神两个方面刻画了一位数学家的形象，实现以人育人，以榜样育人。

对于这四大类内容条目，为了增强融入教材的数学文化内容选取时的操作性，基于每一类内容条目的作用，再次将其细分，明确这些内容具体表现在哪些方面，这样就形成了融入教材的数学文化内容的二级分类表，见表 8-1。

表 8-1

内容条目	具体表现
数学的形成与发展	1. 数学形成的动力（内部和外部）
	2. 数学发展的脉络和关键节点
	3. 数学发展中的著名问题和方法
	4. 数学发展的规律（运行法则、结构特征、思维特点等）
数学在人类文明中的贡献和意义	1. 数学对人类生活（观念）的影响
	2. 数学对科学技术的推动
	3. 数学对社会发展的促进
数学的人文价值	1. 数学的美
	2. 数学（家）的精神
	3. 数学与文学、艺术、哲学等的联系
中华民族数学成就	1. 中国数学（家）的精神
	2. 中华民族对数学发展的贡献
	3. 中国算书及其中的古算题
	4. 中国数学的美

2. 教材中数学文化融入内容的分布

教材的编写与研究是一个继承与创新的过程，数学文化这个特色主题的研究也是如此，继承于数版教材中的数学史融入研究，创新于 21 世纪初的教材。20 年来，数学文化融入教材的研究日益完善，形成了表 8-1 中的框架。下面以新教材为例，探讨其中的数学文化分布。

全套教材中共有 130 个数学文化内容，四种数学文化条目的占比如图 8-2 所示。可以看到，“中华民族数学成就”占比最高，“数学的形成与发展”与“数学的人文价值”基本持平，“数学在人类文明中的贡献和意义”占比最低，这与人教 A 版高中数学教材中的数学文化内容分布①差异较大。主要的差异是初中教材中“数学的形成与发展”占比的减

① 王嵘. 数学文化融入中学教科书的内容与方法 [J]. 数学教育学报，2022，31（1）：19-23.

少，“数学的人文价值”与“中华民族数学成就”占比的增加。这种变化一方面与数学文化多角度内涵，特别是人文角度内涵研究的加强有关，于是相应的意识和素材有所增加；另一方面，也与重大主题教育进教材的时代要求有关，凸显了中华优秀传统文化进教材的重要性，而且相较于高中阶段，初中阶段的很多主题（如负数、方程等）也的确能够体现中华民族的突出数学成就。

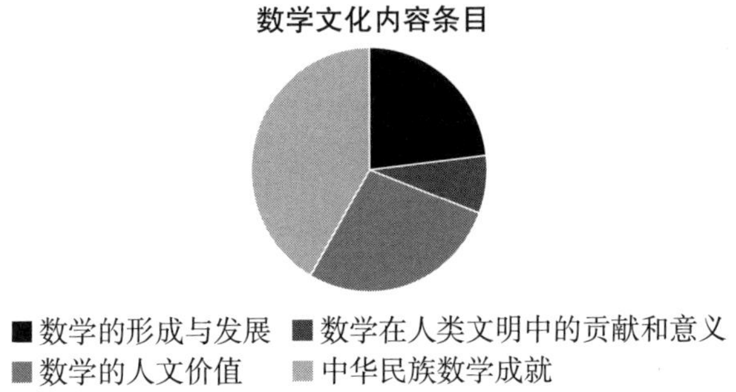

图 8-2

进一步地，图 8-3 显示了“中华民族数学成就”内容条目中 4 种具体表现的占比。可以看到，“中华民族对数学发展的贡献”占比最大，“中国数学（家）的精神”和“中国算书及其中的古算题”占比基本持平，“中国数学的美”占比最小。事实上，目前有些内容，如正负术、方程等能反映中国古代数学的特色及美学价值，不过融入的意图多属于体现成就上，所以“中国数学的美”的占比会比较小。图 8-4 显示了“数学的人文价值”内容条目中 3 种具体表现的占比。相较于原教材，新教材中体现数学的人文价值的内容有了明显的增加，而且 3 种具体表现的占比非常均衡。

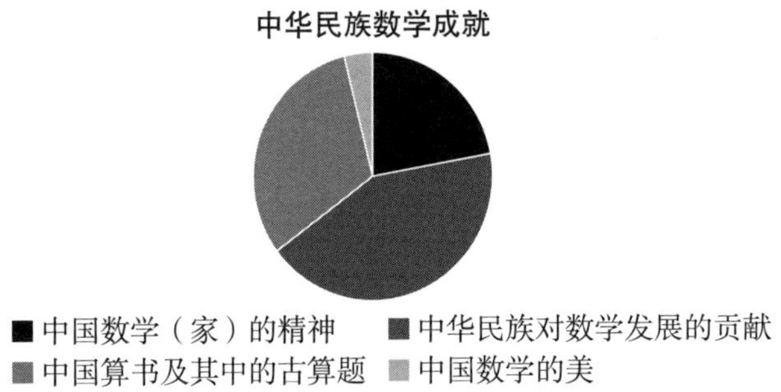

图 8-3

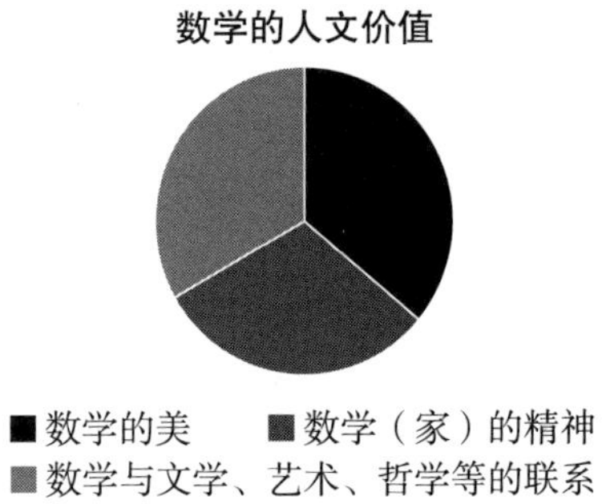

图 8-4

从图 8-5 可以看出各册教材在数学文化内容上的分布差异比较明显。七年级上册教材格外突出“数学的形成与发展”和“中华民族数学成就”；七年级下册中，“中华民族数学成就”格外突出；八年级下册中，“数学在人类文明中的贡献和意义”缺失，其他三种内容都比较突出。相较于上述三册，另外三册没有特别突出的内容条目。八年级上册中，“数学的形成与发展”和“数学的人文价值”相对较多；九年级上册中，“数学的人文价值”和“中华民族数学成就”相对较多；九年级下册中，各内容条目分布比较均衡。这种分布的明显差异，可能与每一册内容的主题有关，比如七年级上册和七年级下册各有一章涉及方程的内容，而方程是我国古代数学的杰出成就之一，于是“中华民族数学成就”占比高是很自然的；再如八年级下册，有一篇图说数学史，其中介绍了八位数学家对于函数概念的探索，于是提高了该册教材中“数学的人文价值”的占比；等等。

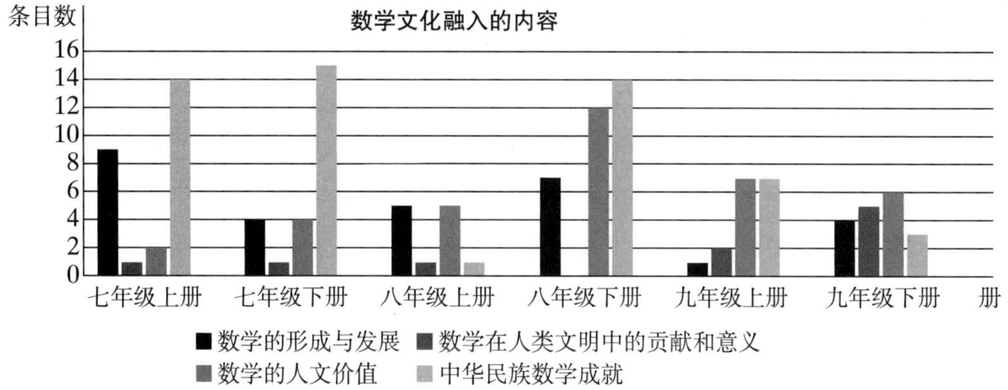

图 8-5

总体来说，数学文化已经成为教材的一部分，数学文化融入的内容涵盖了每一种内容条目及条目的具体表现，而且“中华民族数学成就”与“数学的人文价值”较以往教材，比重显著提升。相比之下，“数学在人类文明中的贡献和意义”在整套教材中的比重偏小。与内容条目种类的分布相比，各年级融入的数学文化内容差异略大，个别册有个别内容条目缺失。

（二）数学文化融入的方式

1. 融入方式及与内容、作用的关系

考虑到数学文化在课程标准中并没有专门的课时，而教材容量有限，需要承载的功能又比较多，以及数学文化内容以知识为载体的特点，数学文化需以一种灵活的、多样的方式融入教材。下面介绍五种可选的数学文化融入教材的方式：片段式、旁注式、问题式、短文式、项目式。

（1）片段式

片段式，通常是一段融入章引言、知识讲解、小结的文字，或者是知识讲解中的一个文字类阅读栏目，适于表现数学形成的动力、数学（元素）发展的脉络或关键节点等。

例如，负数的形成动力之一是生活和生产的需要，人们对于数的认识就是伴随着记数、测量、运算等方面的需求不断拓展的。“1.1　正数和负数”在引入负数时，选取了三幅图片，一幅是结绳记数，说明“在我国古代，由记数、排序，产生数 1，2，3，…”；一幅是空无一物的瓦罐，说明“在古印度，由表示‘没有’‘空位’，产生数 0”；一幅是两人分物，说明“在古埃及，由分物、测量，产生分数$\frac{1}{2}$，$\frac{1}{3}$，…”。在图文场景中，让学生感受到随着遇到的情况越来越多，对于数的需求也在增加，面对具有“相反意义的量”的情景时，就需要引入一类新的数，于是从产生数的动力的角度自然而然地引入了负数。

再如，在数学的发展中总有一些关键节点，这些节点的突破并不是凭空出现的，而是在某个特定的历史时刻，在早期研究者的成果积累下，由一些耀眼的数学家的努力和敏锐的洞察力发现的。因此，结合相关知识的讲解，将某个突破置身于合适的背景中，讲述思想的出处以及洞察者的付出，有助于学生深刻感受当下所学知识的文化价值。在“9.1.2 用坐标描述简单几何图形”中安排了一个“溯源”，借此讲述了笛卡儿坐标系的由来。笛卡儿的坐标法是几何研究的一座里程碑，它帮助我们用代数方法来理解和研究几何。而且，不仅是数学家在使用笛卡儿坐标法，平面绘图者和地图制作者也在使用。笛卡儿本人主要是作为一名哲学家闻名的，不过在他的时代，哲学、数学和科学三者的界限并不像现在那么分明，于是他对哲学问题的思考，也同时对数学产生了重要的影响。教材用两句话概括了笛卡儿坐标的里程碑作用：

17 世纪，法国数学家笛卡儿（Descartes，1596—1650）引入坐标系，用方程表示曲线，开了用代数方法解决几何问题的先河。从那以后，数学的面貌发生了划时代的变化，代数和几何两大领域更加密切地联系起来。

（2）旁注式

旁注式，通常是以“贴士”的形式搭配在相应的知识讲解旁，适于表现数学文化中的一些特色元素，如数学符号、数学家成就、典籍等。例如，数的发展动力，一方面来自实际的需要，另一方面来自数学内部运算封闭性的需要。对于负数产生的实际需要，教材作为引入负数的背景以片段式的方式呈现，而数学内部的需要则是在讲解有理数减法时，以旁注的方式放在一个“思考”旁边：

在数学发展史中，使较小的正数减去较大正数的运算能正常进行，并与已有的运算不矛盾，是引入负数的一个重要原因。

至此，根据不同的内容、不同的需求，教材恰时恰点地以不同的方式呈现了负数产生的两个动力。

再如，数学名词就像人的名字一样，都有一定的含义，有的数学名词甚至反映了某个概念发展中的困惑或质疑，像虚数就是典型的代表。对于一些令人印象深刻的数学符号，其作用远不止是高效的速记，它还是一种通用的语言，能够澄清思想、揭示模式，并提出概括。在“5.1.1 从算式到方程”的方程概念旁，教材用一个旁注讲述了中外对于未知数的表示方法：

在我国古代，一般用“天元”“地元”“人元”“物元”等表示未知数。17 世纪，法国数学家笛卡儿最早使用 x，y，z 等字母表示未知数，这种做法一直沿用至今。

事实上，符号的规范化是代数学使用和发展中的关键一步，虽然从这个旁注的两句话无法深刻地体会到这一点，但是随着学习的深入，学生会慢慢体会到旁注提到的“这种做法一直沿用至今”的优越性。

又如，同一数学成就在不同的地域中都有自己独立的发现与发展，从中能更加明显地看到民族文化带来的差异性以及数学本身的统一性。在“整式的乘法”一章中，“阅读与思考——杨辉三角”指出，华罗庚先生认为杨辉三角是我们中国人的睿智的成就。这篇短文详细地介绍了杨辉三角的来源及方法，同时也用一个旁注表明：

这个三角形被欧洲学者称为“帕斯卡三角形”。法国数学家帕斯卡（Pascal，1623—1662）于1654年发现了此三角形。

由此为有兴趣的学生打开了一扇门，学生可以由此去查阅资料，了解帕斯卡如何研究这个三角形的；进一步地，学生可以借此了解东西方数学研究的差异与共同点；等等。

（3）问题式

问题式，通常是栏目问题、例题或习题，适于表现数学发展中的著名问题和方法，以及数学发展的规律等。数学发展中有许多著名的、经典的问题和方法，它们都是改编为教材问题的好素材。

例如，“相似”一章的复习题中有一道题目就出自魏晋时期数学家刘徽所研究的重差术。关于重差，刘徽指出：凡望极高、测绝深而兼知其远者，必用重差、勾股，则必以重差为率，故曰重差也。我国古代，测望技术经历了从勾股比率论到重差术的发展历程，而勾股比率论又建立在极其简单易明的出入相补原理之上，所创造出的精深奥妙的重差诸术充分体现了我国古算“原理简明与应用广泛互相辉映”的独特风格。

再如，“一元一次方程”一章中的一道习题，出自丢番图的墓志铭。丢番图是代数领域的杰出数学家，其墓志铭既概括了他的一生，又是一道别开生面而有趣的数学问题，不仅能引起学生的兴趣，还能让学生看到数学家的“生动”一面。

再来看“实数”一章小结中的问题7：

数的范围是如何从正整数逐步扩充到实数的？随着数的范围的不断扩充，数的运算有什么发展？加法与乘法的运算律始终保持不变吗？

从引入负数到引入无理数，教材在知识讲解的过程中，都始终注重从数系扩充角度使学生认识数学中法则规定的合理性。在数系扩充中，可以清楚地看到两点：一是在 $\mathbf{N}\subsetneqq\mathbf{Z}\subsetneqq\mathbf{Q}\subsetneqq\mathbf{R}$ 中，“后者的运算律之普遍成立”是由“前者运算律之普遍成立”推导而得的；二是使得运算律在扩充中得以保持其运算律普遍成立，就是每一步扩充做法的一个指导思想。[①] 因此，在学习了“实数”一章后，章小结通过思考性问题，希望学生跳出具体的知识，站在数系扩充的角度，全视角地思考数是如何产生的，构成一个数系的核心是什么，数系扩充的规律是什么，等等，从而明白数学在做什么、如何做。

（4）短文式

短文式，通常是一篇完整的短文，适于表现某一数学分支的形成与发展、数学在人类

---

① 项武义．基础代数学［M］．北京：人民教育出版社，2004：4．

文明中的贡献和意义、数学的人文价值、数学中的著名方法等。数学中有不同的分支，与中学相关的有代数、几何、概率、统计等，对于每一分支，教材都通过阅读栏目进行了简单介绍；而对于数学在人类文明中的贡献和意义以及数学的人文价值，也选择了某些主题（如重大思想等）以短文方式呈现。

例如，“代数式”一章中安排了“阅读与思考——数字 1 与字母 X 的对话”，该短文首先讲述了字母进入数学的作用，然后点明当字母参与运算，产生了代数这一数学分支，最后简述了东西方代数思想的萌芽情况。这篇短文采用对话形式，在生动有趣的场景中让学生认识到代数学的最大特点是引入了未知数，并对未知数加以运算，根据问题的条件列出方程，然后解方程求出未知数。

再如，“投影与视图”一章中安排了“阅读与思考——视图的产生与发展”，该短文首先说明在建造活动中需要确切地表示立体形状，于是促使了视图的产生与发展，然后说明视图发展的需求促使了投影的发展，而由视图发展而来的画法几何在工程中又具有重要的作用，被誉为工程师的语言。这篇短文以一种极简的、线条式的方式展现了数学与其他领域及社会生活之间的相互作用，在这种相互作用中视图、投影得以产生；而它们在数学上进一步发展、完善为画法几何、射影几何后，又获得了数学外部的更加广泛的应用。由此，学生不仅能认识到数学在人类文明中的贡献，更能看到它们之间的相互作用。

又如，勾股定理作为数学中最具魅力的定理之一，两千多年来，大量的数学工作者与爱好者都对它的证明方法充满探索欲，目前已知的证明方法已经有好几百种。“勾股定理”一章中安排了“阅读与思考——勾股定理的证明”，其中选择了 5 种有关勾股定理的中外经典证明方法：“弦图”证法、毕达哥拉斯的证法、“折矩—积矩”法，《原本》中的证法、梅文鼎的证法。每一种证法都给出了相应的图示，学生可以根据图示及提示，自行探究不同的勾股定理证法。多种证法的探索，并不仅仅是有助于学生思维上的提升，更重要的是让学生感受到它的至简至美，这正是数学的精神之所在。

（5）项目式

项目式，通常是一个数学活动，在不同层次的实践性、综合性活动中展现数学在人类文明中的贡献和意义、数学的人文价值等。数学是创造性的艺术，特别是新概念、新理论的创立。在这个过程中，不仅有令人惊叹的直觉、想象，还有炫目的数学美，而由此产生的成果不仅是实用的数学工具，还是精美的艺术品。

八年级下册教材中的数学活动“利用勾股定理绘制图案”就提供了一个这样的创造活动，学生通过绘制“勾股树”等图案，可以从中感受数学的无限之美。无限是一个古老的课题，从芝诺悖论就可以看出无限带来的困扰，古希腊人找不到办法来解决涉及无限的难题，只能尽量避免它；创立微积分时，不得不“复活”了古老的无限问题，虽然仍然模糊，但是一直在使用；康托尔用一一对应的思想量化了无限，认识到无限其实有很多种，他说他探索无限集合的真正原因是为有机、有生命的宇宙给出数学描述；康托尔的这种渴望得到了曼德勃罗的印证：自然模式的不同长度尺度的数量是无限的，这些模式的存在，激励着我们去研究无定形的形态学，为此，他创立了分形几何。一个简单的数学规则，重复一遍又一遍，一个非常复杂的结构产生了，同时一个具有惊人魅力的图案也产生了，这就是分形。比如由勾股三角形无限重复之后形成的“勾股树”，在这个不断迭代的创造活动中，学生能够惊叹于图案的精美以及无限的力量。此外，“勾股树”不仅是数学的体现，还是大自然中分形结构的一个例子，从树木的分支、河流的分流等自然现象中都能发现分形的身影，它展示了自然界中的数学规律，展示了数学与自然的完美结合。

再如，八年级下册教材设置了一个综合与实践活动“音乐中的数学”。自毕达哥拉斯学派发现了音乐和谐的数字基础，音乐与数学就自然地联系在了一起。赫尔曼发现了听到某些整数比率的音符会让人产生一种和谐之感。这个综合与实践活动就让学生在“探究音乐律制中蕴含的数学原理”“从函数角度分析乐谱”“乐器的分析与制作”等活动中认识音乐与数学的关系，感悟和谐美在内心世界引起的共鸣。

关于数学文化融入教材，无论是内容的选择、呈现方式的设计，最终都是指向教育价值的实现。因此，从数学文化融入的内容到融入方式，结合其所处的教材位置，需要一种系统的、协调的考量，即尽量做到在一定的位置出现一定的呈现方式，通过一定的呈现方式承载一定的内容，根据一定的内容展现一定的数学文化作用，并做到有的放矢，呈现出一定的层次。不同融入方式及其对应的内容、位置与作用见表 8-2。

表 8-2

融入方式	承载的主要内容	所处教材位置	作用
片段式	数学的形成与发展； 中华民族数学成就	知识讲解	理解数学、提升素养
旁注式	数学的形成与发展； 中华民族数学成就	边空	产生兴趣，看到一点美
问题式	数学的形成与发展； 中华民族数学成就	问题栏目； 例题、习题	理解数学、提高能力； 认识数学，初步形成数学观； 产生兴趣，看到一点美
短文式	数学的形成与发展； 数学在人类文明中的贡献和意义； 数学的人文价值； 中华民族数学成就	拓展栏目	认识数学，初步形成数学观； 跨越领域，感知文理交融； 产生兴趣，看到一点美
项目式	数学在人类文明中的贡献和意义； 数学的人文价值	数学活动； 综合与实践	认识数学，初步形成数学观； 跨越领域，感知文理交融； 产生兴趣，看到一点美

数学文化一方面可以让学生更好地认识数学，特别是数学的生成方式，另一方面可以让学生看到数学的科学价值、应用价值、人文价值。当数学文化融入教材时，我们不奢求其所有功能都能体现在每一处数学文化融入点，而是希望通过在恰当的教材位置，以多样化的方式，呈现合适的内容，从而让学生：在宏观的文化背景中认识数学，改变对数学的刻板、冰冷、枯燥的消极印象，形成积极的数学观；在看到历史上类似的认知难点和解决方法中感同身受，学得更加自然、顺利一些，更好地理解数学，提升一点能力；在一些故事、图片中感受到一些趣味、领悟一点数学的美，获得一种情感上的熏陶和共鸣；借助几座数学与人文艺术之间的小桥梁，穿梭于数学和其他领域之间，感受理性数学的人文性。

2. 教材中数学文化融入方式的分布

与探讨数学文化内容理论框架的编写实现一样，下面基于教材文本，从数学文化分布角度探讨融入方式的编写实现。

全套教材共有 112 处融入了数学文化，五种融入方式的占比如图 8-6 所示，其中占比最大的是片段式，高达 40%；最小的是旁注式，仅为 4%；问题式和短文式基本持平，项目式略微少一些。片段式最多，旁注式最少，可能一方面和教材新增加了“溯源”有关，另一方面也与教材有意识地突破片段式这个融入难点有关。例如，将原教材的有些旁注拓展为了“溯源”，有些内容讲解时特意从数学文化角度进行了解析等。从图 8-7 可以看出，除了短文式，其他数学文化融入方式在各册分布并不均衡。七年级上册、七年级下册、八年级下册、九年级上册这四册教材，与另两册教材中的片段式融入数量有明显的差异。此外，七年级上册和七年级下册教材中的问题式融入数量，也明显高于其他四册教材中的问题式融入数量。这种分布上的差异，可能和每一册内容主题的特点有关，比如七年级的“一元一次方程”一章中，就选取了较多的古算题，这也造就了该册教材中问题式融入的数量较多。

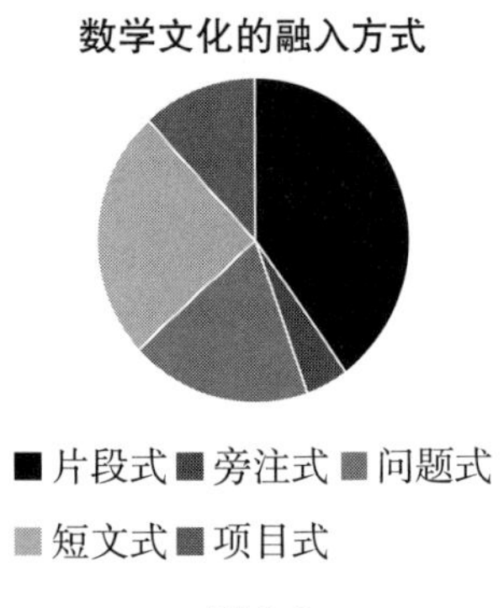

图 8-6

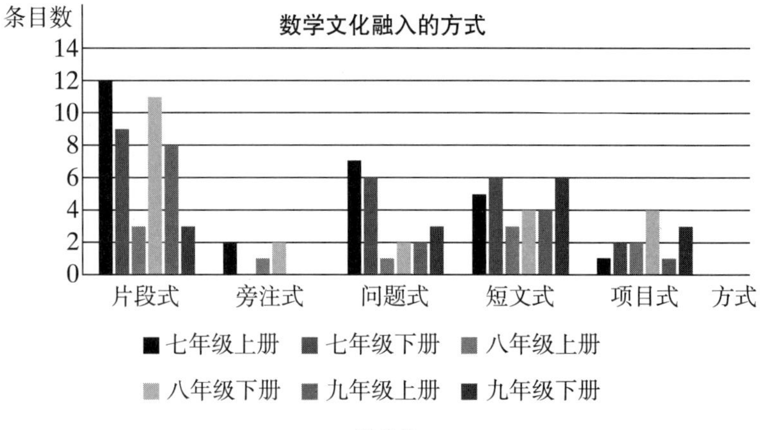

图 8-7

在梳理融入方式上，相较于原教材，还可以发现一个明显的变化，即图片数量的增加。不少数学文化的融入点都有配图。各册数学文化融入的配图分布如图 8-8 所示，可以看出，各册教材中的配图数量相对均衡。从这个角度来看，可以说教材中的数学文化融入是一种图文结合式的融入。并且，所配插图的种类也比较丰富，既有文物、雕塑、纪念币、古籍等实物照片，又有人物画像、手绘场景、创意图片等，如图 8-9 是一幅手绘数学家画像，图 8-10 是汉代记里鼓车复原模型的照片，图 8-11 是刻有祖冲之及“祖率”的纪念币，图 8-12 是印有“割圆术”的古籍书影。

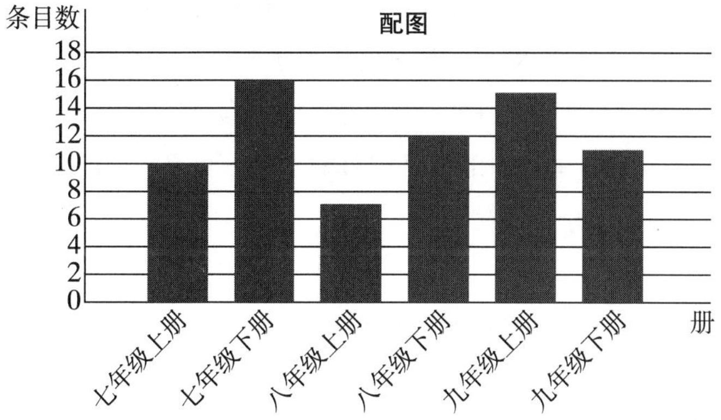

图 8-8

图 8-9

图 8-10

图 8-11

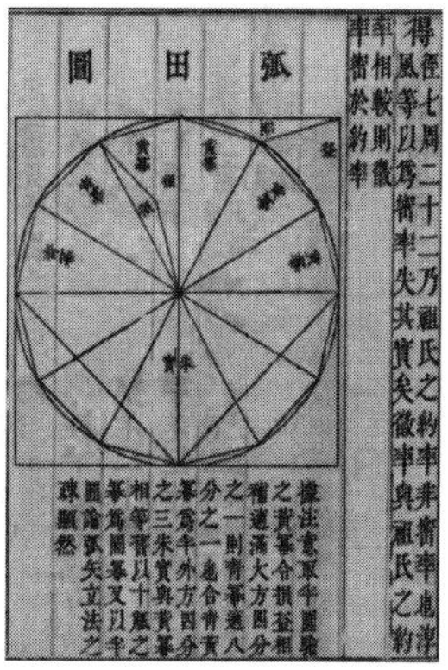

图 8-12

总的来说，数学文化的融入方式在片段式与项目式上有所突破。片段式往往是呈现起来比较难的一种方式，因为需要将数学文化的融入与知识讲解自然地融合；项目式的比重有所增加，从一定程度上反映出，数学文化融入不仅体现为阅读与思考，也可以是在活动中感悟文化韵味。同时，也体现出教材编写的一种整体性，以及特色主题之间的交融，比如数学文化和综合与实践两个主题。

四、数学文化融入教材的特色栏目设计

民国时期，特别是民国后期，一些数学教材中就已经开始融入数学史，这种传统一直延续下来。虽然多是一种零散的、无序的融入，但是融入的比重也在缓慢地增加。21 世纪初期，高中数学课程标准中首次引入数学文化，不仅建议结合知识内容渗透数学文化，而且指出要在选修课程中专门设置“数学史选讲”，意在通过数学文化让学生受到优秀文化的熏陶，感受数学的科学价值、应用价值、人文价值，领会数学的美。于是，21 世纪以来的几版人教版中学数学教材中，数学文化的融入一步步地从无序走向有序。在这个渐变的过程中，不仅能看到一种“量”上的提升，而且能看到清晰的整体规划与设计，一个明显的表现是有了数学文化自己的栏目：2024 版初中教材中有两个体现数学文化的特色栏目：“溯源”与“图说数学史”。

1. “溯源”

“溯源”，顾名思义，就是追本溯源。这是一个内嵌于正文中的栏目，是知识讲解的一个片段，就如“观察”“探究”等栏目一样。设置这个栏目，意在教材讲到某些重要概念、定理、方法，以及某些有特色的数学元素（如名称、符号等）时，采用文字表述或图文结合的方式，在追本溯源的过程中帮助学生自然地去理解知识、感受学习的必要性、突破学习难点、拓宽视野、感受数学的美等。全套书一共有 7 个“溯源”，“数与代数”领域 4 个，“图形与几何”领域 3 个，涉及的主题有负数、方程、角度制、坐标系、指数幂、圆等内容；图文方式呈现的有 5 个，纯文字表述呈现的有 2 个。例如，“18.4　整数指数幂”中的“溯源”：

幂的符号的演变经历了漫长的时间，a^2，a^3，a^4 的一些表示如图所示。

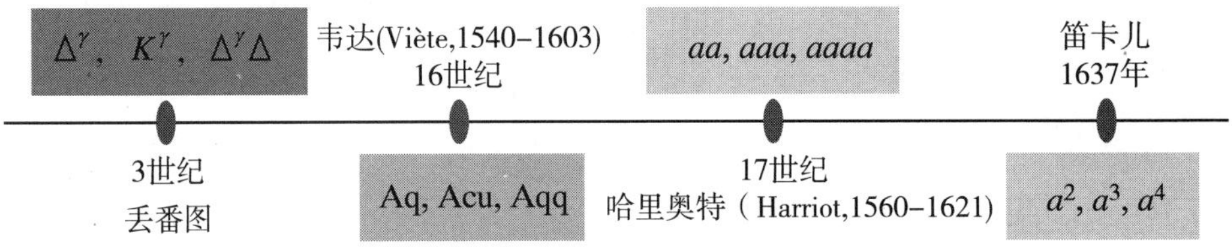

a^n 这种幂的符号不仅简明、利于运算，而且有助于幂的运算的推广。1676 年，牛顿（Newton，1643—1727）提出了一个设想：“因为数学家将 aa，aaa，$aaaa$，…写成 a^2，a^3，a^4，…，所以我将 $\frac{1}{a}$，$\frac{1}{aa}$，$\frac{1}{aaa}$，…写成 a^{-2}，a^{-3}，a^{-4}，…。”

这个“溯源”首先选取了正整数指数幂符号演变中的四个代表，以时间轴的方式直观地呈现出正整数指数幂的符号由复杂到简明的变化过程。这不仅是一种形式上的简化，更是明确地指向正整数指数幂的本质，因此变化趋势指向有利于运算；接下来，通过牛顿的一段话，说明了正整数指数幂的符号对牛顿的启示，即正整数指数符号很好地表达了幂的

概念，使得牛顿非常自然地将“除法”写成了负整数指数幂的形式，无形中将指数幂从正整数推广到了负整数，由此凸显了好的符号不仅简明、有利于运算，而且有助于数学概念的推广。那么，牛顿的这种推广是否合理呢？事实上这也是本节学习的一个难点，教材在“溯源”之后设置了一个“思考”，让学生考虑牛顿所提出的设想的合理性，并引导学生从运算的角度探索规定 $a^{-n}=\frac{1}{a^{n}}$ 的合理性。因此，从数学文化的角度来看，这个“溯源”主要有三个目的：一是让学生在幂的符号的演变过程中，感受数学符号的价值与数学美；二是让学生看到联想与直觉在推广一个数学概念的过程中的价值；三是在一种自然的推广中，帮助学生理解规定的合理性。

那么在实际教学中，是否能实现这样的数学文化作用呢？由北京市 171 中学承担的相关教学实验表明，学生对于“溯源”表现出很高的积极性与兴趣。在课堂上，相较于其他环节，学生在“溯源”活动环节与教师互动的数量明显更高；在课后收集的问卷调查中，90%的学生反馈“喜欢”，而学生对于开放性问题“写出两条你喜欢（或不喜欢）‘溯源’栏目的理由”的回答中，能进一步让我们了解到学生喜欢的原因，也是“溯源”所能起到的数学文化价值的一个反映。调查结果显示，学生喜欢“溯源”的理由大致有 6 类，见表 8-3。从表 8-3 可以看出，学生给出的喜欢理由是多方面的，既有学生觉得“充满趣味性，不只有冷冰冰的知识”，也有学生认为可以帮助“深层理解与运用知识，开发自己的头脑风暴”，还有学生认为可以“回到起源探求最真实的知识”“追根溯源地培养我们的探索求知精神”，等等。而且，从数据可以看到，这些方方面面的理由，竟然还是比较均衡的，与我们固有的“历史主要在于引发兴趣”的印象有很大差异。当然，这也和“溯源”的教材编写理念高度相关：该栏目虽然是追本溯源，但是并不只是简单地呈现历史，它是数学文化的一个载体，旨在通过历史背景以及历史的宏观性展现数学的文化价值。

表 8-3

喜欢的理由种类	占比
有创意、有趣，激发兴趣	23%
了解数学的历史	25%
有助于理解知识和锻炼思维	19%
了解古人的想法，学到探索新知的方法	10%
拓展知识、开拓视野	12%
了解数学家及其精神，培养自己的探索求知精神	11%

此外，针对数学符号的价值与学习难点的克服，调查问卷也分别设置了两个开放性问

题："你认为笛卡儿创造的幂的符号的好处是什么？""你认为牛顿将幂的指数从正数推广到负数的想法合理吗，为什么？"关于幂的符号的优越性，学生的回答大致可以划分为三种：一是简洁，便于读写，占比 38％；二是有利于计算，占比 46％；三是能清晰表达幂的含义，利于推广，占比 16％。关于合理性，98％的学生认为合理，其中 23％的学生给出合理的理由是保持了运算律的一致性；1 位学生认为不合理，理由是幂在生活中就不太常用，指数是负数就更加不常用，但教学可能需要。总体而言，学生表现出了较为积极的反馈，正如其指导教师所言，当今的学生对于历史、人文等方面知识有丰富的认识，所以增加数学文化素材，是符合学生的能力与需求的。

2. "图说数学史"

"图说数学史"是一个拓展性栏目，以图文并茂的方式较为完整地呈现一个数学分支、一个重要思想方法的发展脉络。与"溯源"类似，"图说数学史"仍然是借用历史的背景与历史的宏观性，揭示数学的文化内涵，意在让学生从整体上认识数学的产生与发展，在比较中认识不同地域数学研究的特色，在古今穿梭中看到数学的传承与发展……从而感悟数学的精神，领略数学的美。全套教材一共有 9 个"图说数学史"，具体主题及分布见表 8-4。

表 8-4

标题	知识类型	知识领域	所属册次
漫漫长路识负数	概念：负数	数与代数	七年级上册
几何的起源	分支：几何	图形与几何	
中国古代数学的光辉成就——解多元一次方程组	方法：解方程	数与代数	七年级下册
统计学点滴	分支：统计	统计与概率	
公理化方法	方法：公理化	图形与几何	八年级上册
数学瑰宝——勾股定理	定理：勾股定理	图形与几何	八年级下册
函数概念的探索之路	概念：函数	数与代数	
圆周率的计算	方法：计算圆周率	图形与几何	九年级上册
从机会游戏到概率论	分支：概率	统计与概率	九年级下册

可以看到，"图说数学史"的分布比较均衡，每册 1～2 个；"数与代数"领域 3 个，"图形与几何"领域 4 个，"统计与概率"领域 2 个；涉及了 3 个数学分支（几何、统计、概率），2 个重要概念（负数、函数），1 个重要定理（勾股定理），3 个重要方法（解方程、公理化、计算圆周率）。这种均衡正是数学文化融入教材的整体化设计的一种体现。此外，在数学文化内涵的体现上，不同主题之间既有交集，也有互补之处，由此交织成了一幅较为完整的数学文化内涵图景，如表 8-5 所示。

表 8-5

标题	讲述角度	数学文化内涵
漫漫长路识负数	历史与发展； 人物与精神	负数产生与发展的动力（不同文化对数学发展的影响）；数学家及其贡献
几何的起源	历史与发展	人类文明与几何的源起；几何的美
中国古代数学的光辉成就——解多元一次方程组	思想与方法； 人物与精神	中国传统数学中的方程解法的特色；数学家及其贡献
统计学点滴	思想与方法； 联系与互动	统计学发展中的重要节点；统计与各行各业之间的联系与互动
公理化方法	思想与方法	公理化方法对数学及其他领域的影响；数学的理性精神
数学瑰宝——勾股定理	思想与方法	古老而影响广泛的定理的魅力
函数概念的探索之路	历史与发展； 人物与精神	函数概念的产生与发展（一个数学概念是如何逐步抽象与严谨化的）；数学家及其贡献
圆周率的计算	思想与方法； 趣味与应用	圆周率计算方法的发展（一定程度上反映了数学在算法领域的研究与进步）；圆周率的魅力
从机会游戏到概率论	历史与发展； 人物与精神	概率论的发展脉络（一个数学分支是如何形成的）；数学家及其贡献

在版式设计上，各个“图说数学史”具有统一的风格，即采用图文结合的方式，以多彩的插图呈现历史，以简短的文字解读数学文化内涵。其中的插图既有文物、雕塑、纪念币、古籍等实物照片，又有人物画像、手绘场景、创意图片等，而且根据内容主题和讲述角度，采用了时间轴串联与主题板块并联两种组织与呈现形式。这里，时间轴有三种：年代主线、人物主线、方法主线。例如“漫漫长路识负数”是以年代为主线，选取了 6 个世纪作为时间轴上的节点；“函数概念的探索之路”以人物为主线，选取了 8 位数学家作为时间轴上的节点；“圆周率的计算”以方法为主线，选取了 4 种圆周率计算的方法作为时间轴上的节点。主题板块也采用了不同的拼接方式，例如“几何的起源”采用了中心辐射的方式，中心层是几何起源的简短介绍，第二层是不同文明中几何起源的概述，第三层是不同文明对应的文物照片及其简介；“公理化方法”分为公理化方法与公理化方法应用两个主题板块，它们先后呈现，前者配以《原本》及其中译本照片，后者配以非欧几何线条图；“统计学点滴”采用了颇具统计特色的扇形图与柱状图作为中心，由此延伸到 5 个主题板块：早期的数据收集与整理、抽样调查、回归与相关、小样本、大数据。

在细节设计上，“图说数学史”也充分贴合内容主题特色，从而使图文成为一个有机的整体。例如，虽然多个“图说数学史”都采用了时间轴，但是时间轴的形式不尽相同：

“漫漫长路识负数”是常规的以年代为节点的直线型时间轴；“函数概念的探索之路”则是一条蜿蜒上升的长路作为时间轴，对应着漫长的、坎坷的“探索”“求真”的历程；“从机会游戏到概率论”则是以抛掷一枚硬币的轨迹作为时间轴，这枚概率学习中学生经常接触到的硬币，自费马抛出，落到了惠更斯、伯努利、柯尔莫哥洛夫等数学家手中的同时，也完成了一次概率之旅。再如，“中国古代数学的光辉成就——解多元一次方程组”涉及的主题是中国数学蓬勃发展中的解方程，它具有鲜明的程序化特点，这篇“图说数学史”介绍了直除法和互乘相消法，介绍了刘徽、贾宪、杨辉、梅文鼎对求解多元一次方程组的贡献，以及吴文俊先生的古为今用。为了将上述这些内容整合为一幅具有视觉美感的画面，这篇“图说数学史”采用了时间轴与主题版块相结合的方式：用“一本书”打底，当翻开这本书，四位数学家带着他们的数学成就跃然纸上；用“一条时间轴”从魏晋到清朝，展示了数学的传承与发展；用“两个时空”左右对比，叙述数学方法跨越千年仍然焕发出了新的光彩，数学就是那么奇妙；用“四幅数学家画像”来一场面对面的跨越千年的眼神交流与对话。

因此，数学文化与教材正文的融入以及特色栏目的结合，既能让学生在知识学习的同时认识数学、理解数学、欣赏数学，也能聚焦于一个主题，以历史为载体，品味文化韵味。

从数学史融入教材到数学文化融入教材；从一种经验融入，到原则、内容、方式的理论构建，以及栏目、版式设计等，数学文化的融入在继承与发展中逐渐成型；并且在新教材中呈现出一些亮点。然而，关于数学文化融入教材，仍有许多方面需要继续研究。为了从成型走向成熟，未来需要不断地继承与创新，不断地完善与发展。

执笔人：王嵘

研究组成员：姚芳，王嵘，曹自由，秦德生，王翠巧，张伟

第九章
信息技术与数学教材的融合

在当今时代，科技的迅猛发展正以前所未有的速度改变着我们的生活和学习方式。党的二十大报告首次把教育、科技、人才进行“三位一体”统筹安排、一体部署，首次将“推进教育数字化”写入报告，赋予了教育在全面建设社会主义现代化国家中新的使命任务，明确了教育数字化未来发展的行动纲领，具有重大意义。党和国家高度重视并大力推进教育现代化，旨在充实教育资源、促进教育公平、提升教育质量、培育适应时代需求的创新型人才。

随着时代的变迁，数学素养已成为公民的基本且重要的素养。学生不仅需要掌握扎实的数学知识，更需要具有数学的眼光、数学的思维、数学的语言，具备发现、提出、分析和解决现实世界中的实际问题的能力，以及适应数字化环境的信息素养。

数学教育领域经历了从计算机辅助教学到信息技术与数学课程整合，再到当前的深度融合的演变。这种融合不仅体现在教学资源的丰富性上，更在于教学方式的革新上。随着多媒体教学工具的成熟应用，数学知识的传授变得更加生动和直观，这有助于学生更深入地理解和掌握抽象概念。

《标准（2022 年版）》的颁布，为初中数学教材的编写明确了指导思想和发展方向。课程标准围绕教学目标、教学内容、教学方法和教学评价等关键环节，强调信息技术与数学学科的深度融合，给出了信息技术与数学课程融合的指导思想、使用方式、应用实例等。例如，要求运用富媒体丰富数学情境，通过数学软件辅助探究，借助在线平台实现个性化学习等，旨在提升学生的数学素养和综合能力。同时，对于教材编写，鼓励融入信息技术元素，增强教材的吸引力和实用性。这反映出新时代中学数学课程对信息技术应用的新要求。

时代的变化和课标的要求，为教材编写带来了新的机遇和挑战。教材编写中，必须不断探索、思考如何将信息技术巧妙且有效地融入教材，使其成为辅助学生学习、提升教学质量的有力工具。通过寻找信息技术与数学知识的最佳结合点，让学生在数字化的学习环境中，更直观地感受数学的魅力，更深入地理解数学的本质，更高效地掌握数学的方法，为他们的未来发展奠定坚实的数学基础，发展其数学核心素养。

一、信息技术与数学教材

（一）信息技术概述

1. 信息技术概念界定

信息技术（Information Technology，IT）按内涵的丰富程度，有广义与狭义之分。广义的信息技术是指能充分利用与扩展人类信息器官功能的各种工具、方法与技能的总和，强调从哲学上阐述信息技术和人的本质关系，凡是能扩展人的信息功能的技术都可称作信息技术，包括投影、录音等视听技术。狭义的信息技术是指以计算机、通信、自动控制和光电技术等为基础，对图文声像等信息进行获取、加工、存储、传输与使用的技术。本章所指的信息技术为狭义的信息技术，利用技术手段和技术工具可实现对信息的各种操作，既包括信息加工设计（课件制作），也包括信息传递分享（网络、多媒体展示等）。

数学教材中涉及的信息技术主要包括计算机网络、科学计算器、图形计算器、数据采集器和传感器等信息技术工具，以及几何画板、网络画板、GeoGebra、Microsoft Excel、计算机代数系统（CAS）、统计分析软件，以及其他数学教育技术平台等。

2. 信息技术的发展

信息技术的发展经历了多个重要阶段，它的发展极大地改变了人们获取和处理信息的方式和方法。

早期的信息技术可以追溯到古代的结绳记事和烽火传信。文字的产生和造纸术、印刷术的发明，让人们可以通过书籍、报纸、信件等传统媒介来获取和传递信息，但信息的传播速度慢、范围有限。

真正意义上的信息技术革命始于 19 世纪电报和电话的发明，这使得信息能够以电信号（摩尔斯编码）、声电相互转换的形式快速传输。20 世纪中叶，计算机的诞生是信息技术发展的一个重要里程碑。从最初的大型机到后来的微型计算机，计算机的性能不断提升，体积不断缩小，价格不断降低，逐渐普及到了家庭和个人。随着集成电路技术的发展，计算机的处理能力得到了极大的提高。同时，网络技术的出现使得计算机之间能够实现互联互通，信息共享变得更加便捷。

近年来，移动互联网、云计算、大数据、人工智能等新兴技术的发展，更是推动了信息技术的快速进步。移动互联网让人们可以随时随地通过各类移动终端设备访问网络，瞬间获取信息；云计算为用户提供了强大的计算和存储能力，降低了信息技术的使用门槛；大数据技术使得对海量数据的分析和处理成为可能，为企业和社会决策提供了有力支持；人工智能技术则在图像识别、语音识别、自然语言处理等领域取得了显著成果，为人们的生活和工作带来了更多的便利和创新。

3. 信息技术对数学教与学的影响

信息技术带来的便利，已深刻地影响着教师的教和学生的学两个方面。

先来看信息技术从哪些方面影响教师的教。第一，便于设计更生动、更切实际的教学情境，使抽象的数学问题能以直观的图形、动画等形式呈现。第二，借助信息技术强大的数据处理功能，能高效解决一些涉及杂乱数据的真实问题。第三，可有机组合学习资源，并以超文本形式提供给学生，为学生进行实验、研究性学习护航。第四，使教师有更多的时间和精力思考教学设计，创设多元联系的，蕴含重要数学内容、过程和结果的，具有交互性的学习环境。

再来看信息技术从哪些方面影响学生的学。第一，信息技术是处理复杂画图、繁琐计算与数据处理的强大工具，能把学生从机械劳动中解放出来，使学生更关注对算理的理解，更多地经历数学思考的过程，更好地理解数学的本质。第二，信息技术是创设“多元联系表示”学习环境的重要工具，既能直观表示抽象的符号、杂乱的数据，又可直接操作数学对象，让学生在直观、动态的情境中观察相应的变化。第三，信息技术可提供实时、交互的学习环境，便于学生模拟现实情境建模，从而进行有效的数学探究、应用与交流。第四，信息技术能促使“以概念为中心”的教学模式蜕变为“以问题为中心”的教学模式，使学习成为“以任务驱动”的过程，使实验、探究、发现等成为学生重要的学习方式。

信息技术本质上是“数学技术”，因此在提高学生利用信息手段自主学习、增强运用信息技术分析、解决问题的能力上，数学课程负有更大的责任。信息技术与数学课程的融合是推动数学教育现代化发展的内在要求与显著特征，备受国内外数学课程改革的关注。而数学教材作为实现数学课程目标的重要教学资源，理应在信息技术与数学课程的融合中发挥关键作用，自然也要实现从信息技术与数学教材的“整合”到“融合”的转变。

4. 信息技术与数学教材融合的历史发展

信息技术的飞速发展，为数学教育带来了前所未有的机遇。在教材编写过程中，需要明确信息技术不仅是辅助教学的工具，更是促进学生思维发展和创新能力培养的重要手段。

信息技术与教材的融合也有着逐渐演进的历史。我国的教材是依据国家颁布的教学大纲或课程标准编制的，研究信息技术在这两者中的体现，可以大致了解信息技术融入数学教材的样态。表 9-1 是课程文件提及的初中阶段师生可使用的信息技术工具。

表 9-1*

课程文件	学生可使用的信息技术工具	教师可使用的信息技术工具
1988 大纲	计算器	幻灯；录像；计算机辅助教学；现代化教学手段
1992 大纲	计算器；科学计算器	投影；录像；计算机辅助教学
00-S 大纲	计算器；科学计算器	投影；录像；计算机软件；多媒体；科学计算器

* 说明：本表重在体现不同时代课程文件中的信息技术工具，故简写文件名，仅凸出其年代。

续表

课程文件	学生可使用的信息技术工具	教师可使用的信息技术工具
2001 课标	计算器；现代信息技术	计算器（函数计算器）；计算机；计算机软件；多媒体（课件）；数据库；电视广播；网络（互联网、网站）；音像资料（光盘、录像带）；现代信息技术；现代教育技术
2011 课标	计算器；计算机；数学软件；互联网；现代信息技术	计算器（函数计算器）；计算机；计算机软件（数学软件）；多媒体（课件）；数据库；网络（互联网）、广播电视；音像资料；现代信息技术；现代教育技术
2022 课标	计算器；计算机；网络查询；统计软件；动态几何软件	现代信息技术；大数据；音频；视频；数学专用软件；互联网；人工智能；数字化平台、工具、资源（文本、图像、声音、动画）

从表 9-1 可以大致了解到，信息技术与数学教材的关系经历了从“单一教学辅助工具”到“与课程深度融合”的重大转变。这一转变进程，既标志着教学工具从传统的视听媒体稳步迈向现代数字化平台的演进，又深刻体现了教育理念的根本性变革。如今，信息技术的应用已然从最初的边缘角色，逐步发展成为推动教学方法创新、激发学生主动学习以及提升教育质量的核心力量。随着课程标准的持续更新，信息技术与数学教学的结合愈发紧密，其在课程设计、教学实施和学习评价中的应用也日益多元化和系统化。这种演变不仅映射了教育技术的发展轨迹，更充分展现了教育领域为适应时代需求、促进学生全面发展所做出的不懈努力和积极探索。

总之，信息技术与数学教材的融合是一个持续演进和创新的历程。随着信息技术的不断进步，我们有充分理由相信，未来的教材将变得更加智能化、个性化和互动化，从而为教育领域带来更为深远的变革和蓬勃发展。

（二）信息技术的分类

各类信息技术工具具有各自的特点和适用场景。数学绘图软件能直观呈现抽象的数学概念和图形变化，统计分析软件有助于学生处理和理解数据，在线教学平台则能够提供丰富的学习资源和互动交流的机会，等等。

1. 信息技术与数学教材融合的可用工具

（1）互联网

通过计算机或手机访问互联网，可以实现资料的搜索和查询，这是网络时代最普遍、最快捷的一种获取信息的方式。然而，由于网络信息繁杂、可靠性参差不齐，用户在实际应用时需要具备一定的甄选和判断能力。

（2）科学计算器

科学计算器能进行数的加、减、乘、除、乘方、开方等基本运算及混合运算；既可以求三角函数值，也可以根据已知的三角函数值求角的大小；此外，还可以满足平均数、方差、标准差等统计量的计算需求。

（3）图形计算器

图形计算器具有计算机代数系统，能进行科学计算、多项式符号运算、方程（组）求解、微积分运算、矩阵计算等工作；还具有函数曲线绘图系统，能绘制基本初等函数（复合函数）的图象或各类曲线，并能进行图象变换，实现数据、函数（曲线方程）、图象（曲线）的关联变化。图形计算器还具备向量与几何系统，能绘制各类平面图形，并能对几何图形进行变换；能进行角度、长度、面积、体积等测量，并能在空间坐标系中直接（或根据解析式）绘制立体图形并进行图形变换，以及进行向量运算。此外，图形计算器还拥有概率与统计系统，能进行统计计算，绘制统计图表，进行数据拟合与分析，绘制概率分布图形，进行随机模拟试验。它还具备编程与控制功能，可编程开发课件或者游戏等，并能编程控制外部设备；可连接传感器进行数据采集，并可以与计算机、其他图形计算器互联。

（4）计算机/手机数学辅助软件

无论是计算机还是手机软件中，都有许多专门用于数学运算、数学规划、统计运算、工程运算、绘制数学图形或制作数学动画的软件。这些软件基本分为三类：数值计算软件、统计软件和符号运算软件。比较出名的一些数学软件包括：Matlab（商业软件）、Mathematica（商业软件）、Maple（商业软件）、MathCad（商业软件）、Scilab（开源自由软件）、SAGE（开源软件）等。比较出名的一些统计软件包括：SAS（商业软件）、Minitab（商业软件）、SPSS（商业软件）、R（开源自由软件），Origin（数据分析、制图软件）等。

上述这些软件，有的功能单一，有的功能多样，但各有侧重点。在基础教育阶段常用的一些软件包括绘图软件（如几何画板、GeoGebra、网络画板等）、统计软件（如电子表格 Excel、Origin 等）及编程软件（如 Scilab 等）。下面介绍几个在基础教育阶段教材中用于数值计算、数据统计、函数性质（画图象）研究等方面的软件。

①几何画板

几何画板具有多种功能，包括绘制函数图象、测量和计算、图形变化、制作复杂的动画等。一般情况下，可以直接通过按钮或快捷工具条实现这些功能，而复杂的构图或动画效果则需要一定的图形几何知识和深入研究。该软件可用于代数、平面几何、解析几何、空间立体几何、函数作图等方面的教学。它为老师和学生提供了探索代数及几何图形内在关系的环境，但其空间图形的效果主要限于二维平面上的显示，无法实现多角度旋转的三维空间效果。

②GeoGebra

GeoGebra 是一款适用范围很广的动态数学教学软件，它将几何、代数、表格、3D 图形、统计和微积分集成在一个易于使用的软件包，多个区域可同时显示并且联动。基于此，GeoGebra 在移动端拆分成图形计算器、几何、CAS 计算器、3D 计算器、科学计算器，以便于移动端的内存系统能顺利运行。另外，随着增强现实技术的发展，GeoGebra 在移动端增加了 GeoGebra AR，用户可以使用立体 3D 增强现实的方式，更好地观察和研究数学问题。此外，GeoGebra 还具有编程与控制功能，可编程开发课件或者游戏等，可编程控制外部设备。

③网络画板

网络画板是在超级画板的基础上，为适应我国移动互联网环境下教育信息化、数字化发展的新趋势和新需求，整合了张景中院士原创的智能推理技术，以及 AI 大模型技术、动态几何、网络交互等技术，所开发出的智能动态数学教育软件。该软件支持多种操作系统，适用于 PC、平板、手机、教学一体机等终端。该软件的功能涵盖平面几何、立体几何、代数、函数等方面，但在符号运算、概率与统计等方面的支持较弱。网络画板的优点在于基于国内数学教育量身定制，内嵌了多种组件，用户只需点击快捷工具按钮即可实现相关操作。其官方网站提供了大量基于各版本教材开发好的动画素材，一般用户注册即可使用，降低了普通教师的使用门槛。

以上三种软件都具备一定的计算机代数系统，能进行科学计算、多项式符号运算、方程（组）求解、微积分运算和矩阵计算等。它们还具有函数曲线绘图系统，并能进行图象变换，能实现数据、函数（曲线方程）、图象（曲线）的关联变化。它们还具有向量与几何系统，能绘制各类平面图形，能对几何图形进行变换，能进行图形的角度、长度、面积、体积等测量，等等。

④电子表格

电子表格拥有强大的公式和函数系统，是基础教育阶段常用的多功能软件之一，能够进行数值计算、统计量计算、统计图表绘制、随机模拟试验、数据处理和解方程等。

（三）信息技术与数学教材融合的发展趋势

随着信息技术的不断发展和创新，其在初中数学教材中的融入正在改变纸质教材的呈现形态，以下是一些可能的发展趋势。

1. 教材形态的数字化转型及个性化学习体验的推进

当今，纸质教材正逐步向数字化转型。这个过程不仅包括教材内容的电子化，还涉及多媒体和交互式数字教材的广泛应用。随着大数据和智能算法的应用，融合了智能辅助系统的数字教材能够监测学生的学习行为，并可以根据其学习情况提供精准的、个性化的学习路径、内容推荐和辅导建议。此外，通过对大量教学数据的收集及分析，教材编写者可以更好地了解学生的学习需求和困难，从而优化教材的内容和结构。

2. 沉浸式技术的应用

虚拟现实技术和增强现实技术的应用，为学生提供了一种全新的沉浸式的学习体验。这些技术使学生能够在三维空间中直观地探索数学概念，便于他们理解复杂的数学结构及其相互关联，从而提升学习兴趣和空间观念。随着技术成本的降低和设备的普及，越来越多的教育环境能够采用这些沉浸式工具。

3. 人工智能的应用

人工智能的发展已经在多个领域产生了显著影响，也正在变革教育行业。智能问答系统将成为学生探索数学知识的有力助手。当学生在数学学习过程中产生疑问时，无论是对基础概念的不理解，还是在复杂问题求解中遇到困难，智能问答平台都能迅速进行回应。例如，当学生对教材中出现的组内离差平方和、箱线图、四分位数等概念感到困惑时，只需输入问题，智能问答系统便可以解释上述概念，并附上相关的实例和拓展练习题，助力学生加深知识的理解。

4. 教育资源的共享性和移动学习的便捷性

无论是政策要求，还是教育工作者的自发行为，大量免费在线平台的建立使优质教学资源能够在全球范围内共享，促进了教育资源的均衡分配和学习内容的多样性。随着移动设备的普及和网络的发展，学生可以通过手机、平板电脑等移动设备随时随地访问教材资源及各类共享资源，从而打破时间和空间的限制，使学习更加灵活和便捷。

然而，在将信息技术融入数学教材的过程中，一些潜在问题不容忽视。例如，需要关注信息技术应用的合理性，确保技术的使用不会导致学生过度依赖电子设备，进而影响视力和身心健康。同时，要重视数字鸿沟的问题，确保所有学生都能平等地享受信息技术带来的教育福利。

二、信息技术融入数学教材的地位、作用与设计原则

（一）信息技术融入初中数学教材的地位与作用

在初中数学教学领域，纸质教材始终是基础性的教学资源。而信息技术的巧妙融入，则为这一传统教学资源注入了新的活力与价值。

1. 丰富知识的传递方式

信息技术的融入极大地丰富了纸质教材的知识传递方式。传统教材依靠文字与图形来传递数学知识，而信息技术的加入为其开启了更广阔的视野。例如，在讲解几何图形时，教材通过文字、图形描述如何利用数学绘图软件展示几何图形的变化过程，使学生更直观地感受几何图形的性质和变化规律。这不仅丰富了学生的知识面，还激发了他们对数学学习的兴趣和探索欲望。

信息技术能使抽象的数学概念变得具体直观。例如，在学习平行线分线段成比例时，

教材通过插图和文字说明，展示如何利用信息技术工具动态演示平行线与被截线段的变化过程。学生可以在阅读中想象出这种动态变化，并在条件允许的情况下使用信息技术工具进行探究，从而直观地看到不同位置下线段之间的比例关系如何保持不变。这种融合让学生在阅读教材时，能够更好地理解数学概念，而不是仅仅依赖于传统的文字描述。

2. 变革教师的教学方式

信息技术融入初中数学教材为教师带来了多样化的教学思路与手段。教师可以依据教材中提及的信息技术内容，设计更具活力和互动性的教学活动。例如，在讲解函数的图象与性质时，利用信息技术展示函数图象的动态变化过程，让学生更深入地理解函数的特性。同时，引导学生利用纸质教材中介绍的信息技术方法进行自主探究，如尝试用简单的绘图软件绘制函数图象，培养学生的自主学习能力和创新思维。

信息技术融入初中数学教材还为跨学科学习提供了有力支持。例如，在一些与实际生活相关的数学问题中，如综合与实践活动，教材引导学生借助互联网搜索相关的科学知识、工程案例、历史发展等，让学生在解决数学问题的同时，培养跨学科综合素养。

3. 提升学生的学习效果

信息技术融入初中数学教材能激发学生的学习兴趣，培养自主学习能力，进一步提升学习效果。教材中设置的科技发展和技术原理等内容可以引发学生的探索欲望；对于一些晦涩抽象的内容，学生可以根据自己的学习进度和需求进行个性化学习。例如，教材引导学生借助信息技术工具（如免费数学软件）进行自主探究和实验，通过调整参数观察数学对象的变化，加深对知识的理解。这种自主学习方式提高了学生的学习效率，培养了他们的独立思考能力和创新精神。

随着信息技术在初中数学教学中的深入应用，教师、学生和家长需要共同努力，以确保这一融合能够顺利进行。教师应不断提升自己的信息技术应用能力，以便更有效地利用技术工具支撑教学设计和实施。学生需要培养自主学习的习惯，积极利用信息技术资源来扩展学习。家长则应支持孩子接触和使用这些信息技术，帮助他们适应数字化学习环境。通过多方协作，可以最大化地发挥信息技术在初中数学教与学中的作用。

（二）信息技术融入初中数学教材的设计原则

实现信息技术与数学教材融合，必须有一些基本的设计原则。教材编写者在长期的教材编研工作中，结合信息技术融入数学教材的特点，提出如下原则。

1. 整体性原则

整体性原则是指在初中数学教材与信息技术的融合中要采用系统化的思维，全面而协调地融入信息技术，以确保技术与教学内容、方法和评价系统紧密相连、相互促进。教材编写者应提供全面的解决方案，包括在教材中设计连贯的探究路径，从单一图像到动态图像（信息技术截图），以及制作相应的配套课件。同时，在教师教学用书中详细阐述设计思路和课件的使用方法，通过扫描二维码或下载链接等方式，提供易于访问和操作的数字资源，旨在降低技术使用和操作的难度，推动信息技术在教学中的广泛应用。

在融合信息技术的过程中，教材编写者还充分考虑了教师之间的差异性，为其提供了灵活多样的解决方案，以适应各种教学环境和需求。例如，对于信息技术基础较弱的教师，可以提供更详细的操作指南和培训资源；而对于教学风格各异的教师，还可以提供多种教学模式的参考案例。

信息技术应成为使抽象的数学概念更加生动、易于理解的有力工具，积极促进不同学科知识的融合，并为培养学生的数学核心素养创造条件。通过这种整体性的融合，致力于提升学生的数学理解和应用能力，培养他们的综合素养。具体来说，可以通过信息技术展示数学在实际生活中的应用，引导学生进行跨学科思考。同时，确保信息技术的有效利用，提高教学质量和学生的学习成效，以实现立德树人的根本任务。

2. 适切性原则

在初中数学教材与信息技术的融合中，适切性原则要求信息技术的运用必须恰当且有节制。以教学内容的实际需求为出发点，选择和应用信息技术时，确保其能真正促进教学目标的实现。例如，对于需要直观理解的概念，如几何图形的变换，可以使用动画演示或模拟来帮助学生可视化过程；而对于需要强调逻辑推理的部分，则不需要复杂的技术，仅通过推理证明或举出示例来阐述即可。技术的选择应基于其对辅助学生理解数学概念、提高学习效率的实际贡献而定。同时，技术应用的复杂程度应与教学内容的重要性和深度相匹配，避免在不必要的情况下引入复杂工具，以免分散学生注意力或增加学习负担。确保信息技术在纸质教材中成为有效的辅助工具，而非教学的障碍或装饰。

3. 过程性原则

过程性原则强调在初中数学教材与信息技术的融合中，重视数学概念的推导过程、问题解决的步骤以及知识应用的实践，从而引导学生通过观察、操作和实验来理解数学原理，而非直接呈现结论。发展抽象能力的关键在于“形成”，即从直观到抽象的过程，而信息技术在信息容量和呈现方式方面有天然的优势，可以支持不同角度下数学知识的形成过程展现。例如，在全等三角形的判定中，利用信息技术工具，可以动态展示两个三角形从不同位置、不同角度逐渐重合的过程，直观地呈现出全等三角形的判定条件。因此，信息技术与数学教材的融合要坚持过程性的原则，即从知识的不同角度，采用多种形式展现知识发生发展的过程，建立数学概念的多元联系表示，帮助学生理解抽象概念和原理。

4. 可行性原则

信息技术的融入旨在激发学生主动、有效地数学学习，确保每位学生都能在数学学习过程中利用好信息技术，发挥好技术的作用。目前，众多与数学学科紧密相关的信息技术工具为教学实施提供了强大的支持，包括但不限于函数作图与分析、几何图形绘制、符号代数运算、数据分析、程序设计以及网页浏览等。随着大数据与人工智能等新型技术的发展，它们不仅成为社会普遍关注的热点话题，也将成为促进教育信息化的重要手段。在教材的编写与设计中，需要根据具体的教学需求和工具的功能特点，选择适当的信息技术工具。未来技术的变化必然会推进信息技术的升级，因此还需要考虑新技术与教材的融合发展趋势，体现信息技术在未来的可行性。

由于教材是教师、学生进行数学教与学的依据和指导的基本材料，教材、信息技术、教师、学生四者通过教与学的活动有机地结合在一起，以便落实数学课程标准、培育核心素养。然而，由于教学环境和人的认知特征是客观存在的，必须考虑实现信息技术的软件与硬件条件，这也是可行性原则的一种表现。例如，绘制函数图象时，能使用计算机或移动设备中的免费绘图软件的，就不要使用收费软件；能使用计算机或手机的，就不要再使用专业且费用较高的图形计算器。另外，信息技术与教材融合要简单易用、易推广，不要让复杂的技术（包括软、硬件）操作干扰实施环节和学生的理解。

三、信息技术融入数学教材的呈现方式

新教材有意识地引导学生运用信息技术“做”数学。教材创设了合理的信息化学习环境，将抽象的数学知识直观化，有助于激发学生学习数学的兴趣和探究新知的欲望，促进学生对数学概念的理解和数学知识的建构。在教材编写时，整体考虑在各模块、各栏目、正文叙述、例题讲解以及习题中，如何通过融入信息技术使内容变得更加生动，为学生经历从“学”数学到“做”数学再到“用”数学的过程，提供了一体化的信息技术支持。

1. 正文嵌入式

教材精心挑选合适的知识点，将信息技术以嵌入式的呈现方式巧妙地融入数学教材的正文部分，加强信息技术工具的应用。例如，利用信息技术完成复杂计算和绘图、展示动态变化过程、探索数学结论等。将信息技术相关的内容与数学知识的讲解有机结合，使得学生在学习数学知识的过程中，能够自然而然地了解和运用相应的信息技术。

例如，在“32.1　锐角三角函数”中，教材提出若锐角 A 不是 30°，45°或 60°等特殊角时，该怎样得到它的三角函数值的问题。这是个客观存在的现实问题，在天文观测、物理测量等问题中要解决的很多实际问题往往都涉及特殊角。这时候，求角的三角函数值，或是已知三角函数值求角，就成为解决问题的一环。在历史的发展中，人们借助数学知识制定了三角函数表，然后就可以通过查表解决上述问题，但这种方式很不方便，并且存在一定误差。基于此，教材顺势在正文中提出借助计算器求锐角的三角函数值或已知三角函数值求角，并基于某种计算器的功能介绍了相应的操作方法，这样通过信息技术的融入就很顺利地解决了问题。

在习题 32.1 中，还安排了探索三角函数值的变化规律的问题：

11. 用计算器求下列锐角三角函数值，并填入表中。

锐角 三角函数	锐角 A								
	5°	15°	25°	35°	45°	55°	65°	75°	85°
$\sin A$									
$\cos A$									
$\tan A$									

随着锐角 A 的度数不断增大，$\sin A$ 有怎样的变化趋势？$\cos A$ 呢？$\tan A$ 呢？你能解释其中的道理吗?

由于在教材正文中直接嵌入了利用计算器求锐角三角函数值的内容，所以解决这道利用计算器辅助求解的问题也就变得水到渠成了。

再如，在探究二次函数 $y=ax^2$（$a>0$）的图象与性质时，教材先画出 $y=\frac{1}{2}x^2$ 和 $y=2x^2$ 两个函数的图象，提出思考问题（1），让学生思考两个函数的图象与 $y=x^2$ 的图象有什么共同点和不同点；再安排思考问题（2），告知学生利用信息技术工具改变系数 a 的大小，观察函数图象的变化情况，并直接配备了软件中研究系数 a 变化的截图（图 9-1）。对于这个探究活动，仅通过问题（1）中的三个图象无法很好地概括出 $a>0$ 时函数 $y=ax^2$ 的性质，因为提供的分析对象数太少，对 a 的讨论不具有任意性。而借助信息技术工具，可以连续地改变系数 a，这样可以更好地体现一般性，从而使所概括出的结论的可信度更高。

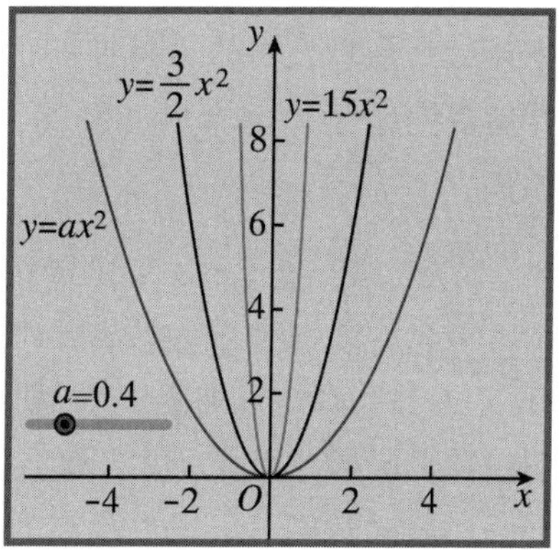

图 9-1

2. 边空引导式

边空引导式是指在教材的边空中添加与正文内容相关的信息技术元素，如设置一些富有启发性的提示、问题或注释，旨在引导学生关注信息技术与数学的结合。

例如，在“22.2　函数的表示”的一个“思考”旁，教材借助边空提示学生“可以用带有温度探头的信息技术工具测量、记录温度，并绘制温度随时间变化的图象”。又如，在“29　圆”一章的“探究与发现——等宽曲线”中，通过“贴士”提示有条件的学生可以利用信息技术工具，模拟正方形纸板在桌面上滚动时纸板中心的运动轨迹（图 9-2）。这个活动具有一定的趣味性和实用性，借助信息技术工具可以模拟圆、正方形、三角形等不同图形滚动时中心的运动轨迹。尤其是几个图形同时在一个界面运动时，信息技术能让学生更加直观地体会到车轮为什么选圆的而不选方的。

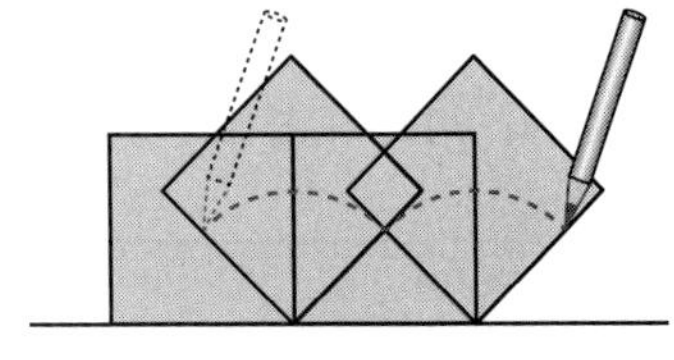

图 9-2

3. 栏目示范式

教材专门设置了选学栏目“信息技术应用”，通过该栏目详细介绍信息技术工具的具体操作方法，或是展示基于信息技术工具发现规律、探究性质、开展数学实验、解决问题的应用案例。这些内容是独立且完整的，从工具的操作层面到基于工具的教学实施层面，起到示范性、引领性的作用，做到授人以渔。

例如，在“24.1　数据的集中趋势”一节后的“信息技术应用——利用统计软件求统计量”中，教材首先提出当数据量很大的时候，借助计算器或计算机等信息技术工具，既能将人们从烦琐、机械的纸笔计算中解放出来，还能提高计算的效率和准确性；然后，以教材正文中有关平均数和加权平均数的问题为例，详细介绍了借助信息技术求统计量的值的操作步骤及相关命令；最后，还说明在一些软件中，可以借助指令帮助功能查看各种统计量值的指令及其调用格式。这样既能让学生掌握信息技术的操作方式，还能使学生体会到信息技术的工具性和优越性，从而在后面的习题中自然就会借助信息技术软件解决问题了，也为后面利用信息技术工具计算方差、组内离差平方和等起到引导作用。

再如，在“28.2　中心对称”之后，教材设置了“信息技术应用——探究反比例函数图象的对称性”，其目的在于帮助学生从图形对称的角度再次认识反比例函数的图象。由于学生在前面的学习中已经会绘制函数图象，所以教材直接引导学生借助信息技术工具作出反比例函数 $y=\dfrac{1}{x}$ 的图象及其上任意一对对称点，再通过改变点的位置，从而探究 $y=\dfrac{1}{x}$ 的图象的对称性（图 9-3）。进一步地，再探究改变 $y=\dfrac{k}{x}$ 中 k 的值时函数图象的变化，从而研究函数图象的对称性（图 9-4、图 9-5）。

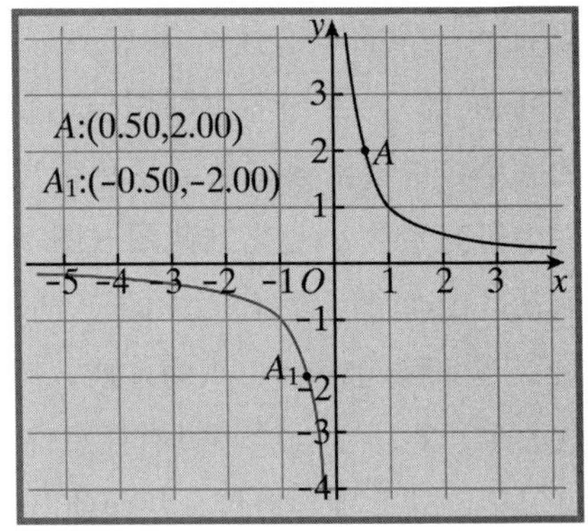

图 9-3

这种由特殊到一般的研究思路，为学生后续自主探究提供了借鉴的思路和方法。除了通过上述借助信息技术探究得到反比例函数图象的中心对称性质，教材还在最后提出开放性的问题，希望学生根据图 9-4 和图 9-5，自行发现、提出并解决一些其他问题。这其实是引导学生借助信息技术工具研究反比例函数更多的几何性质，从而发展学生的几何直观，也为学生今后借助信息技术工具研究解析几何相关问题打好基础。

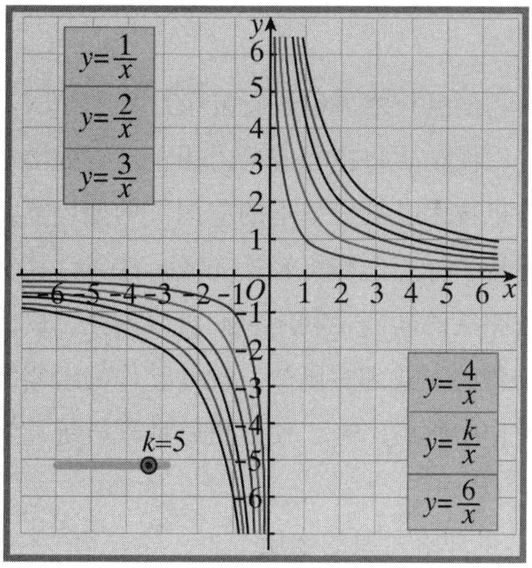

图 9-4

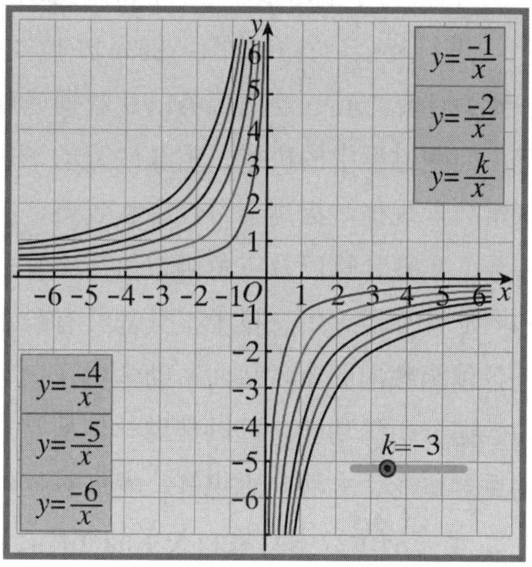

图 9-5

4. 通篇点缀式

通篇点缀式是指在整套教材中，信息技术元素被巧妙地、分散地融入各个部分，包括章前言、正文、各类栏目、例题和练习题等。这些元素主要反映信息技术的发展，结合相关内容让学生了解互联网、人工智能、大数据处理等相关内容及其在生产生活中的应用。

例如，在“3　代数式”的章引言中，教材提到了用智能机器人摘苹果的问题；在“26　二次函数”的“阅读与思考——生活中的抛物线”中，介绍了基于抛物线光学性质的“中国天眼”射电望远镜；在“16.1　幂的运算”中，通过搭载国产芯片的“神威・太湖之光”超级计算机的运算速度问题引出了同底数幂的乘法；在“31.3　相似三角形的应用”的例题中，借助“凸透镜是芯片制造设备——光刻机中用来缩小电路图的重要零件”的背景，引出了相似三角形在凸透镜原理中的应用；在“24　数据的分析”的“阅读与思考——大数据及其应用”中，介绍了网上购物的精准推送功能，这正是大数据的应用。这些内容与教学内容自然融合，不显突兀，有助于激发学生的学习兴趣和探索欲望。

四、教材中信息技术融入的内容实例

在教材编写过程中，注重发挥信息技术的作用，精心挑选融合点，创设合理的信息化学习环境，助力激发学生学习数学的兴趣和探究新知的欲望，促进学生对数学概念的理解和数学知识的建构。

（一）教材中信息技术融合点的选取角度

1. 进行复杂计算和绘图，提高学生学习效率

作为计算工具、绘图工具以及数据处理工具，信息技术可以进行复杂计算和绘图，减少解决问题过程中的机械、重复性劳动。这样可以使学生将更多的精力用于理解数学本质和探索数学规律，提高学习效率和效果，这是信息技术工具最基本的应用。例如，复杂的有理数、实数计算以及三角函数值计算等，利用科学计算器即可轻松完成。许多计算机软件和图形计算器等信息技术工具都具有绘制函数图象的功能，利用它们可以方便、快捷地绘制各种函数的图象，从而帮助学生通过数形结合的方式理解函数。统计软件的绘制统计图和数据分析等功能，可以帮助学生从繁杂的工作中解脱出来，使其更好地理解统计学习中的重要概念、方法与思想等，发展数据观念。

2. 动态演示数学对象和关系的变化，帮助学生理解对象的本质

信息技术具有的文字、图表、动画等多种表现方式，可以从不同角度提供直观素材，为数学对象建立“多元联系表示”。利用信息技术工具，不仅可以将抽象的符号、复杂而零散的数据进行直观表示，还可以直接操作数学对象（如局部放大、变换研究对象的位置、动态显示等），从而将抽象内容形象化，静态关系动态化，帮助学生在一种直观、动态的情境中观察数学对象和关系的变化，使其能更好地理解数学对象和对象间关系的本质。

3. 利用信息技术呈现探究环境，帮助学生分析和解决问题

信息技术工具强大的数值运算、代数推理、动态几何、统计分析等功能，为学生进行“数学实验”提供了可能。它的交互性实验环境可以创设一些问题情境，让学生围绕某个数学问题展开探究，经历学习（研究）数学的过程，从而提升数学素养。在这一过程中，教材所呈现的教学内容不再是教师的讲授内容，而是学生主动建构的对象，有助于学生更好地分析和解决问题。

（二）信息技术融入教材的实例

1. 数与代数

（1）数值计算

在“2.2　有理数的乘法与除法”中涉及有理数乘除法混合运算的例 8 之后，正文设置了借助计算器计算例 8 中的式子“$(-1.5)\times3+32\times3+21.7\times4+(-2.3)\times2$”的值的内容，引导学生使用计算器进行计算。这是教材中第一处明确提出使用信息技术解决数学问题的内容，也是教材中第一个出现的信息技术工具——计算器。数值计算是日常生活中最常用到的，计算器也是功能最简单、学生最易学习的信息技术工具。教材基于某种计算器给出了操作方式，并在边空中给出了其他计算器的一些按键说明。通过计算器的操作，学生可以快速得到结果，并有助于其更好地理解有理数混合运算的规则。同时，让学生对比计算器计算和手动计算的过程，能使其更深刻地理解运算的优先级和运算法则。

教材中安排的例题、习题的计算量都不是很大，从某种意义上来看不一定能让学生体会到计算器的优越性。然而，实际的生产生活中的数值计算往往非常复杂，仅靠纸笔运算太过困难，因此教师可以尝试让学生解决一些大运算量的计算题，让学生体会计算工具的快捷性与准确性。

在“实数”一章的课后习题 8.1 中，教材设置了借助计算器探究对一个正数连续开平方的规律的习题：

11. 任意找一个正数，比如 1 234，利用计算器对它开平方，再对得到的算术平方根开平方……如此进行下去，你有什么发现？

有了计算器的加持，学生可以很快地完成探究，他们会发现无论多大的数，经过多次连续开方后的结果都接近 1。这个结果在“实数”一章中是无法解释的，涉及 $f(x)=x^{\frac{1}{2^n}}$（$x>0$，$n\in Z^*$）的图象问题。

在探究了开平方运算的规律之后，教材还在习题 8.2 中设计了探究开立方运算的规律的习题：

9. 任意找一个数，比如 1 234，利用计算器对它开立方，再对得到的立方根开立方……如此进行下去，你有什么发现？

这样的设计，使得信息技术的应用具有了连续性和发展性，既是对前面学习用计算器计算数值的延续，又为后续用函数绘图软件探究函数性质进行了铺垫。

（2）研究函数图象和性质

在“26.2.2 二次函数 $y=a(x-h)^2+k$ 的图象和性质”一节中，涉及两个参数 h，k 对图象的影响（前面已经研究过参数 a），并需要研究抛物线 $y=a(x-h)^2+k$ 与 $y=ax^2$ 的关系。教材按照分别研究参数 h，k 两条主线，再用一道例题综合讨论两个参数，最后归纳得出结论的研究思路逐步展开。区别于原教材，新教材巧妙地将信息技术融入其中，如下是对参数 h 的探究片段：

可以发现，把抛物线 $y=-\frac{1}{2}x^2$（图中的虚线部分）向左平移 1 个单位长度，就得到抛物线 $y=-\frac{1}{2}(x+1)^2$；把抛物线 $y=-\frac{1}{2}x^2$ 向右平移 1 个单位长度，就得到抛物线 $y=-\frac{1}{2}(x-1)^2$。

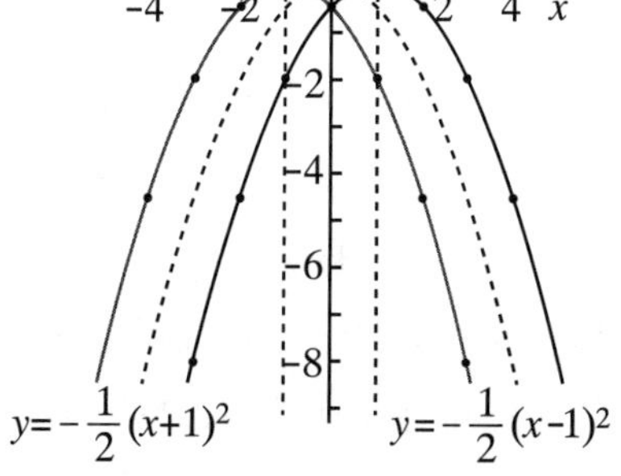

也可以利用信息技术工具画函数 $y=a(x-h)^2$ 的图象，改变 h 的值，可以发现，随着 h 的变化，二次函数 $y=a(x-h)^2$ 的图象向左或向右平移，即把抛物线 $y=ax^2$ 向左（$h<0$）或向右（$h>0$）平移 $|h|$ 个单位长度，就可以得到抛物线 $y=a(x-h)^2$。

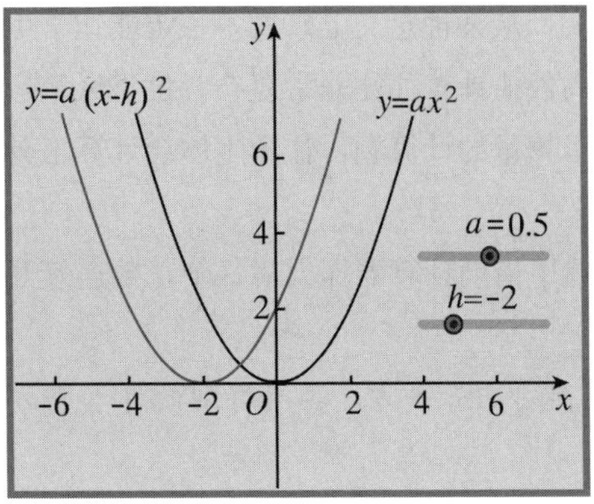

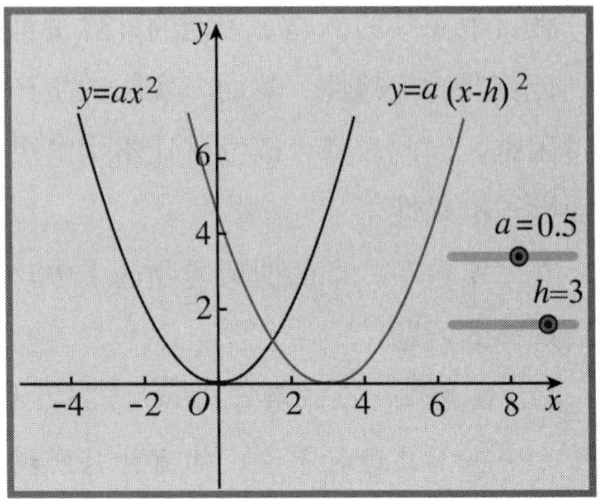

这样的安排，一方面不影响正常教学环节推进，即脱离技术也可以达成教学设计的实施；另一方面也能为有条件用信息技术实施教学的教师提供示范：借助信息技术工具能快捷地作出图象，并进行直观的动态变化演示，使学生可以从变化的图象当中总结出规律，从而实现“动静结合”的教学效果。

此外，有了信息技术工具的支持，教师还可以结合学生的实际情况，重构这部分内容。例如，可以将两个参数的研究整合在一个课时内完成；也可以先带着学生研究其中的一个参数，再让学生类比这种研究方法，自主探究另一个参数的情况。

教材的这种设计，既保留了传统教学方式的味道，也为基于信息技术研究函数图象的这类问题提供了示范，更为个性化的教与学提供了抓手。

2. 图形与几何

（1）研究图形的性质

在“相交线与平行线”一章中，教材在探究对顶角的关系、邻补角的关系、垂线段的性质、平行线的性质时，都提出了使用信息技术工具。相比之下，原教材是通过在章末设置“信息技术应用”，集中探究上述内容，但这时候再进行探究，已经失去了真正的探究意义，仅能起到借助信息技术验证的作用。新教材直接将上述内容融入新知探究中，使得信息技术发挥了几何对象位置变化直观可视、数值变化有规律可循的作用。就新教材而言，这是学生在几何学习中第一次探究一个图形的性质，也是信息技术工具第一次与图形与几何内容的深度融合。借助信息技术工具，可以进行长度、角度的度量，可以改变两条线（或三条线）的相对位置关系，让学生通过数值和位置的变化，发现变化中的不变量，进而发现图形的性质。

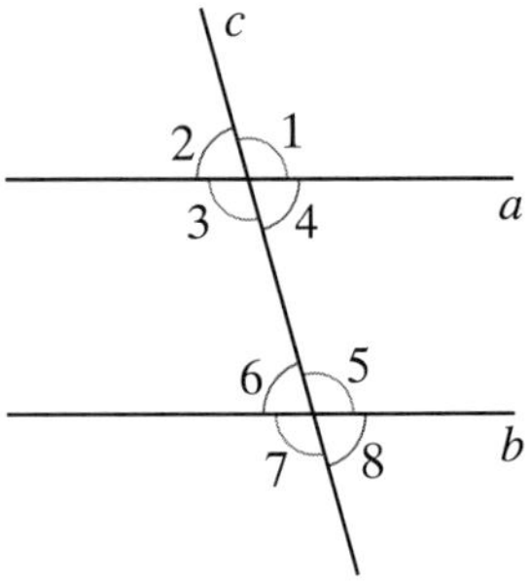

图 9-6

例如，在探究平行线的性质时，教材先安排画图、度量这种常规的实验方法，让学生猜想两条平行线被第三条直线截得的同位角有什么关系（图 9-6），之后提出问题：利用信息技术工具改变截线 c 的位置，同样度量并比较各对同位角的度数，你的猜想还成立吗？这种信息技术融入教材的方法，使学生在改变图形的位置关系的同时，实时观察到测量角度的变化，方便学生观察、总结规律。更重要的是，相比于不使用信息技术，利用信息技术工具动态呈现出的多个位置的图，能更好地展现平行线性质的一般性，从而提高猜想的可信度。

由于在“相交线与平行线”一章中才首次出现用信息技术进行几何作图和度量角度，所以教师可以结合实际情况，带领学生学习某一种动态几何软件的操作方法及相关功能，为今后研究其他类似问题打下基础。

再来看“相似”一章的中的“探究”是如何利用信息技术研究平行线分线段成比例的问题：

如图，利用信息技术工具，任意画两条直线 l_1，l_2，再画三条与 l_1，l_2 都相交的平行线 l_3，l_4，l_5，三条平行线在 l_1 上截得的线段分别为 AB，BC，AC，在 l_2 上截得的线段分别为 DE，EF，DF。度量上述线段的长度，哪些线段成比例？

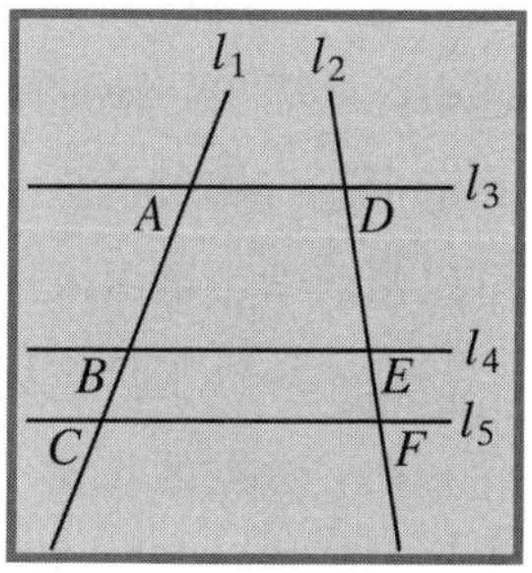

平移 l_3 或 l_4 或 l_5，它们依然互相平行，你得到的结论还成立吗？

教材直接在“探究”中安排用信息技术工具进行相关绘图、度量、计算、改变线的位置的操作，并猜想结论。有了前面各册教材中信息技术内容的铺垫，在九年级下册“相似”一章的学习时，教师完全可以让学生独立完成这个探究活动。此外，这个探究活动需要通过度量线段的长度和计算比值来确定哪些线段成比例，相比纸笔运算和手工测量，应用信息技术工具更加方便快捷，且精确度更高。

（2）研究图形变化

研究图形的平移、轴对称、旋转的性质时，借助信息技术非常方便。此外，还可以基于信息技术工具，利用三种变化设计出许多美丽的图案。

在“旋转”一章研究旋转的性质时，原教材是采用在硬纸板上挖洞的方式研究的。新教材在保留硬纸板挖洞方法的前提下，提出“利用以下方法或利用信息技术工具……”，这样的安排为师生提供了自主选择的机会。虽然通过制作道具、绘制图形、测量数据等步骤可以培养学生的动手能力，但是手工制作费时费力，且容易出现误差。利用信息技术工具制作一个任意三角形，任选一点作为旋转中心，设置一个滑动条控制三角形的旋转角度，通过度量相关的长度与角度，在拖动滑动条的过程中，观察数值的变化即可得出相关结论。此外，还可以通过改变图形的形状进行更一般的探究。

3. 统计与概率

（1）随机试验模拟

在“34.3　用频率估计概率”一节中，教材首先安排了一个全班参与的重复抛硬币试验活动，记录汇总抛硬币的结果，观察“正面朝上”的频率的变化规律。抛硬币是一个典型的随机试验，其可操作性强、结果简单，易于分析与理解。学生在试验的过程中，能够体会到频率的随机性，可以发现“正面朝上”的频率会在0.5附近摆动，并且随着数据累计次数的增加，最终摆动的幅度会越来越小。

教材在边空中提示“你也可以利用信息技术工具，模拟抛硬币的试验，观察试验结果”，就为这种猜测提供了实施的路径。一方面，教师可以指导学生利用电子表格（Excel）的随机函数命令（RANDBETWEEN（0，1））生成0，1两个随机数代表正反面结果；另一方面，有条件的师生也可以基于计算机模拟软件，如Python编写程序，模拟抛硬币实验，统计出现正反面的频率。

通过大量的模拟实验，学生可以体会到随着试验次数的增加，频率摆动的幅度会越来越小，从而更好地理解频率与概率之间的关系。其实，不仅是抛硬币，“随机事件的概率”一章中还有掷骰子、抽扑克牌、估计π值等许多可以利用信息技术进行模拟的试验，它们可以帮助学生更深入地理解概率。教师可以根据实际情况设计相应的教学活动。

（2）统计工具应用

在“数据的收集、整理与描述”一章中，教材安排了“信息技术应用——利用信息技术工具画统计图”。该选学内容详细地介绍了用信息技术工具绘制直方图的方法：

1. 输入数据

将表中的数据输入，形成列表l1。

2. 设置起点和组距

在输入栏输入命令“组限（l1，149，d)”，其中数值149代表起点，d代表组距，点击回车键，就创建了d的一个滑动条，同时在“代数区”会出现列表l2。这时右键点击滑动条，可在“属性”中设置d的变化范围和增量，如设置范围为1≤d≤5，增量为0.5。

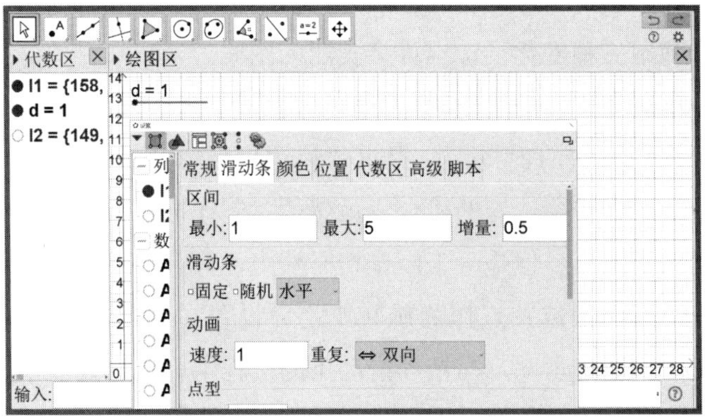

3. 画直方图

在输入栏输入命令“直方图（false，l2，l1，true)”，点击回车键，即可得到一个直方图。

4. 改变组距

拖动滑动条使 d=3，即可得到图中的直方图。

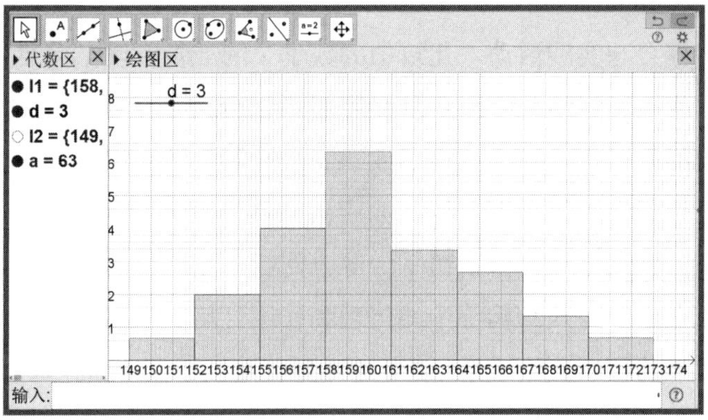

直方图在初中阶段属于比较复杂的统计图，涉及计算极差、确定组距和组数（需要合理地选择，否则容易出现一些组中无数据）、列频数分布表（通常采用画“正”字的方式，费时且易出错）、选定坐标轴的单位、绘制直方图等多个步骤。教材没有直接在正文中提供如何使用信息技术工具绘制直方图，而是在章末的“信息技术应用”中体现。这种处理方式是因为绘制直方图的步骤是学生学习直方图的必要过程，不应在学生还未掌握绘图方法前就直接介绍信息技术工具。当学生已经掌握了直方图的画法后，就需要将关注点转移到基于直方图进行数据分析上。如果此时能利用信息技术工具快速绘制出直方图，学生便可以将更多的精力放在数据分析上，使用信息技术的意义就更加明显了。

此外，教材还提出利用信息技术工具画条形图、扇形图等其他类型的统计图，教师可以根据实际情况选择不同软件向学生介绍绘制各类统计图的方法。

除了绘制统计图，信息技术还在统计的调查、分析中有广泛的应用。例如在“数据的分析”一章中，教材设计了很多实际问题，虽然没有明确提出需要使用信息技术，但是用好信息技术对于本章的学习大有裨益。例如，对于习题 24.1 中的第 13 题，使用信息技术将有助于学生将更多的精力集中到统计分析当中，更有助于学生发展数据观念：

13. 调查你所在小组同学最近一周体育锻炼的时间，应用所学的统计知识分析数据，并对自己所在小组的体育锻炼情况作出评价。

教师可以将此题调整为调查全班甚至全校同学的体育锻炼时间，这样数据容量大，进行统计分析的意义更大。教师可以指导学生运用调查软件、小程序等收集数据，使用电子表格或其他信息技术工具进行数据录入、整理与分析。通过信息技术工具排序功能，可以快速找出锻炼时间最长和最短的同学；使用函数功能，可以快速计算平均数、中位数和众数，了解班级同学们锻炼时间的集中趋势；等等。

4. 综合与实践

在综合与实践活动的准备阶段，往往涉及查阅资料、实地调查等环节；在活动的中间阶段，可能需要绘制图形、分析数据等操作；在活动的收尾阶段，还要进行汇报交流。在不同的环节用好信息技术，可以事半功倍。

（1）资料查询

在九年级下册综合与实践活动“建筑中的数学”的准备阶段，需要学生查阅资料了解数学之美；需要学生查阅建筑物的图片及文字材料，分析数学在建筑设计中的应用案例，例如各个著名建筑的外观美、结构的稳定性、安全性等数学知识应等。实际教学时，师生可结合实际条件，选择在线图书馆资源（如中国知网、万方数据库）查阅相关学术论文，也可以通过相关官方网站、线上博物馆平台等查阅相关建筑物的介绍或数字模型，深入研究数学原理在建筑美学、建筑结构等中的体现和作用，培养学生的文献检索和研究能力。

虽然网络的发展为资料查询带来了极大的便利，但是网络上的内容参差不齐，需要注意资料来源的可信度，提高辨别真伪的能力。

（2）数学建模工具

在七年级上册综合与实践活动“设计学校田径运动会比赛场地”中，教材提出在查阅相关资料或实际测量后，用适当的方式将运动场地的设计画出并标记相应数据。对于有条件的学校，教师可以考虑引导学生使用几何画板、GeoGebra 或专业的设计软件等创建体育场地的模型。学生可以根据给定的场地面积和功能需求，设计跑道的形状和长度，并对跳高、跳远、铅球等场地进行布局。在设计过程中，学生需要运用几何图形的知识、比例关系以及面积和周长的计算，这有助于培养学生的模型思想、应用意识和创新意识。

（3）数据的统计分析

在七年级下册综合与实践活动“白昼时长规律的探究”中，活动一以 2024 年北京日出、日落时刻为研究内容，让学生经历从查阅资料收集数据、整理数据，再到用信息技术工具绘制适当的统计图描述数据，最后通过对数据的分析和比较，探究总结北京白昼时长的变化规律的完整过程。而在活动二中，任务 2 是让学生借助网络查阅日出、日落时刻不关于正午 12 点对称的原因，并用信息技术工具绘制二十四节气日的日出、日落时刻的散点图，从而推断日出、日落时刻的相关规律。在整个活动过程中，教师可以先让学生学习和操作信息技术工具或相关软件，避免出现技术障碍。之后，师生借助统计软件便可以快捷、准确地绘制简单的统计图，以便有更多的时间进行数据分析和问题解决。

（4）汇报交流

综合与实践活动能够让学生在真实情境中运用数学知识和方法，进而增强对数学的应用意识。通过展示交流环节，不仅能促进知识共享，加深学生对数学应用的理解，还能提升学生的表达和逻辑思维，激发批判性思维，增强自信与成就感，推动团队协作，并为改进提供依据。教材在每个综合与实践活动的展示交流环节，都给出“制作向全班汇报的演示文稿”的提示，这指引师生在成果展示环节运用多媒体制作工具，将成果以更生动、更吸引人的形式（如幻灯片、动画、视频等）展示出来，增强展示效果。此外，基于不同的主题，师生还可以借助调查软件进行调研、收集评价反馈，借助思维导图软件辅助梳理思路，借助数学软件清晰呈现动态变化和解题过程，等等。在汇报交流环节，借助在线会议平台或直播工具，能够实现远程交流，打破空间的限制，让更多的人参与到交流中，这些都是信息技术可以发挥作用的地方。

五、对教学中使用信息技术的建议

本套教材中还有很多信息技术融合的例子，可以基于现实情况，开展相应的教学活动。

技术是工具，应用技术是为了解放生产力，这是终极目标。但应用信息技术不能替代动手实践、动脑思考等必要过程。

对于一线教师而言，建议充分利用教材中的信息技术资源，结合教学实际灵活运用，创设生动有趣的教学情境，激发学生的学习积极性。同时，不断提升自身的信息技术应用能力，引导学生正确使用信息技术工具，培养他们的信息素养和自主学习能力。

对于学生，希望他们积极参与信息技术辅助的数学学习活动，勇于探索和尝试新的学习方式。在使用信息技术工具时，要注重思考和总结，将信息技术作为理解数学知识、提升数学素养的有力助手。利用课余时间使用数学相关的软件和网站，拓宽自己的学习渠道和视野。

总之，教材编写者致力于通过精心设计和编排，使信息技术在初中数学教材中发挥最大的作用，为教师的教和学生的学提供有力支持，共同推动初中数学教育的发展。

执笔人：陈晓娣，李海东

研究组成员：李海东，陈晓娣，王翠巧，王凯歌，张钦，张伟，张唯一，张文韬

参考文献

[1] 中华人民共和国教育部. 义务教育数学课程标准（2011 年版）[S]. 北京：北京师范大学出版社，2011.

[2] 中华人民共和国教育部. 义务教育数学课程标准（2022 年版）[S]. 北京：北京师范大学出版社，2022.

[3] 蔡金法. 数学教育研究手册（第三册）[M]. 北京：人民教育出版社，2020.

[4] 曹才翰，章建跃. 中学数学教学概论（第二版）[M]. 北京：北京师范大学出版社，2008.

[5] 崔允漷，王少非，杨澄宇，等. 新课程关键词 [M]. 北京：教育科学出版社，2023.

[6] 胡定荣. 课程改革的文化研究 [M]. 北京：教育科学出版社，2005.

[7] 贾俊平，何晓群，金勇进. 统计学（第六版）[M]. 北京：中国人民大学出版社，2015.

[8] 林崇德. 智力发展与数学学习（第二版）[M]. 北京：中国轻工业出版社，2021.

[9] 茆诗松，程依明，濮晓龙. 概率论与数理统计教程（第二版）[M]. 北京：高等教育出版社，2011.

[10] 齐学红. 结构与行动：基础教育改革的历史社会学研究 [M]. 南京：南京师范大学出版社，2020.

[11] 史宁中. 数学基本思想与教学 [M]. 北京：商务印书馆，2018.

[12] 史宁中. 数学思想概论（第 2 辑）——图形与图形关系的抽象 [M]. 长春：东北师范大学出版社. 2009.

[13] 史宁中，曹一鸣. 义务教育数学课程标准（2022 年版）解读 [M]. 北京：北京师范大学出版社，2022.

[14] 孙晓天. 数学课程发展的国际视野 [M]. 北京：高等教育出版社，2003.

[15] 广东省教育研究院中小学数学课程教材改革与发展研究课题组. 中小学数学课程教材改革与发展研究 [M]. 广州：广东高等教育出版社，2016.

[16] 项武义. 基础几何学 [M]. 北京：人民教育出版社，2004.

[17] 徐乃楠. 俄罗斯基础教育数学课程改革研究 [M]. 北京：清华大学出版社，2023.

[18] 俞正光，鲁自群，林润亮. 线性代数与几何（第 2 版）（上）[M]. 北京：清华大学出版社，2022.

[19] 喻平. 发展学生数学核心素养的教学与评价研究 [M]. 上海：华东师范大学出版社，2021.

[20] 喻平. 数学教育心理学 [M]. 南宁：广西教育出版社，2015.

[21] 章建跃，李海东. 高中数学教材编写研究 [M]. 北京：人民教育出版社，2020.

[22] 郑毓信. 新数学教育哲学 [M]. 上海：华东师范大学出版社，2015.

[23] 钟启泉. 课程的逻辑 [M]. 上海：华东师范大学出版，2008.

[24] 保罗·欧内斯特. 数学教育哲学 [M]. 齐建华，张松枝，译. 上海：上海教育出版社，1998.

[25] 大卫·希尔伯特. 希尔伯特几何基础 [M]. 江泽涵，朱鼎勋，译. 北京：北京大学出版社，2009.

[26] 菲利克斯·克莱因. 高观点下的初等数学（第二卷）[M]. 舒湘芹，陈义章，杨钦樑，译. 上海：复旦大学出版社，2017.

[27] 琳恩·盖姆韦尔. 数学与艺术 [M]. 李永学，译. 天津：天津科学技术出版社，2024.

[28] 吴文俊. 中国数学史大系 [M]. 北京：北京师范大学出版社，1998.

[29] 徐传胜. 从博弈问题到方法论学科—概率论发展史研究 [M]. 北京：科学出版社，2010.

[30] 蔡亚萍. 基于真实情境问题解决的教学设计 [J]. 电化教育研究，2011 (6).

[31] 黄翔，李开慧. 关于数学课程的情境化设计 [J]. 课程·教材·教法，2006，26 (9).

[32] 雷沛瑶，胡典顺，沈晓凯. 三个版本高中数学教材中“信息技术应用”的比较研究 [J]. 中小学教师培训，2018 (5).

[33] 李大潜. 数学文化与数学教养 [J]. 中国大学教学，2008 (10).

[34] 李海东，李健. 新课标理念下的数学教科书“综合与实践”活动：“关键特征”“基本类型”与“呈现要点”[J]. 数学教育学报，2022，31 (5).

[35] 李海东. 对信息技术与数学教材融合的思考 [J]. 中小学数字化教学，2017 (1).

[36] 穆青田. 现代数学定义的探索 [J]. 自然辩证法研究，1988，4 (2).

[37] 孙彬博，曹一鸣. 中学数学课程中信息技术应用：回顾与展望——以课程标准（教学大纲）内容演变为主线 [J]. 电化教育研究，2019，40 (10).

[38] 孙小礼. 数学：人类文化的重要力量 [J]. 北京大学学报（哲学社会科学版)，1993 (1).

[39] 王青建. 数学是什么 [J]. 自然辩证法研究，2000 (1).

[40] 王嵘. 数学文化融入中学教科书的内容与方法 [J]. 数学教育学报，2022，31 (1).

[41] 袁晓萍，陶文迪. 跨学科主题学习的进阶设计和实施 [J]. 中小学管理，2023 (5).

[42] 张华. 论“综合实践活动”课程的本质 [J]. 全球教育展望，2001，30 (8).

[43] “中学数学课程教材与信息技术整合的研究”课题组. 中学数学课程教材与信息技术整合的思考 [J]. 课程·教材·教法，2002，22 (10).

[44] “中学数学课程教材与信息技术整合研究”课题组. 高中数学课程教材与信息技术整合研究与实验 [J]. 课程·教材·教法，2004，24 (3).

[45] 邹丽晖. 初中物理课堂中的跨学科实践教学研究 [J]. 课程·教材·教法，2023，43 (10).

[46] Li Y，Lappan G. Mathematics curriculum in school education [M]. Dordrecht：Springer Netherlands，2014.

[47] Ministry of Education. The Ontario curriculum grades 1-8：mathematics，2020 [M]. Victoria：King's Printer for Ontario，2020.

[48] Ministry of Education. The Ontario curriculum：mathematics，grades 9，Destreamed (MTH1W) [M]. Victoria：King's Printer for Ontario，2022.

[49] Usiskin Z，Willmore E. Mathematics curriculum in Pacific Rim countries，China，Japan，Korea，and Singapore [M]. Charlotte：Information Age，2008.